蓬莱年鉴

PENGLAI YEARBOOK

2017

蓬莱市人民政府 编

线装书局

蓬莱市地方史志编纂委员会

名誉主任：杨原田

主　　任：杨升岩

副 主 任：王培歧

成　　员：（按笔画排序）

王　轶　王　海　车　军　卢继忠　曲　波

曲绍鸿　刘振文　刘晓东　孙福勋　张贤东

张绍贤　季恩军　赵　政　耿义中　蒋金光

程普明

办公室主任：郭丛军

《蓬莱年鉴》编审人员

名誉主审：杨原田

主　　审：杨升岩

副 主 审：王培歧　卢继忠

主　　编：高　波　汤进学　曲云壮

市委书记杨原田在蓬莱（北京）招商引智暨城市形象推介会上致辞

市委副书记、市长杨升岩在蓬莱（上海）招商引智暨城市形象推介会上致辞

仙阁晨曦

黄金海岸

夏日海滨

平山河湿地公园

黄海绿洲城市公园

蓬莱体育馆

郝斌中学鸟瞰图

蓬莱新汽车站

龙烟铁路蓬莱段路轨

蓬栖高速效果图

西海岸文化新区效果图

山东省中小学生“校园艺术节”展演活动启动仪式

第六届蓬莱市“杰出青少年市长奖”和“优秀中小学生奖”奖状晚会典礼

第五届国际葡萄酒设备技术暨葡萄果蔬种植展览会开幕式

2016 蓬莱葡萄酒半程马拉松赛

编辑说明

一、《蓬莱年鉴》是蓬莱市人民政府主办，《蓬莱年鉴》编辑部组织编辑的年度资料性文献，是为各级领导科学决策提供依据，为国内外各界人士了解、研究、认识蓬莱传递信息，促进蓬莱对外交流与合作，为蓬莱市改革开放、经济建设和社会发展服务。

二、本年鉴以马克思列宁主义、毛泽东思想、邓小平理论、“三个代表”重要思想、科学发展观、习近平新时代中国特色社会主义思想为指导，坚持辩证唯物主义和历史唯物主义的立场、观点和方法，坚持围绕中心，服务大局，充分发挥存史、育人、资政作用。

三、本年鉴于1998年创刊，2016年10月再次启动，并坚持“一年一鉴，公开出版”。本年度出版的年鉴是记述2016年蓬莱政治、经济和社会发展各方面的基本情况和重大事件，记述时限为2016年1月1日至12月31日。为保持内容的完整性，个别事件适当上溯或下延。

四、《蓬莱年鉴》采用分类编辑法。主体内容设类目、分目、条目三个结构层次，以条目为表现内容的基本形式，少数包含多方面资料的条目则在文内用楷体标题标明各段资料的主题。

五、本年鉴的文字内容，设有专稿、特载、大事记、基本市情、市领导简介、中国共产党蓬莱市委员会、蓬莱市人民代表大会、蓬莱市人民政府、中国人民政治协商会议蓬莱市委员会、中国共产党蓬莱市纪律检查委员会、群众团体、政法·地方军事、经济管理与监督、农业、工业、休闲旅游、葡萄及葡萄酒产业、贸易、金融、城乡建设·环境保护、交通·邮电、科技·教育、文化、卫生·体育、社会民生、社会民生、名优特产、人物、荣誉榜、附录等类目。全书除文字部分外，还配以地图、照片、表格，力求具体、生动、形象地反映蓬莱市的发展全貌。

六、本年鉴稿件大部分由市直各部门、各单位、各镇（街道、区）、各大企业和驻蓬有关单位提供，《蓬莱年鉴》编辑部撰写了部分稿件并统编全书。稿件均经各部门或单位主要负责人审核，为示负责。主要数据以市统计局资料为准。但因个别单位统计口径不同等原因，有的数据在不同稿件中不尽一致，使用时请注意出处。

七、本年鉴的编辑、出版、发行得到全市各级各部门、有关单位、各镇（街道、区）、各驻蓬单位的大力支持和协助，谨此深表谢意。疏漏与不足之处，敬请广大读者批评指正。

目 录

ZHUANGAO 专稿

实施双招双引工程　增添经济发展动力

中共蓬莱市委　蓬莱市人民政府

发展是解决一切问题的关键。在当前区域竞争日趋激烈的形势下，缺少项目、资金、人才和技术支撑，发展就是无源之水、无本之木。正是基于这种认识，蓬莱市深入实施创新驱动和人才强市战略，把招商引资和招才引智工作融合作为经济社会发展的“一号工程”，举全市之力、汇全市之智，促进项目、资金、技术、人才等要素加速集聚，推动“双招双引”同频共振、互相促进，努力为全市经济社会事业注入新活力、增添新动力。“十三五”期间，力争每年引进投资额过亿元项目30个以上；引进培育5名“两院”院士、国家“千人计划”“万人计划”专家等海内外国家级顶尖人才，50名创业创新人才和200名硕士学位或副高级技术职称及以上人才。

一、突出重点，抓住关键，明确“双招双引”目标方向

“双招双引”绝不能无目的、一把抓地进行，必须要有方向性、针对性。对此，利用5–8四个月时间，突出重点产业、重点区域和重点对象，集中开展一次“双招双引百日会战”活动，积极落户一批项目、人才、资金、技术，为经济社会发展提供支撑。

一是突出重点产业。在深入分析资源优势、基础条件、产业现状等基础上，成立8个产业办公室，制定《产业招商目录》，明确今后工作重点和方向。其中，先进制造业重点围绕海洋装备制造产业基地、海上风电产业聚集区和绿色建材产业基地建设，发挥巨涛重工、京鲁船业、大金重工等龙头企业的引领作用，努力招引一批大项目、好项目以及高端人才、先进技术，打造上下游一体、行业配套完善、财税贡献突出的“百亿级”产业。新兴产业重点围绕新型材料、生物医药、节能环保等五大产业，招引一批科技含量高、带动力强的核心产业项目和关键性技术人才，催生一批中小企业协作配套，推动产业实现从无到有、由小到大、由大变强的嬗变。现代服务业重点围绕现代物流、电子商务、健康养老等领域，集中力量狠抓配套项目招商，大力引进懂管理、善经营的专业人才，着力促进服务业比重提高、水平提升、竞争力增强。

二是突出重点区域。准确把握国内外产业转移动向，聚焦国内京津冀、珠三角、长三角和境外欧美、日韩等重点区域，加大对国内外500强、大型国企央企、跨国公司等招引力度，特别是抢抓中韩（烟台）产业园建设，加大对韩招商招才力度。下步，分别在北京、珠三角、长三角地区以及韩国举办大型“双招双引”暨旅游城市推介活动，同步开展“招才引智高校行”活动，赴国内外知名高校、科研院所开展人才引进、科技合作活动，举办蓬莱籍在外人才恳谈会，广泛征集才智线索。同时，依托行业协会、异地商会、知名中介机构，积极承办各级各类高层次展会、峰会，陆续举办葡萄与葡萄酒产业、海上风电装备制造业、大型人才招聘等展会活动，确保引进签约一批项目人才。

三是突出重点对象。在招商引资方面，加大

对现有产业链上下游项目的研究，找准关键环节，梳理目标企业和项目需求，积极开展“招商引资大走访”活动，实施小分队、多频次、快出击的“点对点、一对一”招引策略，提高对接成功率。目前，重点抓好总投资320亿元的海上风电产业聚集区、宝塔石化280万吨LNG接收站工程、东海热电LNG电厂等19个重点推进项目，争取项目早落地。在招才引智方面，重点引进带项目、带技术、带资金在蓬投资创（领）办科技型企业的创业领军人才，引进能够领衔开展项目研发、解决核心技术难题的创新领军人才，引进符合我市优势产业和战略性新兴产业发展方向的紧缺人才，形成人才与科技相互助益、创新与创业紧密结合、企业与产业协调发展的良好局面。

二、整合资源，丰富载体，活化“双招双引”方式方法

“双招双引”是一项长期的战略性工作，必须动员一切可以动员的力量，利用一切可以利用的资源，创新思路、搭建载体，做到精准发力，全力打好攻坚战，争取新的突破。

一是群策群力抓招引。坚持全民动员和专业招引并重，形成人人支持“双招双引”、人人参与“双招双引”的生动局面。重点发挥五支队伍力量：领导干部，发挥人脉广、门路多等优势，在安排好正常工作之外，全力以赴搜信息、谈项目。百日会战期间，各市级领导、镇街主要负责同志以及经济、产业部门主要领导原则上外出招商不能少于30天，确保实实在在引进一批项目和人才。企业层面，发挥以企招商、以商招商的优势，积极寻找战略投资者进行嫁接改造、兼并重组、强强联合，引进高层次人才开展创新合作或共同创业，形成“落户一个企业，引来一批人才，带来一批项目”的良好效应。在外能人，制定《在外蓬莱人联系手册》，打好“亲情牌”“家乡牌”，构建广范围、宽领域、高灵敏的信息网络。专业队伍，组建专业招商队伍，建立长效培训机制，提高业务能力和水平，引进更多的产业项目。中介机构，加强与国内外知名人才猎头公司、中介机构联系合作，积极探索建立招商代理机制，搜集投资线索，拓宽招商渠道。

二是统筹资源促招引。加强对土地、海域等资源使用统筹谋划、通盘考虑，力争蓬莱每一块已经出让的土地和建成的厂房都能产生效益。实施“飞地经济”。重点打造开发区、北沟西城临港工业区、旅游度假区、农高区、侨梦苑等招引平台，原则上引进的重点项目必须向这些平台集中，这样有利于集约利用土地、降低项目建设成本，推进项目集聚。发展楼宇经济。依托农高区科技服务大楼、博展商贸城、昌盛商贸城、锦泰广场和城区各类商业性楼宇的建成和使用，以开发、出租楼宇大力引进一批区域性总部、金融集聚区、电子商务、研发设计等主力业态，增强对区域经济的带动能力。盘活闲置资产。本着“因企施策，分类指导”的原则，对目前闲置的土地、厂房登记造册，建立台账，并逐个研究制定盘活处置方案，通过采取转让、兼并、收购、出租等方式予以盘活，保障重点项目有地可落。

三是搭建平台助招引。强化孵化平台建设，重点加强对科技创业园区、科技孵化器等规划和建设，依托农高区争取3年内至少打造1处省级以上科技孵化器，“一体两翼”镇街区在孵化器平台建设上争取实现突破。强化企业研发平台建设，重点推进中粮长城争创葡萄酒国家工程技术研究中心，选取京鲁船业、嘉信染料等运营较好的中心作为重点培育对象，积极争创山东省示范工程技术研究中心。强化新型研发机构建设，积极争取国家、省级科研院所来蓬设立分支机构，鼓励企业与高校、科研机构开展创新合作，选取

北京化工大学、天津大学等23家大学、科研院所作为走访对象，争取合作设立新型研发机构，加速科技创新成果和人才智力向企业转移。

三、强化保障，严格奖惩，完善“双招双引”支撑体系

充分发挥领导干部的表率作用，通过优化服务、政策扶持、考核奖惩等系列举措，全力营造亲商护商爱商的良好环境，为“双招双引”顺利开展提供坚强保障。

一是强化组织领导。成立由市委书记、市长担任组长的“双招双引”工作领导小组，负责全市“双招双引”工作的领导和协调工作。建立“双招双引百日会战”联席会议制度，定期调度活动进展，对全市活动开展情况进行分析，研究解决存在的不足，推动活动有效开展。各镇街和承担“双招双引”任务部门的主要领导同志亲自抓项目信息搜集、跟踪落实和签约落地，确保活动取得实实在在成果。

二是强化要素支撑。强化“一切工作围绕项目人才转”的服务意识，实行市级领导、责任部门分包项目和联系人才的制度体系，定期了解情况进展，帮助解决困难难题，努力为项目和人才提供零缝隙、零距离、零缺陷服务。开辟审批“绿色通道”，优化办事程序和审批流程，为引进的项目和高层次人才提供全程代理服务。加快城建、水利、交通重点工程建设，加强以美化、亮化、净化为主的城市环境综合整治，进一步完善城市配套功能，提升城市形象品质，不断提升招商招才的吸引力和竞争力。

三是强化督导考核。修改完善《2016年科学发展综合考核办法》，缩减三分之二考核事项，更加注重“过程考核”，形成“以实绩论英雄、凭实绩用干部”的考核评价机制。调整招商引资考核细则和高层次人才引进考核办法，纳入全市科学发展综合考核，考核结果作为领导干部评先树优、提拔使用的重要依据。加大奖励力度，对招引工作突出的部门、企业、机关干部、社会能人，区分不同层面进行精神鼓励、表彰激励、物质奖励，让干事创业者有为、有位、有经济实惠。同时，加强对内对外宣传力度，努力营造“双招双引”的浓厚氛围，吸引更多资金和人才汇聚到蓬莱。

TEZAI 特载

杨原田同志
在中共蓬莱市委第十三届十二次全体会议上的报告

（2016年11月30日）

同志们：

这次全委会议的主要任务是，认真学习贯彻党的十八届六中全会和省委十届十五次全会、烟台市委十二届十次全会精神，号召全市党员干部统一思想、凝聚共识，进一步增强政治意识、强化纪律约束、转变工作作风，坚定不移推进全面从严治党，为我市各项事业发展提供坚强的组织保证。下面，我根据市委常委会研究的意见，讲四个问题：

一、回顾今年以来全市工作，经济社会各领域均取得新突破

今年以来，在上级党委的坚强领导下，市委常委会深入学习贯彻党的十八大、十八届三中、四中、五中、六中全会和习近平总书记系列重要讲话精神，牢牢把握稳中求进的工作总基调，统筹推进“五位一体”总体布局，协调推进“四个全面”战略布局，全面践行烟台市委“十个倍加”“六抓六促”和重大事项、重要任务等要求部署，带领全市各级团结拼搏、砥砺奋进，推动各项工作取得新突破。前三季度，全市完成地区生产总值378.1亿元，同比增长7.2%；完成地方财政收入24.7亿元，同比增长9.2%；完成固定资产投资339.6亿元、社会消费品零售总额117.3亿元，同比分别增长13.5%和10.8%；实际使用外资5.25亿元、外贸进出口总额51亿元，同比分别增长5.1%和9.1%；城乡居民人均可支配收入分别达到28898元、13898元，同比增长7.9%和8.2%。

*一是加快转调步伐，发展后劲不断增强。*创新提出并积极实施“双招双引”工程，把准了全市科学发展的脉搏，充分调动了各级党员干部抓发展、谋发展的主动性，再一次唤醒了发展意识、掀起了发展热潮，促进了项目、资金、技术、人才等要素集聚。截至目前，各级各部门累计拜访企业和人才近4000次，成功在北京、上海、法国、韩国举办专题招商推介会等活动10多场次，新签约项目50多个，引进“千人计划”专家2人、“泰山学者”5人。传统主导产业保持增长势头，旅游业前三季度接待游客突破800万人次，综合收入89亿元，同比均增长11%；海洋装备制造业交付各类船舶11艘，实现销售收入39亿元；葡萄与葡萄酒产业销售收入22.6亿元、税收1.47亿元，同比分别增长3.1%和11.8%。重点项目督导考核机制发挥成效，全市开复工重点建设项目15个，新增投入3.5亿元。“百名干部联百企”活动深入推进，已解决企业诉求问题110个。全面深化改革稳步实施，年初确定的7大类、161项重点改革任务进展顺利，已完成公车改革、价格改革等96项改革任务。

*二是统筹城乡建设，城市形象显著提升。*围绕建设现代化中等城市目标，加快推进总投资2.5亿元的52项城建工程，城市夜景亮化、精细化管理等工作有序开展，城区面貌不断改观。深入推进“美丽乡村”建设，累计开工“美丽乡村”创建、提升项目248个，完成投入1.46亿元，农村环境

进一步改善。稳步推进重大基础设施建设，西海岸岸线修复已近尾声，填海工程完成86%，龙烟铁路进入铺轨阶段，蓬栖高速、东港客滚中心等工程进展顺利。全力推进全国文明城市创建工作，三大建设工程、四大整治行动、七大主题实践活动全面展开，城市环境和公共秩序进一步优化，市民文明素质进一步提升。

三是致力民生改善，群众生活更加幸福。坚持为民办好事、办实事，总投资6.1亿元的27项为民实事全部按进度推进。全面实施精准扶贫，完成全市4960户贫困户建档工作，54个重点村产业扶贫项目进展顺利。大力推行"文化固本"战略，先后开展基层文化活动1600多场次，参与群众20多万人次，不断丰富市民文化生活。进一步畅通群众诉求表达渠道，完善了社会舆情研判交办机制，"89000"民生服务平台累计受理、答复群众诉求12000余条，强化社区网格化管理，化解矛盾纠纷600多起，办理民生服务事项1000多项。全力推进"天网工程"延伸、金牌"110"建设等工作，深化立体化社会治安防控体系建设，确保社会长治久安。

四是全面从严治党，干部作风持续转变。在全市范围内开展"解放思想大讨论"活动，反思自身问题和不足，引导各级党员干部从思想根源破除骄傲自满、因循守旧等误区，拉升工作标杆，增强发展干劲。旗帜鲜明地号召各级党员干部"把强化执行坚持到底"，进一步浓厚了狠抓落实、干事创业的氛围。扎实开展"两学一做"学习教育，全市1200个基层党组织每月至少组织2次集中学习，至少开展3次集中研讨，党员参学率达到90%以上。深入开展"三包一驻"活动，139个部门联系包帮127个村，进一步夯实农村基层组织建设。全面落实党风廉政建设"两个责任"，先后约谈26个部门、5个镇街主要负责人，严肃开展"不作为、慢作为、乱作为"专项整治活动，对5个单位进行全市通报批评，给予党政纪处分6人，组织处理6人，营造风清气正的政治生态。

二、充分认识党的十八届六中全会的重大意义，全面掀起宣传学习、贯彻落实的新热潮

党的十八届六中全会是在全面深化改革、建成小康社会决胜阶段召开的一次具有里程碑意义的重要会议，是着眼协调推进"四个全面"战略布局、专题研究部署全面从严治党的一次重要会议。全会全面分析了党的建设面临的新形势和新任务，系统总结了党的十八大以来全面从严治党的理论和实践，就加强党的建设做出了新的重大部署，充分体现了党中央坚定不移推进全面从严治党的坚强决心，充分体现了中国共产党对国家、对民族命运的使命担当。全会取得的政治成果、思想成果和制度成果，对于坚定推进全面从严治党，解决党内存在的突出矛盾和问题，确保我们党始终成为中国特色社会主义的坚强领导核心，对于提高党的执政能力和执政水平，统筹推进"五位一体"总体布局，实现中华民族伟大复兴的中国梦，具有十分重要的意义。为了贯彻全会精神，省委于11月17日至18日召开了十届十五次全会，姜异康书记在讲话中充分肯定了省委十届十三次全体会议以来省委常委会的工作，对贯彻落实十八届六中全会精神、推动全面从严治党做出安排部署、提出明确要求。烟台市委于11月24日召开了十二届十次全体会议，孟凡利书记代表市委常委会做了工作报告，充分肯定了市委十二届八次全会以来的工作，深入学习贯彻党的十八届六中全会和省委十届十五次全会精神，强调要把学习贯彻落实全会精神的成效体现到推动烟台率先走在前列的实际行动中。对此，我们一定要深刻领会各级全会精神，牢固树立"四个意识"，切实把思想和行动统一到全会精神上来，把智慧和力量凝聚到实现全会确定的任务上来，以学习贯彻全会精神为强大动力，努力推动全市经济社会各项工作迈上新台阶。

一要更加坚定地维护习近平总书记的核心地位。党的十八大以来，习近平总书记带领全党全军全国各族人民开创了中国特色社会主义伟大事业和党的建设新的伟大工程新局面，在改革发展稳定、内政外交国防、治党治国治军等方面取得了一系列具有重大现实意义和深远历史意义的成就，实现了党和国家事业的继往开来，赢得了全党全军全国各族人民衷心拥护，受到国际社会高度赞誉。党的十八届六中全会明确习近平总书记的核心地位，正式提出“以习近平同志为核心的党中央”并写入全会文件，充分反映了全国各族人民的共同心愿，是党和国家根本利益所在，是坚持和加强党的领导的根本保证，是进行具有许多新的历史特点的伟大斗争、坚持和发展中国特色社会主义伟大事业的迫切需要。全市各级党组织和广大党员干部要以高度的政治自觉、思想自觉和行动自觉，坚定不移维护习近平总书记的核心地位，切实做到思想上充分信赖、政治上坚决维护、组织上自觉服从、感情上深刻认同。要把深入学习贯彻习近平总书记系列重要讲话精神作为重大政治任务，以系列重要讲话精神为强大的思想理论武器来武装头脑、指导实践、推动工作。

二要始终如一地严守政治纪律和政治规矩。党的政治纪律和政治规矩是全体党员的行为规范和行动准则，也是党的凝聚力、战斗力的重要体现和可靠保证。党的十八大以来，我们全面从严治党，一个突出的亮点，就是把讲规矩守纪律、特别是讲政治规矩和政治纪律，摆在了党的生命线位置。经过“八项规定”、党的群众路线教育实践、“三严三实”专题教育等洗礼，广大党员干部从不适应到适应，由被动到主动，不断校准思想之标，匡正行为之舵，绷紧作风之弦。全市广大党员干部，尤其是领导干部，要始终从内心深处把严守党的政治纪律和政治规矩放在首位，时时处处在党言党、在党爱党、在党护党，任何情况下都要做到政治信仰不变、立场不移、方向不偏，旗帜鲜明地带头贯彻落实党的路线、方针、政策，在思想上、政治上、行动上与党中央保持高度一致。

三要不折不扣地贯彻落实党中央的决策部署。各级各部门要自觉主动地向党中央看齐，做到中央提倡的坚决响应、中央决定的坚决执行、中央禁止的坚决不做，真正做到与党中央政治同心、思想同向、行动同步。要始终站在党和国家大局上想问题、做决策、办事情，切实吃准悟透上级精神，始终把握各项工作的正确方向。特别是在谋划发展思路、研究发展战略、制定政策措施、推动工作落实上，要以贯彻党中央的决策部署为前提，做到令行禁止、不打折扣，决不允许自行其是、各自为政，决不允许有令不行、有禁不止，决不允许上有政策、下有对策，确保党中央的决策部署在蓬莱落地生根。要深入贯彻习近平总书记视察山东重要讲话和重要批示精神，紧密联系蓬莱实际，做到融会贯通、学以致用，切实把维护习近平总书记核心地位、维护党中央的权威，体现到全面从严治党、营造良好政治生态的具体行动上，落实到贯彻发展理念、推动经济社会持续健康发展的实际成效上，贯穿到建设经济文化强市、全面建成小康社会的生动实践中。

三、以贯彻落实十八届六中全会精神为动力，推动全面从严治党迈上新高度

党的十八届六中全会审议通过了《关于新形势下党内政治生活的若干准则》和修订后的《中国共产党党内监督条例》，进一步完善了“制度治党”安排，开启了全面从严治党的新实践。根据上级精神，结合自身实际，市委常委会制定了《关于贯彻落实党的十八届六中全会精神的意见（审议稿）》，对我市在新形势下从严治党工作做出了全面部署、提出了明确要求，并提交这次市委全会审议。关于下步工作落实，重点抓好四个方面：

一要坚持问题导向，着力解决突出矛盾问题。习近平总书记强调："要有强烈的问题意识，要以重大问题为导向，抓住关键问题进一步研究思考，着力推动解决我国发展面临的一系列突出矛盾和问题。"我们干工作，就是要善于发现问题、分析问题，并解决问题。在党的群众路线教育实践活动、"三严三实"专题教育中，我们查找并解决了"四风"问题，广大党员干部思想精神状态和工作作风发生明显转变。在今年开展的解放思想大讨论活动中，从镇街、部门、企业、领导干部四个层面查找思想和工作上存在的问题和不足，并通过整改找出今后的努力方向和赶学措施，全市上下争先进位的意识更强了、干事创业的劲头更足了。尤其是，面对得天独厚的资源环境优势，围绕制约发展的突出问题进行了深层次剖析，找到了"执行力不强、工作落实不下去"的症结，进一步提振了精神、鼓足了干劲。面对未来，还会有许多问题相互交织、叠加呈现，如果没有强烈的问题意识，不能有效破解前进中的难题，就难以打开发展的新空间。各级党委要紧密结合自身实际，认真分析全面从严治党的新要求，深入查摆在严肃党内政治生活、加强党内监督方面存在的突出问题和薄弱环节，列出问题清单、任务清单、责任清单，建立台账，逐项整改，确保任务到人、责任到岗、要求到位。各级领导班子和领导干部要切实强化问题意识，以严实作风抓好整改，从根本上推进管党治党全面走向深入。广大党员干部要对照《准则》和《条例》，切实把自己摆进去，把职责摆进去，把思想和工作摆进去，认真查找和改进自身存在的问题。

二要抓好关键少数，充分发挥带头表率作用。领导干部带头、以上率下，无论在哪个时期，无论在哪项工作面前，都是保持蓬勃动力的方法论。以"双招双引"活动为例，镇街部门主要领导身先士卒、外出招商积极主动，不仅浓厚了单位招商氛围，也取得了比较好的效果；反之，则效果不佳。只有领导干部模范带头，才能给下面的干部做出样子，达到上行下效、全体一致的目的。推进全面从严治党，就是要抓好领导干部这个"关键少数"。各级领导干部要以身作则、率先垂范，坚决在维护核心上做政治的明白人、在服从核心上做行动的带头人、在贯彻执行《准则》和《条例》上做廉政的清白人，凡是要求党员干部做到的自己要首先做到，凡是要求党员干部不做的自己首先不做。各市级领导要当好"风向标"，带头落实市委、市政府的工作部署，发挥督导指导作用，主动深入到基层一线、项目现场开展调研，及时发现、解决各类问题，特别对于急难险重、属于分管范围的，要勇于担当负责、敢于拍板决策，确保各项工作落到实处。各镇街部门单位的主要负责人要树立真抓实干、埋头苦干的意识，不能因为自己是一把手，就把有些工作交给副职，当甩手掌柜、当太平官。既然组织把你放在这个岗位上，你就要把这一个地方、一个部门的工作统起来、领起来，就要负总责、总牵头。其他领导干部要积极参与、搞好配合，态度坚决地贯彻执行各项工作部署。总之，各级领导干部都要自觉高标准要求自己、磨炼自己、提高自己，把强化执行坚持到底，努力创造经得起实践、经得起人民、经得起历史检验的优异业绩。

三要坚持知行合一，切实规范党内政治生活。"知行合一"是落实规章制度的必然要求。广大党员干部要自觉对照《准则》和《条例》校正自己的思想、作风、行为，进一步明确方向、提升标准，以严的精神和实的作风，把党中央管党治党的新部署、新要求体现到党内政治生活的方方面面。要切实抓好选人用人这个导向，坚持党管干部原则，落实“20字”好干部标准，严格执行《党政领导干部选拔任用工作条例》等制度规定，强化党组织的领导和把关作用，严把人选政治关、品行关、作风关和廉洁关，以用人环境的风清气正促进政治生态的山清水秀。要抓住领导班子换届契机，加强领导班子思想政治建设，健全完善从严监督管理干部的机制。要用好组织生活这个经常性手段，认真落实“三会一课”、民主生活会、领导干部双重组织生活、谈心谈话等制度，加强对党员的经常性教育、管理、监督。要严格执行民主集中制，认真梳理和完善关于民主集中制的制度规定，坚持集体领导制度，健全落实议事规则和决策程序，建立重大事项决策写实制度，健全落实常委会向全委会定期报告工作并接受监督制度，推进决策科学化、民主化。要始终站稳群众立场，自觉践行群众路线，坚持领导干部调查研究、联系点、定期接访等制度，每年以民意调研方式开展群众满意度测评；认真落实加强基层党员干部作风建设、切实维护群众利益的有关要求，教育引导基层党员、干部增强宗旨意识、切实为民服务，扎实做好新形势下群众工作，始终保持党同人民群众的血肉联系。要把学习贯彻六中全会精神作为“两学一做”学习教育的突出重点，认真总结党的群众路线教育实践活动、“三严三实”专题教育、“两学一做”学习教育中的经验做法，以制度的形式固化下来并坚持执行。

四要强化督导检查，全面落实党内监督责任。加强党内监督，是我们党的优良传统和政治优势。全市各级党组织要把强化党内监督作为党的建设重要基础性工程，建立健全党内监督体系，强化自上而下的组织监督，改进自下而上的民主监督，发挥同级相互监督作用，确保党章党规党纪有效执行。一是强化党委（党组）主体责任。党委（党组）书记要严格履行第一责任人职责，党委常委会委员（党组成员）和党委委员要在职责范围内认真履行监督职责，党的工作部门要切实加强职责范围内的党内监督工作。各级党组织要加强对领导干部日常管理监督，掌握其思想、工作、作风、生活状况，做到抓早抓小，问题及时处置。要加强对各级党组织主要负责人和关键岗位领导干部的监督，完善述责述廉制度，严格落实领导干部经济责任审计制度，坚持和完善领导干部个人有关事项报告制度。二是强化纪委监督职责。加强对所辖范围内党组织和领导干部遵守党章党规党纪、贯彻执行党的路线方针政策情况的监督检查，加强对同级党委特别是常委会委员、党的工作部门和直接领导的党组织、党的领导干部的监督。坚持通报曝光常态化，对违反中央八项规定精神、严重违纪被立案审查开除党籍、严重失职失责被问责以及影响恶劣的腐败问题，要点名道姓通报曝光。加大执纪审查力度，始终保持惩治腐败高压态势，坚决维护党的纪律的权威性和严肃性。强化问责追究，对各级党组织和领导干部在管党治党方面失职失责的严肃问责。三是强化基层党组织和党员的监督责任。基层党组织要加强对党的领导干部的监督，督促其正常参加组织生活、履行党员义务。各级党组织要尊重党员主体地位、保障党员民主权利，鼓励和支持党员在党内监督中发挥积极作用。要畅通党员监督渠道，健全党内重大决策论证评估和征求意见等制度，落实党内通报、情况反映、民主评议等制度。四是坚持党内监督与外部监督相结合。支持和保证同级人大、政府、监察机关、司法机关等对国家机关及公职人员依法进行监督，人民政协依章程进行民主监督，审计机关依法进行审计监督，支持民主党派履行监督职能，认真对待、自觉接受社会监督。

四、统筹抓好当前各项工作，努力展现广大党员干部新作为

离年终还有一个月时间，各项工作到了收官阶段。各级各部门要以学习宣传贯彻各级全会精神为契机，着力强化担当意识，严格对照全年目标要求，认真梳理、全面盘点、查漏补缺，坚决打赢全年发展攻坚战。

一要认真做好县乡换届。眼下正值换届的关键时期，各级各部门要以强烈的历史使命感和高度的政治责任感，认真落实上级党委关于换届的各项部署要求，推动换届工作有序、健康、平稳开展。要科学谋划、周密部署，认真做好换届前的各项筹备工作，统筹好县乡两级换届的安排，统筹好党委换届与人大、政府、政协换届的衔接，统筹好换届工作与日常工作的摆布，确保工作不断、秩序不乱。要选好干部、配强班子，真正选出政治坚定、实绩突出、群众公认的领导干部，为我市赶超发展奠定坚实的干部队伍基础。要严肃纪律、强化约束，严格落实换届“九个严禁、九个一律”的规定，严把风气关、人事关和程序关，把严格监督贯穿到换届工作的全过程，严厉查处违规违纪问题，以铁的纪律保证换届风清气正，真正换出正气、换出干劲、换出发展新局面。

二要扎实抓好经济运行。虽然今年以来我市各项经济指标呈现整体上升趋势，但同烟台其他县市区相比，无论总量还是增幅都不乐观，一些影响企业发展和经济上行的突出问题不容忽视。各级各部门要切实增强做好经济稳增长的紧迫感，坚持问题导向，深入调查研究，找准下行点、筹划增长点，做到有的放矢、精准发力，进一步强化经济运行的要素保障，切实帮助企业解决土地、融资、上市等各类问题，全力促进经济持续健康较快发展。要加大“双招双引”工作力度，抓住岁末年终的有利时机，积极捕捉信息，抓紧洽谈对接，争取年底前再签约落户一批项目，夯实发展后劲。要全力以赴抓好项目建设，对照年初目标计划，调度好各重点项目、工程的建设进度，全面排查和解决影响进度的问题，对落后于计划要求的，要强化督导、倒排工期，全力冲刺年终目标。

三要大力增进民生福祉。临近年终，各级各部门要以更大力度保障和改善民生，让群众有更多获得感。要集中抓好基础性、兜底性民生建设，扎实做好教育、医疗、就业、社会保障等工作。要全力抓好年初确定的为民实事，全面兑现市委、市政府的承诺。要时刻把群众的冷暖安危挂在心上，精心做好冬季供暖供气、副食品供应、弱势群众救助、困难户走访等工作，特别是冬季集中供暖工作已经开始，相关部门要加强调度和监管，保证供暖质量，确保群众“温暖过冬”。住建、交通、公路、供电公司等部门要做好冬季恶劣天气的应急预案和雨雪天气的道路清扫准备，保障群众安全出行。

四要高度重视社会稳定。当前已经进入各类案件、事故的易发高发期，各级各部门要时刻牢记“六个坚守”，强化“底线思维”，切实增强安全维稳工作的责任意识和忧患意识。要一把不松的抓好安全生产，全面落实安全生产的属地管理责任、行业监管责任和企业主体责任，全力抓好非煤矿山、海上渔业、交通运输、公共场所、危化品和锅炉压力容器等重点行业、重点区域的冬季安全生产工作，以严实的态度抓好森林防火和食药安全监管，深入开展安全隐患排查和治理，严把关口、严控风险、严厉处罚、严肃问责，坚决遏制重特大安全事故发生，确保人民群众生命财产安全。要持续抓好社会综治维稳工作，今后

一段时期，党和国家大事多、要事多，维稳工作压力更重，各级各部门要继续绷紧稳定这根弦，全面细致做好矛盾纠纷排查和疏导化解，努力把各类矛盾消除在萌芽状态，为党的十九大和省、烟台市以及我市的党代会召开，营造和谐稳定的社会环境。

*五要切实加大脱贫力度。*脱贫攻坚是必须要完成的一项政治任务。各级各有关部门要高度重视，务必按照全省脱贫攻坚现场会提出的要求，完善工作措施，加大工作力度，全方位、多层面强力推进产业增收、民生保障、社会包帮、政策托底等各项扶贫措施，加快产业扶贫项目施工进度，确保12月底前完成1400人的年度脱贫攻坚任务，40个省定扶贫工作重点村产业扶贫项目完成90%，明年一季度末全部竣工验收。

*六要抓紧谋划明年工作。*各级各部门要在抓好年终各项工作收尾的基础上，抓紧时间研究完善明年的工作思路。此次全会召开前，市四大班子已经听取了财税、金融、外经外贸、“双招双引”、重点产业、城乡建设等多个领域明年及今后一个时期的初步工作思路，并研究提出了相应意见和建议。各级各部门务必要站在全市和大局的高度上，从制约我市发展的突出问题入手，深入调研，认真分析，对各领域、各行业、各产业的发展思路进行修改完善，确定出明年经济社会发展的主要目标、重点工作、重点项目和相应推进措施，做到思路清晰、目标明确、措施有力，力求能够指导和推进全市各项工作科学开展，确保明年工作开好局、起好步。

同志们，面对新的形势新的任务，全市各级党组织和广大党员干部要紧密团结在以习近平总书记为核心的党中央周围，深入学习贯彻党的十八届六中全会精神，牢固树立政治意识、大局意识、核心意识、看齐意识，坚定不移地落实好上级党委的各项决策部署，推动全面从严治党迈上新台阶，不忘初心，继续前进，努力在全面建成小康社会进程中率先走在前列，以优异成绩迎接我市第十四次党代会的召开。

政府工作报告

——2016年2月24日在蓬莱市第十七届人民代表大会第五次会议上

蓬莱市代市长　杨升岩

各位代表：

现在，我代表市人民政府向大会作工作报告，请予审议，并请市政协委员和其他列席会议的同志提出意见。

一、“十二五”时期政府工作回顾

“十二五”时期是我市发展史上极不平凡的五年。五年来，面对复杂多变的国内外环境和经济下行压力持续加大的严峻形势，全市上下在中共蓬莱市委的正确领导下，认真贯彻执行中央、省和烟台市各项决策部署，紧紧围绕建设经济文化强市奋斗目标，开拓创新，真抓实干，较好地完成了“十二五”规划确定的主要目标任务。2015年，全市生产总值由2010年的336.4亿元增加到471.3亿元，年均增长10.3%；地方财政收入由15.87亿元增加到30亿元，年均增长12.3%；城镇和农村居民人均可支配收入分别达到36660

元、16958元，同比增长7.8%和9%；各项约束性指标持续下降，万元GDP能耗下降17.1%，二氧化硫、氮氧化物、化学需氧量和氨氮排放量均控制在上级下达的指标以内，实现了经济发展的增降双赢。

——过去的五年，是积极应对困难挑战、经济发展实现稳中有进的五年。主动适应和引领经济发展新常态，妥善应对各种风险挑战，坚定不移上项目、扩投资，抓园区、强支撑，促消费、稳增长。全市固定资产投资由2010年的196.9亿元增加到401.1亿元，年均增长19.1%；实施重点建设项目122个，其中，大金重工等66个重点项目建成投产。持续开展“招商引资大走访”活动，先后引进中兴电力、瑞博制药等一批优质项目。主动帮扶企业发展，全市纳税过千万元企业达到37家，11家企业在新三板和场外市场挂牌。高起点实施了七大板块、十二个专业园区建设，农高区晋升为国家农业科技园区，旅游度假区通过“全国海滨度假旅游产业知名品牌示范区”考核验收，“省级船舶工业园区”成功获批，海洋装备制造产业园入选山东省首批“蓝色经济特色产业园”，西海岸文化新区进入全面建设阶段。大力培植消费热点，整合优势资源，加大对外宣传推介力度，取得了明显成效。到“十二五”末，全市社会消费品零售总额达到147.4亿元，年均增长13.9%；累计完成房地产销售面积238.7万平方米，较“十一五”期间增长25.4%。

——过去的五年，是产业加快转型升级、结构调整迈出坚实步伐的五年。三次产业比例由2010年的6.7 ∶ 61.9 ∶ 31.4调整为6 ∶ 52.7 ∶ 41.3，三产比重年均提高2个百分点。工业经济平稳发展，2015年，全市规模以上工业完成主营业务收入1420亿元，利税141亿元，利润122亿元，同比分别增长8.9%、5.8%和6.2%。工业企业创新能力和品牌价值进一步提升，制定铸石耐磨球阀、闸阀2个国家行业标准，京鲁渔业技术中心被认定为国家级企业技术中心，新增院士工作站1家、省级工程技术研究中心4家、高新技术企业8家，新获中国驰名商标5件、省著名商标20件、省名牌产品12个。服务业发展活力增强，三仙山·八仙过海景区晋升为国家5A级景区，欧乐堡梦幻世界、艾山国家森林公园对外运营，以马家沟生态旅游区为代表的乡村休闲游持续升温。2015年，全市接待游客825万人次，实现综合收入101亿元，分别是2010年的1.9倍和2.5倍。住宿、餐饮等传统服务业发展良好，金融保险、文化创意等高端服务业蓬勃兴起，新引进域外银行、保险机构11家。2015年，全市服务业增加值达到194.7亿元，是2010年的1.6倍。现代农业稳步发展，果品、畜牧、水产等优势行业得到提升，国家农业科技创新与集成示范基地项目顺利落户，海峡两岸（蓬莱）渔业合作交流示范基地挂牌成立，蓬莱国家级海洋公园、登州浅滩国家级海洋生态特别保护区成功获批。农业龙头企业和新型农业生产经营主体不断壮大，建成农业产业化国家重点龙头企业3家、国家级畜禽养殖标准化示范场5个，新增“蓬莱葡萄”“蓬莱海参”“蓬莱苹果”3件国家地理标志证明商标。

——过去的五年，是各项改革全面深化、对外开放取得丰硕成果的五年。协同推进重点领域和关键环节改革，新争取26个国家、省级改革试点。权力清单制度和行政审批改革取得突破，审批事项从717项精简压缩到269项，全部审批事项集中到新的政务服务中心实现一站式办理。深入推进国有资产结构调整，蓬莱黄金与山东黄金完成战略重组，城市建设投资、蓬莱阁文化旅游两大集团公司稳健发展，财金公司成立运营，“海上粮仓”“滨海旅游”2支省级引导基金参股的子基金注册成立。金融改革稳步实施，蓬莱农商行成功组建。积极推进医疗、保险、农村等相关领域改革，公立医院综合改革试点工作取得阶段性成效，社会保险服务中心合并组建，农村产权交易中心挂牌运行，农村土地承包经营权确权登记颁证工作有效开展。登记注册便利化改革顺利实施，激发了社会创业投资活力。到“十二五”末，全市市场主体总数达到2.44万户。对外交流合作进一步加强，与葡萄牙莱里亚市、韩国泰安郡缔结为国际友好城市和友好合作城市，蓬莱新港、栾家口港等8个新建泊位一次性全部对外开放。五年累计实际利用外资6.37亿美元，进出口贸易额61.8亿美元。

——过去的五年，是基础设施日臻完善、城乡面貌发生明显变化的五年。城乡规划工作不断加强，编制完成12项城市控规和专项规划，修编了新型城镇化发展纲要和镇域总规。城市功能日益完善，高标准建设了海市公园、平山河湿地公园、汽车站、体育馆等一批功能性设施，新建和改扩建29条市政道路，完成国省干道、主要旅游通道亮化工程以及17条道路雨污分流改造。滨海标志性地段的开发改造成效显现，鼎峰悦动港湾、宝龙城市广场、碧桂园综合体部分运营，沙河区片征迁工作基本完成。稳步实施15个旧村改造项目，完成钟楼南路沿街建筑外立面改造提升，硬化、亮化小街小巷35条，老城区形象逐步改观。镇街综合实力进一步提升，北沟镇、大辛店镇入围全国重点镇和山东省示范镇，蓬莱阁街道被评为“全国安全社区”。“美丽乡村”和“幸福社区”实现提标、扩面、连片，8个示范片全面提档升级，累计评选53个美丽乡村和12个幸福社区。全面推行农村无害化厕所改造，被确定为全省农村旱厕改造试点市。重大基础设施建设取得新突破，烟台蓬莱国际机场顺利通航，蓬栖高速全线开工建设，龙烟铁路铺轨施工，新建成5万吨级泊位2个。农高区环区路、艾山旅游通道以及成龙线、蓬寨路等国省道大中修工程竣工通车，农村公路网化工程成效明显，硬化农村公路450公里。完成了29座中小型水库除险加固任务，高效节水灌溉面积达到12.9万亩。南水北调配套工程和战山、平山水厂改扩建工程成功通水，有效保障了全市供水安全。新建220千伏变电站1座，投运110千伏变电站3座，对483个行政村进行了农网改造升级。生态环境更趋优化，全市城乡环卫一体化实现全覆盖，新投用环保公交车64辆，新增造林绿化面积9.3万亩，森林覆盖率达到48%，空气质量优良天数保持全省领先水平，“蓬莱蓝”成为城市亮丽名片。

——过去的五年，是民生工程扎实推进、各项社会事业全面进步的五年。坚持为民办实事，累计投资40亿元，精心实施194件惠民工程。就业再就业工作进一步加强，五年新增城镇就业再就业4.7万人，农村劳动力转移就业5万人，城镇登记失业率控制在1%以内。社会保障和救助水平不断提升，城乡居民基础养老、医疗保障、五保供养及企业退休人员养老等各项待遇稳步提高。新增养老机构4处，建成社区老年人日间照料中心、农村幸福院78处。建设各类保障性住房752套，改造农村危房1659户。教育事业优先发展，济南大学泉城学院、鲁东大学教师教育学院建成招生，新建、改造校舍16.8万平方米，农村校车从无到有实现全覆盖。创建“蓬莱市教育基金”，奖励中小学生301名。高考一本上线人数连年攀升，万人比居烟台市第一梯队。医疗卫生条件明显改善，市人民医院改造全面完成，中医医院新院区、社区卫生服务中心投入使用，新建、改建镇街卫生院业务用房2.1万平方米。文化事业繁荣发展，文化馆和图书馆完成改造，文化大院、农家书屋得到提升完善，广播电视节目和群众文化生活丰富多彩，《蓬莱八仙》《缘来幸福》电视剧完成拍摄制作。精神文明建设扎实推进，“做新时期蓬莱人”活动深入人心。科技人才工作持续加强，累计取得科技成果164项，引进各类人才7500余人。双拥共建、国防动员、民兵预备役、人民防空等工作不断深化，军政军民团结更加巩固。价格监测水平进一步提高，物价总体保持稳定。《蓬莱市志》出版发行。圆满完成第三次经济普查。国土资源服务保障能力进一步增强。妇女、儿童和残疾人事业得到加强。外事侨务、民族宗教、新闻出版、气象地震等各项社会事业取得新进步。

——*过去的五年，是民主法制日益加强、和谐稳定局面更加巩固的五年。*扎实开展党的群众路线教育实践活动和“三严三实”专题教育，大力倡导和树立“强化执行、狠抓落实”的工作导向，政府执行力、创新力和公信力得到新的提升。认真执行市人大及其常委会决议、决定，自觉接受人大、政协和社会各界监督，全面完成人大代表建议和政协委员提案办理任务。深入推进依法行政，顺利完成“六五”普法规划，“法德共进”活动有效开展。深化政务公开和政府信息公开，“89000”民生服务平台投入运行。强化行政监察和审计监督，廉政建设和反腐败工作得到加强。应急管理水平得到巩固提升，有效应对了干旱等自然灾害和突发事件。综治维稳工作指挥中心建成运行，社区网格化管理、家庭道德档案形成特色，“天网”工程有效实施，信访维稳取得实效。“三城联创”深入开展，安全生产、食药安全形势总体平稳。

各位代表！经历“十二五”时期的发展与磨炼，今天的蓬莱，经济更加繁荣，社会更加和谐，人民更加幸福，城市知名度和美誉度显著提高。五年来，我市获得或连续获得国家卫生城市、国家环保模范城市、国家历史文化名城、全国文化先进县、全国文明城市提名城市、中国休闲小城、中国最美丽县、中国酿酒葡萄之乡、中国八仙传说之乡，以及山东省长寿之乡、森林城市和省级生态市等一大批荣誉称号，广大市民的自豪感和荣誉感不断增强，干事创业的热情空前高涨，对未来的发展充满信心。

五年的探索与实践使我们深深体会到，应对各种复杂局面和重大挑战，实现经济社会的持续健康发展，必须坚决维护中央权威，认真贯彻上级党委、政府和市委的决策部署，确保政令畅通；必须深化改革开放，实施创新驱动，努力实现经济增长新旧动力加快转换；必须牢牢抓住产业培育和项目建设不放松，在调结构、促转型、增后劲上下功夫；必须坚持发展保护并重，强化生态文明建设，实现绿色低碳循环发展；必须持续改善民生，扎实办好惠民实事，在共建共享中增进人民福祉；必须大力破解制约发展的重点难点问题，勇于担当、积极作为，切实提高执行力。

各位代表，五年的的成绩来之不易，这一切得益于上级党委、政府和市委的正确领导，得益于市人大、市政协和社会各界对政府工作的有效监督与大力支持，得益于全市人民的团结奋斗和无私奉献。在此，我代表市人民政府，向全市人民，向市人大代表、政协委员，向各民主党派、工商联、各人民团体和各界人士，向中央、省、烟台属驻蓬单位，向驻蓬部队官兵、政法干警，向广大海内外投资者和企业家们，向所有关心支持蓬莱发展的同志们、朋友们，致以崇高的敬意！表示衷心的感谢！

在总结成绩的同时，我们也清醒地看到，我市经济社会发展还存在一些亟待解决的困难和问题，主要表现为：经济下行压力较大，企业生产经营困难增多，后续项目储备不足，招商引资力度还要进一步加大；产业转型升级任务很重，现有产业抗风险能力不强，新兴产业尚未形成有力支撑，新旧动能转换需要付出艰苦努力；城市功能不够完善，农村公共服务均等化还有较大差距；政府机关及工作人员不严不实问题仍然存在，工作效率还需进一步提高。这些困难和问题已引起我们的高度重视，并将采取有效措施，认真加以解决。

二、“十三五”时期政府工作的主要任务

各位代表，“十三五”时期，全面建成小康社会迈入决胜阶段，同时，蓬莱将进入经济转型升级的攻坚期、动力转换的关键期和赶超进位的机遇期。全市上下要审时度势，科学谋划，锐意进取，奋发有为，共同书写蓬莱发展新篇章。按照烟台市“率先走在前列”的战略定位和“一二三四五”总目标，根据市委十三届八次全体会议精神及“十三五”规划，确定今后五年政府工作的主要任务是：全面贯彻党的十八大和十八届三中、四中、五中全会精神，以邓小平理论、“三个代表”重要思想、科学发展观为指导，深入落实习近平总书记系列重要讲话和视察山东重要讲话、重要批示精神，按照“五位一体”总体布局和“四个全面”战略布局要求，坚定践行创新、协调、绿色、开放、共享发展理念，以提高发展质量和效益为中心，大力实施“改革创新、产业兴城、文化固本、生态保护、富民共享”五大战略，勠力同心，顽强拼搏，努力把蓬莱建设成为国际旅游名城、经济文化强市，率先实现全面建成小康社会目标。

为完成上述任务，工作中将努力做到五个“更加注重”：

（一）更加注重发挥优势、创新发展，努力把蓬莱建设成为产业优化升级、经济繁荣昌盛的创富型城市。把创新作为引领发展的第一动力，掀起产业、企业等各方面的创新热潮，加快经济提质增效升级，全面增强城市综合实力和竞争力。以高端高质高效为主攻方向，优化提升海洋装备制造、葡萄与葡萄酒、汽车及零部件、黄金、食品加工五大传统产业，培育壮大新型材料、生物医药、节能环保、清洁能源、信息技术五大新兴产业，推动以旅游业为龙头的现代服务业和以品牌化为标志的现代农业突破发展，着力打造特色鲜明、结构优化、竞争力强的现代产业体系。到2020年，高新技术产业产值占比达到26%以上。强化企业创新主体地位，全力支持高成长性企业做大做强，着力培育一批销售收入过100亿、过50亿、过10亿的骨干企业。“十三五”期间，全市生产总值、地方财政收入分别突破700亿元和45亿元，综合实力在全国全省的位次实现前移。

（二）更加注重城乡一体、协调发展，努力把蓬莱建设成为空间布局合理、功能领先完备的休闲型城市。按照“一核两带三组团”的空间布局，加快构筑以城带乡、城乡一体、产城融合的新型城镇化格局。推动中心城区提质扩容，以滨海、沙河、画河为轴线，高水准推进岸线和河道综合整治，吸引高端休闲旅游项目进驻；以城区主要路网为走廊，推动城中村改造、外立面改造和小街小巷改造向两侧延伸、向特色提升，恢复建设文会馆、万寿宫等历史建筑，重塑蓬莱古城风韵；以经济开发区、西海岸文化新区为两翼，强化连接融合，建设东部创业新区和西部文化新城。按照“集聚生产要素、集中农村人口、集成城镇功能”的目标要求，科学把握开发节奏和改造重点，加快建设一批产业大镇、经济强镇、区域重镇和特色名镇。深化美丽乡村和幸福社区创建活动，打造普惠共建、典型培植、产业支撑升级版。到“十三五”末，中心城区建成区面积扩展到35平方公里，全市城镇化率提升至65%。

（三）更加注重深化改革、开放发展，努力把蓬莱建设成为体制机制灵活、后劲储备充足的活力型城市。坚持市场导向、问题导向、需求导向，协同推进经济、财税、金融、投资、农村及要素市场等领域各项改革，确保在重点领域和关键环节改革取得决定性成果，推出更多具有鲜明蓬莱特色、在全国全省有影响的改革试点和创新亮点。实施更加主动的开放战略，坚持引进来走出去并重、引资引技引智并举，推动开放向结构优化、领域拓展、效益提升转变。坚定不移地突出招大引强，着力引进一批投资规模大、科技含量高、发展前景好、带动能力强的龙头项目，为经济发展提供坚实支撑。“十三五”期间，累计实际使用外资争取达到8亿美元，利用内资年均增速保持在15%左右。

（四）更加注重集约节约、绿色发展，努力把蓬莱建设成为人与自然和谐、环境舒适宜人的生态型城市。严格空间开发分类引导，进一步明确方向、控制强度、规范秩序，不断提高土地、森林、矿山、淡水、岸线等资源集约利用水平。坚持人口资源环境相协调、经济社会效益相统一，大力实施产业低碳化、交通清洁化、建筑绿色化、主要污染物减量化、清洁能源利用规模化和生态监管法治化“六化”工程，让蓬莱的天更蓝、水更秀、山更绿、空气更清新。深入开展植树造林和绿荫行动，抓好水系绿化、荒山绿化和防护林建设，改善城市园林结构和绿地景观，成功创建国家生态市。到“十三五”末，全市森林覆盖率保持在49%以上，城区人均公园绿地面积达到17平方米。

（五）更加注重民生福祉、共享发展，努力把蓬莱建设成为人民富足安康、社会和谐稳定的幸福型城市。按照人人参与、人人尽力、人人享有的要求，持续保障和改善民生，促进公平充分就业，全面发展社会事业，努力让困难群众享有更多实惠，让老年人得到更多关怀，让青年人拥有更多机会，让孩子们获得更多关爱。扎实开展“全国文明城市”和“文化强省建设先进市”争创工作，进一步提升市民素质和社会文明程度。纵深推进法治蓬莱、平安蓬莱、和谐蓬莱创建活动，以智慧蓬莱建设为依托，推动信息技术与城乡管理深度融合，提升社会治理能力，维护社会和谐安定。

各位代表，蓬莱“十三五”蓝图已经绘就。对蓬莱人民来说，“十三五”一定是一个激动人心的时代，一定是一个创造奇迹的时代。关于具体任务目标和工作重点，《蓬莱市国民经济和社会发展第十三个五年规划纲要（草案）》做出了全面安排。《纲要（草案）》已提交大会，请予审议。

三、2016年政府工作安排

今年是“十三五”的开局之年，是推进结构性改革的攻坚之年。我们将牢牢把握稳中求进工作总基调，深入推进“六抓六促”“六个持续”，有效落实市委决策部署，注重实干、务求实效，努力实现“十三五”发展的精彩开局。主要预期目标是：地区生产总值增长8%左右，地方财政收入增长5%左右，规模以上固定资产投资增长14%，社会消费品零售总额增长11%，城镇居民人均可支配收入增长8%左右，农村居民人均可支配收入增长8.5%左右，全面完成上级下达的节能减排任务。

（一）狠抓招商引资，全力突破项目建设。把项目建设和招商引资作为经济工作的主旋律，坚持政府、企业双驱动，引资、引智双攻坚，实现项目数量、质量双提升。

强力推进项目建设。健全完善项目推进机制，对所有重点项目进行全程跟踪督办，以目标倒逼责任，以时间倒逼进度，以督查倒逼落实，推动更多项目开工建设、投产见效。千方百计破解瓶颈制约，加大对上争取土地指标、盘活闲置低效用地力度，不断创新投融资渠道，从手续办理、施工服务等环节全力为项目搞好服务，力争用最快的速度完成项目建设任务。创新项目绩效评价机制，制定科学有效考核办法，强化刚性执行，确保考出差距、考出压力、考出动力，汇集起万众一心推进项目建设的强大合力。年内，集中力量推进中兴电力等单体投资过亿元的40个重点项目，确保半数以上建成投产。深入开展“访百家外企促增资”活动，争取再新上一批项目，全年实际利用外资完成1.5亿美元。

全力以赴招大引强。组织开展“招商引资突破年”活动，强化重点区域、重点产业招商市级领导分工负责制，严格落实镇街、部门责任，紧盯世界500强、中国制造业500强、民营百强、大型国企和上市公司五大主攻方向，着力引进一批“高、大、上、强”优质项目。积极探索政府购买服务方式招商，完善以商招商、代理招商、中介招商等市场化招商模式，充分激发机关干部、本地企业家、招商顾问、招商雇员的招商潜力。年内，组织大型招商活动60次以上，新引进亿元以上项目超过30个。

扶优培强园区载体。经济开发区，对照国家级开发区标准，加快完善设施功能，加大项目招引力度，进一步提升综合实力，在省级开发区综合排名中实现进位。旅游度假区，全面提升旅游设施配套和服务质量，早日晋升为国家级旅游度假区。农高区，加快创业创新服务平台建设，引进一批科技型、创新型企业落户，创建省级创业孵化示范基地。空港经济区，瞄准第四代空港城市定位，坚持多方引进、多方筹资，加快完善园区公共配套设施，同时布局航空物流、食品加工、电子信息等产业项目，聚集发展高端临空产业集群。北沟工业园，把好项目入园关，提高投资强度，提升项目质量，打造精细化工新材料产业聚集区。大柳行、南王等镇域园区，发挥自身优势，确保每年引进3个以上符合园区产业定位的项目，着力构建优势互补、各具特色的发展新格局。

（二）实施精准转调，打造蓬莱产业升级版。坚定不移抓产业促发展，大力调整优化产业结构，致力培育特色优势产业，实现总量和效益同步提升。

推动先进制造业转型振兴。海洋装备制造产业，引导京鲁船业等龙头企业，加大研发投入，主动向高科技领域、高效益产品持续转型；加快推进大金重工二期、巨涛西区扩建项目，打造海上风电装备制造基地。葡萄酒产业，抓好精品酒庄和葡萄酒小镇建设，争取拉菲、龙亭等5个酒庄建成运营。汽车及零部件产业，抓住新能源汽车发展机遇，引导现有整车企业，积极开展嫁接、改造、合作。继续推进黄金、食品等领域资源整合，加快新技术、新产品、新工艺的研发和应用，不断提高产业竞争力。

培育壮大新兴产业规模。精细化工产业，加快推进安诺其染料中间体、核众新材料等项目建设，促进嘉信染料、康爱特维迅等骨干企业发展壮大。生物医药产业，培育壮大诺康药业、北大高科等现有企业实力，争取瑞博制药、生物医药中间体项目年内投产。新能源产业，以北斗航天能源科技、中国香港中电光伏发电等项目为载体，跟踪引进一批具有引领性、方向性的新能源项目。信息技术、节能环保产业，结合先进技术推广应用，培育引进一批技术服务型企业。

巩固提升旅游服务业优势。抓住省级旅游综合改革试点契机，全面推进全域旅游，积极开发适应不同游客群体的个性化产品；引导建成酒庄完善旅游功能、在建酒庄同步建设旅游设施，打造独具特色的葡萄酒旅游景区；强化与航空公司、通航城市的合作，开展航空旅游产品研发、宣传营销，提升高端市场占有率；强化政策扶持、规范管理和产品开发，提升“渔家乐”“农家乐”接待档次和服务质量；继续开展旅游市场专项整治，加强旅游诚信体系建设，努力营造安全、优质、舒适的旅游环境；全年接待游客900万人次，旅游综合收入突破114亿元。积极顺应制造业服务化、消费个性化多样化趋势，推动生产性服务业向专业化和价值链高端延伸、生活性服务业向精细和高品质转变。培育壮大第三方物流，加快空港物流园建设，推进亚太国际冷链物流港项目，规划建设铁路物流基地，打造现代物流功能集聚载体；做好八仙文化的研究、保护、传承和弘扬，突破发展文化创意产业；依托阿里巴巴·蓬莱产业带，加快电子商务在葡萄酒、果品、水产流通领域的推广应用，推动英搜跨境电子商务项目落地建设；大力发展金融服务、科技服务、健康养老、社区和家庭服务等新型业态，促进消费结构加快升级。

（三）突出改革开放，实现发展动力转换。坚持以改革解难题，以开放拓空间，以创新促发展，激发内生活力和发展动力。

着力推进结构性改革。按照供给侧结构性改革新要求，全面落实去产能、去库存、去杠杆、降成本、补短板五大任务。以市场需求为导向，围绕葡萄酒、海洋装备制造等行业领域，进一步扩大有效和中高端供给。引导企业通过技术改造、产品创新、兼并重组等形式化解过剩产能，增加高附加值产品新供给。多措并举化解房地产库存，切实落实好户籍管理、人才引进、住房贷款等支持政策，有序推动目标人群市民化，吸引更多外地人到蓬莱购房。稳妥推进农村综合改革，巩固农村土地承包经营权确权登记颁证成果，规范农村产权交易服务中心运营，引导农村土地有序流转。继续深化经济体制、民主法治、社会治理、社会事业等领域改革，全面激发经济社会发展活力。

全面深化开放合作。抓住用好国家“一带一路”战略实施、中韩自贸区成立等重大机遇，主动对接，融入互动，密切与日韩及港台、京沪、环渤海区域的合作，做好“侨梦苑”侨商产业聚集区申报创建工作。努力转变外贸发展方式，支持京鲁、巨涛等外贸骨干企业扩大出口，鼓励先进技术、关键设备和重要原材料进口，积极发展跨境电子商务，不断扩大对外贸易规模。年内，完成外贸进出口总额13亿美元以上。

加快实施创新驱动。支持企业加快技术创新、模式创新、管理创新、产品创新，争取年内实施省级技术创新项目3项，新认定烟台市级以上企业技术中心3家，培育高新技术企业5家。加快重点行业企业技术改造步伐，实施烟台市级以上企业技术改造导向计划项目25个，创建全国质量强市示范城市。依托农高区科技创业服务中心、开发区小企业和大学生创业辅导基地，推进科技成果转化和产业化，确保在孵企业总数突破40家。启动青年企业家培养提升工程，力争用3到5年时间，培养造就一批精通经营管理、勇于开拓创新的优秀青年企业家。

（四）强化统筹协调，加快城乡一体化进程。坚持中心城区、小城镇、美丽乡村“三轮驱动”，规划、建设、管理“三位一体”，全面提高新型城镇化质量。

建管并重提升城区品位。实施渤海大酒店等沿街重要建筑立面和部分老旧小区改造，启动画河上游改造，有序推进石岛北大街等8个旧村改造项目，更好地彰显历史文脉、古城特色。全力推进西海岸文化新区建设，完成岸线修复、西岛回填和跨海桥梁主体工程。加快城建重点工程建设，确保体育馆、旅游咨询服务中心尽早投入使用。启动城市夜景亮化工程，进一步提升城市形象和品味。更加注重精细化管理，下大力气解决群众关心的市容秩序、交通拥堵等问题。推进“智慧蓬莱”建设，加快提升智慧政务、智慧旅游等核心平台功能，扩大免费无线网络覆盖范围。

因地制宜打造特色镇村。突出北沟、大辛店示范镇带动效应，坚持板块推进模式，打造各具特色的靓丽城镇。实施城区村居整体提升工程，开展“洁、绿、亮、美、序”综合整治行动，全面提升人居品质。继续深入开展美丽乡村创建，推动获评村升级、示范片提档、受益村扩面，让农村群众生活得更敞亮、更舒心。

多措并举完善基础设施。抓好龙烟铁路蓬莱段施工保障，加快蓬莱站及站前广场施工进度。积极推进蓬栖高速及其连接线建设，完成遇柳国防路大修及道路交通安全生命防护工程。开工建设栾家口港10万吨级航道、东港客滚码头工程。实施平山水库除险加固工程，发展高效节水灌溉面积2.6万亩。启动南部水厂建设前期工作，着力解决南部乡镇群众饮水安全问题。

同心协力共创文明城市。深入推进全国文明城市创建，扎实开展社会诚信共铸、文明风尚倡树等20项专项行动，确保完成“2016年上水平”目标。积极践行社会主义核心价值观，加强公民道德建设，提升市民文明素质。以“做新时期蓬莱人”宣传教育活动为抓手，加大“欢乐蓬莱行”等群众文化品牌进基层的力度，不断提升乡村文明程度和农村群众道德素养。

（五）做优生态环境，共建绿色宜居家园。强化环境治理，筑牢生态屏障，让人民群众呼吸新鲜空气，喝上干净水，生活在美好环境中。

打好污染防治攻坚战。持续改善水环境质量，常态化开展河道及水源地环境综合整治，实施龙山河湿地生态保护工程，完成小流域治理面积15平方公里以上。狠抓大气污染防治管控，强化建筑扬尘、机动车尾气、挥发性有机物等综合整治，推动工业锅炉超低排放和节能改造。加大排污企业监管力度，严肃查处、严厉打击偷排偷放等环境违法行为。

打好节能减排阵地战。严格执行生态功能区划，落实环保“三同时”制度，严把新上项目环保审批关，严格控制高能耗、高污染企业进入。大力发展循环经济，积极推行节约生产、清洁生产。加强环保基础设施建设，实施北沟镇污水处理厂扩能改造工程，力促蔚阳垃圾焚烧发电项目投入运营。

打好生态建设持久战。完善提升城市绿地系统，抓好西山森林公园、西出口绿地建设，对上海路等5条道路裸露土地进行绿化，在全市范围内逐年增加彩色树种，建设彩化蓬莱、缤纷仙境。实施新一轮农村改厕工程，年内完成1.6万户厕所改造。抓好护林防火和裸露山体恢复治理，完成绿化造林4000亩以上，建设5处生态林场。成功创建国家生态市。

（六）抓好财税金融，增强支撑保障能力。进一步优化财政收支结构，拓展融资渠道，全面提升财政金融服务水平。

提高财政运行质量。坚持依法征管，强化综合治税，确保应收尽收、均衡入库，提高税收收入比重，培植稳固的财源基础，增加可用财力。完善国有资产管理体制，抓好城投、文旅两大集团以及财金公司的管理和运营。加强财政资金的运筹与调度，优化财政支出结构，加快盘活财政存量资金，提高财政资金的使用效益。推广应用PPP模式，撬动更多的社会资本参与重点项目和新型城镇化建设。密切关注国家产业政策导向，继续筛选申报一批重点项目，全力争取上级政策资金支持，借势借力赢得更大发展。

提高金融服务水平。稳妥推进金融创新，培育发展地方金融机构和新兴金融业态，支持农商行、村镇银行做大做强，引进设立各类股权投资基金，探索建立科技创业企业和小微企业投融资风险补偿和奖励激励机制，大力发展农村金融等普惠金融。深入推动政银企合作，健全完善中小企业担保机制，引导金融机构加大对市域实体经济信贷支持，力争新增资金投放20亿元以上。强化金融市场监管，规范民间融资，打击非法集资，维护良好的金融秩序。加快企业直接融资步伐，推动有条件的规模企业加快规范化公司制改造，争取嘉信染料在主板上市，蔚阳新能、民和生物等5家企业在“新三板”挂牌。

（七）倾力改善民生，让群众有更多获得感。持续完善富民惠民安民机制，锲而不舍把关系百姓福祉的事情办实办好。

实施创业就业组合拳。积极整合创业资源、优化创业环境，不断完善基层创业服务平台建设，年内新建2处创业孵化基地。推进职教技能培训与企业用工需求对接，加大对城镇失业人员、零就业家庭、精准扶贫户、残疾人等困难弱势群体的就业援助力度，力争全年新增城镇就业6000人，农村劳动力转移就业7000人。

提升社会保障普惠度。实施“全民参保登记计划”，推动社保工作由制度全覆盖向人员全覆盖转变。继续完善城乡低保制度，实行低保动态化管理。发展慈善事业，及时开展临时困难救助。健全养老服务体系，建设1处区域性敬老院、3处城市社区老年人日间照料中心和10处农村幸福院。加快残疾人康复中心建设，打造“幸福港湾”。积极探索保障性住房的筹集供给方式，引导社会力量参与，使住房保障政策惠及更多城镇低收入家庭。

力促公共服务均等化。推动教育优质均衡发展，支持鲁东大学教师教育学院、济南大学泉城学院进一步扩大规模，新建大柳行中学，筹划建设新高中，优化农村师资力量配置。完善健康服务体系，启动三级医院创建，完成大柳行、北沟卫生院迁建，力争中医医院养老康复中心、新妇幼保健中心年内投入使用。继续完善基层文化活动场所设施，优化市、镇、村三级公共文化服务体系。稳步推进“全面二孩”政策宣传落实，提高出生人口素质。积极推动体育馆向社会开放，开工建设体育公园，扎实开展全民健身活动。

开启脱贫攻坚新征程。全面落实上级关于脱贫攻坚的决策部署，动员各方面力量参与扶贫开发，构建专项扶贫、行业扶贫、社会扶贫“三位一体”的大扶贫格局。坚持精准扶贫、精准脱贫，因人因地施策，实施好政策扶持、产业增收、民生保障、社会包帮等扶贫措施，确保今年脱贫人口1400人以上。

筑牢安全稳定防护网。把安全生产摆到更加突出位置，严格落实“党政同责、一岗双责、失职追责”制度，强化重点行业领域安全监管执法，全面彻底排查整治安全隐患，严防重特大安全事故发生。以创建山东省食品安全先进县为抓手，扎实做好食品安全全过程监管，全力守住“舌尖上的安全”。完善突发事件防控处置机制，提升应急管理水平。拓宽“天网工程”覆盖面，不断完善立体化社会治安防控体系。畅通群众诉求表达渠道，有效预防和化解矛盾纠纷，保持社会和谐稳定。

四、全面加强政府自身建设

各位代表，新蓝图、新征程更需新作为。我们将切实加强政府自身建设，牢记重托、忠诚履职，努力向全市人民交上一份满意答卷。

（一）敢担当重实干，打造责任政府。牢固树立敢于担当理念，践行埋头实干作风，脚踏实地，立说立行，不折不扣地把上级和市委工作部署落实到位。围绕重大决策、重要工作、重点项目，突出工作落实，细化分解任务，强化督查考核，严肃问责慢作为、不作为、乱作为行为，全面推动政府各项工作提速提效。

（二）优环境提效能，打造服务政府。坚持以“零障碍、低成本、高效率”为目标，创新政务服务中心运行机制，加快网上审批平台、窗口单位服务标准化建设，进一步减少环节、优化流程、压缩时限，努力营造周边区域审批项目最少、速度最快、收费最低、群众最满意的营商环境。充分保障各类市场主体的合法权益，落实减税降费等系列政策，降低企业经营成本，让投资者处处感受到公平正义。

（三）聚正气立公信，打造法治政府。全面落实重大决策程序规定，确保政府决策科学、民主、合法。主动接受人大法律监督和政协民主监督，充分听取社会各界的意见建议，凝聚各方智慧推进政府工作。启动“七五”普法，推动“法德共进”活动深入开展。加强执法监督和行政复议，深入推进执法规范化建设。全面深化政务信息公开，让权力在阳光下运行。充分发挥“89000”民生服务中心、社区网格化管理指挥中心等平台作用，积极回应群众诉求，使政府工作更加合民心、顺民意。

（四）转作风树形象，打造廉洁政府。巩固和拓展“三严三实”专题教育成果，从严执行党风廉政建设各项规定，坚决抵制各种不正之风。突出重点领域风险防范，加强行政监察和审计监督，强化政府重点投资项目、公共资源交易的全程监管，实现权力规范运行。持之以恒地落实中央“八项规定”，严控“三公”经费支出，最大限度压缩行政运行成本。加强政府公务人员教育培训、管理监督，确保队伍素质优良、风清气正。

各位代表，蓝图绘就，正当扬帆启航；任重道远，更须策马加鞭。让我们更加紧密地团结在以习近平同志为总书记的党中央周围，高举中国特色社会主义伟大旗帜，在中共蓬莱市委的坚强领导下，坚定信心，振奋精神，同心同德，开拓进取，为实现“十三五”规划和全面建成小康社会的宏伟目标而努力奋斗！

DASHIJI

大事记

蓬莱市十七届人民代表大会第五次会议开幕式

1月1日 经工业和信息化部批准，由市市场监管局、市检验检测中心起草编制的《铸石耐磨球阀》《铸石耐磨闸阀》两项行业标准正式实施。

同日 全市开始执行新高龄津贴标准，80、90、100周岁老人津贴标准分别由原来每年的200、300、3600元，调整为280、400、7200元。

1月6日 中国博士后科技服务团山东蓬莱行活动正式启动，人社部留学人员和专家服务中心副主任、中国博士后科学基金会副秘书长邱春雷，中国人民大学经济学院区域与城市经济研究所所长、博士后合作导师孙久文，市委副书记杨升岩，市委常委、市政府常务副市长张祖玲，市委常委、组织部长李少娜出席启动仪式。

1月22日 市委书记、市人大常委会主任张代令调离，杨原田继任市委书记。

1月26日 蓬莱海洋（山东）股份有公司成功挂牌新三板。

1月27日 市委副书记、市长孙业宝调离。

2月2日 第五届烟台市道德模范颁奖典礼在烟台广播电视大剧院举行，蓬莱市道德模范曲以耀、李翠华、吴长洲、杨正安等4人获评第五届烟台市道德模范。

2月16日 蓬莱市第十七届人民代表大会常务委员会第二十九次会议任命杨升岩为蓬莱市人民政府副市长、代理市长。

2月23—25日 中国人民政治协商会议蓬莱市第九届委员会第五次会议召开，205名政协委员出席会议。

2月23—26日 蓬莱市十七届人民代表大会第五次会议召开，202名人大代表出席会议。会议选举杜康生为蓬莱市十七届人大常委会主任，选举杨升岩为蓬莱市人民政府市长。会议首次举行宪法宣誓仪式。

2月26日 市政府表彰国电蓬莱发电有限公司等5户企业为“经济发展功勋企业”，其主要负责人为“功勋企业家”；表彰蓬莱市盛达选矿厂等10户企业为“经济发展模范企业”，其主要负责人为“明星企业家”；表彰中粮长城葡萄酒（烟台）有限公司等10户企业为“经济发展先进企业”，其主要负责人为“先进企业家”。

2月29日 蓬莱市获得全国绿化委员会授予的“全国绿化模范县”称号。

2月 蓬莱市职业教育系统《校企文化深度融合的研究与探索》和《中餐烹饪与营养膳食专业现代学徒制的实践与研究》两个教学改革研究项目，被山东省教育厅、山东省财政厅确定为2015年度省级职业教育改革研究立项项目。

3月17日 烟台市人大常委会党组书记、第一副主任李淑芹一行到蓬调研经济社会发展和人大工作情况。市委书记杨原田，市人大常委会主任杜康生等陪同调研。

3月18日 烟台市创建“县级计划生育药具管理示范站”观摩暨工作会议在蓬召开。与会人员先后实地观摩市计划生育药具站及大辛店镇、新港街道计划生育宣教中心，听取蓬莱市关于创建全省首批“县级计划生育药具管理示范站”的经验介绍。

3 月 22 日 山东省第四批省级非物质文化遗产代表性项目名录公布，“蓬莱阁庙会”被列入省级非物质文化遗产项目。

3 月 22—25 日 市委书记杨原田，市委副书记、市长杨升岩率党政考察团，先后到寿光市、沂水县、兰山区及江苏省新沂市、盐城市大丰区等地考察学习工业经济、园区发展、城市建设等方面的经验做法。

3 月 28 日 “蓬莱人大工作”专版在《今日蓬莱》报正式创刊。市委书记杨原田对“蓬莱人大工作”专版创刊表示祝贺。

3 月 29 日 中国动物疫病预防控制中心布病综合防控试点工作会在蓬召开，首批布病综合防控试点相关省（自治区）动物疫病防治机构相关负责人与会。

3 月 30 日 晚 9 时左右，村里集镇黄泥沟村西发生一起山林火情。接到火情报告，省、烟台及蓬莱各级领导立即赶赴现场指挥灭火，调集当地及周边县市 20 多支专业灭火队、500 多名专业灭火队员全力扑救。截至 31 日 7 时，明火基本扑灭。山火未造成人员伤亡。

同日 市政府印发《蓬莱市人民政府关于取消、调整行政权力事项有关问题的通知》（蓬政发〔2016〕15 号），取消行政权力事项 6 项，承接下放 20 项，调整 38 项，其中调整为政府内部审批 4 项、调整为行政许可 3 项、调整为其他行政权力 31 项。

3 月 蓬莱港通过山东省交通运输厅危险货物安全生产标准化二级达标认证审核。

4 月 8 日 蓬莱市与北京易华录公司正式签订蓬莱智慧城市战略合作协议，易华录确定将“山东智慧城市 PPP 发展基金”投放蓬莱市。

4 月 13 日 市委书记杨原田，市委常委、市政府副市长王培歧一行到蓬莱港调研客滚码头项目建设。

4 月 13 日市领导到蓬莱港调研（左一为市委书记杨原田，右一为市委常委、市政府副市长王培歧）

4 月 14 日 蓬莱籍运动员周敬杰在 2016 年全国男子古典式摔跤锦标赛上获得古典跤 56 公斤级冠军。

4 月 15 日 沂水县考察团来蓬考察财税、金融等工作的经验做法，市委常委、市政府常务副市长张祖玲陪同活动。

4 月 18 日 烟台百徽包装制品有限公司与德国温德姆与霍尔舍公司签订总价值 650 万欧元生产设备“高速多层复合纸塑包装袋生产线”项目。

4 月 19 日 烟台市委常委、政法委书记杨洪旭到蓬调研政法综治基层基础工作，市委书记杨原田，市委常委、政法委书记孙文陪同调研。

4 月 20 日 山东省人民政府副省长张务锋到蓬调研工业经济运行情况和构建产业新体系方面工作，市委书记杨原田，市委副书记、市长杨升岩，市委常委、副市长王培歧陪同调研。

同日 蓬莱市首届老年人高智尔球比赛在市老干部活动中心开赛，八仙队获团体第一名，李鸿波、陈红华、李镇名获三人小组定点赛前三名，谢少伟等 10 位选手被评为“优秀运动员”。

4月22日 市政协2016年“金秋助学”行动启动暨海德尔足球场落成仪式在小门家中学举行，捐资捐物60万元，惠及全市1500多名师生。

4月22—23日 国际郑和协会会长陈达生，印度尼西亚井里汶第十四世苏丹阿里耶夫，率领代表团来蓬，就推进海上丝绸之路联合申遗、捐助郑和文化馆、建设养生养老项目、国际马拉松赛事合作等事宜进行商讨。

4月25日 山东蓬翔汽车有限公司获批山东省技师工作站，举行挂牌仪式，并获省财政补助资金10万元。

4月27日 蓬莱市“两学一做”学习教育工作座谈会召开，对全市学习教育进行安排部署。市委书记杨原田出席会议并讲话，市委副书记、市长杨升岩主持会议。

同日 “认知海洋·呵护蔚蓝”科普知识进校园系列活动启动仪式在易三实验小学举行。该活动由市科协、市教体局联合主办，蓬莱八仙过海旅游有限公司承办，包括由海洋科普知识讲座、绘画大赛、夜宿活动等三部分。

4月28日 蓬莱市电商培训大会在博展商贸城举办，200余人参加培训会。

同日 由市总工会牵头举办的蓬莱市庆“五一”职工文艺会演在三仙山大剧院举行，来自全市各行各业的13支代表队进行集中会演。

4月29日 《中共蓬莱市委蓬莱市人民政府关于加强招商引资和招才引智工作的意见》（蓬发〔2016〕7号）制定实施。

同日 蓬莱市第三次农业普查工作全面展开，普查标准时点为2016年12月31日，时期资料为2016年度资料。

4月 蓬莱看守所获得公安部授予的“全国看守所‘五化建设’成绩突出单位”称号。

同月 中粮长城葡萄酒（烟台）有限公司获得中粮集团授予的“中粮集团科学技术奖”。

5月1日 蓬莱万寿机械有限公司李玉梅获得全国五一劳动奖章。

5月3日 全市“双招双引”动员大会召开，将招商引资和招才引智融合列为全市经济社会发展的“一号工程”。

5月4日 市委书记杨原田，市委副书记、市长杨升岩到蓬莱港调研指导工作。

5月14日 蓬莱籍运动员张国伟在国际田联钻石联赛上海站男子跳高比赛中以2米28获得亚军。

同日 由市文明办、市教体局、市直机关工委联合主办的第二届“德健体育杯”全民健步走活动举行，全程5公里，1000余名市民参加活动。

5月23—26日 在2016年全国职业院校技能大赛中职组烹饪赛中，烟台临港工业学校烹饪专业刘继宇在西式烹调赛项上获得银牌。

5月24日 原中央政治局委员、中央军事委员会副主席迟浩田携夫人到夏侯苏民纪念馆参观，并题写“夏侯苏民团长永远活在我们心中”，市委副书记、市长杨升岩陪同活动。

5月26日 山东省委副书记龚正等一行到刘家沟镇马家沟村调研乡村旅游及红色文化教育基地建设情况。

同日 2016山东省中小学生校园艺术节在和平文化广场拉开序幕，全市4980名师生参加演出，现场观众达5000余人。

5月30日—6月1日 国际葡萄酒设备技术暨葡萄、果蔬种植展览会在蓬举行，来自法国、德国、意大利、丹麦、西班牙等国家的200多家企业入展，集中展示国际一流的葡萄栽培、种植技术设备，葡萄酒包装、酿造、灌装、贮藏技术设备，其间，还举办葡萄酒产业发展高峰论坛和技术交流活动。

6 月 7 日 全市“百名干部联百企”活动动员会议召开，21 名市级、80 名部门副科级以上领导干部成为 101 家企业的“联企服务员”。

6 月 12 日 蓬莱籍运动员王梦瑶在亚洲青年锦标赛小轮车场地赛中获得亚军。

6 月 15 日 第 25 届山东人大新闻奖评审会在济南举行。市人大常委会牵头组织策划、市电视台拍摄的《履职尽责、心系百姓、建议落实、共谋发展》作品代表烟台市参选，获得一等奖，成为山东省唯一获此殊荣的县级市作品。

同日 宁夏回族自治区人大常委会副主任王儒贵一行到蓬调研葡萄产业发展情况，实地考察中粮长城葡萄酒（烟台）有限公司、君顶酒庄和国宾酒庄。

6 月 18—30 日 第四届“仙境蓬莱旅游嘉年华”活动举办，活动以“人间仙境·休闲蓬莱”为主题，主要包括市旅游局官方微信平台狂欢节、智游蓬莱电商平台大放送、宝龙海上仙街等你来嗨皮、就是爱旅游爱集戳、仙境蓬莱景区大特惠、仙境蓬莱海洋文化养生之旅启动仪式等六项主题活动。

6 月 29 日 蓬莱旅游度假区被国家质检总局正式命名为“全国海滨度假旅游产业知名品牌创建示范区”，成为全国唯一获此殊荣的海滨旅游产业集聚区。

7 月 12 日 “神仙日子 蓬勃未来”——2016蓬莱招商引智暨城市形象推介会在北京举行，来自央企、行业龙头企业、跨国公司及高校科研院所等 200 多名代表参加活动。中兴新能源、首旅寒舍高端民宿、威斯顿聚仙湾等 10 个项目达成合作意向。

7 月 14 日 烟台市人大常委会党组书记、第一副主任李淑芹率执法检查组到蓬检查《森林法》贯彻实施情况。市委书记杨原田，市人大常委会主任杜康生、副主任慕庆和，市政府副市长吴明光陪同检查。

7 月 15 日 第六届蓬莱市“杰出青少年市长奖”“优秀中小学生奖”颁奖典礼在三仙山大剧院举行，市委副书记、市长杨升岩，市人大常委会主任杜康生，市委常委、宣传部长曹承华，市政府副市长徐爱华，市政协副主席任建民出席典礼并为 9 名杰出青少年和 51 名优秀中小学生颁奖。

7 月 16 日—8 月 5 日 蓬莱市第十届“渤海燃气杯”篮球赛举办，来自全市各行各业的 28 支代表队 330 多名选手参与比赛，渤海燃气代表队获得冠军，烟台瑞邦、德健体育代表队分列第二、第三名。

7 月 21 日 国家发改委国家投资项目评审中心对蓬莱东港区客滚码头贯彻国防要求项目进行座谈。

7 月 29 日 大辛店镇获得农业部授予的“全国‘一镇一品’示范镇（苹果）”称号。

8 月 10 日 烟台市委书记孟凡利到蓬调研民生、社会事业工作情况，市委书记杨原田，市委常委、市政府常务副市长张祖玲及市委常委、政法委书记孙文陪同调研。

同日 蓬莱港客运码头有限公司客滚码头工程项目正式开工。该工程项目由烟台港集团蓬莱港有限公司、大连海运集团公司、蓬莱市城市建设投资集团有限公司三方合资建设，项目总投资 3.25 亿元，拟建设 3 万吨级客滚泊位 4 个，泊位设计年通过能力为滚装车辆 46 万辆，旅客 328 万人次，配套建设客运站等相关设施。

8 月 11 日 大柳行镇黑石村、大辛店镇井周村、巩家庄、南王街道七里庄村、紫荆山街道史家沟村、北沟镇冶王村、潮水镇费西村、刘家沟镇三赵村、南王街道杏吕村等 9 个村被列入全国乡村旅游扶贫重点村。

8月15日 烟台市委副书记王继东到蓬莱市登州街道检查指导基层党建工作，市委常委、组织部长李少娜陪同检查。

烟台市基层党建工作检查（右二为烟台市委副书记王继东，右一为市委常委、组织部长李少娜）

8月16日 2016年里约奥运会田径女子铁饼资格赛上，蓬莱籍运动员冯彬以第一投62.01米的成绩晋级决赛。

8月22日 烟台港蓬莱东港区客滚码头工程用海通过山东省人民政府批复，批准用海总面积53.9公顷，用海期限为50年。

8月25日 山东省委常委、组织部长杨东奇到刘家沟镇马家沟村考察美丽乡村和红色教育基地建设情况，烟台市委常委、组织部长于涛，市委书记杨原田及市委常委、组织部长李少娜等陪同活动。

8月30—31日 海峡两岸（蓬莱）经贸合作恳谈会在蓬举行，中国台湾商业总会、中国台北电脑公会、两岸经营者俱乐部等商业团组及各地台商协会与会。

9月6日 蓬莱市获得国家旅游示范工作评定委员会授予的“国家蓝色旅游示范基地”称号。

同日 中国地方志指导小组办公室副主任邱新立率社科院专家考察团一行45人到蓬参观考察登州博物馆、登州文会馆纪念馆，烟台市地方史志办公室主任季胜林、副主任范宇明，市委常委、市政府常务副市长张祖玲陪同参观。

9月9日 市委副书记、市长杨升岩，副市长徐爱华到第二实验中学看望慰问教师，并代表市委、市政府向全市广大教师致以节日祝贺和诚挚的祝福。

市领导到第二实验中学看望慰问教师（左二为市委副书记、市长杨升岩，左一为副市长徐爱华）

9月15日—10月15日 第四届仙境蓬莱“乡村与葡萄酒庄体验季”举办，开展“自驾蓬莱做神仙”“仙境葡萄采摘节”“山地露营”“葡萄酒马拉松”“仙境旅游新体验”等各种特色活动，吸引众多游客参与体验。

9月20日 全市不动产统一登记工作全面实行，整合土地、房屋、农业、林业、海洋等部门的不动产登记职责，由不动产登记部门承担。凤凰置业有限公司领到第一张《不动产权证书》。

9月24日 中国人保·烟台蓬莱葡萄酒半程马拉松赛在八仙雕塑广场拉开序幕。比赛分5公里短程和21公里半程马拉松，吸引了来自北京、上海、大连等全国各地马拉松爱好者近3000人参加。蓬莱选手张德成以1小时13分钟获得男子组半程马拉松第一名，选手杜娜以1小时28分钟获得女子组冠军。

2016 年中国人保·烟台蓬莱葡萄酒半程马拉松赛

9 月 28 日 2016 年山东木材流通协会第六届会员大会暨全省木材行业年会在蓬莱港举办。本届年会以“资源共享、创新发展、促进山东木材与木制品流通行业持续健康发展”为主题，吸引 50 余家木材商家参会。

9 月 30 日—10 月 3 日 蓬莱港 3 台 MQ25t-37m 型门座起重机的 7000 吨级驳船抵港安装。新门机额定起重量 25 吨，最大起重幅度 37 米，主要满足散杂货和木材、水泥等大宗货种的装卸作业。

10 月 1 日 境内满 60 周岁不满 65 周岁老年人乘坐公交车，享受半价优惠政策。

10 月 10 日 蓬莱市通过国家生态市考核验收。

同日 蓬莱阁街道被命名为“国家卫生乡镇”。

10 月 11 日 刘家沟镇获得住建部、发改委、财政部联合授予的“第一批中国特色小镇”称号。

10 月 16 日 新妇幼保健计划生育服务中心正式投入使用，投资总额 1000 万元，新增婴幼儿健康检查与生长监测、喂养指导，发育智商测定、气质分析，早期智力开发等促进儿童身心全面发展的系列保健服务项目。

10 月 18 日 蓬莱市首届中小学“市长杯”校园足球联赛在烟台临港工业学校开赛，全市 40 个学校 80 支代表队参加比赛。

10 月 19 日 蓬莱嘉信染料化工股份有限公司的“酸－碱性浴染色的黄色分散染料”获得中国专利优秀奖。

10 月 22—31 日 市委书记杨原田带领市侨办、市葡萄与葡萄酒局、烟台海关驻蓬莱办事处、大辛店镇、北沟镇等单位及部分企业主要负责人赴欧洲考察，先后到希腊、意大利、法国等国开展经贸洽谈活动。

10 月 22 日 “第 28 届世界模特小姐大赛中国总决赛颁奖盛典”在深圳落幕，蓬莱女孩代颖获得冠军。11 月 5 日，在国际总决赛上获得季军。

10 月 28 日 市公安消防大队获得公安部授予的“全国消防执法质量达标单位”称号。

10 月 29 日 蓬莱美丽乡村国家级农业综合标准化示范区项目通过考核验收。

10 月 31 日—11 月 2 日 在山东省职业院校技能大赛中职学生组数控车加工技术赛项中，烟台临港工业学校崔振玮夺得总分第一名，获得金牌。

11 月 1 日 “神仙日子 蓬勃未来”——蓬莱招商引智暨城市形象推介活动第二站在上海举行，200 多家央企国企、上市公司及高校、科研院所与会。中民汇洋投资合作、金牡丹环球嘉年华旅游综合体、蓬莱鲁班软件园、葡萄酒文化展览综合中心等 16 个项目与蓬莱签约或达成合作意向，涵盖旅游、造船海工、新能源等多个重点产业领域。

同日 山东民和牧业股份有限公司商品肉鸡试验二场获得“国家级畜禽养殖标准化示范场”称号。

同日 中国联合网络通信有限公司蓬莱分公司推出全市首个“美丽乡村”建设综合信息化服务平台，开展信息化应用下乡活动。

11 月 13 日 蓬莱文旅集团与阿里体育成功

举办2016蓬莱wo·run“迷踪跑”活动。邀请击剑冠军施嘉洛为特约嘉宾，吸引省内外800余名山地马拉松爱好者参与。

11月15日 蓬莱市获得农业部授予的“全国休闲农业和乡村旅游示范县”称号。

11月24日 蓬莱市获得国土资源部授予的“2016年地质灾害防治高标准‘十有县’”称号。

11月29日 在第三届山东省妇女创新创业大赛上，田春影《田家四姐妹创业项目》获得一等奖。

12月1日 山东省人大常委会组织的由新华网、大众日报等13家国家、省级媒体记者组成的联合采访团到蔚阳集团采访。

12月4日 蓬莱绿洁民和18兆瓦屋顶式分布光伏发电项目举行开工仪式。预计项目建成后，年销售收入约2100万元，实现税收约500万元。

12月6日 蓬莱市人民医院通过山东省卫生和计划生育委员会三级乙等综合医院现场评审。

12月20日 蓬莱阁街道水城社区渔民闫庆禄捕到一条超大鳗鱼，长达186厘米，重达13公斤。

12月21日 山东省卫生和计划生育委员会、山东省中医药管理局经报请国家中医药管理局审核，批复蓬莱市中医医院为三级甲等中医医院。

同日 蓬莱东港区客滚码头工程沉箱预制完成18个，累计浇筑54层。

12月27日 蓬莱阁管理处获得国家旅游局授予的“全国旅游标准化示范企业”称号。

JIBENSHIQING

基本市情

【位置　境域】 蓬莱市位于山东半岛北端，陆域地理坐标：东经 120°31′05″ ~ 121°06′18″、北纬 37°24′33″~ 37°49′52″。西邻龙口市，南邻栖霞市，东与烟台市福山区接壤，北濒渤、黄二海，与长岛县隔海相望。辖区境域东西最大横距 37.5 公里，南北最大纵距 46.4 公里，面积 1128.6 平方公里。

【建置　区划】 春秋时期属莱子国地，战国时期并于齐。秦属齐郡黄县地，汉属东莱郡黄县、牟平二县地，晋属东莱国黄县地。南北朝时期，先后属刘宋东莱郡、北魏东牟郡、北齐长广郡，俱为黄县、牟平二县地。隋朝先后属牟州、东莱郡黄县、牟平二县地。唐武德四年（621）于文登置登州、于黄县置牟州，属牟州牟平、黄县二县地。贞观元年（627）撤登州、牟州，入莱州，属莱州牟平、黄县二县地。贞观八年（634）置蓬莱镇，蓬莱镇属莱州黄县。如意元年（692）于牟平重置登州，蓬莱镇改属登州。神龙三年（707）登州治所迁蓬莱镇，升蓬莱镇为蓬莱县，为登州附郭县。天宝初，改登州为东牟郡；乾元初，复称登州。宋、元沿袭之。明洪武元年（1368），废蓬莱县入登州，属莱州府；洪武六年（1373），登州改属山东行省直辖；洪武九年（1376），升登州为府，复置蓬莱县。清沿袭之。

民国初，撤府留县，蓬莱县直属山东省。1914 年，省下设道，蓬莱县属山东省胶东道；1925 年，改属东海道。1928 年撤道，蓬莱县复直属省。1934 年，属山东省鲁东区。1937 年，属山东省第七行政区。

1938 年，蓬莱县抗日民主政府属北海专区。1950 年 5 月，属莱阳专区。1958 年 10 月，属烟台专区。1967 年 2 月，属烟台地区。1983 年 11 月，属烟台市。

1991 年 11 月 30 日，国务院批准蓬莱撤县设市（县级），由山东省直辖。12 月 27 日，山东省人民政府确定：蓬莱市由烟台市代管。

2016 年，共辖北沟、刘家沟、大辛店、小门家、大柳行、村里集、潮水等 7 个镇及登州、紫荆山、蓬莱阁、新港、南王等 5 个街道，共 584 个行政村（居委会）。

【地形地貌】 境内山岭岗丘绵延起伏，属低山丘陵地貌卷型，地形复杂，地势南高北低，由南向北逐步倾斜。南部为深山区，中部和北部为浅山丘陵区。山麓及河流中下游、滨海地区有小片平原（含少量洼地）。

境内南部有艾山山脉和崮山山脉，东南有磁山山脉，由此而派生的大小山丘绵延不绝，多为南北走向。

境内最高山峰艾山，海拔 814 米。除艾山外，境内海拔 500 米以上的山脉 9 座：婆家山、双角山、城皇山、紫牛山、插旗顶、老朵顶、磁山、南崮山、单孤顶。海拔 300 ~ 500 米的山脉 65 座。海拔 300 米以下的丘陵 472 座。

【水文】 境内河流多为季节性间歇河，源短流急，自南向北注入渤、黄二海。长度超过 3 公里的河流 88 条，其中流域面积大于 30 平方公里的 9 条，黄水河东支流为蓬莱第一大河，发源于村里集镇马山北麓，自南向北流经最后经岳家圈和大刘家村入龙口市界。境内长 36.8 公里，汇集长 3 公里以上支流 17 条，流域面积 239.6 平方公里。画河流经蓬莱城区，是蓬莱地方文明的主要发祥地之一。

【气候】 属北温带东亚季风区大陆性气候，大陆度 54.6%。因受海洋调节，较之于同纬度内陆具有某些海洋性气候特点。大气环流是影响蓬莱气候的重要因素。冬季一般受蒙古高压控制，盛行极地大陆气团或变性极地大陆气团；夏季受大陆低压和太平洋副热带高压影响，盛行热带太平洋气团；春秋两季则为蒙古高压与太平洋副热带高压交替控制期，形成气候过度，四季气候有明显差异。

2016年蓬莱气候特点是：气温偏高、降水偏少、日照时数偏少。全年降水分布不均，虽总体偏少，但并未造成严重干旱。夏季后期至秋季，降水相对充沛，墒情适宜，对农业生产有利。全年平均气温13.4℃，最高气温36.2℃，出现在7月25日；最低气温-14.0℃，出现在1月23日。全市降水量553.4毫米，全年日照时数2483.9小时。

【海域】 沿海海域东西横跨黄海、渤海，海岸偏北朝向，绝大部分为侵蚀型基岩岸，类型多样，沿岸坡度较大。自西而东有栾家口岬、老北山岬、湾子口岬、铜井岬。因山崖和岬角向海中延伸，形成一些天然港湾，适宜多种经济类鱼、虾、贝、藻繁衍生息。自然礁岸主要分布于北王村沿岸、老北山—田横山沿岸、抹直口沿岸、湾子口—铜井沿岸、解宋营沿岸；自然沙岸主要分布于聂家村沿岸、栾家口湾—下洙潘—林格庄—西庄沿岸、小海口外—小皂—矫格庄沿岸、南庄子—解宋营沿岸、墟里—衙前沿岸；自然泥质岸主要分布于朱家庄和刘家旺沿岸。浅海滩涂多有岩礁、砾石分布，约占滩涂总面积53.9%，主要滩涂有栾家口滩、湾子口滩、刘家旺滩、朱家庄滩、初旺滩。

远岸海流总体呈东西走向，近岸海流则受岸线分布影响，副流带流向、流速因地而异。受海洋气象和水文等因子影响，蓬莱沿海偶有潮位幅振现象发生，振幅有时可达90厘米。

【人口民族】 2016年末，蓬莱市户籍人口174694户，449075人，比上年增加329人。其中，男性222401人，女性226674人。出生3773人，人口出生率9.79‰，死亡率6.10‰，自然增长率3.69‰。

居民以汉族居多，还有满族、蒙古族、朝鲜族、回族等24个少数民族。2016年，蓬莱少数民族人口718人，其中，满族人口最多，有318人，其次蒙古族121人。

【2016年国民经济和社会发展】 2016年，全市实现生产总值502亿元，公共财政预算收入31.5亿元，固定资产投资457.3亿元。全市各项贷款余额308.8亿元，完成表外融资86.3亿元。三次产业比例优化调整为5.8∶51.8∶42.4。新签约项目70多个，引进“千人计划”“万人计划”专家4人，“泰山学者”等省部级人才工程入选者5人。全力以赴突破重大项目，中兴电力等项目相继落户，宝塔石化LNG等项目扎实推进，宝龙城市广场等项目投产运营，“智慧蓬莱”和智慧健康养老服务项目入选国家第三批政府和社会资本合作项目。产业转型步伐加快，全年接待游客924万人次、实现旅游总收入114亿元，拉菲酒庄等15个酒庄加快建设，引进建设颐福养老、瑞博生物制药等一批产业项目，烟台钢结构装配式建筑产业基地落户，北沟化工新材料产业聚集区被认定为烟台首个市级化工园区。蓬莱蔚阳新材料、烟台海益苗业和蓬莱鑫园工贸3个项目获得省重点研发计划立项。全市高新技术企业17家，国家级知识产权优势企业1家，省级知识产权优势企业2家。嘉信染料获得“中国专利优秀奖”。民和生物科技取得“新三板”批文，长发商贸、鑫丰生物、红地毯电子商务正式挂牌齐鲁股权交易托管中心，源力德海洋生物挂牌上海股权市场。刘家沟镇获

批首批“中国特色小镇”，北沟镇入选山东省重点示范镇，蓬莱阁街道被命名为“国家卫生乡镇”。国家生态市通过考核验收，新获得“全国休闲农业和乡村旅游示范县”“全国绿化模范县”等荣誉称号。2所学校被命名为国家级足球特色学校，5所学校被命名为国家级篮球特色学校。烹饪选手在全国技能大赛获银奖，数控车床加工技术专业选手获得省赛第一名。联合国教科文组织绿色生态研究实验教学基地落户蓬莱市。举办各类演出、赛事活动260多场次，举办镇村两级及机关企事业单位、社会组织文艺会演、交流活动1300多场次，参与群众20多万人次。“蓬莱阁庙会”被列入省级非物质文化遗产项目。扶贫工作精准实施，实现脱贫1134户、1868人。新增城镇就业再就业9012人，农村劳动力转移就业8645人，参加基本养老保险和医疗保险的人数分别达到36.7万人、40.2万人。

【精神文明建设】 以创建全国文明城市为抓手，探索建立健全常态化创建机制，进一步做好和谐文明创建、道德模范评选、志愿服务等精神文明建设工作，不断提升文明城市创建水平和城市文明程度。

文明城市创建 重点实施“三四七”计划，即“推进三大基础设施建设、开展四大整治提升行动、深化七大主题实践活动”。建立90多家部门工作台账和26类实地考察点位台账，成立8个督导小组，通过现场查看、会议培训、跟踪督导等方式，推进创城工作深入开展。强化典型培植，围绕镇村、小区、景区、窗口等9大实地考察点位类别，结合不同点位实际，高标准打造典型30多个。对全市1117个具体点位建立台账，并逐一验收通过，坚持每周抽查维护，确保常态化达标。对创城迎检材料进行整理汇总，建立71大类，180项迎检资料库。深入开展文明交通、文明旅游、文明餐桌、文明礼仪、文明劝导等活动，进一步加大“讲文明树新风”公益广告宣传力度，发放《致广大市民一封信》和宣传画15万份，确保广大群众知晓、理解、支持。

和谐文明创建活动 在机关、窗口、企业、村居、学校、家庭等6个层面深化和谐文明创建活动，并将创建活动结合到文明城市创建工作中，一并推进督导。加强道德载体建设，在各层面规范建立公益广告、志愿服务站点、道德讲堂、村居一约四会、善行义举四德榜。广泛开展丰富多彩的创建活动，先后组织开展党建精品文艺节目会演、“我的中国梦”演讲比赛、“社会主义核心价值观”诵读、“好家风好家训”评选等主题实践活动20多场次。抓好典型培植，通过实地考核、现场指导等方式，在各层面高标准分类培植8～10处示范点，组织开展培训、观摩活动，以点带面，提升整个层面的创建水平。

道德模范宣传活动 坚持用道德模范先进事迹广泛宣传，感召广大群众学习模范、争做模范。宣传2015年度蓬莱市道德模范48人、身边好人典型以及“身边的家庭榜样”典型78个，成功推荐“山东好人”9名、中国好人榜“好人365”封面人物1名。创新好人线索推荐方式，发动社会各界积极推荐好人线索，推荐数量列全省13个县级提名城市前列。在三八、五一等重要节日，推荐应宏光、魏丽梅、李玉梅、杨延学、刘文环5位烟台市级典型，在烟台市级各类媒体进行典型宣传。选取8名事迹突出、典型性强的道德模范，成立蓬莱市道德模范事迹报告团，在镇街、村居、企业、机关层面巡回宣讲10场次。

群众性精神文明创建活动 开展“讲文明树新风”公益宣传，通过公益广告牌、公交站亭、手机短信等各类宣传载体，刊播各类公益广告3.5

万条次。深入开展“我们的节日”主题活动，组织开展文艺展演、志愿服务、经典诵读等活动20多场次。大力在农村推进移风易俗工作，制定工作方案、责任分工等制度，推进“四会一约”建设。全市232个重点村居实现“四会一约”全覆盖，达到有场所、有制度、有牌子，有人员标准。电视台、报社、政府网站等媒体宣传展示移风易俗工作先进、特色鲜明的镇（街道）、村（居），刊发宣传报道20多篇次。

志愿服务规范化建设　启动“文明我先行”志愿服务活动，配套制定全市志愿服务队伍建设模板、志愿服务站点建设模板、志愿服务项目建设模板，建立科技、医疗、应急、助农、助残、助学等专业志愿服务队伍15支，城区社区、农村社区建立志愿服务站110多个，在小区、医院、景区、公园及公益性文体服务单位等广泛建立志愿服务点120多个。启动“志愿云”系统志愿者、志愿服务团体注册工作，累计完成志愿云系统团体注册420个，志愿者实名注册认证累计达1.44万多人。活动开展以来，累计120多个部门1000多名志愿者利用周末、节假日在城区20多个主要交通路口和公交站亭开展秩序维护、文明传递等志愿服务活动1000多次。

【生态文明建设】　坚持经济建设与生态保护并重，持续实施“生态立市”战略，实现经济发展与环境保护的有机结合，10月10日，蓬莱顺利通过国家生态市考核验收。

绿化工程　以荒山绿化、绿色通道和疏林补植为重点，完成造林绿化8万多亩，建成省级绿化示范镇2个，省级绿化示范村26个，烟台市级绿化示范镇5个，全市城镇人均公共绿地面积达23.97平方米，森林覆盖率达到45.6%。

碧水工程　出台《关于进一步加强河道及水源地环境治理的实施意见》，严格划定饮用水源地一、二级保护区，加大对全市集中式饮用水源地、重点水域的环境监察监测力度，全市水环境功能区全面达标。投资4亿多元，对城区、开发区的排水管网进行雨污分流及截污升级改造，城镇污水处理率达到87.86%。

蓝天工程　投资8.45亿元建成3处热源厂和配套供热管网，拆除燃煤锅炉300多台。投资8600万元建成集中供天然气工程，管网覆盖城区、开发区等区域。开展工业污染源综合整治，完成国电发电、东海热电、康达水泥等企业的废气处理设施提标改造。开展挥发性有机物综合治理，加油站、储油库、油罐车全部完成油气回收治理改造，化工、涂装等行业全部安装挥发性有机物处理装置。加强机动车尾气检测，全面淘汰黄标车，杜绝车辆“冒黑烟”现象。开展建筑工地、道路清扫、物料堆场、尾矿库等领域扬尘专项整治，做好裸露山体、城市裸露地表的绿化，依法取缔乱采乱挖行为。

洁净工程　按照“户集、村收、镇运、市处理”模式，投入2200万元在各镇街建设垃圾压缩中转站，在各村庄设置垃圾箱，全市584个行政村全部纳入城乡垃圾一体化处理。各医院、乡镇卫生院和医疗诊所的医疗垃圾，均委托有资质的单位进行无害化处置。工业固体废物用于筑路、发展新型建材、生产水泥等，危险废物全部委托有资质的单位进行处理。全市生活垃圾无害化处理率、工业固体废物处置利用率始终保持100%。

宁静工程　在主要交通路段设立禁鸣标志牌、严禁建筑施工单位休息时间作业、在工业企业中安装噪音治理设备等措施，不断降低噪音污染。同时，印发《关于加强社会生活噪声污染管理的通告》，环保、公安、住建等部门联合开展专项整治行动，发现违法违规行为，依法严厉查处。

2016年，城市交通干线噪声和区域环境噪声平均值分别为66.7和53.6分贝，达到相应功能区标准。

生态农业　以农业增效、农民增收为核心，有效配置科技要素和产业要素，培育壮大农业龙头企业，打造优势特色品牌，促进农业高新技术成果转化和产业全面升级。新建1处国家级、3处省级标准化示范区，建成无公害产品基地30万亩、绿色食品原料生产基地15万亩，“三品”种植面积比重达到61.43%。大力推广秸秆还田，建成户用沼气池1.5万个，规模化畜禽养殖场的粪污通过生产沼气、作有机肥等方式实现综合利用。

【全面深化改革】　2016年，按照烟台市“率先走在前列”的战略定位和“一二三四五”总目标，牢固树立和强化“围绕发展抓改革、抓好改革促发展”的思想，把落实改革举措与推动经济社会发展紧密结合，靠改革释放红利、激发活力、增添动力。

经济体制和生态文明体制领域　创新“双招双引”新机制。把招商引资和招才引智融合作为全市经济社会发展的“一号工程”。创新产业发展新机制。重新调整设立了旅游、海上风电、清洁能源、健康养老等8个产业发展办公室，推动优势产业向高端转型、新兴产业不断壮大。创新“百名干部联百企”工作机制。重点安排21名市级领导以及列入全市科学发展考核范围的80个部门，对具有一定规模和发展潜力的101家企业实行“一对一”联系服务，支持鼓励企业膨胀规模，提升层次。在全省企业家队伍建设电视会议上，郭树清省长对蓬莱市“百名干部联百企”的做法给予表扬。深化行政审批制度改革。对全市行政审批事项完成了三轮调整，事项数量精简至266项。公开行政审批事项业务手册和服务指南，并提供网络下载服务，实现了服务过程全透明。积极推进政务服务平台建设，梳理出140项计划实行全程网办或网上预审的审批项目，占审批事项总数的52%。印发《2016年推进简政放权放管结合优化服务转变政府职能工作方案》，统筹推进投资审批、职业资格、收费清理、商事制度等7个领域62项工作任务，保证了各项任务有序推进。深化房地产行业供给侧改革，通过政府购买商品房安置棚户区改造搬迁居民，确保货币化安置居民比例达到50%。加快市场主体培育。落实培育市场主体各项政策措施，推动市场主体扩容提质。深化财税体制改革。建立“全口径”政府预算体系，“四本”预算、部门预算和“三公”经费预算已全部公开；抓好财金公司管理和运营，共争取省、市引导基金参股的子基金3支，总规模24.7亿元。深化金融体制改革。制定出台《蓬莱市小额贷款保证保险试点办法》，在全市推广小额贷款保证保险制度。稳步实施国企改革。重点抓好文旅、城投集团的运营管理，其中文旅集团深入探索旅游与文化产业的融合，与北大青鸟集团合作，争创国家青少年研学基地，为全市旅游业增添了新亮点。深化农业农村改革。全面完成农村土地承包经营权确权登记颁证工作，获得烟台市考核第一名，5月份顺利通过了省级验收。统筹推进山东省生态文明乡村建设示范县创建工作。加快生态文明体制改革。培育发展垃圾处理市场主体，加强环保基础设施建设，推进蔚阳垃圾焚烧发电项目建设。

民主法制领域　加快推进公共法律服务体系建设。建立健全市、镇街、村（社区）三级公共法律服务平台，高标准建立市公共法律服务中心，12个镇街全部建立法律管家服务团，全市50%村居建立了法律管家工作室，实现公共法律服务城乡全覆盖。深入开展“法德共进”活动。成功开展了“法德共进”集中宣传日活动。继续开展“一堂一会一阵地”建设，成功打造示范镇2处、示范点7处。推进行政复议委员会试点工作。修改完善了《蓬莱市行政复议立案工作规则》《蓬莱市行政复议案件审理工作规则》，召开行政复议委员会案件审议会议2次，对重大、复杂的行政复议案件进行审议，对解决行政争议、建设法治蓬莱、构建和谐社会起到积极作用。推进人大工作体制机制创新。建立市人大常委会对市政府全口径预算审查监督的机制，将一般公共预算、政府性基金预算、国有资本经营预算和社会保险基金预算全部纳入预算监督范围，进一步推动了预算监督由程序性监督向实质性监督的转变。健全完善“一府两院”召开人大代表座谈会听取意见建议的机制，让来自社会各行业领域的人大代表及时了解“一府两院”相关信息，加强联系沟通，取得相互理解和支持。推进政协工作体制机制创新。加强人民政协协商民主建设，构建政协提案办理工作机制，镇街政协委员联络机构进一步健全完善。

社会事业体制领域　深化教育综合改革。大力开展义务教育阶段学区制改革试点工作，着力破解制约教育发展的体制机制问题。稳步推进校长职级制改革，出台《关于推行义务教育学校校长职级制改革的意见》，完成对校长职级评定，把校长从官本位的传统束缚中解放出来，让校长走向职业化、专业化。抓好医疗卫生领域改革。继续深化公立医院综合改革，严格执行药品零差率销售制度。有序开展省级分级诊疗试点工作，制定出台《蓬莱市推进分级诊疗制度建设实施方案》，初步形成“基层首诊、双向转诊、急慢分治、上下联动”的分级诊疗制度。积极发展健康服务产业。探索“医疗+养老”新模式，成功打造了蓬莱中医医院涌泉康护中心，建设3处城市社区老年人日间照料中心和10处农村幸福院，为建设智能健康养老示范基地奠定了坚实基础。

社会治理体制领域　深入推进司法制度改革。深化审判公开、检务公开、警务公开改革，通过创新媒体公开平台，丰富司法公开形式。严格落实法院内部人员过问案件的记录、通报和责任追究制度和领导干部干预司法记录、通报、追责规定，健全司法机关和社会公众有效沟通机制，设立1处律师工作室，并通过在电视、报纸等媒体开设专栏，规范案件的报道。创新社会管理体制机制。深入推进立体化社会治安防控体系建设，完善城市、农村、海上、网上、空中“五位一体”防控布局，并以智慧城市建设为契机，重点推进农村高清监控建设，逐步接入天网平台。积极推进户籍制度改革。着力解决无户口人员登记户口问题。开展“网+”行动，引导流动人口通过互联网申报居住登记，流动人口信息登记率不断提高。深化信访制度改革。推广应用烟台市“互联网+信访”信息平台，并延伸到重要职能部门、镇街、村居。深入开展信访基层基础建设，设立“蓬莱市人民来访联合接访大厅”，配齐硬件设施，集中接待受理、联合接访调处、跟踪督办。深化城市管理体制改革。创新城市治理方式，成立城市管理委员会，完善管理机制、明确职责分工，实行网格化、数字化管理。

文化体制领域　完善舆论报送和引导机制。建立了舆情日报告和热点舆情反馈督办机制。建立宣传导向调控、重大主题策划等制度，进一步引导全市重大活动的社会舆论方向。建立传统媒体和新兴媒体融合发展工作机制，先后在蓬莱发布、蓬莱电视台、今日蓬莱报社等微信公众号发布信息790多条，在官方微博发布信息820多条。大力实施文化惠民工程。不断完善文化基础设施，推动文化产业创新发展。升级改造了全市图书馆、文化馆，完善了市镇村三级文化设施建设。推动文化产业转型升级。组织实施蓬莱市“互联网+文化产业”行动方案，“创客蓬莱”新媒体电影已拍摄4部。深化国有文化资产管理改革。制定《蓬莱市关于推动国有文化企业把社会效益放在首位、实现社会效益和经济效益相统一的指导意见》，确保国有文化企业始终坚持正确文化立场，提供更多有意义有品位有市场的文化服务。出台《蓬莱市“十三五”时期文化改革发展规划》，在加快构建现代公共文化服务体系、文化产业转型升级、建立健全现代文化市场体系等方面明确了思路。

党的建设体制领域　落实从严治党主体责任。重点打造“一书一盘一平台一基地”学习载体，开展了“两学一做”学习教育集中测试、主题征文、评选等活动。加强干部人事制度改革。继续推动实施经济型干部“3360”工程。加强党的基层组织建设制度改革。落实党建主体责任，在全市推广镇街党工委书记抓基层党建项目，申报精品项目53个，建立书记项目库和管理台账，全力推动党建主体责任落到实处。开展党建扶贫工作，向省定贫困村派驻40名“第一书记”驻村开展工作，通过党建扶贫有力推动了精准脱贫工作的开展。完善人才引进机制和考核体系。建立“乡音人才”信息库，从中聘请一批招才引智大使，在珠三角、长三角、京津冀、胶东半岛等经济发达地区和人才集聚区建立招才引智工作站，构建起高效快捷的招才引智网络。出台《蓬莱市人才工作目标责任制考核办法》，修订了《蓬莱市高层次人才引进工作专项考核办法》，通过考核更好地推动人才工作开展。改进创新干部选拔任用方式。调整和完善遴选程序和方法，不搞“海选”式民意测评，结合县乡领导班子换届，组成6个考察组，采取先个别谈话、后会议推荐的方式，对全市12个镇街进行了换届考察，防止简单以票取人。

纪律检查体制领域　推进“两个责任”落实。在全市推行落实党风廉政建设主体责任工作台账和加强日常监管抓早抓小工作台账制度。组织签订三个责任书。按照各级纪委全会精神对党风廉政建设主体责任书、“一岗双责”责任书和监督责任书内容进行完善，明确各级党组织书记、班子成员、纪委书记的具体职责。推进市级党政班子成员向同级纪委全会述廉述责工作，全体纪委委员以无记名投票的方式对述廉述责对象“遵守党的纪律情况”“落实主体责任情况”“总体评价”三方面内容进行了现场测评，并将测评结果进行了反馈。加强基层党风廉政建设。开展镇街直查直纠行动，重点查处镇村存在的损害群众利益的不正之风和腐败问题及违反中央八项规定精神问题。创新提名考察办法。落实镇街纪委书记和副书记、市纪委派驻纪检组组长和副组长、市管企业纪委书记和副书记三个《提名考察办法》。做好纪委机关内设机构改革。调整后的纪委机关、监察局共设8个内设机构，行政编制达到31名，监督执纪机构人员编制占机关编制总数67.7%，完成了上级纪委下达的目标任务，监督执纪问责的主业更加突出。推动纪检委员逐步向村居、社区等基层党组织全覆盖。

SHIJILINGDAO JIANJIE

市级领导简介

市委常委

杨原田 1975年2月出生，男，汉族，山东临沂人，省委党校研究生学历，1994年11月入党，1996年7月参加工作，现任中共蓬莱市委书记、蓬莱市委党校校长。

1992年9月—1996年7月，武汉食品工业学院机电工程系机械设计与制造专业学习。1996年7月—1998年4月，临沂市河东区八湖镇党委干事、秘书、团委副书记、团委书记。1998年4月—12月，临沂市河东区八湖镇党委宣传委员。1998年12月—2000年7月，临沂市河东区团区委书记。2000年7月—2003年2月，沂水县县长助理、党组成员（其间：1999年8月—2001年10月，山东大学经济学院政治经济学专业研究生课程进修班学习；2001年2月—4月，在临沂市委党校县级干部进修班学习）。2003年2月—2007年1月，沂水县副县长（其间：2006年7月—2007年7月，兼任沂水经济开发区党工委书记）。2007年1月—2008年12月，中共沂水县委常委、组织部部长（其间：2007年3月—12月，参加山东省中青年干部赴美国培训班学习）。2008年12月—2010年12月，中共沂水县委副书记（其间：2006年9月—2009年5月，山东省委党校在职干部研究生班经济管理专业学习）。2010年12月—2011年2月，中共沂水县委副书记、副县长、代县长。2011年2月—2016年1月，中共沂水县委副书记、县长。2016年1月，中共蓬莱市委书记、蓬莱市委党校校长。

杨升岩 1970年1月出生，男，汉族，山东莱州人，研究生学历，1991年7月参加工作，1994年3月入党，现任中共蓬莱市委副书记，市政府市长、党组书记。

1987年9月—1991年7月，烟台师范学院化学教育专业学习。1991年7月—1994年11月，烟台师范学院成人教育处干事。1994年11月—1996年5月，中共烟台市莱山区委办公室秘书科秘书。1996年5月—1997年9月，中共烟台市莱山区委办公室秘书科副科长。1997年9月—1998年9月，中共烟台市莱山区委办公室秘书科科长。1998年9月—1999年10月，中共烟台市莱山区委办公室副主任。1999年10月—2001年2月，烟台市莱山区初家街道工委副书记兼纪工委书记。2001年2月—2002年1月，烟台市高新区盛泉工业园工委副书记、管委副主任、主任科员。2002年1月—7月，烟台市莱山区滨海路街道工委副书记、办事处主任。2002年7月—2006年12月，烟台市劳动和社会保障局副局长。2006年12月—2007年1月，中共海阳市委常委。2007年1月—2012年12月，中共海阳市委常委、组织部部长。2012年12月—2013年12月，中共海阳市委副书记、组织部部长。2013年12月—2016年2月，中共蓬莱市委副书记。2016年2月，中共蓬莱市委副书记，市政府市长、党组书记。

林　平　1973年11月出生，男，汉族，山东威海人，大学学历，1994年7月参加工作，2000年6月入党，现任中共蓬莱市委副书记（正县级）。

1990年9月—1994年7月，山东经济学院财政金融系财政学专业学习。1994年7月—1998年10月，烟台开发区财税局国资处科员。1998年10月—2000年4月，烟台开发区财政局办公室科员。2000年4月—2001年9月，烟台开发区财政局企业财务总监。2001年9月—2003年3月，烟台开发区政府采购管理办公室主任。2003年3月—2004年9月，烟台开发区财政局办公室主任。2004年9月—2005年9月，烟台开发区财政局局长助理。2005年9月—2016年1月，烟台开发区财政局副局长。2016年1月—2月，烟台开发区财政局副局长、金融办主任。2016年2月—12月，烟台开发区金融办主任、党组书记。2016年12月，中共蓬莱市委副书记（正县级）。

王培岐　1974年10月出生，男，汉族，山东蓬莱人，省委党校研究生学历，1995年3月入党，1996年7月参加工作，现任中共蓬莱市委常委，市政府副市长、党组副书记。

1992年9月—1996年7月，莱阳农学院园艺系果树专业学习。1996年7月—1997年3月，烟台市芝罘区黄务镇政府果树站办事员。1997年3月—10月，烟台市芝罘区黄务镇政府外经委办事员。1997年10月—1998年8月，烟台市芝罘区卧龙外商投资开发区管委办事员。1998年8月—11月，烟台市芝罘区黄务镇政府外经委副主任、卧龙外商投资开发区管委涉外经济部部长。1998年11月—2000年2月，烟台市芝罘区黄务镇党委委员。2000年2月—2002年12月，共青团烟台市芝罘区委副书记。2002年12月—2007年1月，共青团烟台市芝罘区委书记。2007年1月—2011年11月，中共烟台市芝罘区委常委、副区长。2011年11月—12月，中共蓬莱市委常委、市政府提名副市长。2011年12月—2016年12月，中共蓬莱市委常委，市政府副市长、党组成员。2016年12月，中共蓬莱市委常委，市政府副市长、党组副书记。

孙　文　1969年12月出生，男，汉族，山东蓬莱人，省委党校研究生学历，1988年7月参加工作，1992年6月入党，现任中共蓬莱市委常委、宣传部部长。

1985年9月—1988年7月，蓬莱师范学校普通专业学习。1988年7月—1991年5月，蓬莱县图书馆管理员。1991年5月—1992年1月，蓬莱县人民政府办公室秘书。1992年1月—1992年6月，蓬莱市人民政府办公室秘书。1992年6月—1994年1月，蓬莱市人民政府办公室综合科副科长。1994年1月—4月，蓬莱市人民政府办公室法制科副科长。1994年4月—1996年1月，蓬莱市人民政府办公室法制科科长。1996年1月—2000年3月，蓬莱市人民政府办公室副主任、党组成员。2000年3月—7月，蓬莱市人民政府副秘书长、办公室副主任、党组成员。2000年7月—2001年11月，蓬莱市大季家镇党委副书记、镇长。2001年11月—2002年12月，蓬莱旅游度假区管委副主任、工委委员。2002年12月—2007年1月，蓬莱旅游度假区管委副主任、工委委员，蓬莱阁街道工委书记。2007年1月—2009年5月，蓬莱市建设管理局局长、党委书记。2009年5月—2010年6月，中共蓬莱市委办公室主任。2010年6月—2010年11月，中共蓬莱市委常委、秘书长、办公室主任。2010年11月—2013年10月，中共蓬莱市委常委、办公室主任。2013年10月—2016年12月，中共蓬莱市委常委、政法委书记。2016年12月，中共蓬莱市委常委、宣传部部长。

仲　良　1965年7月出生，男，汉族，山东莱州人，大学学历，1987年7月参加工作，1993年6月入党，现任中共蓬莱市委常委、政法委书记。

1984年9月—1987年7月，烟台师范学院物理专业学习。1987年7月—1991年5月，蓬莱县劳动局技工学校教师。1991年5月—1992年1月，蓬莱县人大常委会办公室干事。1992年1月—3月，蓬莱市人大常委会办公室干事。1992年3月—1994年8月，蓬莱市人大常委会办公室秘书科副科长。1994年8月—1995年4月，蓬莱市人大常委会办公室行政科科长。1995年4月—1999年6月，蓬莱市人大常委会办公室副主任。1999年6月—12月，蓬莱市人大常委会秘书长、党组成员、办公室主任。1999年12月—2002年12月，蓬莱市人大常委会委员、秘书长、党组成员、办公室主任。2002年12月—2006年8月，蓬莱市小门家镇党委书记。2006年8月—2010年6月，蓬莱市大辛店镇党委书记。2010年6月—2010年7月，蓬莱市人民政府提名副市长、党组成员。2010年7月—2013年8月，蓬莱市人民政府副市长、党组成员。2013年8月—9月，蓬莱市人民政府副市长、党组成员兼城市建设投资集团公司董事长、党委书记。2013年9月—2015年3月，中共蓬莱市委常委、市政府党组成员兼城市建设投资集团公司董事长、党委书记。2015年3月—2016年12月，中共蓬莱市委常委、市政府党组成员。2016年12月，中共蓬莱市委常委、政法委书记。

郑　钧　1970年3月出生，男，汉族，山东烟台芝罘人，省委党校研究生学历，1989年12月参加工作，1994年3月入党，现任中共蓬莱市委常委、纪委书记。

1989年12月—1993年5月，烟台市福山区粮食局秘书。1993年5月—1995年8月，中共烟台市福山区委办公室秘书。1995年8月—1998年11月，中共烟台市福山区委办公室督查科科长。1998年11月—1999年11月，中共烟台市福山区委政策研究中心副主任。1999年11月—2001年12月，中共烟台市福山区委办公室副主任、政策研究室副主任。2001年12月—2005年12月，中共烟台市福山区委办公室副主任、政策研究室主任。2005年12月—2006年7月，烟台市福山区高疃镇党委副书记、镇长。2006年7月—12月，烟台市福山区高疃镇党委书记、人大主席。2006年12月—2011年12月，烟台市福山区高疃镇党委书记。2011年12月—2013年9月，长岛县政府副县长、党组成员。2013年9月—10月，中共长岛县委常委、纪委书记，县政府副县长、党组成员。2013年10月—2016年12月，中共长岛县委常委、纪委书记。2016年12月，中共蓬莱市委常委、纪委书记。

李少娜 1970年10月出生，女，汉族，山东栖霞人，省委党校研究生学历，1991年7月参加工作，1997年12月入党，现任中共蓬莱市委常委、组织部部长。

1989年9月—1991年7月，山东工业大学电子计算机工程系计算机及应用专业学习。1991年7月—1999年6月，中共烟台市委办公室科员。1999年6月—2002年11月，中共烟台市委办公室副主任科员。2002年11月—2005年2月，中共烟台市委办公室秘书二科副科长。2005年2月—2007年12月，中共烟台市委办公室秘书二科主任科员。2007年12月—2012年9月，中共烟台市委办公室秘书二科科长。2012年9月—12月，中共烟台市委督查室副主任。2012年12—2013年12月，中共烟台市委督查室主任。2013年12月—2014年1月，中共蓬莱市委常委。2014年1月—2015年8月，中共蓬莱市委常委、组织部部长。2015年8月—2016年12月，中共蓬莱市委常委、组织部部长、统战部部长。2016年12月，中共蓬莱市委常委、组织部部长。

薛建伟 1969年6月出生，男，汉族，山东招远人，省委党校研究生学历，1991年12月入党，1992年7月参加工作，现任中共蓬莱市委常委、统战部部长，市政府党组成员。

1988年10月—1992年7月，山东建筑材料工业学院无机材料科学与工程系硅酸盐工程专业学习。1992年7月—1996年10月，烟台市福山区职业中等专业学校教师（其间：1994年8月—1995年7月，挂职担任烟台市第二水泥厂化验室副主任）。1996年10月—2000年7月，共青团烟台市福山区委干事。2000年7月—2001年1月，烟台市福山区东厅镇副镇长。2001年1月—2002年2月，烟台市福山区高疃镇党委委员、武装部长。2002年2月—12月，共青团烟台市福山区委书记、党组书记。2002年12月—2005年12月，烟台市福山区清洋街道工委副书记、办事处主任。2005年12月—2007年1月，烟台市福山区粮食局局长。2007年1月—4月，中共烟台市福山区委组织部副部长、主任科员。2007年4月—2011年1月，中共烟台市福山区委组织部副部长、主任科员，区直机关工委书记。2011年1月—2013年4月，烟台市福山区回里镇党委书记、人大主席。2013年4月—2014年1月，中共烟台市福山区委组织部常务副部长、区老干部活动中心主任。2014年1月—8月，中共烟台市福山区委组织部常务副部长，区编办主任、区老干部活动中心主任。2014年8月—2015年12月，中共烟台市福山区委组织部常务副部长、区编办主任。2015年12月—2016年12月，中共烟台市福山区委组织部常务副部长。2016年12月—2017年2月，中共蓬莱市委常委、统战部部长。2017年2月，中共蓬莱市委常委、统战部部长，市政府党组成员。

鲁　伟 1971年1月出生，男，汉族，山东蓬莱人，省委党校研究生学历，1989年11月参加工作，1994年11月入党，现任中共蓬莱市委常委，市委办公室主任兼全面深化改革领导小组办公室主任。

1989年11月—1991年2月，中国人民解放军9733工厂工人。1991年2月—1992年1月，蓬莱县人大常委会办公室公务员。1992 年 1 月—1993 年 12 月，蓬莱市人大办公室公务员。1993 年 12 月—1995 年 7 月，蓬莱市人大办公室文书。1995 年 7 月—1998 年 5 月，蓬莱市人大常委会办公室行政科副科长。1998 年 5 月—2001 年 1 月，蓬莱市人大常委会办公室行政科科长。2001 年 1 月—2004 年 8 月，蓬莱市人大常委会办公室副主任。2004 年 8 月—2008 年 3 月，蓬莱市紫荆山街道工委副书记（政工）。2008 年 3 月—2009 年 5 月，蓬莱市紫荆山街道工委副书记、办事处主任。2009 年 5 月—2011 年 2 月，蓬莱经济开发区工委副书记、管委副主任，新港街道工委副书记、办事处主任。2011 年 2 月—12 月，蓬莱经济开发区工委副书记、管委副主任，新港街道工委书记、办事处主任。2011 年 12 月—2015 年 3 月，蓬莱市刘家沟镇党委书记。2015 年 3 月—2016 年 4 月，蓬莱市人民政府党组成员，办公室主任、党组书记兼侨务办公室主任、归国华侨联合会主席。2016 年 4 月—12 月，蓬莱市人民政府党组成员，办公室主任、党组书记。2016 年 12 月—2017 年 1 月，中共蓬莱市委办公室主任兼全面深化改革领导小组办公室主任。2017 年 1 月，中共蓬莱市委常委、办公室主任兼全面深化改革领导小组办公室主任。

市人大常委会主任、副主任

杜康生 1961年8月出生，男，汉族，山东蓬莱人，省业余大学学历，1980年9月参加工作，1984年6月入党，现任蓬莱市人大常委会主任、党组书记。

1980年9月—1986年3月，中共蓬莱县委办公室机要科机要员。1986年3月—1987年4月，中共蓬莱县委办公室机要科副科长。1987年4月—11月，中共蓬莱县委办公室机要科科长（副科级）。1987年11月—1992年1月，中共蓬莱县委机要科科长（副科级）。1992年1月—10月，中共蓬莱市委机要科科长（副科级）。1992年10月—1996年7月，蓬莱市小门家乡党委副书记、乡长。1996年7月—1997年2月，蓬莱市小门家镇党委副书记、镇长。1997年2月—2001年1月，蓬莱市小门家镇党委书记。2001年1月—11月，蓬莱市登州街道工委书记、办事处主任。2001年11月—12月，蓬莱市登州街道工委书记。2001年12月—2007年1月，蓬莱市人民政府副市长、党组成员。2007年1月—2010年6月，中共蓬莱市委常委，市政府副市长、党组副书记。2010年6月—2011年11月，中共蓬莱市委常委，市政府副市长、党组副书记、蓬莱师范学校党委书记。2011年11月—12月，中共蓬莱市委常委，提名市人大常委会副主任，市政府副市长、党组副书记，蓬莱师范学校党委书记。2011年12月—2012年1月，提名蓬莱市人大常委会副主任、党组副书记，市政府副市长，蓬莱师范学校党委书记。2012年1月—12月，蓬莱市人大常委会副主任、党组副书记，蓬莱师范学校党委书记。2012年12月—2013年2月，蓬莱市人大常委会第一副主任（正县级）、党组副书记。2013年2月—2016年1月，蓬莱市人大常委会第一副主任（正县级）、党组书记。2016年1月—2月，提名蓬莱市人大常委会主任、党组书记。2016年2月，蓬莱市人大常委会主任、党组书记。

慕庆和 1962年9月出生，男，汉族，山东龙口人，省委党校研究生学历，1982年7月参加工作，1992年6月入党，现任蓬莱市人大常委会副主任、党组成员。

1978年10月—1982年7月，山东农业机械化学院拖拉机、汽车修理专业学习。1982年7月—1987年5月，山东蓬莱汽车改装厂技术员、检查科科长。1987年5月—12月，蓬莱县标准计量局质量监督股干部。1987年12月—1991年8月，蓬莱县标准计量局质量监督股副股长。1991年8月—1992年1月，蓬莱县标准计量局质量监督股股长。1992年1月—12月，蓬莱市标准计量局质量监督股股长。1992年12月—1995年1月，蓬莱市大辛店镇政府副镇长。1995年1月—1997年12月，蓬莱市大辛店镇党委副书记、镇长。1997年12月—1998年3月，蓬莱市虎路线镇党委书记。1998年3月—2000年7月，蓬莱市解宋营镇党委书记。2000年7月—2001年11月，蓬莱市建设委员会主任、党委书记。2001年11月—2002年12月，蓬莱市规划建设管理局局长、党委书记。2002年12月—2005年6月，蓬莱市建设管理局局长、党委书记。2005年6月—2007年1月，蓬莱市人民政府副市长、党组成员，建设管理局局长、党委书记。2007年1月—2012年12月，蓬莱市人民政府副市长、党组成员。2012年12月—2013年1月，提名蓬莱市人大常委会副主任、市政府党组成员。2013年1月—2月，蓬莱市人大常委会副主任、市政府党组成员。2013年2月，蓬莱市人大常委会副主任、党组成员。

宋庆文 1961年2月出生，男，汉族，山东蓬莱人，大学学历，1982年7月参加工作，1990年9月入党，现任蓬莱市人大常委会副主任、党组成员。

1978年10月—1982年7月，山东建筑工程学院建筑机械专业学习。1982年7月—1983年9月，蓬莱县住宅公司技术员。1983年9月—1985年11月，蓬莱县建委技术员。1985年11月—1987年12月，蓬莱县建筑公司技术员。1987年12月—1990年6月，蓬莱县汽车制修厂厂长。1990年6月—8月，蓬莱县经济委员会技改科干部。1990年8月—1991年8月，蓬莱县经济委员会技改科副科长。1991年8月—1992年1月，蓬莱县经济委员会技改科科长。1992年1月—5月，蓬莱市经济委员会技改科科长。1992年5月—1993年11月，蓬莱市于家庄乡政府副乡长（挂职）。1993年11月—1995年12月，蓬莱市南王镇政府副镇长。1995年12月—1997年12月，蓬莱市马格庄镇党委副书记、镇长。1997年12月—1998年11月，蓬莱市南王镇党委书记。1998年11月—2001年11月，蓬莱市经济贸易委员会主任、党委书记。2001年11月—2007年1月，蓬莱市经济贸易局局长、工委书记。2007年1月—2008年3月，蓬莱市卫生局局长、党委副书记。2008年3月—2010年11月，蓬莱市教育体育局局长、党委书记，市政府教育督导室主任督学。2010年11月—2011年12月，蓬莱市教育体育局局长、党委书记，市政府教育督导室主任督学，山东省蓬莱第一中学党委书记。2011年12月—2013年12月，蓬莱市教育体育局局长、党委书记，山东省蓬莱第一中学党委书记。2013年12月—2014年1月，蓬莱市人大常委会提名副主任、党组成员，教育体育局党委书记。2014年1月，蓬莱市人大常委会副主任、党组成员。

吴明光 1965年9月出生，男，汉族，山东蓬莱人，大学学历，1987年7月参加工作，2000年7月入党，现任蓬莱市人大常委会副主任、党组成员。

1983年9月—1987年7月，哈尔滨电工学院电机专业学习。1987年7月—1990年10月，青岛市专用汽车厂助理工程师。1990年10月—1992年1月，蓬莱县标准计量局质量监督股科员。1992年1月—1993年1月，蓬莱市标准计量局质量监督股科员。1993年1月—1994年1月，蓬莱市标准计量局质量监督股副股长。1994年1月—1996年7月，蓬莱市技术监督局宣教法规科副科长。1996年7月—1997年2月，蓬莱市技术监督局宣教法规科科长。1997年2月—1998年11月，蓬莱市龙山店镇副镇长。1998年11月—2001年1月，蓬莱市小门家镇副镇长。2001年1月—4月，中共蓬莱市委组织部干部科干事（保留副科待遇）。2001年4月—11月，中共蓬莱市委组织部企业干部科副科长（保留副科待遇）。2001年11月—2002年12月，蓬莱市经济贸易局副局长、工委委员。2002年12月—2007年1月，蓬莱市大辛店镇党委副书记、镇长。2007年1月—2008年7月，蓬莱市南王街道工委书记。2008年7月—2009年4月，蓬莱经济开发区工委副书记、管委副主任（均列第一位），新港街道工委书记。2009年4月—2011年2月，蓬莱经济开发区工委书记、管委主任，新港街道工委书记。2011年2月—2012年12月，蓬莱经济开发区工委书记、管委主任。2012年12月—2013年1月，提名蓬莱市人民政府副市长。2013年1月—2月，蓬莱市人民政府副市长。2013年2月—2016年12月，蓬莱市人民政府副市长、党组成员。2016年12月—2017年2月，蓬莱市人民政府副市长、市人大常委会党组成员。2017年2月，蓬莱市人大常委会副主任、党组成员。

宋　霞　1968年6月出生，女，汉族，山东蓬莱人，大学学历，非中共党员，1990年7月参加工作，现任蓬莱市人大常委会副主任。

1986年9月—1990年7月，山东工业大学焊接工艺与设备专业学习。1990年7月—1991年7月，蓬莱县工艺美术机械厂技术科技术员。1991年7月—1992年1月，蓬莱县工艺美术机械厂技术科助理工程师。1992年1月—1994年12月，蓬莱市工艺美术机械厂技术科助理工程师。1994年12月—1996年4月，蓬莱市人民检察院反贪局侦查一科干部。1996年4月—1997年2月，蓬莱市人民检察院反贪局综合科干部。1997年2月—1999年4月，蓬莱市人民检察院反贪局综合科书记员。1999年4月—2000年7月，蓬莱市人民检察院反贪局综合科助理检察员、汽车改装厂挂职副厂长。2000年7月—2001年11月，蓬莱市登州街道妇联主任。2001年11月—2007年3月，蓬莱市科学技术局副局长。2007年3月—11月，蓬莱市人大常委会内务司法工作委员会副主任。2007年11月—12月，蓬莱市人大常委会教科文卫工作委员会主任。2007年12月—2010年6月，蓬莱市人大常委、教科文卫工作委员会主任。2010年6月—2012年1月，蓬莱市统计局局长。2012年1月—2016年12月，政协蓬莱市委员会副主席、市统计局局长。2016年12月—2017年2月，政协蓬莱市委员会副主席。2017年2月，蓬莱市人大常委会副主任。

王培成　1963年10月出生，男，汉族，山东蓬莱人，大学学历，1986年7月参加工作，1992年8月入党，现任蓬莱市人大常委会副主任、党组成员。

1982年8月—1986年7月，山东工业大学锻压工艺与设备专业学习。1986年7月—1988年4月，蓬莱县动力机械配件厂技术员。1988年4月—1992年1月，蓬莱县经济委员会技术改造科科员。1992年1月—6月，蓬莱市经济委员会技术改造科科员。1992年6月—1994年1月,蓬莱市经济委员会技术改造科副科长。1994年1月—3月，蓬莱市工业经济委员会技术改造科副科长。1994年3月—1996年9月，蓬莱市工业经济委员会技术改造科科长。1996年9月—1997年2月，蓬莱市经济贸易委员会技术改造科科长。1997年2月—1999年6月，蓬莱市项目办副主任。1999 年 6 月—2001 年 11 月，蓬莱市经济贸易委员会副主任。2001 年 11 月—2002 年 12 月，蓬莱市经济贸易局副局长、工委委员，安全生产监督管理局局长。2002 年 12 月—2004 年 2 月，蓬莱市经济贸易局副局长、工委委员，安全生产监督管理局局长（正科级）。2004 年 2 月—8 月，蓬莱市安全生产监督管理局局长。2004 年 8 月—2006 年 3 月，蓬莱市安全生产监督管理局局长、党组书记。2006 年 3 月—2007 年 3 月，蓬莱市人民政府副秘书长，安全生产监督管理局局长、党组书记。2007 年 3 月—2010 年 6 月，蓬莱市经济贸易局局长、工委书记。2010 年 6 月—12 月，蓬莱市经济和信息化局局长、工委书记。2010 年 12 月—2011 年 12 月，蓬莱旅游度假区工委书记，市经济和信息化局局长、工委书记。2011 年 12 月—2013 年 2 月，蓬莱旅游度假区工委书记，市财政局局长、党组书记，预算外资金管理局局长，基层财政管理局局长。2013 年 2 月—2014 年 1 月，蓬莱旅游度假区工委书记，市财政局局长、党组书记，预算外资金管理局局长，镇街财政管理指导中心主任，城市建设投资集团公司董事，蓬莱阁文化旅游集团公司董事。2014 年 1 月—8 月，蓬莱旅游度假区工委书记，市财政局局长、党组书记，镇街财政管理指导中心主任，城市建设投资集团公司董事，蓬莱阁文化旅游集团公司董事。2014 年 8 月—2015 年 3 月，蓬莱市人民政府党组成员，市财政局局长、党组书记，镇街财政管理指导中心主任，城市建设投资集团公司董事，蓬莱阁文化旅游集团公司董事（副县级）。2015 年 3 月—2016 年 12 月，蓬莱市人民政府党组成员，市财政局局长、党组书记，镇街财政管理指导中心主任（副县级）。2016 年 12 月—2017 年 2 月，蓬莱市人大常委会党组成员(副县级)。2017年2月，蓬莱市人大常委会副主任、党组成员。

市政府副市长

孙传武 1966年7月出生，男，汉族，山东蓬莱人，省委党校研究生学历，1985年11月入党，1987年7月参加工作，现任蓬莱市人民政府副市长、党组成员。

1983年9月—1987年7月，山东建筑工程学院工业与民用建筑专业学习。1987年7月—1992年1月，蓬莱县建筑设计室技术员。1992年1月—4月，蓬莱市建筑设计院助理工程师。1992年4月—1994年1月，蓬莱市建筑设计院设计一室主任。1994年1月—1995年4月，蓬莱市潮水镇政府副镇长（挂职）。1995年4月—1997年12月，蓬莱市潮水镇政府副镇长。1997年12月—2000年7月，蓬莱市村里集镇党委副书记、镇长。2000年7月—2001年8月，蓬莱市村里集镇政府主任科员。2001年8月—11月，蓬莱市建委副主任、规划局局长。2001年11月—2002年12月，蓬莱市规划建设管理局副局长、规划处主任。2002年12月—2004年2月，蓬莱市规划与国土资源局副局长、党组成员，规划处主任。2004年2月—6月，蓬莱市规划局局长、规划处主任。2004年6月—2010年6月，蓬莱市规划局局长、党组书记，规划处主任。2010年6月—12月，蓬莱市人民政府党组成员，住房和规划建设管理局党委书记，规划处主任、党组书记。2010年12月—2011年1月，蓬莱旅游度假区管委主任，市人民政府党组成员，住房和规划建设管理局党委书记，规划处主任、党组书记。2011年1月—2012年11月，蓬莱旅游度假区管委主任、工委副书记。2012年11月—2013年2月，蓬莱旅游度假区管委主任、工委副书记，蓬莱阁文化旅游有限公司董事长、党委书记。2013年2月—9月，蓬莱旅游度假区管委主任、工委副书记，蓬莱阁文化旅游集团公司董事长、党委书记。2013年9月—10月，蓬莱市人民政府提名副市长、蓬莱旅游度假区工委副书记兼蓬莱阁文化旅游集团公司董事长、党委书记。2013年10月—2014年8月，蓬莱市人民政府副市长、党组成员兼蓬莱阁文化旅游集团公司董事长、党委书记。2014年8月，蓬莱市人民政府副市长、党组成员。

宋军委 1977年7月出生，男，汉族，山东烟台牟平人，省委党校大学学历，1999年1月入党，1999年8月参加工作，现任蓬莱市人民政府副市长、党组成员。

1996年9月—1999年8月，西北轻工业学院电机与电器专业学习。1999年8月—2000年4月，山东大宇电器股份有限公司技术科长。2000年4月—2001年8月，烟台市牟平区机关办公自动化管理中心科员。2001年8月—2005年11月，中共烟台市牟平区委办公室科员。2005年11月—2006年12月，烟台市牟平区机关办公自动化管理中心主任。2006年12月—2007年12月，中共烟台市牟平区委保密办公室副主任。2007年12月—2009年4月，中共烟台市牟平区委办公室副主任。2009 年 4 月—2011 年 11 月，烟台市牟平区水道镇党委副书记、镇长。2011 年 11 月—2013 年 12 月，烟台市牟平区玉林店镇党委书记、人大主席。2013 年 12 月—2016 年 12 月，烟台市牟平区大窑街道党工委书记、人大工作室主任，沁水韩国工业园党工委书记、管委主任。2016 年 12 月—2017 年 1 月，蓬莱市人民政府提名副市长、党组成员。2017 年 1 月，蓬莱市人民政府副市长、党组成员。

崔洪勋 1970 年 10 月出生，男，汉族，山东蓬莱人，省委党校研究生学历，1993 年 8 月入党，1993 年 12 月参加工作，现任蓬莱市人民政府副市长、党组成员。

1990 年 6 月—1993 年 12 月，蓬莱县（市）登州镇政府报道员。1993 年 12 月—1997 年 9 月，蓬莱市登州镇政府经管站会计。1997 年 9 月—1998 年 10 月，蓬莱市登州镇党委秘书。1998 年 10 月—2000 年 3 月，蓬莱市登州镇党委秘书。2000 年 3 月—2001 年 12 月，中共蓬莱市纪律检查委员会干事。2001 年 12 月—2002 年 12 月，中共蓬莱市纪律检查委员会信访室副主任。2002 年 12 月—2007 年 1 月，中共蓬莱市纪律检查委员会信访室主任。2007 年 1 月—2008 年 3 月，中共蓬莱市纪律检查委员会常委、信访室主任。2008 年 3 月—2009 年 5 月，蓬莱市北沟镇党委副书记。2009 年 5 月—2011 年 12 月，蓬莱市北沟镇党委副书记、镇长。2011 年 12 月—2016 年 12 月，蓬莱市北沟镇党委书记。2016 年 12 月—2017 年 2 月，蓬莱市人民政府党组成员。2017 年 2 月，蓬莱市人民政府副市长、党组成员。

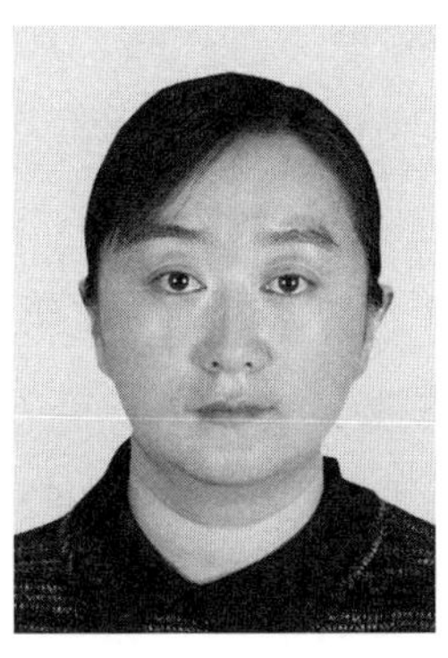

隋玉娜 1981 年 10 月出生，女，汉族，山东蓬莱人，研究生学历，非中共党员，2003 年 9 月参加工作，现任蓬莱市人民政府副市长兼计划生育协会会长。

1999 年 9 月—2003 年 7 月，青岛科技大学应用化学专业学习。2003 年 9 月—2004 年 8 月，蓬莱市环境监测站化验员。2004 年 8 月—2007 年 11 月，蓬莱市紫荆山街道办事处副主任（挂职）。2007 年 11 月—2011 年 2 月，蓬莱市北沟镇副镇长。2011 年 2 月—12 月，蓬莱旅游度假区管委副主任（临时主持团市委工作）。2011 年 12 月—2016 年 12 月，蓬莱旅游度假区管委副主任。2016 年 12 月—2017 年 2 月，蓬莱市人民政府副市长候选人。2017 年 2 月—2017 年 3 月，蓬莱市人民政府副市长。2017 年 3 月，蓬莱市人民政府副市长兼计划生育协会会长。

市政协主席、副主席

曹承华 1963年5月出生，男，汉族，山东龙口人，大学学历，1980年7月参加工作，1988年6月入党，现任政协蓬莱市委员会主席、党组书记。

1978年9月—1980年7月，山东昌潍供销学校计统专业学习。1980年7月—1982年1月，蓬莱县计划委员会科员。1982年1月—1984年9月，蓬莱县统计局科员。1984年9月—1986年8月，烟台广播电视大学蓬莱分校学员。1986年8月—1987年2月，蓬莱县统计局科员。1987年2月—1990年3月，蓬莱县统计局工业股副股长。1990年3月—1992年1月，中共蓬莱县委办公室秘书科秘书。1992年1月—2月，中共蓬莱市委办公室督查科副科长。1992年2月—9月，中共蓬莱市委办公室督查科科长。1992年9月—1994年2月，中共蓬莱市委办公室副主任。1994年2月—1995年4月，中共蓬莱市委副秘书长、办公室副主任。1995年4月—1997年6月，中共蓬莱市委副秘书长、办公室副主任、正科级秘书。1997年6月—2000年3月，中共蓬莱市委副秘书长、办公室副主任、政策研究室主任。2000年3月—2006年3月，蓬莱市人民政府秘书长、党组成员，办公室主任、党组书记。2006年3月—12月，中共蓬莱市委副秘书长、办公室主任。2006年12月—2007年1月，蓬莱市人民政府提名副市长，市委副秘书长、办公室主任。2007年1月—2010年6月，蓬莱市人民政府副市长、党组成员。2010年6—7月，中共蓬莱市委常委、宣传部部长、市人民政府副市长。2010年7月—2016年12月，中共蓬莱市委常委、宣传部部长。2016年12月—2017年1月，中共蓬莱市委常委、政协蓬莱市委员会党组书记。2017年1月—2017年2月，政协蓬莱市委员会党组书记。2017年2月，政协蓬莱市委员会主席、党组书记。

任建民 1961年1月出生，男，汉族，山东蓬莱人，省业余大学学历，1977年11月参加工作，1986年6月入党，现任政协蓬莱市委员会党组副书记、市工商业联合会主席。

1977年11月—1979年2月，蓬莱县针织厂职工。1979年2月—1982年8月，天津市广播电视大学学员。1982年8月—1984年4月，蓬莱县羊毛衫厂企管科办事员、办公室主任、设备科科长。1984年4月—1986年11月，蓬莱县工业公司生产科办事员、科员。1986年11月—1987年5月，蓬莱县羊毛衫厂副厂长。1987年5月—12月，蓬莱县毛纺织总厂副厂长。1987年12月—1988年3月，蓬莱县第一棉纺织厂筹建办公室副主任。1988年3月—1992年1月，蓬莱县纺织工业公司生产科副科长、开发科科长。1992年1月—5月，蓬莱市纺织工业公司生产科科长。1992年5月—1995年12月，蓬莱市对外经济贸易委员会副主任、党组成员。1995年12月—1996年12月，蓬莱市北沟镇党委副书记。1996年12月—1999年6月，蓬莱市对外经济贸易委员会主任、党组书记、招商办主任、外商投资企业服务中心主任。1999年6月—2001年1月，蓬莱市对外经济贸易委员会主任、党组书记、外商投资企业服务中心主任。2001年1月—11月，蓬莱市科学技术委员会主任、党组书记。2001年11月—2002年12月，蓬莱市科学技术局局长、党组书记。2002年12月—2007年1月，中共蓬莱市委组织部副部长、投资促进办公室主任。2007年1月—2008年3月，蓬莱市发展和改革局局长、党组书记。2008年3月—2010年1月，蓬莱市人民政府党组成员、发展和改革局局长、党组书记。2010年1月—6月，蓬莱市人民政府党组成员，政协副主席，发展和改革局局长、党组书记。2010年6月—2011年1月，政协蓬莱市委员会副主席、党组成员，发展和改革局局长、党组书记。2011年1月—2月，政协蓬莱市委员会副主席、党组成员，市委统战部部长，发展和改革局局长、党组书记。2011年2月—2015年8月，政协蓬莱市委员会副主席、党组成员，市委统战部部长。2015年8月—2016年12月，政协蓬莱市委员会副主席、党组成员。2016年12月—2017年2月，政协蓬莱市委员会副主席、党组副书记，市工商业联合会主席。2017年2月，政协蓬莱市委员会党组副书记、市工商业联合会主席。

寇润平 1968年3月出生，男，汉族，内蒙古土默特左旗人，大学学历，非中共党员，1991年7月参加工作，现任政协蓬莱市委员会副主席、山东省蓬莱第一中学校长。

1987年9月—1991年7月，内蒙古民族师范学院历史专业学习。1991年7月—1992年1月，蓬莱县技工学校教师。1992年1月—1996年5月，蓬莱市技工学校教师。1996年5月—1998年8月，蓬莱市技工学校教育科副科长。1998年8月—2001年11月，蓬莱市老年学校教师。2001年11月—2008年8月，蓬莱阁管理处副主任（副科级）。2008年8月—2010年1月，蓬莱旅游度假区管理委员会副主任、蓬莱阁管理处主任。2010年1月—2012年11月，政协蓬莱市委员会副主席、蓬莱旅游度假区管理委员会副主任、蓬莱阁管理处主任。2012年11月—2013年2月，政协蓬莱市委员会副主席、蓬莱阁管理处主任、蓬莱阁文化旅游有限公司总经理。2013年2月—2014年8月，政协蓬莱市委员会副主席、蓬莱阁文化旅游集团公司总经理。2014年8月—2015年1月，政协蓬莱市委员会副主席、市职业中等专业学校副校长（列第一位，主持工作）。2015年1月—2017年2月，政协蓬莱市委员会副主席、市职业中等专业学校校长。2017年2月，政协蓬莱市委员会副主席、山东省蓬莱第一中学校长。

张　敏 1960年9月出生，男，汉族，山东蓬莱人，大学学历，1981年7月参加工作，1984年5月入党，现任政协蓬莱市委员会党组副书记、市总工会主席。

1981年7月—1983年10月，蓬莱县北沟公社税务所专管员。1983年10月—1984年6月，蓬莱县税务局税征股专管员。1984年6月—1986年2月，蓬莱县税务局税政股副股长。1986年2月—9月，蓬莱县税务局副局长。1986年9月—1990年4月，蓬莱县税务局副局长、党组成员。1990年4月—1992年1月，蓬莱县计划委员会副主任、党组成员。1992年1月—1995年1月，蓬莱市计划委员会副主任、党组成员。1995年1月—1997年2月，蓬莱市刘家沟镇党委副书记、镇长。1997年2月—2001年1月，蓬莱市遇驾夼镇党委书记。2001年1月—11月，蓬莱市计划委员会主任、党组书记。2001年11月—2005年1月，蓬莱市发展计划局局长、党组书记。2005年1月—2007年1月，蓬莱市发展和改革局局长、党组书记。2007年1月—2009年5月，蓬莱市交通局局长、党委书记、港航管理局局长。2009年5月—2010年6月，蓬莱市交通局局长、党委书记。2010年6月—2011年1月，蓬莱市交通运输局局长、党委书记。2011年1—2月，政协蓬莱市委员会副主席、党组成员，交通运输局局长、党委书记，市总工会主席。2011年2月—2016年12月，政协蓬莱市委员会副主席、党组成员，市总工会主席。2016年12月—2017年2月，政协蓬莱市委员会副主席、党组副书记，市总工会主席。2017年2月，政协蓬莱市委员会党组副书记，市总工会主席。

张　力　1961年4月出生，女，汉族，山东栖霞人，大学学历，1977年8月参加工作，1994年8月入党，现任政协蓬莱市委员会副主席、党组成员。

1977年8月—1978年12月，蓬莱县北沟公社一村知青。1978年12月—1979年8月，蓬莱县饮食服务公司职工。1979年8月—1982年9月，蓬莱县蔬菜公司画河商场会计、统计。1982年9月—1985年7月，山东省商业职工大学商业经济专业学习。1985年7月—1987年9月，蓬莱县第二百货商店会计。1987年9月—1991年3月，蓬莱县商业局商校教师。1991年3月—1992年1月，蓬莱县财政局企财股会计。1992年1月—1994年12月，蓬莱市财政局企财股会计。1994年12月—1995年5月，蓬莱市财政局国债服务部副主任。1995年5月—1996年5月，蓬莱市汽车工业（集团）公司副总经理（挂职）。1996年5月—9月，蓬莱市财政局国债服务部副主任。1996年9月—1997年1月，蓬莱市财政局会计事务管理科科长。1997年1月—2001年11月，蓬莱市税收财务物价大检查办公室主任。2001年11月—2002年12月，蓬莱市预算外资金管理局副局长。2002年12月—2003年5月，蓬莱市对外贸易经济合作局副局长、党组成员、市政府驻上海办事处主任。2003年5月—2005年6月，蓬莱市对外贸易经济合作局局长、党组书记、外商投资企业服务中心主任、市政府驻上海办事处主任。2005年6月—2006年3月，蓬莱市对外贸易经济合作局局长、党组书记、外商投资企业服务中心主任、市政府驻上海办事处主任、招商局局长。2006年3月—6月，蓬莱市对外贸易经济合作局局长、党组书记、外商投资企业服务中心主任、市政府驻上海办事处主任。2006年6月—2011年1月，蓬莱市财政局局长、党组书记、农税局局长、预算外资金管理局局长、经济开发信托投资公司经理。2011年1月—12月，政协蓬莱市委员会副主席、党组成员，财政局局长、党组书记、农税局局长、预算外资金管理局局长、经济开发信托投资公经理。2011年12月—2013年2月，政协蓬莱市委员会副主席、党组成员。2013年2月—2017年8月，政协蓬莱市委员会副主席、党组成员兼城市建设投资集团公司监事会主席、蓬莱阁文化旅游集团公司监事会主席。2017年8月，政协蓬莱市委员会副主席、党组成员。

孙明德 1963年4月出生，男，汉族，山东蓬莱人，省业余大学学历，1982年7月参加工作，1984年12月入党，现任政协蓬莱市委员会副主席、党组成员。

1980年8月—1982年7月，蓬莱师范学校普通专业学生。1982年7月—9月，蓬莱三中团委干事、书记。1987年9月—1989年11月，蓬莱县人事局科员、蓬莱县人才交流服务中心副主任。1989年11月—1995年7月，蓬莱县（市）刘家沟镇政府副镇长。1995年7月—1997年12月，蓬莱市村里集镇党委副书记、镇长。1997年12月—2001年1月，蓬莱市村里集镇党委书记。2001年1月—11月，蓬莱市刘家沟镇党委书记。2001年11月—2002年7月，蓬莱外向型工业加工区工委副书记、管委副主任、新港街道工委书记。2002年7月—2003年4月，蓬莱经济开发区工委副书记、管委副主任、新港街道工委书记。2003年4月—2008年7月，蓬莱经济开发区工委书记、管委主任、新港街道工委书记。2008年7月—2009年4月，中共蓬莱市委帮助工作。2009年4月—2016年12月，中共蓬莱市委党校常务副校长（副县级）。2016年12月—2017年2月，政协蓬莱市委员会党组成员（副县级）。2017年2月，政协蓬莱市委员会副主席、党组成员。

刘云鹏 1969年4月出生，男，汉族，山东烟台福山人，省委党校研究生学历，非中共党员，1990年7月参加工作，现任政协蓬莱市委员会副主席。

1987年9月—1990年7月，长春冶金地质专科学校工管系会计与审计专业学习。1990年7月—1992年3月，福山区粮食局审计员。1992年3月—1998年11月，福山区审计局科员、副科长、科长。1998年11月—2000年8月，福山区臧家镇政府副镇长。2000年8月—2001年11月，福山区投资促进局副局长。2001年11月—2003年3月，烟台市交通局副主任科员。2003年3月—2007年3月，烟台市交通局财务审计科副科长。2007年3月—2009年8月，烟台市交通局办公室副主任。2009年8月—2010年12月，烟台市交通局主任科员。2010年12月—2012年4月，烟台市交通运输局主任科员。2012年4月—2014年10月，烟台市交通运输局安全监督科科长。2014年10月—2016年12月，烟台市交通运输局交通战备办公室主任（其间：2014年10月—2015年11月，挂职招远经济技术开发区经济发展局局长）。2016年12月—2017年2月，政协蓬莱市委员会提名副主席。2017年2月—2017年9月，政协蓬莱市委员会副主席兼市交通运输局局长。2017年9月，政协蓬莱市委员会副主席。

丛　芸 1974年1月出生，女，汉族，山东蓬莱人，大专学历，非中共党员，1994年7月参加工作，现任政协蓬莱市委员会副主席兼市89000民生服务中心主任。

1992年9月—1994年7月，烟台师范学院物理系物理专业学习。1994年7月—2001年11月，蓬莱市刘家沟中学教师。2001年11月—2007年1月，蓬莱市大辛店镇副镇长。2007年1月—2008年7月，蓬莱经济开发区管委副主任。2008年7月—2010年6月，蓬莱市总工会副主席（保留正科级待遇）。2010年6月—

2015年3月，蓬莱市人口和计划生育局副局长（保留正科级待遇）。2015年3月—2017年2月，蓬莱市卫生和计划生育局副局长（正科级）。2017年2月，政协蓬莱市委员会副主席兼市89000民生服务中心主任。

ZHONGGUOGONGCHANDANG
PENGLAISHIWEIYUANHUI

中国共产党蓬莱市委员会

市委工作综述

【概况】 2016年，中共蓬莱市委深入学习贯彻党的十八大，十八届三中、四中、五中、六中全会和习近平总书记系列重要讲话精神，落实中央和省委、烟台市委各项决策部署，全力稳增长、调结构、惠民生、保稳定、强党建，推动各项工作取得新突破。

“两学一做”学习教育广泛开展 分层次分类别对机关企事业单位党员、农村党员、“两新”组织党员、流动和年老体弱党员等开展学习教育。引导党员对照“四讲四有”标准，结合自身实际查摆问题，列出问题清单和整改清单。领导干部发挥表率作用，以上率下，以“关键少数”的“关键作用”带动全体党员立说立行、真查真改。全力破除骄傲自满、畏难发愁等思想误区，进一步唤醒了发展意识、激活了发展动力。

推动经济发展提质增效 推动产业升级，全年地区生产总值增长7.6%，公共财政预算收入增长9.5%，规模以上固定资产投资增长14%。装备制造业焕发新活力，巨涛西区扩建、大金重工二期等项目加快推进，依托该产业成功获批山东省第一批军民融合深度发展示范市（区）。海洋装备制造全年实现销售收入49.3亿元、利税1.8亿元。汽车零部件制造全年实现销售收入20亿元、利税1.6亿元。新兴产业，风电装备、清洁能源、健康养老产业开始破题，化工新材料、生物医药、交通物流产业加快发展，引进洽谈了瑞博生物制药、中药材加工、核众新材料、颐福养生养老中心、传化物流等一批产业项目，北沟化工新材料产业聚集区被认定为烟台市级化工园区。葡萄与葡萄酒产业实现销售收入32亿元、税收2.1亿元。旅游业，深入推进全域旅游，全面加强城市品牌创建，国家蓝色旅游示范基地顺利通过专家组检查验收，旅游度假区被国家质检总局命名为“全国海滨度假旅游产业知名品牌创建示范区”。全年共接待游客924万人次，旅游综合收入114亿元，同比均增长12%。

“双招双引”深入开展 将招商引资和招才引智作为全市经济社会发展的“一号工程”，深入开展“双招双引百日会战”活动。调整设立旅游、葡萄与葡萄酒、清洁能源、海上风电、精细化工、交通物流、生物医药和健康养老8个产业发展办公室，进一步增强产业招商的针对性和实效性。重新制作蓬莱城市形象片，配套制作《蓬莱市情》微信版、《“双招双引”工作手册》、8个产业的《招商手册》等基础资料，系统全面的介绍推荐蓬莱。累计拜访企业和人才近4000次，在北京、上海、法国、韩国等地开展大型推介活动20多次，新签约项目70多个，引进国家“千人计划”专家2人、“泰山学者”5人。走访高校院所460多家次，签订产学研合作协议19个，设立实践教学基地8个。风电检测中心、中兴电力等项目成功落户，宝塔石化LNG、风电装备制造基地等项目顺利推进，钢结构住宅产业化基地等项目投产运营，“智慧蓬莱”和智慧健康养老服务项目入选国家第三批政府和社会资本合作示范项目。

创新动力加速培育 不断强化科技创新能力和服务平台建设，农高区成功获批省级科技企业孵化器，引入科技型企业41家，在谈6家。组织嘉信染料、中柏京鲁船业、诺康药业和民和生物

科技4家企业申报了2016年度省级示范工程技术研究中心。创建“创新驱动助力工程示范区”，是烟台市首家省级创新驱动助力工程示范区。积极跟踪国家、省、市产业政策，统筹安排，精心指导项目申报工作。全年共申报上级计划24项，包括国家创新人才推进计划2项、省重点研发计划7项、省重点研发计划7项、省良种工程2项、烟台市重点研发计划4项、烟台市重点研发计划2项。其中，蓬莱蔚阳新材料、烟台海益苗业和蓬莱鑫园工贸3个项目获得省重点研发计划立项，中粮长城葡萄酒、烟台海益苗业及烟台孚瑞克森汽车部件3个项目获得烟台市重点研发计划立项。积极参与高新技术企业认定，全市高新技术企业总数达到17家。加大培植力度，先后组织3批次共10家企业开展了“烟台市科技型中小企业”认定工作，全市“烟台市科技型中小企业”总数已达到43家。着力提高全社会专利意识，培育知识产权文化，嘉信染料获得“中国专利优秀奖”。加快知识产权优势企业培育。全市拥有国家级知识产权优势企业1家，省级知识产权优势企业2家。

城市建设统筹推进　全国文明城市创建工作取得阶段性成效，通过国家生态市考核验收。新区建设和老城改造同步实施，西海岸文化新区人工岛围填海工程已近尾声，宝龙广场正式营业。加快推进安居工程建设，37户城镇低收入家庭选到经济适用住房，为27户城镇低收入家庭发放补贴，共计1.72万元。1907套棚户区改造房开工建设，3个老旧小区完成综合整治，6项道路工程全部完工。亮化沿街建筑170多栋，城市夜景更为靓丽。健全城市管理长效机制，组织开展了旅游市场、交通秩序、环境卫生、露天烧烤等方面综合整治行动，市容环境持续优化。精心打造特色城镇，北沟镇、大辛店镇入选全国发展改革试点小城镇，刘家沟镇成为首批“中国特色小镇”。投入资金1.86亿元，实施“美丽乡村”创建、获评村居提升项目295个，农村生产生活条件进一步改善。

党的建设全面加强　以加强党的建设为根本，坚持从严从实和巩固堡垒相结合，全面夯实加快发展的组织保障。把抓好党建作为最大的政绩，牢固树立党建主业主责意识，着力提高管党治党能力，靠强化党的建设汇聚全面发展的磅礴力量。实施党工委书记抓精品党建项目工程，共申报精品项目54个，建立起“工作项目化、项目责任化、责任具体化”的工作机制。严格落实党风廉政建设“两个责任”，强化执纪监督问责，围绕贯彻落实中央八项规定精神，组织开展直查直纠，加大纪律审查力度，加强对各级重大决策部署落实情况的监督，持续改进干部作风，树立起为民务实清廉的良好形象。

【重要会议】　2016年，中共蓬莱市委员会召开全委会5次，常委会29次。

中国共产党蓬莱市委十三届九次全体会议　8月12日，中国共产党蓬莱市委十三届九次全体会议召开。会议深入贯彻落实烟台市委十二届九次全会精神，听取和讨论市委书记杨原田所做的工作报告，审议通过《中国共产党蓬莱市委员会工作规则》，就做好2016年下半年工作作出安排部署。市委副书记、市长杨升岩就《规则（讨论稿）》向全会做了说明。

中国共产党蓬莱市委第十三届十二次全体会议　11月30日，中国共产党蓬莱市委第十三届十二次全体会议召开。会议深入学习贯彻党的十八届六中全会和省委十届十五次全会、烟台市委十二届十次全会精神，听取和讨论市委书记杨原田所做的工作报告。审议通过《中共蓬莱市委关于贯彻落实党的十八届六中全会精神的意见》。会议号召，全市各级党组织和广大党员干部紧密团结在以习近平总书记为核心的党中央周围，努力在全面建成小康社会进程中率先走在前列，以优异成绩迎接蓬莱市第十四次党代会的召开。

【重要决策】 2016年，共印发蓬发文18号，提出加强招商引资和招才引智工作、开展“百名干部联百企”活动等重要决策。

美丽乡村和幸福社区创建活动 4月18日，市委、市政府印发《关于深化提升美丽乡村和幸福社区创建活动的实施意见》。文件要求牢固树立创新、协调、绿色、开放、共享的发展理念，突出生态文明乡村建设主线，以打造典型示范、普惠共建、产业支撑“三个升级版”为重点，以实施八大惠民工程为抓手，强化精品示范引领，推动全域创建达标，实现典型量质双提升、共建共享广受益，进一步凸显工作成效、提升工作品牌、扩大工作影响，全面完成山东省生态文明乡村建设示范县创建工作，8个美丽乡村示范片实现提质扩面，全市美丽乡村达标村总数达到200个左右，到“十三五”末实现全部达标。

招商引资和招才引智工作 4月29日，市委、市政府印发《关于加强招商引资和招才引智工作的意见》。文件要求各级各部门把“双招双引”作为全市经济社会发展的“一号工程”，作为创新驱动、转型发展的重要抓手，坚持全民动员和专业招引相结合、激励奖惩和督导考核相结合、发挥优势和资源变现相结合，通过创新理念、整合资源、部门联动，推动“双招双引”同频共振、互相促进，推动项目、资金、人才、技术等要素加速聚集，着力引进一批规模大、带动强、贡献高的优质项目和带项目、带资金、带技术的创业创新人才，努力为全市经济社会事业注入新活力、增添新动力、拓展新空间。

全国文明城市创建 5月24日，市委、市政府印发《蓬莱市2016年创建全国文明城市工作方案》。要求以《全国文明城市测评体系》为导向，坚持创建为民、创建惠民，坚持长效机制建设，重点推进三大基础设施建设、开展四大整治提升行动、深化七大主题实践活动，着力解决有碍城市文明的突出问题和影响市民生产生活的重点问题，有效改善城市形象、功能品质、公共秩序、环境面貌和社会风尚，不断提升市民文明素质和城市文明程度，奋力创建全国文明城市。

“百名干部联百企”活动 6月6日，市委、市政府印发《关于在全市开展“百名干部联百企”活动的实施意见》。6月7日，召开全市“百名干部联百企”活动动员会议，21名市级、80名部门副科级以上领导干部成为101家企业的“联企服务员”，通过“一对一”的“保姆式”服务，实现企业和政府部门的优势互补，帮助企业加强战略研究，解决企业融资、人才、市场等实际困难，提高企业经营管理水平。至2016年底，全市101名联企服务员累计走访企业2100余次，汇总101家企业需求诉求230条，销号97条，挂牌督办133个问题，直接或间接增加经济效益1.5亿元。实施“百名干部联百企”活动得到张务峰副省长专门批复，作为经验在全省推广，《大众日报》等多家国内媒体关注并报道。

中韩（烟台）产业园建设 6月16日，市委、市政府印发《关于融入中韩（烟台）产业园建设的实施意见》。文件指出，要围绕中韩（烟台）产业园建设带来新的重大开放机遇，坚持扩大开放与深化改革相结合、引进来与走出去相结合、全面开放与重点突破相结合，依托“五大园区”载体，聚焦重点产业，全力以赴推进与韩国全面务实合作，着力引进一批发展潜力大、科技含量高、带动效应强的韩资项目，努力把蓬莱打造成为辐射周边、面向烟台、融入全省的中韩合作先行区、中韩（烟台）产业园建设示范市。

市委办公室工作

【概况】 2016年，市委办公室以“两学一做”学习教育为契机，充分发扬“忠诚、严谨、务实、高效”的办公室精神，围绕全市中心工作奋勇拼搏锐意进取、真抓实干不断创新，较好发挥了参谋助手、综合协调、督促检查和信息耳目作用，圆满完成了各项工作任务。

【领导讲话、文件起草】 坚持以文辅政。准确把握领导思路和意图，注重对领导观点、重要论述的整理提炼，加强对“双招双引”“飞地经济”“八大园区”等前瞻性、战略性问题的研究，不断提高文稿起草的层次和质量。全年共撰写领导讲话、汇报提纲120余篇、40余万字，核发各类文稿173篇，起草各类通知130余篇，编发《蓬莱发展》10期。

【调查研究】 紧抓全局性、战略性、方向性的关键问题，开展多领域、多层次的专题调研，为领导决策提供可靠依据。2016年，共撰写调查报告28篇，对外发表调研文稿11篇，其中，以深化改革为题，在《山东通讯》《调查与研究》等省级以上主要党报党刊发表文章3篇。

【督查督导】 围绕全市中心工作及重大决策部署，以重大工作事项为抓手，进一步加大督查力度，丰富督查内涵，创新督查方法，提高督查成效。2016年，共开展现场督查45次、专项督查16次，办理市委主要领导批示件332件，印发《督查通报》10期、《督查专报》61期、《日工作》251期、《近期重要会议（活动）提要》54期。

【信息工作】 创办《蓬莱快讯》微信公众号，编发快讯200多期，受到全市干部群众的认可。编发《领导参阅》24期，被市委主要领导批示12次；上报各类信息、稿件450余条，其中被省级采用信息18条。

【行政工作】 会务筹备坚持文字行政分工不分家，抓好工作衔接，确保材料组织、车辆调度、事务准备等工作井然有序、快速推进。全年承办和协办了总结表彰暨“解放思想大讨论”动员会议、全市“双招双引”动员大会、十三届九次全会等全市性会议活动50余次。共接待客人220余批次、2000余人，其中副国级以上4批次、省部级9批次、考察团11批次。

【保密工作】 坚持安全畅通、准确高效的原则，严格执行24小时值班制度，全年收发明密电报1500余份，传输办理48831次，复印印刷各类文件25万余页，做到了高效率、无事故、零差错，为全办相关工作开展提供了重要保障。继续对“机要办公管理系统”改进完善，使机要工作更加科学、规范、高效。进一步加强涉密通信和计算机信息系统的保密管理工作，推进保密管理规范化，为办公室电脑更新了保密防护软件及硬件设备。年内，对各镇街和重点单位的100余台计算机进行了保密检查，全市未发生涉密事件。

组织工作

【概况】 2016年，全市组织工作突出“两学一做”学习教育、县乡领导班子换届和“双招双引”三个重点，统筹推进领导班子和干部队伍建设、基层服务型党组织建设、人才队伍建设，取得显著成效。

市委常委、组织部长李少娜出席革命烈士陵园党员干部党性教育基地活动

【“两学一做”学习教育】 集中编发4万册口袋书和2000套必学必看学习光盘，让党员一看就懂、过目难忘。强化“互联网+”运用，打造网上党校和微信平台，对党的大政方针政策、上级会议精神等滚动解读推送，对党员随时提醒、随时教育、随时引导。投资200多万元，在全市集中打造32个党员教育中心示范点，统一配备电脑、投影、音响等教学设备和教学专题片，力争每次学习都有感动、有印象、有思考。依托红色文化资源，打造革命烈士陵园和夏侯苏民纪念馆两处党性教育基地，不断强化党员党性意识。组织开展“一评一测一征文”活动，评选优秀学习体会、优秀研讨文章40篇；专门拿出一个月时间，分层面组织全市3万多名党员开展了一次集中闭卷考试；在全体党员中开展“不忘初心，继续前进”主题征文活动。

全面推行“党员活动日”制度，开展“党徽随身带”“党员户挂牌”“党员示范岗”等活动，引导全市3.1万名党员在环境整治、文明风尚、扶贫助困、企业经营等方面全面亮身份、树形象、作表率。分先进基层党组织、党建精品项目、优秀村居党组织书记、优秀大学生村官和驻村“第一书记”、基层优秀普通党员五个类别，筛选85个先进典型，引导广大党员比学赶超，涌现出“山东省先进基层党组织”1个，“山东省优秀共产党员”1人。

对照“四讲四有”标准，列明5个方面44条具体问题供党员对照，即查即改，共查摆整改问题2.4万余个。集中开展党员组织关系排查、党费收缴、基层党组织换届、党代表和党员违纪违法等专项整治，与427名失联党员取得联系，对4.1万多名党员2008年以来缴纳党费情况进行了逐人逐年核查，组织全市126个基层党组织进行了换届选举，对排查出的151名违纪违法党员进行了处理。

【“解放思想大讨论”活动】 牵头组织开展“解放思想大讨论”活动，镇街突出“发展”主题、部门突出“服务”主题、干部突出“实干”主题，组织全市各级各部门和党员干部深入查摆在思想境界、精神状态等方面存在的突出问题，全市上下即查即改问题3150多个，确定赶超目标措施800多项，干部队伍思想观念和工作作风有了明显改善。

【干部素质提升】 实施“干部素质提升工程”，全年举办各类班次34个，举办“名师大讲堂”2期，累计培训干部4200多人次；专门拿出两个月的时间，举办第三期青年干部培训班。实施经济型干部培养“3360”工程，首批20名干部挂职工作圆满结束，累计走访企业1873家，搜集报送有价值招商信息376条，引荐125个项目来蓬投资合作考察。其中，6个项目落地投产，9个项目正式签约，11个项目签订框架协议或合作意向书。

【干部约谈机制】 建立干部提醒约谈机制，对干部存在的思想、作风、纪律等方面的不良表现和苗头性问题，早打招呼早提醒，共约谈干部39人次。进一步加大个人报告事项抽查核实力度，对3名未及时报告情况的干部进行了书面提醒。

【农村党建模式创新】 打造区域化党总支，按照“以强带弱、依强扶弱、联合互助”思路，成立联合党总支15个，覆盖80个村、企。实施“三包一驻”党建扶贫工作，安排139个部门联系包帮127个村，组织1224名党员干部结对包帮1594户贫困户，选派40名“第一书记”驻村开展工作，启动帮扶项目214个，投入资金及物资折价1000多万元。深化“干事创业、争当先进”活动，涌现出烟台市“干事创业红旗村”11个、“干事创业进步村”8个，评选表彰蓬莱市“干事创业优胜奖”20个、“干事创业先进奖”40个。

【社区建设】 加强社区办公服务场所建设，改善社区工作者待遇报酬。开展“一社区一品牌”创建活动，组织7个社区集中培植党员志愿服务、党建引航社区共建等项目。依托市文化馆打造全市党建文化服务中心，面向全市党组织和党员群众免费开放。

【“社会组织组建年”活动】 开展“社会组织组建年”活动，依托蓬莱昌升置业有限公司，联合全市57个行业协会成立蓬莱市行业协会发展服务中心党总支，组建协会党组织19个，将全市214家社会组织纳入统一管理，党组织组建率和工作覆盖率分别达到90%和100%。

【党建工作机制】 实施党工委书记抓精品党建项目工程，共申报精品项目54个，建立起“工作项目化、项目责任化、责任具体化”的工作机制。建立全市党务干部业务研修常态机制，每半月组织全市41个党工委108名党务干部开展一次业务研修。建立镇街党建工作联席会议制度，每月定期听取党建工作情况汇报。

【高层次人才引进】 制定出台《关于加强招商引资和招才引智工作的意见》，首次将招才引智与招商引资并重，列为全市经济社会发展的“一号工程”。出台《“仙境英才”引进计划实施办法》，先后2次对外发布高层次人才和项目（技术）需求目录，参与举办北京、上海招商引智暨城市形象推介会，在济南、北京、青岛、上海建立4处“招才引智工作站”。与人社部博管办、教育部科技发展中心、上海千人计划专家联谊会等建立高层次人才智力引进常态化合作关系。全市共引进各类人才56人，其中“两院”院士3人，“千人计划”“万人计划”专家各2人，自主培育“创新人才推进计划”入选者1人。达成产学研合作协议19个，设立实习实践或教学基地8个。

宣传工作

【概况】 2016年，市委宣传部紧密围绕全市改革发展稳定大局，立足“双招双引”新目标，着眼“转调发展”新常态，落实“两学一做”新要求，推动文明创建，强化舆论引导，为全市经济持续健康发展、社会和谐稳定提供了有力的思想动力、道德基础和舆论支持。

【双招双引】 广开门路，积极作为，努力为全市经济社会发展增添动力。

广泛搜集招商信息 实行全员参与、全员招引的工作制度，动员机关干部利用各自的人脉关系广泛搜集项目和人才信息。实行招商信息周报制度，每周对所有人员搜集的招商信息、最新进展和存在问题等进行统计汇总。2016年末，搜集了全经联、中国奥星药业、雨润集团等机构和企业的项目投资信息10个，筛选上报招商和人才信息8条。

积极“走出去、请进来” 瞄准重点高等院校、知名企业，积极联络蓬莱籍在外能人，先后到北京、上海、青岛等地开展招引活动23批次，邀请湖北省天门市天商联合会、汇江建设有限公司、山东极贝尔生物科技有限公司等外地企业，以及青岛大学、天津科技大学等高校来蓬考察16批次。从国家发改委获得了首都外迁企业名单，报送市级领导和相关部门。在招商引资方面，已与汇江建设（潍坊）有限公司达成意向，在蓬莱设立总部，注册成立烟台分公司开展相关业务；促成天商联合会在蓬莱设立山东商会，引荐会员企业来蓬洽谈投资。在招才引智方面，促成青岛大学化学科学与工程学院教授、湖北省“楚天学者”特聘教授朱平、山东科技进步奖一等奖获得者隋淑英博士及博士生团队，与嘉信染料在染料工程开发、纺织印染应用、海藻酸纤维技术产业化合作等方面达成合作意向。

营造招引氛围 充分发挥舆论宣传的职能优势，积极在市内市外集中开展主题宣传，为全市“双招双引”工作提供有力的舆论支持。先后在大众日报、烟台日报刊发头版重点报道7篇，在省、烟台市级电视和网络媒体刊发相关重点报道60多篇次。切实加强北京、上海招商引智暨城市形象推介活动的宣传力度，先后邀请20多家中央主流媒体现场报道，并结合新媒体平台广泛推送相关信息。结合蓬莱招商环境、产业优势等，制作完成了新版城市形象宣传片，在上海推介会期间播出，取得了良好的社会反响。在市内媒体统一开设“双招双引百日会战”专栏，运用精神解读、动态消息、评论等形式，进行多层次、高密度宣传，营造“全市总动员、大干一百天”的浓厚氛围。2016年，累计刊播动员大会讲话解读和评论40期、部门动态130多期。

【党员干部理论学习教育】 印发《蓬莱市2016年理论学习安排意见》，制定中心组学习计划和全市“两学一做”学习教育中心组学习安排，组织开展市委中心组集体学习26场次、各级党员干部党课学习860多场次。根据当前形势和全市重点工作需求，围绕中国梦、招商引资等主题，先后邀请中共山东省委党校戚桂锋教授、上海市商

市委常委、宣传部长曹承华出席学习贯彻习近平总书记在党的新闻舆论工作座谈会上的重要讲话精神专题会议

务委员会综合处处长宋锦标来蓬作专题讲座，为推进各项工作提供了理论支撑和智力支持。

【基层理论培训宣讲研讨】 以党的十八届五中全会精神为内容，开设专题培训班3个班次，培训党员干部和理论骨干920多人次。成立市委宣讲团，深入各镇街、各部门开展十八届五中全会精神专题宣讲39多场次，受众2600多人次。组建“五讲五进”理论惠民宣讲团，围绕理论、政策、道德、文化、法治等专题，深入各个层面开展惠民宣讲100场，受众8000多人次。围绕“学习贯彻十八届五中全会精神”和“供给侧改革”主题，分别在全市党员干部中组织理论研讨活动，评选优秀文章60多篇，为市委市政府决策提供参考。

【形势政策教育】 在市内媒体开辟专版专栏，深入开展形势政策教育。政府网站开设“深入开展解放思想大讨论活动”专题、“深入开展‘两学一做’学习教育”专题，刊播动态报道、精神解读和评论文章，累计刊播解读和评论48期、部门动态210多期。《今日蓬莱》刊发治国理政新实践、在新闻工作座谈会上的讲话精神等形势教育30期。电视台新闻频道每月播出一期习近平治国理政新实践系列报道，每周循环播放。在蓬莱市干部教育网络课堂增加科学发展、经济、政治类专家学者视频讲座30多篇。

【新闻宣传】 以“展示形象、树立品牌”为目标，着眼蓬莱经济社会发展成就和亮点，精心组织策划、高起点定位，梯次开展形式多样、特点鲜明的对外宣传活动。围绕“十三五”规划、招商引资、项目建设等中心工作，开展集中宣传12次，组织上级主流媒体开展“决胜小康”媒体纪行、烟台创新型企业巡礼等集中采访采风活动4次，在各级主流媒体刊发各类报道420篇次。在双招双引、国际葡萄酒展览会、招商引智推介会等重大活动中，通过高密度、大块头的持续宣传，阶段时间内提升了蓬莱的知名度和影响力。其中，在北京、上海举办招商引智暨城市形象推介活动期间，积极争取国家级主流媒体的支持，采取传统媒体和新兴媒体同步推送的方式，两次推介活动的相关报道在网络媒体、微信、微博阅读量累计超过40万次，较好地实现了宣传声势大、氛围浓、效果好的目标。结合全市中心工作和发展大局，统一组织电视、报纸、网站等市内主要媒体，持续开展阶段性、战役性宣传报道。针对全市年初工作安排，进一步细化分解宣传事项台账，提前向媒体下发宣传方案，每月确定3 ~ 5项重点宣传主题和报道重点，努力营造“紧扣中心、步调一致、声音洪亮”的浓厚舆论氛围。先后围绕解放思想大讨论、双招双引、两学一做、创建全国文明城市等重大主题，制定下发宣传方案12个，推出各类报道720多篇次，刊播公益广告、标语口号1100多条次。同时，利用手机短信发送标语口号40多万条，有效调动了广大干部群众参与创建的积极性和主动性。加强“蓬莱发布”微信、微博等新媒体平台建设，建立微信、微博征稿制度，面向镇街和重要职能部门，组建了由60多人组成的“微发布”信息员队伍。整合市内媒体、相关部门和社会人士，充实完善了内容创作资源库和平台传播资源库，重点围绕民生关注、重要政策、政务信息等，发布信息764篇次，原创信息比例超过60%，微信固定粉丝数量由200人增加至3000人。

【舆情督办】 按照“及时发现、源头化解”的原则，不断加强和改进舆情督办工作，为市领导第一时间掌握各级热点舆情提供第一手资料。2016年，先后围绕媒体关注、民声民意等形成舆情专报250多期，被市主要领导批示80多次。

统战工作

【概况】 2016年，市委统战部紧紧围绕全市中心工作，突出大团结大联合主题，凝心聚力、助推发展，积极引导非公企业参与扶贫工作，成功举办海峡两岸（蓬莱）经贸合作恳谈会，信息宣传工作成果显著。

【大统战工作格局】 以机制建设为基础，着力构建起大统战工作格局。健全完善统战工作机制，通过工作网络建设，建立起三级统战工作网络，明确了12个镇街的统战委员由组织委员兼任，并安排了1名专职或兼职统战工作人员，全市行政村（居委会）均设立1名统战联络员。

【非公经济统战工作】 以助推发展为中心，全力做好经济领域统战工作。围绕促进非公经济健康发展、非公经济人士健康成长“两个健康”，不断加强新形势下的工商联工作。3月，完成了基层商会换届选举，新增会员51个，12个镇街（区）商会按新修订的工商联章程规定，完善了工作制度和工作职责，并配齐专（兼）职驻会干部，商会软硬件设施建设得到加强。印发《工商联会员企业数据库统计表》，对企业的人才需求、技术需求、资金需求等情况进行了翔实、全面摸底。通过对上报情况的及时汇总，把工作任务分解到各职能部门，尽力为企业排忧解难。

深入推进民营企业家提升工程。3月，组织市工商联常委会成员40余人，参加《坚定“三大自信”，实现中国梦》为主题的“名师大讲堂”讲座。6月，与市委组织部、葡萄与葡萄酒局联合举办全市葡萄酒企业高层管理人员培训班，采取专题培训和企业参访相结合的方式，组织20家葡萄酒企业负责人赴河北省怀来县实地考察学习。

积极引导非公企业参与扶贫工作。面向全市印发《蓬莱市非公有制经济人士开展“助力扶贫攻坚行动”倡议书》，号召非公经济人士通过“为包帮的贫困村提供项目支持、为包帮的贫困户寻找致富道路、为贫困学生解决生活教育困难、为贫困户劳动力提供就业岗位”等四个方面参与精准扶贫。已有46家企业与37个贫困村达成结对帮扶计划。

强化非公经济领域思想建设和信息宣传工作。6月，由市委统战部、市工商联联合主办的内部交流刊物《蓬莱商会之家》正式创刊发行，增设了企业与政府对话渠道，构建起工商联与会员企业的沟通桥梁。《蓬莱商会之家》每季度发行一期，设有10多个栏目，及时发布各类政策法规、市场资讯和经贸信息，介绍域内外先进的管理经验和优秀企业家代表，追踪工作动态和推广工作经验，每期刊印3000册。

【民主党派及党外代表人士工作】 认真贯彻落实中央、省委和烟台市委关于加强新形势下党外代表人士队伍建设的文件精神，打造可持续发展的党外代表人士队伍。

理论培训 5月，在市委党校举办了党外代表人士培训班，邀请党校讲师以《用社会主义核心价值观引领社会思潮 凝聚社会共识》为题，培训蓬莱市担任副科级以上领导干部、人大代表、政协委员中的党外代表人士和各民主党派成员、宗教界代表人士120余名。

优秀党外知识分子推荐 印发《关于推荐优秀党外知识分子的通知》，在全市范围内推荐新的社会阶层中的党外知识分子，民营企业和外资企业的管理和技术人员、中介组织和社会组织从业人员、新媒体从业人员和网络意见人士、自由职业人员中有代表性的党外知识分子，归国留学人员中有代表性的党外知识分子，机关事业单位、大型企业中有代表性的党外知识分子。经过全市各机关事业单位、镇（街区）、民营企业的推荐，已掌握120余名优秀党外知识分子的基本情况，建立起党外知识分子数据库。

民主党派自身建设 为民盟、农工党蓬莱支部争取活动经费各5000元，并列入市财政预算。全年协助民盟蓬莱支部考察并发展盟员3名，协助九三学社考察并发展会员3名。支持民主党派和无党派人士加强思想政治建设，邀请民主党派人士参加全市组织的各类培训3次。

社会组织建设 年初召开了关于推进全市社会组织统战工作专题会议，就如何做好社会组织摸底调研、社会组织联合会筹备工作、社会组织代表人士引导教育等方面进行了全面部署。10月，制定下发了《关于推荐蓬莱市社会组织联合会会员的通知》，通过深入走访，建立了涵盖99个民办非企业单位和58个社团组织的数据库，并实行动态管理。

【民族宗教工作】 加强少数民族和宗教界代表人士的联系培养，健全完善少数民族及宗教界代表人士信息库。下发通知，在全市机关事业单位、企业、新媒体中，以及爱国宗教团体中摸底全市民族宗教界代表人士基本情况，积极向烟台推荐。

【对台工作】 积极开展对中国台湾经济和文化交流。5月，随烟台市团组赴中国台湾开展妈祖文化交流活动。通过参访及座谈交流，集中宣传了蓬莱妈祖文化悠久历史，借助妈祖文化深厚根基与影响，为海峡两岸（蓬莱）渔业交流示范区创建、吸引中国台湾渔业同行来蓬开展交流合作提供载体。5月底和6月初，分别接待了中国台湾云林北港朝天宫和基隆庆安宫两个大型妈祖团的参访，进一步深化了两地妈祖文化的交流。

加强与中国台湾知名人士的联络交往，结识和拜会中国台北市农经会理事长、文化交流协会发展协会执行会长刘志旋等10余人。通过齐鲁文经协会引荐，会见了山东同乡会副理事长、齐鲁文经协会副理事长、原维泰纺织股份有限公司董事长周孚厚等10位老乡和朋友。通过口头推介和发放宣传资料，介绍了蓬莱资源和环境、产业发展概况，邀请来蓬莱参观考察，寻找合作商机，并借助文经协会会刊在岛内推介蓬莱。

8月，成功举办了海峡两岸（蓬莱）经贸合作恳谈会，活动共邀请到中国台湾商业总会、中国台北电脑公会、两岸经营者俱乐部以及天津、山东其他市地台商代表86人参加，涉及旅游、房地产、智慧产业、健康医疗、渔业等10多个行业。活动对蓬莱招商环境、产业现状进行了详细介绍，拓宽双方交流空间，达成了一些初步意向。

【信息宣传】 充分利用各种信息平台和报刊媒体，全方位宣传全市统战工作领域的创新经验。注重发挥统一战线广泛性优势，在与统战成员的联络交友中积极宣传蓬莱的产业优势、投资环境、历史文化等。同时，打造高素质信息员队伍，选派信息骨干参加各类业务培训。进一步完善信息报送机制和信息工作制度，加大对基层统战信息报送的指导调度。全年向中央、省、市报送各类信息共计50余篇次，其中被采用30余篇次。

机构编制

【概况】 2016年，在市委市政府的正确领导和业务上级的精心指导下，市编办深入学习贯彻党的十八届五中、六中全会精神和全国、全省机构编制工作会议精神，从发挥机构编制部门的职能优势、破解阻碍经济发展的难题入手，注重实干、务求实效，较好地完成了事业单位分类改革、行政审批制度改革、事业单位登记、“三定”规定修订等各项工作任务。

【事业单位分类改革】 理顺事业单位经费形式。对所有事业单位逐个“过筛子”，梳理其经费来源，并到财政部门开展调研，同各业务科室进行了交流讨论，结合实际情况，提出具体的整改意见。推进暂缓分类事业单位改革。对全部暂缓分类的事业单位进行实地调研，重点研究其主要职责、承担社会功能等情况，并初步确定分类结果。同上级编办、周边县市区及时沟通，了解工作进展及分类情况，根据上级对后勤服务等事业单位清理整顿部署要求，及时研究提出改革意见。开展公立医院编制备案制改革。为创新事业单位机构编制管理方式，增强事业单位法人自主权，结合上级有关要求，先后到市卫计局、市人民医院、市中医医院等机构进行实地调研，详细了解各单位对编制备案制管理的意见建议，切实推进了公立医院改革工作。

【行政权力清单制度】 研究制定出台《蓬莱市人民政府关于取消、调整行政权力事项有关问题的通知》，将行政审批事项精简至266项。规范行政权力事项，实现行政审批事项的“同步申报、同步审核、同步公布”。共取消行政权力事项6项，承接下放26项，调整40项，削减行政权力事项16项。规范中介服务收费，对61项行政审批中介服务收费进行清理规范，核对出33项应取消事项。针对以往各种行政权力清单资料“碎片化”的现象，建立“一账一库”，即“简政放权工作台账”和“行政权力动态管理数据库”。利用2个月时间，组织人员对2013年以来各类材料进行整理，以时间为轴，简洁清晰地列出简政放权在成立小组、出台方案以及8次行政权力调整等方面工作情况，有效提高了管理效率，为市委市政府在全面深化改革、优化政务服务等各项决策部署中提供了参考。

【行政审批制度改革】 在完善审批要素、优化审批流程的基础上，由各部门根据实际操作程序，明确受理、审核、办证等每一个环节的名称、受理科室、受理人、受理时限等，实现步骤清晰、责任到人。在此基础上，召开全市培训会议，组织各部门将293项审批事项录入“山东省行政权力事项动态管理系统”。组织相关部门对照225项省级行政许可事项，梳理上报22项蓬莱市对应事项，并通过省行政行政权力动态管理系统对上级明确要求的21类有关要素全部进行了调整完善，为行政审批事项网上运行打好基础。结合蓬莱政务大厅实际，在入驻大厅的32个服务窗口全面推行标准化服务，并根据行政审批目录制作534份业务手册和服务指南，在行政审批窗口和LED屏摆放，方便办事群众。落实加强事中事后监管的政策措施，积极协调市市场监管局、市法制办公室积极推进“双随机、一公开”等制度措施，组织全市38个有关部门对法律法规规章进行全面梳理，制定《随机抽查事项清单》和《执法人员名录库》，明确抽查依据、抽查内容、抽查主体、抽查方式，及时向社会公布。同时，组织各单位按照对行政许可事项的事中事后监管办法进行全面梳理，进一步明确监管主体、监管对象、责任要素等相关内容，编写事中事后监管案例集，共梳理各类案例30个，涉及行政许可事项135项，重点对市交通局、市教体局、市农业局等5个单位典型案例进行推荐宣传，进一步促进了各部门监管方式的创新，完善了行政审批制度改革监督管理体制。

【简政放权放管结合】 编制印发《2016年推进简政放权放管结合优化服务转变政府职能工作方案》，包含7个领域62项工作任务，明确了责任主体和完成时限。通过月度调度和专题调度的方式，抓好2016年度简政放权工作任务的督导落实；通过督促各部门密切关注改革动态和上级要求，在完成2015年阶段性目标基础上，抓好“一照一码”、行政审批“双随机”等工作的落实。在此基础上，开展简政放权“回头看”工作，组织各部门通过自查自改、实地督查等方式，对削减行政权力、优化和规范审批流程、事中事后监管等4大类18项情况进行检查，引导各部门及时发现问题症结，巩固简政放权工作成效。在简政放权方面，重点推进“五证合一”“一照一码”登记制度改革，深化行政审批制度改革，推行行政权力清单制度，规范行政审批中介收费项目。在放管结合方面，推行执法检查“双随机”制度，完善市场主体经营异常名录管理制度，实施行政许可、行政处罚“双公示”。在优化服务方面，构建“互联网+”政务平台，事项网上录入率达到100%，14个部门网上办理已逐步推开。重点推进建设项目区域化评估评审工作，先行完成了环保领域评估评审工作，其他领域工作正在稳步推进。

【事业单位登记】 建立了事业单位登记管理“预先提醒”机制，根据全市机构调整和干部任免情况，在法人登记事项发生变化时，及时向举办单位下发《设立、变更、注销通知书》，督促事业单位按照规定的时限要求，办理设立、变更、注销登记业务。研究制定《法人设立、变更、注销登记业务办理服务指南》，明确和规范了业务流程、申报条件和材料填报标准。建立健全了登记管理基础台账和业务台账制度，根据登记事项办理情况，及时更新登记信息，实现事业单位登记动态管理。2016年，办理各类登记业务129次。

【机构编制管理】 按照《关于进一步加强和规范机关事业单位人员编制使用管理的通知》要求，严格执行编制使用通知单规范程序，依次办理人员编制、工资、保险和核拨经费等手续，共办理相应手续513次。通过编制核查和精简编制工作，对职责弱化、任务量减少、编制空余较多的单位，收回空余编制，在此基础上补充到特色产业和重点领域，发挥有限编制的使用“潜力”。采取一岗两审的办法，在各单位上报编制使用申请之后，先进行空编审查，再进行用编审查，结合实际确定考录计划中的人员数量、具体岗位及专业要求。2016年，全市机关共计划考录76人，事业单位计划考录179人。

【合同制驾驶员安置】 根据烟台市改革文件要求，对全市涉改单位进行了统计汇总，详细梳理了各部门（单位）的编制数、实有人数，并对存在的特殊情况进行了分析，结合每个人的工作岗位情况、全市司机分布情况，提出了多种安置方式，有效保障了聘用合同制驾驶员的权益。

【机构编制档案】 在全市范围内推进政府部门历史沿革建档立卷工作。按照“一部门一档案”的目标要求，采取部门提报、专人审核、逐条理顺的方式，整合各部门的机构编制电子档案、机构编制情况卡片和历年机构编制文件纸质材料，并汇总订卷，妥善保存。2016年，完成全市85个部门单位的档案整理工作。

【“三定”规定修订】 在全市范围内开展了政府部门“三定”规定修订工作。组织召开了全市动员会议，明确工作要点、时间节点以及报批程序，严格审核部门方案。建立了“三报三审”工作机制，通过“初审核对、二审修订、三审定稿”的模式，对部门上报的“三定”规定严格审核。同时结合上级要求，定期开展调度工作，不断推进工作进度，于11月底前完成政府部门“三定”规定修订工作。

信访工作

【概况】 2016年，全市共受理来访总量为931起6846人次，受理群众（包括网上投诉）1841件，全部按期处结，化解率达90%，各级“两会”、中央巡视组“回头看”、十八届六中全会等敏感期间，未发生有影响的信访问题。

【体制机制创新】 加强“互联网＋信访”信访信息平台建设，全面推广应用网上信访信息系统，12个镇街和19个重点信访部门接入专线网络，群众来信来访登记录入率达到100%。开通蓬莱信访微信公众号，加强与信访群众的互动交流，引导群众依法依规反映问题。重新修订下发信访工作考核评价办法，实行每月统计、每月通报、每月考核制度，年终累计结果，推动各级各部门将更多精力转移到信访事项“事要解决”上来。

【基层基础工作】 制发《蓬莱市信访工作规范手册》和《村居矛盾排查记录本》《镇街领导干部接访记录本》等，每月开展一次“六集中”活动（集中时间、地点、人员、培训、归档、督导），信访工作办理环节程序性问题进一步规范。新建市级联合接访大厅，新增使用面积约500平方米，设立了登记区、候访区、分流区和两处专业调解室。坚持矛盾纠纷排查化解，开展排查22次，排查矛盾纠纷1870件，化解1684起。全面推进网上信访，及时做好受理、办理、答复等工作，确保群众诉求得到合理解决，共受理群众网上信访事项1227件，全部按期办结。

【重点信访事项集中治理】 扎实开展“信访积案百日攻坚”“信访突出问题集中化解”“老案老户大化解”等活动，创新依法处理模式，通过现场督导、重点调度、集中会诊等措施，加大督促指导力度，全力推动“事要解决”和“案结事了”；开展进京越级访攻坚化解活动，严格落实“五个一”措施。全年共结服重点信访案件59起。主动开展信访听证工作，全年共听证信访案件226起，听证率为83.6%，位列烟台市第一。

老干部工作

【概况】 2016年，市委老干部局在市委和上级业务部门的正确领导下，以学习贯彻党的十八届五中、六中全会精神为主线，紧紧围绕市委市政府中心工作，积极落实老干部各项待遇，开展系列主题教育活动，加强学习活动场所建设，丰富老干部精神文化生活，引导老干部为党的事业增添正能量，持续推进老干部工作转型发展，为促进蓬莱经济发展和社会稳定做出应有的贡献。

【老干部组宣工作】 灵活设置离退休干部党组织，不断强化政治功能和服务功能。以《老干部工作情况》为载体，宣传推广老干部党支部的典型做法，在全市老干部中形成学先进、赶先进、当先进的良好风气。同时，继续加强老干部网上党支部建设工作，宣传引导老干部党支部及成员在网站上发帖、跟帖2000余篇。2016年，宣传推广老干部党支部“两学一做”先进典型3个。有1个党支部被中共山东省委离退休干部工委、中共山东省委老干部局授予“全省老干部党组织优秀活动”称号。

【系列主题教育】 以“解放思想大讨论”活动、“两学一做”学习教育活动为契机，积极开展系列主题教育活动。3月份开始，开展新春走基层活动，在《老干部工作情况》开辟专栏，介绍基层老干部党建工作经验3个。3月14日，组织党员干部到先进单位参观考察，学习老年教育工作先进经验。6月23日，组织党员干部参观党性教育基地，重温入党誓词。“七一”建党节前夕，组织党员干部到困难群众家中进行走访慰问活动，送去价值2000多元的慰问品和慰问金。通过观看教育影片、外出观摩学习、开展岗位练兵、举办文字

6月23日组织党员干部参观党性教育基地

点评会和青年干部培训班等多种形式，引导党员干部在实践中锻炼，在锻炼中成长，丰富相关知识，提升自身政治素养和工作能力。2016年，共举办文字点评会24期，观看教育影片3部，调研报告获全省一等奖，在烟台市、山东省老干部工作调研宣传培训班上分别做了典型发言。

【学习活动场所建设】 做好新老干部活动中心、老年大学内部设施配置，满足老干部精神文化生活需要。设置一处党员活动室，配备电化教育设施，增强了全体党员干部参与政治理论学习的自觉性和主动性。对干休所老化的自来水管道和老干部活动室进行升级改造，不断提升干休所硬件设施，住所老干部幸福感和满意度不断提升。

【“五老”队伍建设】 本着自觉自愿、量力而行的原则，将一大批有一技之长的老同志纳入“五老”人才库，并进行动态管理。3月份，烟台市关工委主要领导到蓬调研，对“五老”队伍建设取得的成绩给予充分肯定。

【老干部生活待遇】 在确保“两费”落实基础上，不断完善离休干部医药费统筹标准正常增长机制，使离休干部医疗保障水平与经济社会发展水平相协调。4月份，由市委老干部局、市财政局、市人力资源和社会保障局联合下文，对无力缴纳医疗统筹金的47个单位、87名离休干部实行财政支持医疗保险金254.75万元，解除了老干部的后顾之忧。

【特色文体活动】 围绕庆祝建党95周年、红军长征胜利80周年，举办了“纪念建党95周年暨红军长征胜利80周年”老干部书画摄影展，出版老干部征文集《光辉历史·伟大征程》。9月份，参加由市委组织部、市委宣传部主办，市文化广电新闻出版局承办的“中国梦·蓬莱情”庆祝建国67周年暨纪念中国工农红军长征胜利80周年诗歌朗诵比赛，获得三等奖。10月份，市委宣传部、市老干部局、海市酒业沃族酒庄联合举办“九九夕阳红·老干部沃族酒庄健康行”活动。同时，组织开展了门球、高智尔球、腰鼓、太极、象棋等各类文体活动20余次，丰富了老干部老年生活。

【亲情服务】 利用重大节日、老干部生日，为全市老干部送上生日贺卡和鲜花，送去组织的温暖。2016年，全市各级各部门先后为3000多位老干部送去了节日祝福。注重老干部服务管理工作与社区工作相结合，充分利用社区资源，为老干部提供医疗保健、娱乐健身、康复护理、卫生保洁、文化学习、餐饮购物、精神慰藉等内容的志愿服务。消防、环卫、城管、卫生、烹调协会等积极开展志愿服务活动，为老干部送去社会的温暖。2016年，开展各类志愿服务2200多人次。

机关党务

【概况】 2016年，市直机关工委紧紧围绕“两学一做”主题教育，积极落实市委、市府工作安排，进一步加强党建督导检查，扎实开展党员组织关系排查，努力在加强党的建设上实现新突破，以改革创新精神全面推进市直机关党的建设，不断提高机关党建科学化水平。

【党建督导检查】 建立党建联系点制度，将工委所有工作人员分成3个组，将所属各基层党组织划分3个片，每组联系1个片，认真配合市“两学一做”第二督导组工作，按照工作进度，逐个支部进行督导检查，对检查中发现的问题，及时与单位领导沟通，提出整改意见，限期整改。

【党员组织关系排查】 组织所属各基层党组织开展党员组织关系集中排查工作，通过排查，摸清底数，为做好党员管理掌握了第一手资料。2016年，共排查在册党员3322名，经查找取得联系党员91名。

【党务干部培训】 3月7日、11月21日机关工委举办两次机关工委党务干部培训班，120多名基层党务干部参加了培训。同时，工委分管领导参加了省直机关工委举办的党务干部培训班，组宣科长参加了市委组织部举办的全市党务干部培训班。通过培训，提升了党务干部的素质，为进一步做好党建工作奠定了坚实的基础。

【党员教育与管理】 围绕做合格党员活动主题，开展“学法规、守纪律、做表率”答题活动和“两学一做”知识集中测试活动，所属基层党组织的2000多名党员参与了答题。特别是对各基层党组织的党务干部及部分党员骨干进行了统一测试，对达不到要求的部分党员干部进行补测；组织预备党员参观焦裕禄精神展，并举行了集体宣誓仪式，提升了预备党员的政治素养；“七一”期间开展走访慰问老党员和困难党员活动，送去党的关怀。

【党员发展】 根据市委组织部的年度党员发展计划，在对去年入党积极分子进行详细考察的基础上，工委逐个审核，严格把关，认真研究，确定28名党员发展对象，上报市委组织部进行集中培训。下半年，经过党委会讨论研究，同意确定为中共预备党员，完成相关视频的上传工作，确保发展党员的书面程序和视频程序完善。

【典型带动】 结合“和谐文明机关创建”，深入打造市国税局党总支和检验检疫局党支部两个党建示范点。6月份，组织工委100余名系统党务干部在市国税局党总支和检验检疫局党支部召开了现场观摩会，将典型单位的经验做法汇编成册，发放到各基层党组织，以点带面，取得良好效果。

【文体活动】 与市委组织部、市委宣传部、市文广新局联合开展“庆祝建党95周年党建精品文艺节目会演及2016年仙境之夏广场文化活动”；与市文明办、市教体局联合开展“全民健身健步走”活动；组织党员集中观看教育影片《勇士》，2000多名党员观看影片。

党校工作

【概况】 2016年，市委党校深入贯彻党的十八大、十八届三中、四中、五中、六中全会及各级党校工作会议精神，紧扣市委、市政府工作大局，扎实推进年初制定的各项目标任务。顺利通过“省级文明单位”复审，以烟台市总分第一名的成绩通过2013—2015年度全省先进党校评选，连续20多年保持“山东省先进党校”称号，并作为全省两家典型之一上报推荐到中央党校，被市委、市政府授予“最佳部门”等荣誉称号。

【党员干部培训】 全年共举办青年干部培训班等各类班次15个21期2801人次。选派骨干教师组建十八届五中全会精神宣讲团，深入基层集中宣讲40场，听众2645人次；组建了十八届六中全会精神宣讲团，深入基层集中宣讲35场，听众2398人次。与相关单位联合办学培训1200余人次。与市委宣传部联合开展“五讲五进”理论惠民宣讲35场次，听众3058人次。加强“干部教育网络课堂”建设，上传视频60多部，目前已拥有视频636部，在学习贯彻十八届五中、六中全会精神，“两学一做”学习教育中发挥了重要作用。

【党性教育基地】 与市委组织部协作，精心打造革命烈士陵园和夏侯苏民纪念馆2处党性教育基地，并于6月16日举行了党员干部党性教育基地揭牌仪式，已接待参加党性锻炼人员810多人次。与市纪委合作组办的廉政警示教育基地，全年接待参观警示教育基地单位56批次，受教育人数1651人次。

【课题调研】 全年发表烟台市级以上论文98篇，报送1项省委党校课题、4项烟台党校课题、6项烟台社科联课题立项、19项省党校十八届六中全会专题课题获得立项；2015年立项的4项烟台党校系统课题、1项省党校系统课题、16项省党校系统十八届四中全会专项研究课题、14项省党校系统十八届五中全会专项研究课题，2014、2015年立项的6项烟台社科联课题全部顺利结项；4篇优秀理论文章（课题）获烟台党校系统科研成果奖，积分位居烟台县市区党校前列。山东省重大舆情一级课题《当前基层党员干部理想信念状况调查分析》，被省委宣传部《舆情专报》（第31期，8月）采用，并得到省委常委、宣传部长孙守刚批示，课题的相关研究成果也被《农民日报》（11月26日）采用，2篇调研文章被市委杨原田书记批示。

【继续教育】 继续与鲁东大学联合开展本、专科函授教育，全年实现招生录取310人，目前在校本专科学员1180人。与中国海洋大学联合举办MPA班有序进行教学管理。

【教师队伍建设】 制定了《“客座讲师”管理办法》，聘任了部门领导、专家学者等19人担任“客座讲师”。不断加强教师外出培训力度，组织教师60人次参加智慧大讲堂、名师讲座等听课；选派2名教师到省委党校师资班学习，先后2次组织26人次到北京参加高层次培训。全年开展了3次全员参加的观摩教学竞赛。建立健全激励约束机制和教学质量评估量化考核体系，通过测评结果和竞赛名次决定授课教师和授课专题，并与职称评聘和年终考核挂钩。新购买10万元图书，鼓励教师自学提高。

党史工作

【概况】 市委党史研究室围绕市委市政府中心工作，立足本职，服务大局，陆续编撰《蓬莱抗日战争简史》《红色记忆》等，加强《蓬莱市抗战时期人口伤亡和财产损失调研材料》编辑整理，开展山东省“市(地)、县委书记口述史”征编工作，积极参与全市红色文化阵地建设等工作。

【《蓬莱抗日战争简史》编撰出版】 组织蓬莱抗战史专题研究，先后查阅各类馆藏档案300多卷，搜集整理资料60多万字，又专门组织人员进行调档查阅、走访调研，向全市各有关部门、单位及各级领导、专家，广泛征求意见和建议，数易其稿，反复修改补充完善，最终定稿25万多字，8月份正式出版发行。

【《红色记忆》编撰】 主要记录革命战争时期蓬莱大地上的一些名人、名物、名事。全书分为党史人物、革命遗址、史料集萃、重大事件、战役战斗、史海钩沉、红色记忆七个专题。2016年末，完成第一稿。

【《蓬莱市抗战时期人口伤亡和财产损失调研材料》编辑整理】 全面启动全市抗战时期的人口伤亡和财产损失调研成果转化工作。2016年末，已完成初稿30万余字。

【山东省“市(地)、县委书记口述史”征编】 认真落实山东省“市(地)、县委书记口述史”征编工作。通过查阅档案文献、联系相关部门、咨询知情人等方式了解到健在的3人，其中2人完成采访，并完成2位书记在任期间11个事件的参考资料的撰写工作，经当事人阅后署名。收集查阅到牟玉田、戴长春等8人的简历、讲话等相关资料，撰写口述史初稿《蓬莱县委对“五风”问题的反思》，共1.2万余字。

【红色文化阵地建设】 全力打造蓬莱红色文化纪念馆，主要依托郝斌烈士纪念馆，对夏侯苏民以及其他革命烈士纪念馆资源进行整合，先后组织人员赴荣成、哈尔滨等地参观考察，争取明年5月份完成基本筹建工作。围绕夏侯苏民纪念馆建设，积极参与了《智勇双全的虎将夏侯苏民》的电视片脚本、纪念馆解说词的编辑整理，进一步补充完善史实资料，先后数易其稿，共完成1.5万余字。指导市革命烈士陵园对其“革命历史纪念馆”和“革命烈士纪念堂”进行了规范化建设，进一步补充、完善了革命历史资料及场馆布置等，较好地提升了纪念馆档次和质量，并为其官方网站提供蓬莱抗日战争时期党史大事记300余条、1万余字。指导潮水镇费东村创建了“蓬莱红色记忆陈列馆”，对馆藏文物的陈列布置、历史资料、照片的撰写等做了深入细致的工作，该馆于7月1日正式挂牌。

【纪念建党95周年党史宣传活动】 会同市委组织部、《今日蓬莱》报社推出《丹崖英烈谱》

专栏，在《今日蓬莱》报纸上每期1～2名，利用“七一”前后一个多月时间重点宣传新中国成立前革命先烈的光辉事迹，同时在全市“两学一做”微信公众号上进行发布。在《烟台日报》刊发了两篇分别长达3000余字的反映夏侯苏民和郝斌两位烈士事迹的长篇通讯。通过烟台市“英雄胶东开放烟台”微信公众号，相继发表《行程700多里看蓬莱民工如何支援济南战役》《胶东英雄刘太东》等蓬莱党史文章30余篇。将《蓬莱革命史话》等党史读本通过蓬莱阁管理处、革命烈士陵园等单位向社会赠阅，有效地扩大了党史宣传教育受众面。还为市委老干部局提供“回望革命征程·传承红色文化”老年征文大赛党史资料。

档案工作

【概况】 2016年，市档案局以“两学一做”学习教育为契机，围绕服务大局、服务基层、服务社会，精心谋划，重点突破，整体推进，努力提高全市档案工作科学化水平。馆藏档案6.3万卷、7.6万件，特殊载体档案520卷（件）、图书资料2万余册。先后被评为“全省档案系统先进集体”“全省档案宣传工作先进单位”，被市委、市政府授予“2016年度先进集体”“全市普法依法治理工作先进集体”。

【红色革命教育】 为纪念抗日战争胜利90周年，市档案局充分利用馆藏优势，从387卷革命历史档案中整理编写12余万字资料，与市党史办联合编写《蓬莱抗日战争简史》，并于8月出版发行。指导帮助潮水镇费东村建立“蓬莱革命历史陈展馆”，提供反映蓬莱抗战时期革命活动的布告、命令、电文等原始图片212张，文字23万余字。积极参与市委组织部牵头开展的胶东（烟台）党性教育基地建设工作。

【“6·9”国际档案日宣传活动】 紧扣“档案与民生”这一主题，开展了“五个一”档案宣传活动，即召开一次现场观摩会、组织一次学术研讨、举办一次知识竞赛、制作一档专题栏目、进行一次综合报道。做法受到省、烟台市档案局充分肯定。

【归档文件整理】 印发《关于归档文件整理工作的通知》，对全市100多个部门档案工作人员进行业务知识培训，采取分组指导、责任到人、集中整理的办法，指导全市档案人员进行归档文件整理工作。

【档案数字化建设】 印发《关于做好全市档案数字化工作的通知》，对基层档案员从技术要求、保密要求等方面进行专业培训。通过政府采购的方式，购买了新服务器和磁盘阵列。同时，购买档案数字化服务，对文书档案及专业档案进行全文数字化扫描。2016年，已建立拥有37万条的机读目录数据库、总量达到72.3万页的档案全文数据库和容纳5.5万份电子文件的电子文件中心。

【档案科学化管理】 开展档案工作科学化管理工作。经山东省档案工作科学化管理测评组的检查考核，市人民检察院和市地方税务局通过示范单位检查，有6家单位通过先进单位检查。2016年，全市共有3家示范单位，16家先进单位，成为全省创建单位最多的县市（区）之一。

【档案开放利用】 加强“蓬莱档案信息网”建设，及时更新网站内容。搞好档案来函来电查询，为来馆查档者提供优质快捷服务。2016年，共接受来电查档者200余人次，接待来馆查档者900余人次，提供利用档案资料8790余卷（册），社会受益项目40余个；群众赠送“待人热情周到，为百姓办实事”锦旗一面。

考核工作

【概况】 2016年，市考核办紧紧围绕市委、市政府中心工作，坚持以服务科学发展、跨越发展为重点，以科学发展考核和招商引资审核为抓手，立足督导考核和协调服务职能，不断解放思想，创新模式，努力在考核手段模式上求创新，在服务质量效能上求提升，在推进项目建设上求高效，圆满完成市委、市政府交办的各项工作任务。

【考核工作机制】 坚持“双重点”项目“一个市级领导牵头，一个责任单位负责，一套服务机制配合”的工作机制，市考核办协同责任单位制定节点计划，将推进工作进行细化分解。围绕中兴电力、海上风电、宝塔石化三个项目的加快推进，实行部门间“并联交叉”的节点推进模式，市考核办根据提报情况和承接关系，督导各部门对能够交叉作业的事项交叉作业，对能够提前完成的工作提前完成，部门间能够协调解决的要及时协调解决，实现了各部门业务的无缝衔接，各项工作提前介入，有的放矢，压缩了审批时限。

【科学考核】 4月份出台《2016年科学发展综合考核办法》，突出了发展和服务的考核，加大了经济发展考核的权重，简化考核程序，提高考核效率。围绕八大产业和推进项目考核，分别于6月份、10月份制定下发《2016年产业发展考核办法》《重点推进项目考核办法》。通过完善考核办法，落实考核制度，使任务明确、时限明确、标准明确，从而建立了一整套严谨、科学、系统的目标管理考核体系，引导各级各部门将主要工作精力和工作重心真正转移到踏踏实实谋划和推动经济发展上来。

【严格考核】 规范考核程序，严肃考核纪律，强化责任意识，确保考核工作公平公正、实事求是。

考核程序　现场考核事项，各考核组负责人、被考核单位负责人、经办人在考核结果上签名确认，一式三份，考核部门、被考核单位和考核办各留存一份。单项汇总成绩考核部门主要负责人签字后向分管市级领导汇报，并严格按照规定时间报考核办。

考核纪律　考核期间，各考核部门不得以任何形式在被考核单位就餐，各被考核单位不得准备任何礼品、纪念品，不得摆放香烟、饮料和果盘等招待用品。对考核部门丧失工作原则打印象分、糊涂分，当老好人的；对被考核单位伪造事实和提供虚假数据、并造成恶劣影响的，提报市委、市政府，严肃追究单位主要负责人和有关人员责任，取消评先树优资格，并进行通报批评。

考核明细　各考核部门提报考核成绩同时上

报考核数据明细以及加扣分依据，市考核办按照考核办法严格审核，审核通过的计入全市综合成绩，未通过的要求改正考核结果，重新汇报、提报。

【考核督导】 各督导员在与项目参建各方建立紧密联系的基础上，主动靠前，全程靠上，对每个项目进展情况和施工现场实施高频次督导。通过实时督导向责任单位、项目单位、施工单位层层传递督导压力，以目标倒逼责任，以时间倒逼进度，以考核倒逼落实，对达不到节点计划的项目，进行扣分，每月汇总通报。同时，坚持问题导向，梳理制约项目进度的关键问题，建立清单，明确时限，实施销号管理，形成了各级各部门齐抓共管、全程服务、全力推进的工作合力。2016 年市考核办共编发通报 10 期，提请市领导召开重点项目专题调度会 100 次，解决实际问题 146 个。

【动态管理】 按照“储备一批、推荐一批、发展一批、淘汰一批”的原则，对投资规模一般、长期未开工建设、多次达不到节点要求以及发展前景难确定等几种类型的项目及时调出；对科技含量高、企业实力强、市场前景好、社会效益好的项目引导其积极向评审委员会申报，及时调进重点项目行列，纳入重点督导考核，增强了项目方及责任单位的危机感，激发了主动加快项目建设的责任意识，真正实现了项目推进由“要我快”向“我要快”的转变。

【队伍建设】 为适应督导考核机制转型需要，抽调住建、国土等部门的精干充实督导考核力量，分东线、中线和西线三个区域开展督导调度。工作中，坚持业务培训和能力培养双注重，通过“以老带新”“以干代训”等帮教模式，不断提升工作人员督导考核业务能力。按照“缺什么补什么”的原则，邀请相关部门业务骨干进行集中授课。2016 年，共开展日常业务培训 10 余次，邀请集中授课 2 次。

农村工作

【概况】 2016 年，以美丽乡村创建活动为总抓手，突出生态文明乡村建设主线，以打造典型示范、普惠共建、产业支撑“三个升级版”为重点，强化精品示范引领，推动全域创建达标，完成山东省生态文明乡村建设示范县创建工作。

【“蓬莱美丽乡村”创建】 指导全市 65 个获评村居本着“放大强项、补足短板”要求，选准特色定位，科学制定巩固提升方案，通过环境提升、景观提档、经营提效、服务提质，努力在更高层次争先进、树典型。指导镇街按照“村居自主申报、镇街筛选提报、市里研究审核”的程序，从基础较好、环境优美、交通便利、特色突出的村居中，筛选确定了新一批 22 个美丽乡村重点创建村和 4 个幸福社区重点创建村居，纳入全市重点调度，集中力量打造精品。拓展 8 个美丽乡村示范片的覆盖范围，高标准抓好区域内环境综合整治，实施一批基础建设和产业发展项目。2016 年末，26 个美丽乡村和幸福社区重点创建村居共开工创建项目 125 个，完成投入 7148.7 万元；65 个获评村居共开工巩固提升项目 170 个，完成投入 1.15 亿元；全市新评选表彰 14 个“蓬莱美丽乡村”和 4 个“蓬莱幸福社区”。

山东省生态文明乡村建设示范县验收

【省级生态文明乡村建设示范县创建】 研究制定《2016年创建山东省生态文明乡村建设示范县重点工作》，在全市范围内筛选确定了环境综合整治、污水处理改造、城乡环卫一体化、农村无害化厕所改造等43项重点工作、重点项目，列入年度计划跟踪推进落实。围绕调动各级积极主动性，将省级示范县创建工作纳入全市重大改革工作事项进行督导推进，严格落实“月督查、季通报”制度，在全市上下形成了良好的工作导向。9月23日，由烟台市委副书记王继东带队到蓬，对美丽乡村标准化建设暨乡村文明行动工作情况进行了现场督查。11月22日，蓬莱市山东省生态文明乡村建设示范县创建工作通过省督查组考核验收。

【和谐文明村居创建】 根据全市创建全国文明城市工作总体部署，结合乡村文明行动，继续开展和谐文明村居创建活动，切实提升村居文明水平，提高服务经济社会发展的软实力。年初，研究制定《关于进一步深化提升和谐文明村居创建工作的实施方案》，明确年度工作重点及考核标准。组织各镇街筛选确定重点创建村居，并逐村制定创建工作方案，以环境整治工程、乡村记忆工程、志愿服务、“一约四会”建设等八大方面工作为着力点，通过典型培植、示范推广等方式，广泛开展和谐文明创建工作。

扶贫工作

【概况】 2016年，深入贯彻习近平总书记关于扶贫开发“四个切实”“六个精准”“五个一批”的重要思想和工作思路，严格按照各级党委扶贫开发工作要求，坚持精准扶贫、精准脱贫，以40个省扶贫工作重点村和10个烟台市扶贫工作重点村为重点，因地制宜、综合施策，努力打赢脱贫攻坚战。2016年末，完成脱贫人口总数1134户、1868人，剩余贫困户460户、746人。

【贫困户摸查】 在建档立卡“回头看”工作的基础上，对全市农户进行摸查，严格按照“镇不漏村、村不漏户、户不漏人”的原则，认真填写入户调查表，遵循“六步工作法”对建档立卡贫困户进行重新核实，不符合标准的坚决予以清退，程序履行不完善的立即完善工作程序，确保贫困户精准识别无偏差、无遗漏。

【贫困户档案建立】 建立《贫困户档案》预审制度，对12个镇街填写好的部分档案提前审核，通过后方可面上开展档案填写工作。组织2个督导组经常性深入镇街，不定期抽查档案质量、督促加快工作进度，确保4960户家庭档案建立高质、高效。

【年度动态管理】 制定出台《关于做好2016年度扶贫对象动态管理和建档立卡信息更新录入工作实施方案》，梳理疑难问题形成了《应知应会二十问》。建立了隔日调度、工作周报和销号预审制度，严格按照“六步工作法”程序做好退出工作，民主评议退出，会议全程录像，公示、公告环节留存照片，并同步建立好全套工作档案。

小门家镇卧龙村（省定贫困村）光伏发电伏扶贫项目

【项目扶贫】 2015年产业项目全部完工验收，完成项目资金投入750万元，各级财政专项扶贫资金报账250万元，扶持建档立卡贫困户566户、贫困人口925人。2016年，40个省扶贫工作重点村和10个烟台市扶贫工作重点村产业项目总投资2001万元，扶持建档立卡贫困户330户、528人。已全部完成实施方案编制、审批和项目开工，完成资金投入1363万元，36个省定重点村实现完工。

【行业扶贫】 围绕农业、林业、光伏产业等“十大扶持政策”，40多个脱贫攻坚责任部门分别制定本部门本行业的精准扶贫计划，不断满足产业发展需要。市水务局帮扶紫荆山街道史家沟村，投入160万元为村庄配套安装高效节水灌溉项目，投入50万元改善村庄饮用水设施、整治村内河道，彻底改善村民的用水环境。市农业局帮扶北沟镇宋家店村，为村庄争取资金20万元，建设50亩成方连片矮砧苹果示范园，投资26.2万元为农户免费发放有机肥189吨，解决村庄土壤酸化问题。

【公益扶贫】 实施“雨露计划”“贫困助学一助一”“牵手关爱行动”“金秋助学”等一系列活动，争取各类资金100多万元，资助贫困学生、妇女500多人。将蓬莱市爱心捐助资金的50%用于脱贫攻坚，统筹资金260万元，用于健康医疗、鳏寡孤老、教育培训等扶贫类别的资助。

【资金扶贫】 建立与扶贫任务和本级财力相适应的财政专项扶贫资金投入机制和增长机制，将543.5万元县级专项扶贫资金、150万元中央发展资金、140万元烟台市扶贫专项资金和500万元债券资金用于产业项目发展。同时，整合水利、农业、林业等各级行业部门涉农资金2384万元，用于重点村产业项目和基础设施项目建设。2016年，财政专项、债券资金及行业整合资金总计投入3721万元。

【金融扶贫】 联合印发《关于金融助推脱贫攻坚的实施意见》《蓬莱市金融精准扶贫融资需求对接百日攻坚活动实施方案》。加大金融支持精准扶贫宣传力度，对符合基本贷款条件的307户贫困户进行摸底走访，宣传金融扶贫政策，开展贷款需求摸底调查。与财政部门对接扶贫小额贷款担保基金和贴息资金政策，计划2017年建立贴息资金和风险补偿金制度，全面推开金融扶贫工作。

【扶贫协作】 与齐河县建立扶贫协作关系，签订扶贫互助框架协议。依托双方在镇域发展、教育教学、卫生医疗、文化创新等方面中的经验优势，建立镇村、教育、医疗、文化、干部交流、人才劳务等结对协作机制，确保扶贫协作取得实效。2016年末，已有3个镇街、7个部门与齐河县对口单位取得联系，并签订协作协议。

【督导考核】 定期开展专项督导、督查，及时发现问题，以问题为导向，进一步明确思路打算、化解制约因素、促进工作开展、确保工作成效。加强对扶贫干部的业务培训，开展专题培训15次，增强业务指导能力。建立健全扶贫开发工作督查通报制度，组织联合督查、行业督查，对精准帮扶、资金使用等重点环节真督严查，对工作落实不力的，及时提醒、限期整改，确保全市脱贫攻坚任务如期完成。2016年，迎接上级督导、暗访5次，开展本级督查考核10余次，促进了脱贫攻坚各项措施的有效落实。

人才工作

【概况】 2016年，按照省、市对人才工作的新要求、新部署，深入实施人才优先发展战略，着力提高人才工作科学化、精准化和效益化，为打造创新驱动体系、激发城市发展活力提供更加坚实的人才支撑和智力支持。

【政策制度】 制定出台《关于加强招商引资和招才引智工作的意见》，将招才引智工作列为全市经济社会发展的“一号工程”，从目标任务、工作重点、机制保障等方面，对招才引智工作进行部署。出台《“仙境英才”引进计划实施办法》，对来蓬创业创新的高层次人才给予初创扶持、科研资助、安家补助、生活补贴等全方位的政策扶持，高层次人才累计最高可获得1000多万元的扶持资金。加强人才经费投入，设立企业家人才开发基金年度专项培训经费40万元，人才工作专项经费200万元，高层次人才引进专项经费800万元。印发《2016年蓬莱市人才工作要点》，明确14项人才工作重点项目，并采取月调度方式加强动态管理。建立人才信息线索周报、人才信息分类管理和重点人才信息督导三项机制，随时掌握全市工作情况，并对筛选确定的60项重点人才信息，建立跟踪督办台账，加快推进项目落地。出台《蓬莱市招才引智考核办法》，在全市科学发展“千分制”考核中，赋值120分，并将全市90个部门纳入考核范畴，充分调动各职能部门、镇区的积极性和主动性，形成人才工作整体合力。

【人才队伍建设】 配强人才工作力量，建立全市人才工作联络员队伍。在各镇街经济发展服务中心增设人才科技科，配备专职工作人员，同时明确市直各部门分管招商引资工作的班子成员同时分管招才引智工作。强化业务素质提升，举办人才工作培训班，对全市300多名人才工作分管领导、联络员进行专题培训。先后在济南、北京、青岛、上海建立4处“招才引智工作站”，聘请“招才引智顾问”48人，其中，“千人计划”专家等国家级领军人才18人。推进干部培训工作，年内先后举办21个主体班次，17个备案班次，累计培训干部4200余人次。举办“名师大讲堂”，围绕党性理论、县域经济发展等方面举办高层次专题讲座，促进知识理念更新。先后举办专题讲座4期。以“网络党校”为依托，积极组织开展“菜单式”选学，并将学习结果纳入全市干部学分考核。实施“经济型”干部培养“3360”工程，利用3年时间、分3批次选派60名优秀“经济型”干部到江浙、北京等地进行为期一年的挂职锻炼。举办“第三期青年干部培训班”，对41名学员进行为期2个月的封闭式培训。深化提升“三百人才工程”，举办专业技术人才培训班，组织35人赴浙江大学围绕“互联网+产业发展”进行专题培训。开展以园艺师、酿酒师、品酒师为重点的“三师”人才队伍建设工程，通过技术交流、集中培训、举办盲品挑战赛等形式，不断加强葡萄酒专业人才培养。强化企业经营管理人才素质提升，举办第二期葡萄酒企业高层管理人员培训班，组织25名葡萄酒行业企业家到河北怀来葡萄酒产区进行为期7天的专题培训。实施企业人才培训补助，引导企业加大人才培养力度，共有43家企业备案培训班次122个。实施“名师带培”工程，通过入户指导、外出培训等形式，培养一批技术指导员、果树技术示范户，先后组织培训活动9次，培训人员240余人次。选派渔业技术指导员25名，每人负责指导12个科技示范户，主推技术的入户率达到95%以上。开展“百团创优”活动，辅导基层文艺骨干2700余人，打造基层文艺队伍60支。采取专题讲座、研讨交流和现场教学相结合的方式，先后对社会工作者进行专题培训6期。实施卫生强基工程，选派16名骨干医师派驻基层医疗卫生机构进行驻点帮扶。统筹开展了新教师“曙光工程”、中小学校长“领雁工程”、骨干教师“卓越工程”，形成了覆盖面广、针对性强的立体化人才培养工程体系。

【人才发展环境】 营造创新创业的平台环境。市科技创业服务中心建筑面积1.15万平方米，入孵企业41家，获批山东省创新驱动助力工程示范区，省科协所属协会与蓬莱市6家企业签约提供技术指导和服务。推进“侨梦苑”争创工作，通过“一带、三园、三谷”建设，力争5—10年打造成华人侨胞精英创新创业地。小企业和大学生创业辅导基地等5家创业孵化基地或众创空间成为烟台市首批众创空间联合会会员。蓬莱蔚阳新材料和京鲁渔业申报的两个院士工作站已通过备案，引进合作院士3人。蓬泰股份、蓬莱海洋等5家企业获批烟台市级高层次人才载体。园艺场申报的“自根砧、苗木繁育与推广”项目是2016年烟台市唯一获批的省级引智示范推广项目。

营造支持干事的服务环境。开展蓬莱籍优秀人才走访活动，借助在外优秀人才春节返乡探亲时机，组成联合走访组，对经营管理、专业技术等领域的45名蓬莱籍在外优秀人才进行了走访慰问。召开政银企对接会，16家银行、3家融资性担保公司和75家企业参加了会议，初步达成合作意向21个，意向金达6亿多元，为支持创业人才发展、做大做强中小企业提供了重要资金保障。开展“百名干部联百企”活动，选派21名市级领导和80名科级干部担任“联企服务员”，“一对一”联系服务101家企业，动态收集企业人才、技术需求，全力帮助解决，并制定专门考核细则，卡实目标责任。

营造识才爱才的社会环境。举办“蓬莱市青年创新创业大赛”，对10名创业人才进行了表彰奖励，进一步在全市范围营造创新创业的浓厚氛围。推荐申报1人获得“齐鲁首席技师”称号，2人入选烟台市“双百计划”人才，6人被评为烟台市“有突出贡献的技师。”开通“蓬莱人才”微信公众号，随时推送相关人才先进典型、政策解读和人才工作动态，关注人数达到1100多人。制作“仙境英才”政策微信宣传片，累计点播2万多人次。在《今日蓬莱》上开辟“人才工作”专栏，已刊发8期。设计制作发放人才政策宣传折页3000多份。先后在大众日报、烟台日报等主流媒体上刊发人才工作相关报道30多篇。

【“双招双引”百日会战】 召开动员大会，印发《关于开展“双招双引百日会战”活动的实施方案》。成立以市委书记、市长为组长的工作领导小组，并设立专项活动办，负责工作的统筹协调。编制印发《高层次人才及项目（技术）需求目录》和《天南地北蓬莱人》手册。相继在北京、上海召开招商引智暨城市形象推介会，邀请参会人员500人，其中，国家“千人计划”专家12人。开展高校院所走访活动，筛选确定188家与全市产业契合度较高的高校、院所，实行点对点走访。组团参加省海洽会、创新中国北京春季峰会等高端人才峰会6次。与国家人社部博管办联合开展“博士后蓬莱行”活动，来自中国科学院、中国环境科学研究院等16所高校及科研单位的18名博士后与蓬莱市21个项目成功对接。与教育部科技发展中心联合举办“蓝火计划”博士暑期挂职活动，组织厦门大学等知名高校10名博士到蓬莱市企业挂职一个月，帮助企业解决技术难题45个，推广转化科技成果6项。

会战期间全市各部门共走访高校、院所467家次，对接重点人才604人次，共引进各类高层次人才56人。牵线21所高校、科研院所与19家企业达成产学研合作协议19个，设立实习实践或教学基地8个。齐鲁工业大学与蓬莱市建立全面战略合作关系，并签订科研项目共建联创、校企合作、学生实习基地等3个子协议。山东华兴建材科技有限公司与南京航空航天大学合作开发的固体废弃物综合利用循环经济示范项目争取中央预算内投资261万元。与“上海千人计划专家联谊会”在人才引进、工作交流、科技成果转化等方面建立全面合作关系，并签订协议。

蓬莱市人民代表大会

PENGLAISHIRENMINDAIBIAO DAHUI

【概况】 2016年，蓬莱市人大常委会围绕全市工作大局依法履职。全年召开常委会会议7次、主任会议11次；听取和审议“一府两院”专项工作报告9项；依法作出决议、决定18项；任免地方国家机关工作人员27人次；开展视察、调研、执法检查7次；受理人民群众来信来访33件次、来访43人次。

【蓬莱市十七届人民代表大会第五次会议】 2月23—26日召开，202名人大代表出席会议。会议听取《蓬莱市人民政府工作报告》《蓬莱市人大常委会工作报告》《蓬莱市人民法院工作报告》《蓬莱市人民检察院工作报告》，审议并通过相关决议。会议审查和批准《蓬莱市国民经济和社会发展第十三个五年总体规划纲要的决议》《蓬莱市2015年国民经济和社会发展计划执行情况与2016年计划的决议》《蓬莱市2015年预算执行情况和2016年预算的决议》。会议选举杜康生为蓬莱市十七届人大常委会主任，选举杨升岩为蓬莱市人民政府市长，选举侯卫、贵国栋、张东恒为蓬莱市十七届人大常委会委员。会议首次举行宪法宣誓仪式。

市人大常委会主任、党组书记杜康生在市人代会上讲话

【重点工作监督】 先后组织对全市治安防控体系建设工作情况、市职业教育工作开展情况、全市重点工程重点项目进展与龙烟铁路及蓬莱站建设情况的视察。听取与审议2015年城市规划和城建重点工程实施情况暨2016年重点工程安排意见、2015年本级预算执行和其他财政收支的审计工作报告、市法院行政审判情况、蓬莱市精准扶贫工作开展情况、代表建议、批评和意见情况、1—7月份国民经济和社会发展计划执行情况、2015年市级决算草案和2016年1—7月份预算执行情况、“七五”普法依法治理规划情况、人大任命干部审计查出突出问题整改情况等9项工作报告。常委会高度重视重点工程建设资金收支安排情况和金融业对助推地方经济发展的作用，积极组织开展调查研究，形成调查报告，专题向市委作报告。

【人大代表议案及建议办理】 常委会会同市政府把涉及农业、交通、城乡建设、教育、卫生工作的8项建议列为重点。市政府实行督办人大代表重点建议分工制度，由分管副市长亲自督办。为全面增强议案建议办理工作的透明性、实效性，市人大常委会积极创新工作举措，将信息化手段引入办理工作，构建了议案建议办理平台，实现了全程网上透明办理，不断提升办理成效。9月21日，市人大常委会三十三次会议专题听取审议了市政府关于办理代表建议、批评和意见情况的汇报，进一步加大督查力度。为保证代表建议办理工作的落实，常委会进一步加大协调、督查力度，每件建议都印发征询意见表，及时了解代表对建议办理工作的意见，凡是代表对办理情况不满意的建议，全部责成承办部门重新办理。市十七届人大五次会议后，代表共提建议57件，已办复57件，代表满意率达到100%。

【蓬莱市第十八届人民代表大会代表选举工作】 自10月中旬开始，12月下旬结束。共划分105个选区，其中镇、街道选区88个，市直选区17个。各选区于12月26日统一组织选民投票，共选出蓬莱市第十八届人民代表大会代表218名，经过代表资格审查委员会审查，确认2名代表因个人原因不适合担任代表职务，代表资格无效，其他216名选出的代表确认当选资格有效。

【专题询问会议】 10月25日，蓬莱市人大常委会召开首次专题询问会议，对全市医疗卫生服务体系建设工作开展专题询问，听取全市医疗卫生服务体系建设工作情况报告，常委会委员分别就全市公立医院创建、医疗体系信息化建设、妇幼保健、医患关系等9个方面工作问题进行询问，市卫计局、市人民医院和市中医医院负责人分别作认真答复和积极回应。

【“蓬莱人大工作”专版】 3月28日，“蓬莱人大工作”专版在《今日蓬莱》报正式创刊。蓬莱市委书记杨原田深情寄语，代表市委对“蓬莱人大工作”专版创刊表示衷心的祝贺。与报社共建“人大工作”专版，是市人大常委会2016年宣传工作一项创新之举，在烟台县市区人大工作中为首创。2016年，“蓬莱人大工作”专版共刊发18期。

PENGLAISHI RENMINZHENGFU

蓬莱市人民政府

政府工作综述

【概况】 2016年，在中共蓬莱市委的坚强领导下，市政府团结依靠全市人民，解放思想、开拓创新，勇于担当、攻坚克难，经济社会持续健康发展，实现了“十三五”良好开局。全市地区生产总值增长7.6%，公共财政预算收入增长9.5%，规模以上固定资产投资增长14%，社会消费品零售总额增长11.2%，实际使用外资增长8.1%，外贸进出口增长3%，城镇和农村居民人均可支配收入分别增长7.9%和7.8%。

“双招双引”成效明显。把招商引资、招才引智作为全市“一号工程”全力推进，累计拜访企业、高校院所近4000次，在北京、上海、法国、韩国等地举办专题招商推介会20多场次，新签约项目70多个，签订产学研合作协议19个，引进高层次人才58人，其中，“千人计划”“万人计划”专家4人，“泰山学者”等省部级人才工程入选者5人。全力以赴突破重大项目，中兴电力等项目相继落户，宝塔石化LNG等项目扎实推进，宝龙城市广场等项目投产运营，“智慧蓬莱”和智慧健康养老服务项目入选国家第三批政府和社会资本合作示范项目。

产业转型步伐加快。“全域旅游”再结硕果，全年接待游客924万人次、实现旅游总收入114亿元。葡萄酒产业持续向高端迈进，拉菲酒庄等15个酒庄加快建设，成功举办2016年国际葡萄酒设备技术暨葡萄、果蔬种植展览会。装备制造业焕发新活力，蓬翔汽车、万寿机械产量大幅增长，巨涛重工出口额达到4.53亿美元，京鲁船业交付船舶15艘。风电装备、清洁能源、健康养老、绿色建材产业开始破题，化工新材料、生物医药、交通物流、电子商务产业加快发展，引进建设了颐福养老、瑞博生物制药等一批产业项目，烟台钢结构装配式建筑产业基地落户，北沟化工新材料产业聚集区被认定为烟台首个市级化工园区。

改革开放不断深化。继续开展“放管服”改革，全面推进网上行政审批，便民服务更加高效。“五证合一”“一照一码”登记制度全面实施，新增市场主体9433户，增长31.7%。新设立基金4支，总规模达到44.7亿元。信贷周转金规模达到1亿元，惠及企业50多家。旅游综合改革、分级诊疗改革等多项改革工作走在全省前列，公务用车、阶梯水价气价等改革全面完成。对外合作迈出新步伐，城投集团、财金公司分别与云南水务、中海油安全公司展开合作，带动相关领域破题发展。“侨梦苑”通过国侨办初步验收。“百名干部联百企”活动得到省领导充分肯定，解决企业诉求需求150多个，40家企业完成规范化公司制改制，高新技术企业达到17家，嘉信染料获得“中国专利优秀奖”。

城乡建设统筹推进。新区建设和老城改造同步实施，西海岸文化新区人工岛和岸线修复工程接近尾声，招商工作全面启动；2462套棚户区安置房开工建设，3个老旧小区完成综合整治，6项道路工程全部完工，亮化沿街建筑170多栋，成为省Ⅰ型小城市试点。龙烟铁路蓬莱段正线铺轨基本完工，蓬栖高速全线加快建设，遇柳国防路大修、县乡路生命防护工程按期完成。刘家沟镇获批首批“中国特色小镇”，北沟镇入选山东省重点示范镇，蓬莱阁街道被命名为“国家卫生乡镇”。持续改善农村生产生活条件，投入资金1.86亿元，实施“美丽乡村”创建、获评村居提升项目295个。国家生态市通过考核验收，新获得“全国休闲农业和乡村旅游示范县”“全国绿化模范县”等荣誉称号。

民生事业巩固提高。27件为民实事全部完成。全国文明城市创建活动深入人心，圆满完成两次测评工作。扶贫工作精准实施，实现脱贫1134户、1868人。新增城镇就业再就业9012人，农村劳动力转移就业8645人。实施全民参保登记计划，参加基本养老保险和医疗保险的人数分别达到36.7万人、40.2万人。全年累计救助困难群众8447人，发放救助金2770万元。“全面改薄”和解决“大班额”工作扎实有效，完成6所中小学改造。成功举办葡萄酒半程马拉松比赛。市人民医院、市中医医院顺利通过国家三级医院评审，完成12处基层中医药综合服务区、188个标准化村卫生室改扩建。完成60个村级文化大院和40个农家书屋改造提升，举办各类文化活动1600多场次。不动产统一登记全面实行。持续开展安全生产大检查，安全生产形势总体平稳。应急救援体系更加健全，应对突发事件能力得到加强。扎实推进“天网工程”向农村延伸，信息化、立体化治安防控体系日趋完善。

政府自身建设有效加强。开展“解放思想大讨论”活动，深化“两学一做”学习教育，各级政府工作人员思想境界有了新的提升，基本素质和能力水平明显增强。自觉接受市人大、市政协和社会各界监督，不断提升人大代表建议和政协委员提案办理质量。深入推进依法行政，加大审计监察力度，集中开展“不作为、慢作为、乱作为”专项整治，行政效率和服务水平进一步提高。严管严控“三公”经费和一般性支出，集中有限财力改善民生、保障发展，以清正廉洁的良好形象赢得人民群众信任和支持。

【施政举措】 2016年，市政府召开市长碰头会议3次，常务会议13次，研究制定创建全国休闲农业和乡村旅游示范县、金融支持实体经济发展等施政举措。

全国休闲农业和乡村旅游示范县创建 以推进现代农业与乡村旅游发展及美丽乡村建设为目标，以促进农民创业、农民增收和满足城乡居民休闲消费要求为核心，坚持“农旅结合、以农促旅、以旅强农”方针，深度挖掘农耕、民俗文化，整合生态、山海、农园和人文等特色内涵，以精品酒庄、休闲采摘、旅游度假、农家乐、渔家乐和美丽乡村为主，重点打造一批发展产业化、经营特色化、管理规范化、服务标准化的现代农业和乡村旅游示范点，逐步形成优势明显、特色鲜明、设施齐全、效益显著的以农业观光、美食采摘、美酒品尝、休闲度假为主的乡村旅游产业产品体系，塑造和提升“人间仙境、美酒之乡、休闲天堂”的城市品牌。11月15日，蓬莱市获得农业部授予的“全国休闲农业和乡村旅游示范县”称号。

简政放权放管结合优化服务转变政府职能 以创新、协调、绿色、开放、共享的发展理念为引领，牢牢把握“一个定位、三个提升”，坚持率先走在前列的战略定位，严格落实李克强总理在全国推进简政放权放管结合优化服务改革电视电话会议上的讲话精神，聚焦供给侧结构性改革、企业投资经营和公共服务便利化方面的突出问题，坚持民意为先、问题导向，持续推动行政审批、投资审批、职业资格、收费管理、商事制度、教科文卫体等领域改革，强化事中事后监管，为基层和群众提供公平可及的服务，以改革创新促转型升级，进一步激发市场活力和社会创造力，为稳增长、促改革、调结构、惠民生提供新动力。组织各部门通过自查自改、实地督查等方式，对削减行政权力、优化和规范审批流程、事中事后监管等4大类18项情况进行检查。重点推进“五证合一”“一照一码”登记制度改革，深化行政审批制度改革，推行行政权力清单制度，规范行政审批中介收费项目。构建“互联网+”政务平台，事项网上录入率达到100%，14个部门网上办理已逐步推开。

金融支持实体经济发展　为积极适应和引领经济发展新常态，推动供给侧结构性改革，加强“去产能、去库存、去杠杆、降成本、补短板”金融服务，促进实体经济转型升级和持续健康发展，在增强信贷服务有效性、降低企业融资成本、完善企业转贷应急机制、创新抵（质）押融资方式、推动企业多渠道融资、鼓励企业并购重组、加强金融逆周期调节机制建设、培育诚信守法金融文化、化解重点领域风险隐患、建立金融案件处置绿色通道等方面不断完善相关措施，制定出台《蓬莱市投融资管理暂行办法》《蓬莱市市级股权投资引导基金管理暂行办法》等。

标准化战略　以提高发展质量和效益为中心，不断完善标准化工作体制机制，强化标准化在服务发展、提高效益、保障安全方面的示范带动作用，充分发挥好标准化对建设经济文化强市的技术支撑作用，进一步增强自主创新能力，提升产业整体水平和竞争实力，初步形成“政府引导、市场决定、标准先行、合力推进”的标准化工作格局。

服务业转型升级　把服务业作为提升综合竞争力的支撑性产业，创新发展生产性服务业，提升发展生活性服务业，进一步优化服务业布局、壮大服务业规模、提升服务能级、增强发展动力。按照“突出特色、集聚发展”原则，规划建设旅游度假、健康养老、商贸、商务、物流等服务业集聚区。跟踪服务业发展新形势，创新发展新产业、新业态、新模式、新技术等“四新经济”，打造众创、众包、众扶、众筹等“四众”支撑平台，支持蓬莱胜境电子商务孵化基地建设。到2018年，争取打造国家级智慧养老示范区，建成2家国家级创新平台、20家省级创新平台，建成3个省级及以上文化产业示范区和孵化基地，打造5个国内知名文化企业和产品品牌，重点培育6个现代服务业集聚区。

市场主体培育　以激发社会创新、促进大众创业为抓手，以推动产业结构优化、经济转型升级为途径，以提高市场主体总量和发展质量为目标，坚持完善扶持政策与优化营商环境并重，对外招商引智与培育内生潜力同行。加强公共创新服务平台建设，加大创业资金扶持。培育壮大健康养老产业、电子商务产业、现代物流产业、教育体育产业等新兴潜力产业。推动骨干企业加快发展，培强做大重点企业，形成以骨干龙头为带动，领军、重点、成长型企业梯次发展的企业格局。努力营造各类主体蓬勃发展、集聚效应持续扩大、产业规模不断膨胀的良好局面。

市政府办公室工作

【概况】 2016年，市政府办公室以“两学一做”学习教育活动为契机，按照市委市政府的统一部署，紧紧围绕市政府中心工作，充分发挥联络中枢、协调纽带和参谋助手作用，有力地保障政府工作快速、有序运行。

【信息调研工作】 坚持抓重点、出精品，不断提高信息服务水平，共整理上报信息800多条，被烟台市及以上政府系统采用110多条。编发《专报领导参阅信息》25期、《专供领导参阅》20期、《政务参考》25期，撰写调研报告28篇。

办理人大建议、政协提案。共办理烟台政协提案7件，蓬莱人大建议38件、政协提案70件，满意和基本满意率均为100%。

【督查工作】 实行“大督查”制度，全办全员统一行动，紧紧围绕《政府工作报告》承诺事项、政府文件落实、重大事项、“双重点”、为民办实事、领导批示件、《网上民声》热点难点问题等方面，扎实开展督查，有力推进了工作落实。今年以来，共办理领导批示件681件，督办各类事项217件，下发《督办通知单》96件，编发《政务督查通报》5期、《督查专报》4期。

【机要文秘工作】 共制发市政府文件66号、市政府办公室文件47号、专题会议纪要37号、政府函23号；收发各类文件5200多份，复印各类材料9.5万张，印刷文稿450篇、9万多张。

【电子政务工作】 做好公文收发系统的维护工作，全年共发送公文2673次、49178份、短信提醒11963条，保证政令上传下达的快捷畅通。

【行政接待】 先后参与组织筹备中国博士后科技服务团山东蓬莱行活动在蓬举行启动仪式，2016蓬莱（北京）招商引智暨城市形象推介会，国际葡萄酒设备技术暨葡萄、果蔬种植展览会，海峡两岸（蓬莱）经贸合作恳谈会，蓬莱葡萄酒半程马拉松赛等重大活动19个，组织市政府市长碰头会议3次，常务会议13次，各类汇报会、座谈会、专题会190多次；先后接待原中央政治局委员、中央军事委员会副主席迟浩田，副书记龚正，副省长张务锋、王随莲、才利民等省部级领导，以及宝塔石化、中兴电力、宝龙集团、中海油、云南水务等大企业来蓬视察，共接待国内外来宾3万多人次，其中副部级以上领导70多人次、厅级领导500多人次、外宾800多人次。共办理各类出访团组21批81人次。

政务服务工作

【概况】 2016年，积极推进政务服务平台建设，打造标准化服务窗口，强化社会中介监管，多渠道开展群众满意度测评，全市266项审批事项进驻市政务中心239项，进驻部门大厅27项，办理事项77935件次，按时办结率100%，受理咨询81580人次。

【政务服务平台建设】 5月，完成政务外网的市、县、乡三级联通。8月初，完成了行政许可事项数据的录入和完善，生成了蓬莱市政务服务平台门户网站页面。10月上旬，完成了12个镇街便民服务事项的梳理和数据录入。10月底，平台实现省、市、县三级互联互通试运行，公开了全部审批事项的审批流程、时限等办理要素，开通了审批办理在线预审、办件跟踪、机器人智能问答等服务功能。12月底，平台正式运行，首批135项许可事项开通在线办理。同时，依托政务服务平台推出二维码明白纸，办事群众只需手机扫描，即可跳转到相应显示一次性告知材料的页面，也可下载申请材料模板。既方便了群众，也解决了纸质服务指南、明白纸更新难的问题。

【服务窗口标准化建设】 按照政务服务的国家标准化体系建设要求，在市政务中心、部门服务大厅、镇街便民服务中心推行标准化工作。3月份，到新泰、沂水、胶州三地考察学习，借助外地成功经验，围绕服务提供标准、管理标准、岗位工作标准等三大层面，建立100余个制度标准，涵盖服务规范、业务办理程序、岗位职责、评价与改进、监督考核、日常管理等诸多方面。整个标准体系从“便民”的角度出发，科学设计工作流程，合理压缩审批时限，减少不必要的审批环节和审批材料。

【社会中介监管】 在对行政审批涉及的中介服务事项进行全面清理的基础上，按照“谁主管、谁考核、谁审批、谁负责”的原则，对中介机构逐个进行分类，明确中介服务的行业监管职责和要求，落实监管措施。根据中介服务类型、行业特点和监管的不同程度，按投资审批、建设工程及社会服务三个类别明确了中介行业主管部门的监管内容，建立由监察部门、政务服务管理部门牵头，各中介机构行业主管部门具体负责，投资项目业主单位配合的中介机构监管体系，分工负责、协作联动，形成监管合力，通过建立一次性告知制、限时办结制，服务评议制、质量评定制等制度，进一步提升中介机构的服务水平和服务质量。环保、住建等12个部门出台了中介机构管理制度，38类中介服务被纳入监管体系，共涉及51家中介机构。年底按照审批类（行业主管部门70%+政务服务管理部门30%），建设类和其他服务类（行业主管部门100%）进行分类统计排名，得出中介机构综合考评结果。考评结果根据得分高低排列，按照优秀20%，良好50%、一般30%的比例进行分类公示，对考评结果达到良好以上级别的中介机构，在政务服务中心宣传栏、led屏幕上进行推荐性展示，并在有关媒体上予以公示，对考评结果较差的单位实行警示。强化中介管理工作经验先后被烟台市改革办、烟台电视台以专题节目等形式宣传推广。

【群众满意度测评】 4月份，按照《烟台市级政务服务窗口群众满意度考核评价实施办法》，对市政务服务中心以及单设大厅开展群众满意度测评工作。群众满意度测评包括投票式效能卡测评和“第三方”机构测评。其中市政务服务中心投票式效能卡，安排专人每天现场发放给办事群众，并当场投票；部门大厅投票式效能卡由工作人员每月不定时，到部门办事大厅进行抽查，现场向办事群众发放效能卡，并当场投票。2016年，共发放投票式效能卡8685张，有效评价次数9716次（含多选票）。“第三方”机构测评每季度进行一次，由89000民生服务热线，随机抽取服务对象电话号码进行访问评价，群众满意度平均在99.5%以上。

政府法制工作

【概况】 2016年，市法制办紧紧围绕市委、市政府的中心工作，认真做好法治政府和依法行政各项工作，为加快建设经济文化强市创造更加优质的法治环境，被市委、市政府授予全市普法依法治理工作先进集体。

【参谋助手作用】 2016年，市法制办对全市53件招商引资项目合同进行合法性审查，确保全市招商引资合同的合法签订。积极参与政府和社会资本合作示范（PPP）项目的一系列合法性审查工作，确保相关PPP项目顺利入围国家政府和社会资本合作示范（PPP）项目。依法参与全市重大疑难事项的处理，完成市领导交办法律事项11件，为市政府依法决策提供准确的法律意见。组织市政府法律顾问积极参与法治政府建设，法律顾问共办理涉法事项15件。编写《依法行政工作简报》12期、《政府法制工作参阅》3期。

【规范性文件制定管理】 严格落实规范性文件“三统一”制度，依法及时审查备案。建立了规范性文件登记簿，在蓬莱政府网设置规范性文件专栏。2016年，市法制办共审核市政府、市政府办公室文件125件，登记公开市政府规范性文件5件、市政府办公室规范性文件5件；审查部门文件70余件，登记公开部门规范性文件21件，建议不予出台文件2件。10件市政府及市政府办公室规范性文件全部按照要求及时向烟台市法制办备案。

【行政执法监督工作】 5月，组织全市32个行政执法部门集中开展了一次行政处罚裁量权规范工作专题培训。9月，制订《蓬莱市行政执法与刑事司法衔接工作办法》，进一步健全行政执法和刑事司法的衔接机制。12月，在全市行政执法部门中开展行政执法案卷评查工作。2016年，共办理行政执法证329个，年审187个，补证2个，清理62个；审查备案有关部门报送的重大行政决定568件。

【行政复议应诉工作】 认真贯彻落实《行政复议法》及其实施条例，以解决纠纷、纠正违法为工作目标，扎实做好行政复议案件的审理工作，切实做到定纷止争、案件事了。2016年，市法制办共办理行政复议案件34起，受理33起，不予受理1起。经过审理，维持20起，驳回申请3起，撤销1起，确认违法2起，责令履行法定职责1起，因行政机关自行纠错申请人撤回申请6起。同时，市法制办还积极代理市政府出庭应诉案件，共代理应诉案件13起。

【法制宣传】 加强法制工作信息宣传，明确法制信息工作重点，确定专人负责信息宣传稿件的收集、整理、报送及工作联络。6月，在钟楼东路开展了《行政复议法》宣传活动，通过悬挂横幅、设置宣传咨询台、发放宣传资料、现场解答法律问题等形式向群众宣传行政复议的相关知识，共发放行政复议宣传资料120多份，解答群众提出的疑难问题13个。2016年，被上级政府法制网站采用法制信息46篇次。

应急管理工作

【概况】 2016年，认真履行“值守应急、信息汇总、综合协调”职能，坚决贯彻落实上级应急管理工作决策部署，夯实应急管理基础工作，创新应急管理工作方法，努力提升应急管理水平，较好地完成了各项应急管理工作任务。

【应急值守】 加强领导带班和24小时值班工作制度落实，细化工作职责，不断提高应急值守工作水平。实行应急值班不定期抽查制度和值班情况周报制度，在重要节假日、重大活动期间等对全市政府系统值班情况进行抽查，进一步督促指导各级各部门做好应急值守工作，取得了良好效果。

【信息报送】 拓宽信息报送外延，通过印发《关于加强敏感信息报告工作的通知》（蓬政办发〔2016〕40号），要求各镇街、市政府各部门高度重视敏感信息，严格落实信息报送主体责任，迅速掌握情况，强化首报意识，加强网络舆情应对。2016年，共上报应急管理工作信息30条，编制应急简报22期，编制发布预警信息83条，微信发布信息600余条。

【应急联动机制】 印发《关于建立健全生产安全事故应急处置联动机制的意见》，对事件报告、应急响应、职责分工、事故查处作了明确规定，对安全生产事故联动处置提供重要依据。

【应急预案编修】 为提高应急预案的时效性、针对性、操作性，组织召开市政府专项应急预案编制工作培训会，启动了市政府专项应急预案编制工作，已将17部市级专项应急预案纳入编修范围，相关工作正有序推进。

【应急资源普查】 在全市范围内开展应急资源普查工作。各部门按照《关于开展全市应急资源普查工作的通知》要求，从应急物资储备、应急救援队伍、应急设施设备等方面进行全面系统汇总统计，并将相关应急信息录入平台，使应急救援资源数据库得到进一步完善。

【应急演练督查】 对全市各单位应急预案演练开展情况进行专项督查。全市开展应急演练的单位（含企业）93个，开展各种应急演练120场次，调用各种装备1000多件次，参与人员约1.2万人次。

【应急管理专家组换届】 印发《关于做好市政府应急管理专家组成员推荐工作的通知》，指导市政府有关部门根据专家组成员的推荐条件，提出推荐人选。经过前期认真调研、考察，确定第二届市政府应急管理专家组成员，并颁发聘书。

【首批应急志愿者队伍】 印发《关于上报蓬莱市应急志愿者名单的通知》，组建市首批应急志愿者队伍，初步形成统一领导、管理规范、协调有序、保障有力的应急志愿者队伍体系，基本满足本区域和重点领域突发事件应对工作需要。

【民间救援组织建设】 积极探索推进民间救援组织建设，在注册登记、规章制度建设、人员选用等方面给予指导协助，使其成为正规救援力量的有益补充，在事故救援保障方面发挥积极作用。

人力资源管理

【概况】 2016年，积极落实就业创业政策，加强创业载体建设，开展失业职工技能培训工作。新增城镇就业再就业9012人，其中，失业职工就业1432人，困难群体就业261人，农村劳动力转移就业2785人，城镇登记失业率控制在1%。

【就业创业政策落实】 为就业困难人员发放社保补贴780人次、240万元；为符合条件的创业人员发放各类创业补贴76人次、22万元；为81人次发放创业担保贷款1100万元。争取蓬莱市创业孵化基地资金189万元，完善“一网四库”建设。

【青年创新创业大赛】 6月8日，组织21名创业者参加青年创新创业大赛，最终评选出评出一等奖1名、二等奖2名、三等奖3名、优胜奖4名，分别给予每人10000元、8000元、5000元、2000元的资金奖励。从中选出3名选手参加烟台市创业大赛，其中2名选手分别获得第三名和第七名。11月29日，在由山东省妇联、山东省财政厅、山东省人力资源社会保障厅等联合举办的第三届山东省妇女创新创业大赛上，田春影《田家四姐妹创业项目》经过层层选拔，从206名优秀选手及创业项目脱颖而出，通过创业计划书、创业VCR、项目阐述、现场答辩、实战对决等环节，获得一等奖。

【创业载体建设】 农高区创业孵化基地、胜境电子商务孵化基地、缘梦创客空间、小企业和大学生创业辅导基地、海市旅游创业示范基地等5家创业孵化基地或创客空间入围烟台市首批众创空间联合会成员名单。蓬莱市和登州街道、紫荆山街道、新港街道以及海梦苑、海景苑、万寿、南天门社区顺利通过烟台市创业型城市及创业型镇街、社区的评审，获奖补资金130万元。胜境电子商务孵化基地获批烟台市一类创客空间，获奖补资金30万元。

【技能培训】 根据失业职工的培训需求，开设了保健按摩、中式面点、创业培训等5个实用专业。按照烟台市要求重新招标培训机构，共有7家培训机构负责完成装配钳工、养老护理员、育婴师、保健按摩师等 40 个工种培训，全年培训各类人员 3435 人，其中失业职工创业培训 342 人，毕业年度内大学生创业培训 1658 人。

【贫困人员脱贫】 以扶贫部门对本地贫困人口的精准识别情况为基础，由各镇街基层人社平台开展调查摸底工作，掌握本地贫困劳动力数量、分布等情况，收集贫困劳动力就业状况、就业意向及培训愿望等信息，建立贫困家庭就业台账。全市劳动力年龄内有就业愿望和培训愿望的有 12 人。为帮助他们脱贫致富，一方面筛选出适合的就业岗位，促其上岗就业。另一方面对有培训愿望的人员开展创业扶贫培训和技能培训，12 名贫困人员全部安置就业。

【稳定就业】 春节后，举办“春风行动”大型专场招聘会，从 2 月 15 日至 18 日举办 4 场不同行业的招聘会；6 月 16 日，举办“双招双引”大型人才招聘会。为确保本次招聘会顺利举办，安排专人深入企业挖掘用人需求，同时走访省内 16 所高校，邀请高校学生参与招聘活动；建设汽车站服务处一处，方便外来务工人员和农村劳动者求职择业；按照烟台市稳岗补贴文件要求，通过报纸、微信等渠道进行政策宣传，让符合条件的用人单位都有机会申报。全市 179 家用人单位通过审核，惠及 1.9 万人，发放补贴 311 万元。

外事侨务工作

【概况】 2016 年，市外侨办紧紧围绕市委、市政府中心工作，充分发挥外事侨务职能优势，大力开展“双招双引”活动。积极推进“侨梦苑”争创工作，团结、凝聚海外侨胞和归侨侨眷力量，引导海外华侨华人关心和参与蓬莱经济社会发展。

【“侨梦苑”争创】 从 3 月份开始，经过前期的调研学习和充分准备，将烟台“侨梦苑”申报材料经省政府同意上报国侨办，又多次到烟台外侨办、省侨办、国侨办汇报烟台“侨梦苑”发展规划、进展情况及措施计划，得到各级侨务部门的支持和肯定。10 月 19 日，国务院侨务办公室来蓬验收“侨梦苑”项目。

【双招双引】 立足侨务阵地，大力开展“双招双引”活动。参加了第八届全国华侨社团联谊大会和第十六届华侨华人创业发展洽谈会，与日本爱媛县华侨华人联合会会长林全南等 20 多名华侨建立联系。先后赴北京、上海、扬州、无锡、杭州、武汉等地开展双招双引活动，拜访扬州宏运车业、安凯汽车、中民租赁股、中外运物流投资、泽根弹簧、无锡微研精密卫压件、

2016 年国务院侨务办公室验收“侨梦苑”现场

胜机石油装备等20多家企业，拜访浙江大学汽车研究所、航天101研究所、武汉理工大学资源与环境工程学院、中国农业大学试验站、烟台大学等高校、科研院所，结识各类高层次人才9人，其中泰山学者、千人计划人才3人。陪同市委市政府主要领导先后赴韩国、欧洲开展招商活动。共拜访各类企业和驻外商会、机构30多个，拜会国外华人华侨和知名人士70多人，掌握各类投资和人才信息10多个，洽谈推进合作项目11个，签订投资合作协议2份、友好城市意向书2份。

邀请澳大利亚山东商贸联合会商务考察团来蓬实地考察医疗、养老、食品加工、葡萄酒、建材等项目，并就小门家镇污水处理厂项目、新三和食品向澳洲出口等项目达成合作意向。邀请中国侨商投资协会农牧食品企业界15名知名侨商，来蓬实地考察拉菲酒庄、和圣马场、民和牧业等企业。邀请中国宏泰集团公司副总裁钱啟增来蓬考察航空产业，就临空产业发展和投资合作等问题进行座谈，并就临空产业园区规划建设达成初步意向；邀请中国香港深圳社团总会一行9人来蓬参观考察，寻求合作机会。邀请中国旅美科技协会董事会一行10余人，来蓬开展“2016海外高科技人才烟台行”蓬莱站活动。邀请中国侨商会、山东侨商协会20余人来蓬参加“2016侨商侨领蓬莱行”活动，考察蓬莱市投资环境、进行项目对接洽谈。山东省侨商协会与北沟镇签订“投资合作框架协议”。文成欧洲风情城堡被山东省侨商协会授予山东侨商之家”称号，文成公司董事长李文成被选为山东侨商协会副会长；赵建峰副会长表示将在文化产业方面向蓬莱倾斜，并当场表示将捐助30个蓬莱困难学生。

【联谊交流和华文教育工作】 先后邀请中国香港大诚集团有限公司董事长刘士凯，冀鲁旅港同乡会副会长、中国香港文华公司董事长王宗超等知名侨商来蓬考察。并立足“中国华侨国际文化交流基地”“海外华裔青少年中华文化传承基地”——蓬莱阁，开展华文教育工作，促进中外文化交流，推荐1名优秀教师赴泰国支教。

【“万侨助万村”活动】 向海内外侨团、侨胞、侨资企业等发倡议书1000余封，鼓励他们支持家乡新农村建设。多方协调资金20万元用于营前梁家村村内道路硬化、饮水工程等。

【“归侨侨眷关爱工程”】 为40余名困难归侨发放补贴6万余元。走访慰问重点侨眷和困难归侨侨眷40名。

【对外宣传】 充分利用省社区侨务工作示范单位、国家级侨法宣传角、侨资企业联系点、华文教育基地等侨法宣传主阵地，对新颁布的《山东省归侨侨眷权益保护条例》、涉侨法律法规等集中宣传，营造全社会知侨、爱侨、护侨良好氛围。深化与《山东侨报》社的战略合作，围绕蓬莱主导产业、历史文化、投资环境、双招双引等主题，推出《山东侨报·仙境蓬莱》专版120多版。

民生服务工作

【民生服务事项办理】 始终坚持“以人为本、服务民生”的宗旨，切实使民生诉求事事有回声，件件有着落，努力搭建政府与群众的“连心桥”。通过市长公开电话、民生服务热线、网上民声、微信等平台共受理民生诉求12531个，其中直接办理答复1419个；向办理单位交办9616个，已回复9268个；办理人民网地方领导留言板16件、《舆情信息》203件；通过网上民声网站、微信平台发布政策法规、便民公告、服务信息等200余条。

【民生服务工作机制】 成立由市政府常务副市长任组长的民生服务联席会议，定期调度民生服务工作，对市民反映的重大疑难问题，召开协调会或现场办公会，研究解决方案，推动问题快速有效化解。5月5日，组织全市48个重点承办单位召开专题民生服务工作会议，就2016年民生服务工作进行全面动员部署，建立健全了“集中受理、分类处置、统一协调、部门联动、限时办结”的工作机制，制定了事项办理工作制度、督导检查制度、回访制度、工作情况通报制度、职能部门问责制度、配合联动制度及满意度评价考核办法等，将事项办理过程细化为受理、直办、转办、督办、反馈、回访、发布、分析、通报、归档10个工作环节，通过强化平台工作的制度化、系统化、标准化建设，使服务内容更加标准，事项办理更加高效，协调督办更加有力。

【业务培训】 坚持不断加强业务学习和培训。年初派出业务骨干到莱阳市进行为期一周学习。3月中旬，组织赴江苏省太仓、沭阳、张家港等地进行为期一周的业务观摩交流。8月下旬，安排中心业务分管领导跟随烟台市长公开电话办公室，赴德州、枣庄进行了为期3天学习考察，全面、系统学习民生服务平台运行、话务人员业务技巧、受理事项办理流程等先进工作经验。定期邀请职能部门业务骨干进行集中授课，强化工作人员对部门政策业务知识的熟练掌握；建立热线知识库，采集社会管理、建设交通等各类信息7560余条，进一步提高了受理人员对政策咨询类问题的即时处置能力。

【督办落实】 坚持日常审核与重点督办相结合，对所有受理事项及回复情况严把审核关，实行日会诊制度。强化重点督办，每周筛选涉及多个部门的重点疑难案件，进行现场协调督办，并提报民生服务联席会议办公室协调解决，通过电视台、今日蓬莱等媒体及微信公众号加大宣传和督办力度。2016年，共现场调查落实重点疑难案件296件，协调解决立交桥挡土墙修缮等疑难问题31个；对群众反映强烈的晒甲河河道污染整治、晾晒海泥粉尘扬尘、新建小区社区管理等问题，提报民生服务联席会议协调解决。

地方史志工作

【概况】 2016年，全市史志工作根据山东省史志工作“三全”目标，结合蓬莱史志工作实际，紧紧围绕中心，服务大局，开拓创新，扎实推进年鉴编纂、方志馆建设、中国名镇志编修等工作任务。

【年鉴编纂工作】 3月，完成《烟台年鉴》《山东年鉴》组稿工作。7月，完成《山东史志年鉴》工作。10月28日，印发《关于做好〈蓬莱年鉴〉(2017卷)编纂工作的通知》，正式启动年鉴编纂工作。至2016年年底，全市102家部门单位完成年鉴组稿工作，为实现“一年一鉴，公开出版”奠定基础。

【《刘家沟镇志》编纂】 根据中国地方志指导小组办公室印发的《中国名镇志文化工程实施方案》精神要求及山东省、烟台市史志办关于推进名镇志与名村志工作的决策部署，启动了《刘家沟镇志》编纂工作。2015年形成了《刘家沟镇志》初稿。2016年，对初稿进行修改完善，进一步突出志稿的地域特色和时代特色。10月，将志稿送交烟台市史志办初审。11月，严格按照烟台市史志办的初审意见进行修改。至2016年年底，形成送审稿。《刘家沟镇志》设概述、基本镇情、镇区建设、葡萄与葡萄酒产业、名特产业、文物古迹、风土风情、村庄、马家沟生态旅游景区、人物、大事纪略，形成文字30余万字，收集照片180余幅。

【方志馆建设】 根据《山东省地方史志事业发展规划纲要（2015—2020年）》《烟台市地方史志事业发展规划纲要（2016—2020年）》的精神要求，抓住档案馆、图书馆整改达标等有利时机，积极将方志馆建设纳入公共文化设施建设规划。蓬莱方志馆先后收集书籍2000余册，其中，志书300余册，辅助工作书1500余册。在实际工作中，着重突出蓬莱地域文化特色：一是围绕历史名人戚继光南抗倭北戍蓟的足迹，加强与江浙、福建和河北等地的志书交流与收藏；二是围绕蓬莱是东方海上丝绸之路的起点，加强“一带一路”沿线的志书交流与收藏；三是围绕蓬莱是明清时期重要的移民中转站，加强与东北三省的志书交流与收藏。

【旧志整理】 2016年，先后完成［明·泰昌］《登州府志》、［清·乾隆］《续登州府志》等旧志整理。［明·泰昌］《登州府志》在前期点校整理的基础上，进行校勘。［明·泰昌］《登州府志》共点校沿革、职官表、选举表、天文志、地理志一、地理志二、人物志一、人物志二、人物志三、人物志四、艺文一、艺文二、艺文三、艺文四、艺文五、识异共16卷（原志共18卷，卷七、卷八缺失），共24万余字。［清·乾隆］《登州府志》完成点校录入工作。［清·乾隆］《续登州府志》共12卷：卷一星野、灾祥、沿革、疆域；卷二形胜、山川、城池、公署；卷三学宫、祀典、盐法；卷四武备、乡都、桥梁、亭台；卷五古迹、陵墓、寺观、物产；卷六风俗、户口、田赋；卷七驿传、兵事、海疆、封建；卷八宦迹、职官、辟举、科贡；卷九封荫、武职；卷十人物、流寓、列女；卷十一仙释、杂创、艺文（上）；卷十二艺文（下）、杂志。

【谱牒整理研究】 谱牒是中国历史典籍和文化遗产的一个重要组成部分，其价值越来越受到社会各界人士的重视和关注。2016年，共接待寻宗问祖人员35人次，收集、接受捐赠谱书8卷，整理蓬莱人闯关东条目26条。同时，应辽南宁氏家谱编纂委员邀请，赴海城市参加了《辽南宁氏家谱》发行会。

机关事务管理

【概况】 2016年，市机关事务管理处紧紧围绕全市中心工作，本着“管理精细、服务精心、用心干事”的原则，开拓进取，务实创新，积极推进公务用车制度改革，加强党政机关办公用房专项清理工作，机关财务管理、物业管理等各项工作都取得新的成效。

【公务用车制度改革】 制定出台《蓬莱市公务用车制度改革方案》及所属配套的《蓬莱市市级机关公务用车制度改革实施办法》《蓬莱市级机关公务用车制度改革涉及车辆的处置办法》《蓬莱市机关公务用车制度改革司勤人员安置方案》《蓬莱市执法执勤车制度改革办法》《蓬莱市级机关公务出行保障和保留车辆管理办法》，公车改革工作顺利推进，75个参改单位于7月底全部完成车改工作，在烟台市率先出台公务车辆使用管理暂行规定。

【党政机关办公用房专项清理工作】 制定办公用房清理整改工作方案，完善办公用房使用督导检查机制，建立了单位自查、不定期检查和专项督查相结合的办公用房督查机制，先后2次对单位办公用房使用情况进行了实地检查，指导有关单位进行整改，党政机关办公用房整改工作得到了省委、市委督查组的好评。

【绿色出行】 为配合公车改革，保障机关干部绿色出行，组织人员到华鼎新能源汽车有限公司进行实地调研，与新能源汽车销售厂商沟通联络，由华鼎新能源汽车销售服务有限公司出资在机关大院建设5个充电桩，投放新能源电动汽车，为机关干部提供高效、环保、经济、便捷的出行保障服务，成为烟台市首家建设新能源汽车充电桩的县级市。

【节能宣传】 在办公楼、食堂等公共区域设置节能、节水、节粮温馨提示，广泛传播节约能源资源和生态文明理念。在6月12日至18日全国第26个节能宣传周、6月14日全国第四个“低碳日”期间，组织有关部门单位在黄海绿洲设立宣传站，摆放宣传牌，现场发放节能宣传资料。全国“低碳日”当天，各级公共机构举办能源紧缺体验和绿色低碳出行活动，以绿色低碳的办公模式和出行方式支持节能减排。在卫生系统，以节约型医院建设为重点，紧紧围绕提高医务人员节能节俭意识和医疗垃圾分类处理，促进资源回收利用等方面开展宣传活动；在教育系统，开展“节约能源从我做起小作家”征文比赛和节能减排主题教育活动，引导师生提高节能低碳意识和勤俭节约从我做起的表率意识。报社、电视、电台、网站等平台积极宣传报道节能宣传周活动情况，社会反响良好。市中医院申报的市级节约型公共机构示范单位顺利通过烟台市检查组验收，被授予“烟台市级节约型公共机构示范单位”称号。

【机关财务管理】 认真做好预算编制工作，科学合理编制年度预算，提高财政资金使用效率，定期对“三公经费”“专项经费”进行检查。对接待费、会议费的管理和使用严格把关，确保单据、账目、报表真实合理。理顺工资、五险一金及个人所得税发放缴纳流程。完成经费支出1.14亿元，分解核拨经费1.52亿元，银行收付2.59亿元，现金收付81万元，编制会计凭证3000多张，整理装订会计凭证110多册，准确及时地编制会计报表190册，办理提取个人住房公积金600万元。

【物业管理】 完成抹直口政府宿舍区2号楼自来水管道改造工程。拆除政府大院厕所旁闲置破旧危房，并对地面回填硬化，新建100多平方车棚。完成西山72户宿舍区北路面维修工程。完成老政务服务中心、羊毛衫宿舍区消防设施更换、维修工程。整修政府南院周转房，添置必要生活设施。

ZHONGGUORENMIN
ZHENGZHI
XIESHANGHUIYI
PENGLAISHIWEIYUANHUI

中国人民政治协商会议蓬莱市委员会

【概况】 2016年，中国人民政治协商会议蓬莱市委员会举行常委会议4次，主席会议、主席办公会议12次；围绕“旅游+产业”开展专题调研1项、专题视察、协商8项；开展重点提案督办12次，立案提案全部办复，办复率100%，满意率98%。

【中国人民政治协商会议蓬莱市第九届委员会第五次会议】 2月23—25日召开，出席会议的政协委员205人，列席烟台委员12人。会议审议通过蓬莱市政协副主席任建民代表常务委员会所作的工作报告和蓬莱市政协副主席张敏代表常务委员会所做的提案工作情况的报告。听取《政府工作报告》，并对《政府工作报告》进行协商讨论。会议审议通过蓬莱市政协九届五次会议决议。

会议期间，蓬莱市各党派、团体和委员界别小组提交大会发言材料20篇；市政协各参加单位和委员提交提案83件，重点围绕全市经济发展优化提升、建设智慧城市、构建城乡一体化交通格局、深化医药卫生体制改革、强化安全生产管理和监督等方面工作提出意见建议。

【协商议政】 2016年，认真学习贯彻上级有关精神，起草《中共蓬莱市委关于加强人们政协协商民主建设的意见》，完善了一系列关于开展专题协商、对口协商、提案办理协商的办法，进一步提升了市政协协商民主建设制度化、规范化、程序化水平。围绕市委、市政府的中心工作和人民群众关心关注的热点难点问题，精选议题，深入调研。围绕蓬莱旅游产业与城市建设融合发展议题进行专题协商讨论，提出了许多有价值的意见建议，为市委、市政府科学决策提供了重要参考。各专委会与有关职能部门开辟了对口协商渠道，积极参加政府及有关职能部门组织的会议和活动，分别组织委员就全市基层政法单位规范化建设、海水养殖业发展等4项议题开展多视角、多层面的协商议政活动，使对口协商取得较好效果。

【政协提案】 2016年，共收到提案83件。经提案委员会审查，立案70件，全部办复，办复率100%，满意率98%。对《关于建设“海绵”城市的建议》《关于加强环境保护管控治理的建议》《关于统一编制城区街道门牌号的建议》《关于派专人清理调水工程沿途河道垃圾的建议》《关于进一步加强我市食品安全监督的建议》《关于加强中小学生健康知识教育的建议》《关于充分发挥政府职能　提升我市果品竞争力的建议》等12件提案进行重点督办。

【专题调研视察】 2016年，围绕经济发展重点及民生实事热点开展专题调研1项，专题视察8项。先后就中小学校园安全、公交车运营、城区生活饮用水源保护、养老服务体系建设等民生问题深入调研，提出意见建议。开展多形式视察活动，适时就重点工程重点项目、森林资源保护、公共

市政协领导视察全市公共文化服务体系建设

卫生服务体系建设、公共文化服务体系建设、老旧小区改造等惠民工程进行视察建言，为加快工程建设发挥了积极作用。

【政协委员参与社会公益】 2016年，始终把民心工程摆在重要位置，引导政协委员主动投身公益慈善事业。通过开展“金秋助学”行动，搭建委员联系群众平台，对困难家庭中小学生进行帮扶共捐助资金、物资等近150万元，惠及2600多名中小学师生。

ZHONGGUOGONGCHANDANG
PENGLAISHIJILVJIANCHA
WEIYUANHUI

中国共产党蓬莱市纪律检查委员会

【概况】 2016年，中国共产党蓬莱市纪律检查委员会坚持党要管党、从严治党，严格落实两个台账、三个责任书等制度，组织开展市级党政班子成员向市纪委全委会述责述廉；紧盯重要领域和关键节点，从严查处违反中央八项规定精神和“四风”问题，严肃问责“不作为、慢作为、乱作为”行为；坚持有腐必惩、有贪必肃，积极践行监督执纪“四种形态”，把握审查重点，完善审查机制；坚持聚焦群众反响强烈、问题易发多发的农村“三资”、扶贫惠农等领域，着力解决群众身边的不正之风和腐败问题；坚持强化纪律教育，用好廉政教育基地、“一学二考三竞赛”活动等载体；坚持落实“打铁还需自身硬”要求，全面深化纪律检查体制改革。

【中共蓬莱市纪委第十三届六次全体会议】 2月4日，组织召开市纪委第十三届六次全会。市委书记杨原田出席并作重要讲话，市委常委、市纪委书记孙学材做工作报告。会议深入学习贯彻十八届中央纪委六次全会、省纪委十届七次全会和烟台市纪委十二届八次全会精神，对2015年全市党风廉政建设和反腐败工作进行总结，对2016年各项工作任务进行全面安排部署。

【三个责任书签订】 完善党委主体责任书、“一岗双责”责任书和纪委监督责任书，明确各级党组织书记、班子成员、纪委书记的具体职责，组织市委书记与各镇（街）党（工）委书记，市委常委、市政府各市长与分管部门主要负责人签订主体责任书；市委书记与各常委、市长与各副市长签订“一岗双责”责任书；市纪委书记与各镇（街）和市直部门纪委书记签订监督责任书。各部门各单位按照市委要求，逐级签订党风廉政建设主体责任书和“一岗双责”责任书，明确工作目标，强化责任分解，确保主体责任层层传递落实到位。

【“两个台账”制度】 制定出台《关于建立工作台账制度推动党风廉政建设主体责任落地生根的意见》《关于建立监督台账制度加强日常监督注重抓早抓小的意见》，要求各级党组织负责人、班子成员按照主体责任清单内容要求，写实性记录履行主体责任的时间、地点、工作内容等事项；各级党组织负责人及班子成员，纪检组织负责人及班子成员按照约谈、任职谈话、提醒谈话等7种监督方式，全程记录开展监督工作过程。

【市党政班子成员述廉述责】 7月14日，召开蓬莱市县级党政班子成员向同级纪委全会述廉述责工作会议。组织全市11名市级党政班子成员向市纪委全会报告十八大以来遵守党的纪律和落实主体责任情况以及存在问题。全体纪委委员以无记名投票的方式对述廉述责对象“遵守党的纪律情况”“落实主体责任情况”“总体评价”三方面内容进行了现场测评，测评结果向各市级党政班子成员进行反馈。

【党风廉政建设责任追究】 贯彻落实省纪委《关于进一步规范党风廉政建设责任追究适用情形和实施程序的通知》《关于加强党风廉政建设责任追究和建立责任追究典型案件通报制度》，对6名因党风廉政建设主体责任落实不力，导致作风建设、“三资”管理等分管领域内发生违纪问题的领导干部进行了责任追究。

【“四风”纠治】 建立常态化监督检查机制，抽调精干力量成立检查组，每月安排专项检查1～2次，着重检查公务用车、婚丧嫁娶、工作纪律等方面违规违纪行为；紧盯元旦、春节、五一等关键节点，采取督查、抽查、暗访等方式，深入部门单位、旅游景点、住宅小区、餐饮单位等场所，围绕公车私用、公费旅游、公款吃喝等行为开展专项检查；建立公路、公安等部门的沟通协调机制，通过调取公安、公路监管系统车辆运行轨迹，仔细排查公车私用行为。开展暗访检查29次，抽查科级领导操办干部婚丧嫁娶事宜10起，共查实各类问题10起，给予党政纪处分9人、组织处理1人，通报曝光典型问题4批11起。

【**腐败惩治**】 扎实做好中央巡视组“回头看”和上级纪委交办问题线索的审查。抽调精干力量，对交办的每起问题线索集体研究，逐案分析研判，并明确一名包案领导，对分包问题线索的调查结果负责。共审查中央巡视组转交问题线索19起，办结上报18起。建立“横向划片、纵向联动”机制，把12个镇街划为四个片区，由归口派驻纪检组长负责联系，对重要问题线索实行市纪委、镇街、市直部门三级联动审查。加强与审判、检察、公安机关协作配合，开展集中清理违法犯罪党员和国家机关工作人员未受到党政纪处分问题专项行动，排查案件线索68起，调取未处分党员相关案卷72人。立案查处143起，其中自办案38起、大要案10起，给予党政纪处分党员干部139人，移送司法机关1人。

【**直查直纠专项行动**】 配合烟台市纪委对北沟镇、大柳行镇、大辛店镇开展两批次群众身边不正之风和腐败问题直查直纠专项行动；从市纪委机关、财政、经管总站等部门单位抽调业务骨干25人，由市纪委常委、归口派驻纪检组组长带队，组成5个工作组，对10个镇街进行直查直纠，共发现各类问题线索39起，立案调查13起，处结8起，给予党政纪处分9人，责任追究3人；坚持查、纠、建并举，采取市纪委书记约谈镇街主要负责人、书面反馈等方式，督促镇街落实整改要求；向财政、农业、审计等7个部门发出纪律检查建议书，督促各部门强化职能监管，完善制度规定，切实纠正惠民资金发放、财务管理等方面存在问题。

【**“不作为、慢作为、乱作为”查处**】 开展“不作为、慢作为、乱作为”整治行动，共对23名“双招双引”工作落实不力的镇街部门主要负责人进行约谈；召开全市“不作为、慢作为”典型问题问责通报会，5个单位被全市通报批评，11个单位责令向市委写出书面检查，6人受到党政纪处分，6人被问责处理。

【**作风纪律教育**】 组织开展“一学二考三竞赛”活动，先后组织市级领导、部门单位主要负责人200余人收看辅导视频，组织48名县处级领导干部、4000余名党员干部参加德廉和党风党纪知识学习测试，组队参加烟台市党章党规知识竞赛，印发党纪条规学习系列口袋书6000余本；分批分期组织27名市级领导、2000余名导员干部到廉政警示教育基地参观，组织县处级和国企领导干部集中观看《国企党员干部违纪违法案件警示录》，市纪委书记和常委、室主任主动到基层开展以案说纪32场次，受教育人数2100余人；依托《蓬莱纪检监察》《农村党风廉政建设》和廉政短信平台等载体，广泛宣传党风廉政建设和反腐败斗争形势任务、决策部署和工作成效，通报曝光典型案例，发送廉政短信3万余条，编发《农村党风廉政建设》12期6900余册，印发《蓬莱纪检监察》14期。

【**党内监督**】 办好阳光政务热线栏目，优化调整上线部门单位，建立一把手上线、问题督办、限时办结等制度，确保反映问题“件件有回音、事事有着落”，共安排73个单位上线84次，为群众解决问题590个；畅通与“89000”民生服务中心的沟通，加强对重点网站、论坛的“盯网”监控，及时发现涉腐涉纪舆情线索，共整理《舆情汇总分析》8期，上报相关问题线索12条；对存在苗头性、倾向性问题的干部，及时通过信访监督谈话“咬耳扯袖”，督促其及时改正错误，共受理群众信访举报225起，开展信访监督谈话、教育谈话15人次，发放函询通知书26份；发挥派驻机构“派”的权威和“驻”的优势，强化对驻在部门贯彻市委市政府决策部署、遵守纪律规定、“三重一大”决策等方面的监督。全年共参与作风纪律明察暗访24次，参与驻在部门重要会议55次，调查处理信访举报案件4起，开展约谈谈话25次。

【内设机构调整】 按照省和烟台市纪委安排部署，5月底完成市纪委机关内设机构改革。撤销办公室、教研室，设立办公室；撤销党风廉政建设室、执法监察室，设立党风政风监督室，加挂“蓬莱市人民政府纠正行业不正之风办公室”牌子；撤销干部室，设立组织部；撤销纪检监察室，设立第一纪检监察室、第二纪检监察室、第三纪检监察室；信访室加挂“蓬莱市国家机关工作人员违法违纪举报中心”牌子；市行政效能投诉中心更名为市廉政教育中心，下设宣传教育科、网络舆情科2个内设机构。调整后市纪委机关共设立内设机构8个，保留正科级事业单位1个。

QUNZHONGTUANTI

群众团体

蓬莱市总工会

【概况】 2016年，市总工会围绕市委、市政府工作大局，突出服务大局、服务职工，坚持重点工作与常规工作协调推进，取得一定成效。

【劳动竞赛和职工经济技术创新活动】 在全市深入开展了“践行新理念，建功十三五”劳动和技能竞赛，组织全市基层工会以“清洁生产、绿色发展”为主题，围绕企业技术进步、节能降耗、提高质量、安全隐患等重点环节，开展了“为转调升级出点子，为创新发展献计策”职工合理化建议活动，参与企业146家，参与职工2.1万人，提出合理化建议1280件，采纳实施930件。

【“圆梦安康查保促”活动】 联合市安监局印发《关于对“圆梦安康查保促”活动集中行动进行互查和第二次督导的通知》，并对金矿、化工等重点企业进行了检查督导，指导企业根据创建意见制定和细化切合自身实际的创建评审标准；围绕“查隐患、保安全、求和谐、促发展”活动主题，开展“圆梦安康”百日行动。在大柳行、蓬翔汽车、京鲁、巨涛等20家单位组织企业工会配合安全生产管理部门开展职工职业安全卫生知识教育学习，形成了“上下联动，齐抓共管”的工作格局。通过“圆梦安康查保促”集中行动，参加学习培训职工2.8万人次，逐级建立起事故隐患和职业危害信息档案。这一做法得到烟台市总工会的肯定，推荐代表烟台市迎接山东省“圆梦安康查保促”活动集中行动的检查，获得省总工会授予的“‘安康杯’竞赛优秀组织单位”称号。

【劳模推荐和申报工作】 着眼全市发展大局，按照向重点行业倾斜、向一线职工倾斜的思路，高标准向市委筛选推荐了不同层次先进人物和先进集体，并按要求向上级工会进行了申报。万寿机械的李玉梅获得全国五一劳动奖章称号，国网蓬莱市供电公司颜京忠、蓬莱市人民医院姜宏伟获得山东省富民兴鲁劳动奖章称号，有6人获得烟台市五一劳动奖章，1个单位获得烟台市五一劳动奖状，3个企业的车间（班组）获得烟台市“工人先锋号”称号。

【基层工会组织建设】 批复工会137个，法人登记146个。在200多个农村合作社建立了工会，新增农民会员8000余人。新规划出物流、家政服务、餐饮、矿山、汽车零部件等5个行业工会建设重点，全市企业建会率达到99%，职工入会率达99%以上。同时，把创建“模范职工之家”和“活力工会”建设作为规范基层工会的重点工作，制定出台了相关文件，加强了工作指导。在烟台市总工会的验收评比中，中粮长城葡萄酒（烟台）有限公司等13家企事业单位工会获得“烟台市模范职工之家”称号；蓬莱安邦油港有限公司运行管理部等8家工会分会、工会小组获得“烟台市模范职工小家”称号。

【职代会建设特色品牌】 为进一步发挥职代会畅通职工利益诉求、维护职工权益、助推企业发展的“稳定器”作用，在“三维管理”推进行业职代会建设的基础上，进一步探索推进“三书两制”

（职代会召开提示书、职代会整改建议书和职代会整改情况报告书，职工代表竞选制、职工代表巡视制）。印发《关于建立企业职工代表大会“三书两制”制度的意见》，成立由市、镇街区及直属党工委、基层企业三级负责人抓推进的组织架构。集中1个多月的时间，深入蓬莱经济开发区、北沟镇以及蓬翔汽车、巨涛重工、蔚阳集团，进行了调研，并指导蓬翔汽车探索建立“三书两制”模式。3月份，组织各镇街区、直属工会，重点企业工会的工会主席，到蓬翔汽车公司召开“三书两制”现场观摩推进会议。观摩推进会后，迅速在全市其他镇街区、直属工会及重点企业掀起了建立“三书两制”抓职代会建设的新高潮。2016年末，先后培植蓬翔汽车、民和牧业、蔚阳集团、安邦油港等先进典型12个，区分不同行业开展灵活小型的经验交流和学习观摩活动5次，下发职代会召开提示书89份，职代会整改建议书102份，基层工会提交职代会整改报告书93份，先后有29家企业、800多名职工通过竞选成为职工代表，先后有58家企业吸纳职工代表参与安全生产、重点项目建设巡视。这一做法得到了烟台市总工会的肯定，并作为烟台市两个创新重点项目之一推荐到省总工会。

【企业文化建设】 利用4、5、6三个月时间，开展“当好主力军，建功十三五”主题演讲比赛。6月上旬，组织“读书提升素质　拼搏成就梦想”演讲决赛，来自全市不同行业的30多名选手参加比赛。开展“优秀职工书屋”创建活动，对评为优秀职工书屋的，市总工会给予一定数量图书扶持，并积极向上级推荐，享受相关奖励补贴政策。2016年末，3家单位获得“烟台市优秀职工书屋”称号，1家单位获得“山东省优秀职工书屋”称号，1家职工书屋列入“中华全国总工会的全国优秀职工书屋”建设计划。

中国共产主义青年团蓬莱市委员会

【概况】 2016年，中国共产主义青年团蓬莱市委员会在市委、市政府和上级团委的正确领导下，围绕中心，服务大局，不断加强基层团组织建设和青年文明号创建，大力开展青年就业创业扶持工作，广泛开展青年志愿服务活动，切实履行青年团的基本职能，有力开创了全市共青团事业的新局面。

【基层团组织建设】 新建和改建“两新”团组织109个。依托蓬莱市警地团组织联建基地开展“四联”共建活动16场，服务各类青年1270余人。通过联合供电及公检法系统的蓬莱市“手拉手”青年联盟形成工作联动，实现青年组织工作的新跨越。先后组织团干部120余人次参加“山青学堂”，开展2次市内外观摩交流活动。

【青年文明号创建】 在青年文明号集体中开展“树新风、创佳绩”主题教育实践活动，通过技能提升、服务示范、品牌打造等为主要内容的岗位创建活动，深化青年文明号内涵，扩大覆盖面和影响力。全市共涌现出国家级“青年文明号”2家、省级6家、烟台市级18家、蓬莱市级130家，覆盖全市大部分窗口单位和服务行业。

【青年企业家培养】 邀请经济、文化等方面的专家学者授课，以论坛、讲座、沙龙等形式，帮助青年企业家优化知识结构；深化青年企业家沟通交流，推动各协会会员之间的沟通联系常态化，以互访、观摩等各种活动载体加深合作，年内共组织青年企业家交流观摩活动 5 次；树立青年企业家良好形象，加大先进典型宣传力度，树立一批青年企业家典型，对其创业历程和先进事迹进行宣传，带动其他青年企业家进步和发展，不断增加社会公众对青年企业家群体的认同感。

【青年就业创业扶持】 联合市电商孵化基地开展电商培训 8 次，培训农村青年 300 余名。联合劳动市就业办举办青年专场招聘会 3 场，为待业青年提供就业岗位 500 多个，达成就业意向 200 余人。与市人社局联合举办全市青年创新创业大赛，为创业者搭建项目展示和资金扶持的平台。联合各商业银行开展青年创业小额担保贷款工作，成功为 4 名大学毕业生、6 名农村青年争取创业贴息贷款 120 万元。依托青年企业家协会会员单位建立 12 家青年就业创业见习基地，聘请创业导师 12 位，为大中专毕业生和适龄待业青年提供 156 个见习岗位。

【青少年思想道德建设】 抓住清明、五四、六一等重要节点，开展“学党史、知党情、跟党走”“民族精神代代传”“我与祖国共奋进”等主题教育活动。5 月 4 日，烟台市“惜别少年，拥抱青春”离队入团暨 14 岁集体生日主题教育活动在大辛店中学举行，激发广大青少年做一名优秀共青团员的责任感和使命感。在全市范围内选拔优秀学生代表参与烟台少代会，依托“优秀共青团员”“优秀少先队大队”“优秀少先队员”等荣誉评选载体，选树先进模范，形成践行社会主义核心价值观典型方阵。广泛开展“奋斗的青春最美丽”系列分享活动，组建由多个层面青年典型组成的宣讲团，深入基层一线，推动全市青少年思想道德建设工作的开展。

【校地共建活动】 组织烟台工程职业技术学院大学生志愿服务队到蓬开展为期两周的青春扶贫活动，深入贫困家庭发放政策明白纸，开展政策宣讲活动，收集贫困孩子的微心愿，帮助贫困村手绘文化墙，足迹覆盖全市 40 省级贫困村、10 个烟台市级贫困村。与山东建筑大学团委签署合作协议，在蓬莱建立大学生社会实践基地，不仅帮助大学生在实践中受教育、长才干、做贡献，也为蓬莱市与山东建筑大学之间在产、学、研等方面的进一步的合作打下了坚实的基础。

【“互联网 + 共青团”新型工作模式】 深入开展灵活多样的网上群众工作，打造网上网下工作品牌，形成网上网下相互促进、有机融合的群团工作新格局。切实树立互联网思维，对工作理念、工作方式、组织设置进行变革，让共青团工作接地气、有生气、聚人气。做好“青年之声”平台建设，同时依托微信、微博、QQ、微邦等新媒体平台将工作阵地从有形化转为网络化，新建“清朗蓬莱”“蓬莱少先队”“蓬莱共青团工作权益战线”等微邦体系。运用 4000 多人的网络青年文明志愿者队伍，牢牢掌握舆论宣传引导的主动权，以微访谈、微讨论等形式进行“青春感恩行动”“践行社会主义核心价值观，争做最美青年”等系列话题讨论活动，覆盖青年达 1.2 万人。

【青少年教育引导体系建设】 在广大青年中广泛开展“我们是共产主义接班人”“中国梦”等主题教育活动。结合重要时间点，依托道德讲堂、文化讲堂等阵地，组织开展社会主义核心价值观教育活动。发挥蓬莱优秀传统文化和胶东红色文化优势，组织开展以孝敬、友善、节俭和诚信为主要内容的中华经典诵读活动，建立和规范有社会主义核心价值观内涵的礼仪制度。做好“青年之声”互动社交平台建设，在保证提问量、回答量、更新率完成任务的基础上，积极开展线下活动，准确把握功能定位，提高“青年之声”平台建设的科学化水平；扎实推进团干部直接联系青年工作，以“走出机关、走进青年”为主题，以“五个一”工作机制为主要活动载体，全面动员团干部主动深入基层，联系服务青年；及时开展“‘1+100’团干部直接联系青年”工作管理系统的录入管理工作，明确专人负责，指导全市各级专兼职团干部录入所联系的青年的姓名、联系方式等信息，并保持经常性联系。号召各级团组织要聚焦网络主战场，抓好“网军”建设，加强网络文化产品的创作推广，筑牢“青年之声”等团属网络阵地。

【青少年民生服务体系建设】 强化青年就业创业扶持，加强与金融机构合作，做好“鲁青基准贷”“鲁青担保贷”的申报、审核及贴息工作。利用市电商协会，开展电商培训，为青年创业就业搭建平台。深化关爱留守儿童、贫困儿童志愿服务行动，围绕亲情陪伴、心理疏导、心愿达成、学业辅导、感悟城市等服务内容，提供切实有效地帮扶。坚持法制化、组织化、社会化维权方向，深化“青少年维权岗”创建工作，完善青少年法律援助体系，加强青少年自护教育，培育专业化维权工作团队，加强青少年事务社工队伍建设。做好“青年之家”建设，准确把握目标定位，完善落实保障措施。加强校外教育阵地建设，为青少年提供丰富多彩的校外生活。

【青少年安全教育】 开展“关爱明天、普法先行”校园法制讲座2场，发放《学生安全预防与自救》图书5000余册，发放《校园安全图例》海报3000余份。深入开展“共青团与人大代表、政协委员面对面”活动，多渠道征求问题和意见建议50余条，提交有效提案5份。联合蓬莱海事局开展主题为“快乐成长，安全相伴”的“水上交通安全知识进校园”活动，向200余名青少年普及水上交通安全知识、增强学生的水上安全意识、提高应急求生技能。将重点青少年群体的服务管理工作纳入到综治委的网格化管理工作中，在蓬莱市网格化管理中心进行统一管理、统一调度；与市公安局、市法院、市检察院建立合作机制，完善对青少年群体的服务管理工作机制和平台，有效预防青少年违法犯罪。

【公益事业】 筹集蓬建基金10万元，为全市中小学200名贫困学生提供助学金；继续开展牵手关爱行动，累计帮助105名中小学生实现了个人心愿；积极落实市希望办“圆梦行动”、希望工程“一对一”等品牌工作，帮助贫困大学新生、中小学生解决实际困难。

【青年志愿服务活动】 开展学雷锋“志愿服务一条街”活动，发放宣传手册1300余份，受惠群众达1870余人次。防火期间发动120余名青年志愿者成立“防火知识宣传队”，进村入户宣传护林防火知识。植树节期间组织400余名志愿者在紫荆山街道南沟村东大山开展义务植树活动。组织100余名志愿者开展助残宣传志愿活动。联合市人民医院开展“手拉手——关爱聋哑儿童”主题活动，为59名聋哑儿童送去关爱。开展西部温暖计划，在凤凰社区和司家庄社区设立“爱心中转站”，先后接收居民捐赠的价值3万余元的闲置物品，捐助西部贫困灾区，有效弘扬“奉献、友爱、互助、进步”的志愿者精神。

蓬莱市妇女联合会

【概况】 2016年，蓬莱市妇女联合会围绕“全市妇女工作改革创新年”主题，以培育和践行社会主义核心价值观为主线，以“四个坚持”为着力点，不断提高妇联组织自身建设水平，引领广大妇女勇立改革发展潮头，展现巾帼力量。

【“美丽家庭”创建】 印发《进一步深化“美丽家庭”创建实施方案》，以“传承好家训，培育好家风”为主题，引领全市广大妇女培育和践行社会主义核心价值观。“三八”妇女节，开展“美丽家庭”系列活动，举办“与美丽同行，携文明放歌”——蓬莱市妇女庆三八暨美丽家庭风采讲读会，评选表彰蓬莱市级美丽家庭179户，镇街级美丽家庭857户。9月，举办“弘扬文明家风，争做美丽家庭”书画作品展，共征集全市书法作品298幅，绘画作品205幅，家风故事征文258篇，评出获奖作品117个。在市电视台开设“美丽家庭，魅力女性”专栏，集中宣传各类家庭典型20余人次。在《今日蓬莱》报纸开设“我身边的家庭榜样”专栏，对先进典型进行报道。同时，结合文明城市创建，将全市各类美丽家庭事迹整理汇编成册，宣传美丽家庭典型。

【社区家长学校建设】 对全市社区家长学校建立点位台账，不间断地到社区家长学校示范点进行督导检查，将社区家长学校示范点的家室建设、刊板上墙及档案资料等情况进一步完善和充实。探索家庭教育和社会教育的服务体系，创新服务模式，招募家庭教育讲师志愿者，为广大家庭提供贴心而有效的家庭教育服务。

【创业创新巾帼行动】 利用“新农村新生活”培训等方式，积极动员广大妇女踊跃投身大众创业、万众创新的热潮中。注重研究和把握各级扶持创业创新的优惠政策，精细对接、精准用力，最大限度地让妇女搭乘政策“头班车”。充分发挥妇女小额担保财政贴息贷款、创业担保贷款、税费减免等金融政策，特别关注和扶持女大学生、返乡创业女农民和农村小微电商，帮助她们解决创业中的资源瓶颈，助推妇女实现创业梦。4月，市妇联根据《山东省巾帼创业行动专项资金管理办法》规定，为蓬莱民和食品有限公司和三联家电蓬莱连锁有限公司申请巾帼创业贴息资金8.03万元。11月29日，在山东省妇联、山东省财政厅、山东省人力资源社会保障厅等联合举办的第三届山东省妇女创新创业大赛上，田春影《田家四姐妹创业项目》获得一等奖。

【公益活动】 联合市民政局、405医院开展困难母亲“白内障复明术”帮扶项目，免费为困难母亲进行白内障筛查，年内对100名困难母亲进行“白内障复明术”，并大额减免手术费用。免费筛查200余人，符合条件的70人已完成手术。母亲节期间，举办“点亮家庭希望，完成母亲梦想”——送爱进家活动。面向全市共征集困难儿童和母亲家庭心愿197个，并通过微信公众号面向社会进行微心愿认领活动，5月18—26日共接到爱心咨询电话100多个，7天时间197个微心愿全部认领完毕，收到现金1.76万元，收到家用电器、米面生活用品、书包文具学习用品等实物151份，并结成长期帮扶对子

20余个。开展“春暖家庭”活动，在全市广大巾帼志愿者中征集价值1万多元的爱心衣物240余件，让春蕾儿童在春节能够穿上新衣。联合相关企业，走访慰问10家敬老院，送去总价值1万多元的家用电器。9月，发动社会爱心人士继续开展“春蕾圆梦行动”，为9名新考上大学的家庭生活困难学生每人送去春蕾救助奖学金1000元。全年累计资助困难学生217人，发放价值5.6万元的救助金及实物。11月，联合花嫁之约婚纱摄影公司开展“关爱困难家庭，共建幸福家园”惠民帮扶送爱心活动，选择多所小学集中开展爱心书包、爱心文具发放活动，为家庭生活困难的孩子，每人捐助爱心书包、爱心文具一套，共资助600人。

【惠民工程】 继续开展“女性安康工程”，为5000名妇女投保“安康保险”50万元，比上一年入保人数翻一番，逐步建立起全市妇女特殊疾病风险保障体系。利用“12338”维权热线、妇女儿童维权服务站等载体，提升妇联干部维权热线接线水平，全年共接访30人次，处结满意率达100%，提供法律援助64起，其中妇女维权56起、儿童维权8起。组织妇儿工委成员单位，利用集市集中开展《中华人民共和国反家庭暴力法》等法律维权宣传活动，现场发放宣传资料5000余份，解答群众咨询50人次。联合市就业办召开“春风送岗”女性专场招聘会，提供旅游、餐饮服务、办公文员、物业管理、仓储物流等1500多个适合女性从业的工作岗位。成立由法律工作者、家庭教育、农林技术等方面专家组成的14人讲师团，开展“新农村新生活”培训，按照“菜单式”点题服务的思路，按需听课，先后举办各类培训60场，受教育群众7000余名。对全市5个省级妇女儿童家园项目进行自查，并在全市开展寻找社区妇女儿童最喜爱的家园服务项目。联合山东省巾帼星火创业培训基地——蓝天职业培训学校启动初级育婴师及居家养老护理员免费培训，培训结束获得资格证书全国通用。

【巾帼志愿服务队建设】 以巾帼关爱行动为抓手，抓面带点，扶持热衷敬老服务的“冬日阳光”志愿服务队，热心社区家教的“仙境天使”志愿服务队，引导巾帼志愿者由过去的集中组织志愿活动，到服务队自发组织志愿者开展活动。全市巾帼志愿服务队伍达到320余支，开展家庭教育、卫生保洁、助老扶困志愿服务128场次，结成帮扶对子98个。

蓬莱市科学技术协会

【概况】 2016年，蓬莱市科学技术协会立足“四服务一加强”工作职能，创新思路，积极作为，科学筹划，加大科普载体建设力度，“创新驱动助力工程示范区”工作扎实有效，科普工作取得全面进展。

【科普载体建设】 社区科普馆建设顺利启动，筹集资金330余万元建设3处社区科普馆和大柳行黄金河科技馆，展出机械滚球、多媒体互动等科普器材150余件套，并在长裕、韩家疃、武霖等12个社区建设社区科普大学，建立起一支来自于医疗卫生、健康教育、环境保护、防震减灾等领域的30余位专家讲师团队伍，定期开展科普讲座。校园科技馆建设稳步推进，总建筑面积2000

平方米的第二实验小学科技馆土建工程基本完工；全市共有3所高中、13所初中、25所小学参与到数字科技馆的建设中来，第二实验小学开通“科普中国校园e站”，创新了校园科技教育形式。2016年末，全市建有1处国家级科普教育基地，10处省、市级科普教育基地。

【创新驱动助力工程示范区】 经过积极争取，烟台市首家“全省创新驱动助力工程示范区”落户蓬莱。8月5日，在三仙山大酒店举行了示范区启动仪式，中国科协科技传播中心主任王进展，山东省科协党组成员、副主席纪洪波，中国科协科技传播中心传播规划处处长王松光，烟台市科协党组书记、主席赵作军，市人大常委会主任杜康生，市委常委、组织部长李少娜等领导出席启动仪式。在启动仪式上，授予鑫源工贸、五羊山合作社、仙山种植等6家企业为“全省创新驱动助力工程服务站”。8月份，在省农技协协调下，邀请了刘成连、孟昭礼、赵圣厚、王恒振等10余位省内知名专家，深入鑫园工贸等6家基地企业，指导果树种植管理及病虫害防治，帮助企业解决技术难题。年底，赵圣厚、王恒业、刘成连等一行5位专家，连续2次到蓬，结合新兴职业农民培训，深入田间地头指导推广果树倒垂柳种植技术。

【公益诊疗活动】 6月，中国中西医学会专家一行18人到蓬开展“一带一路”创新驱动助力工程大型公益诊疗活动，进行健康教育指导，并根据情况对一些患者做了简单诊疗，传授了一些简单易学的养生窍门及知识，深受老百姓喜爱。

【科普宣传】 2016年全国科普日，精选8个有创意的科普教育基地和代表全市新科技水平的10个企业进行布展，举办了VR虚拟现实、玩转机器人、飞天航模等科技创新成果展示，各级领导、群众1000余人参加了活动；联合登州博物馆举办为期4个月的“蓬莱民俗灯具展”，共展出火油灯、马灯、煤油灯、汽油灯、航标灯等五类灯具50余盏；校园科普活动丰富多彩，先后开展海洋科普知识进校园、科普大篷车进校园、青少年科普报告百校行等系列活动，让学生们感受到了科学带来的快乐和科教展品的魅力。

【科技论文申报】 年初，科协领导班子成员先后走访慰问了金立庆、张桂如、余美芝等10余位科技工作者，了解了科技工作者的需求及对科协工作的要求。组织参与烟台市第十五届自然科学优秀学术论文评选，推报《促甲状腺激素在糖尿病冠心病患者中的变化分析》《芎通脉合剂治疗冠心病稳定性心绞痛的临床疗效评价及对颈动脉内中膜厚度的影响》《ansys子模型在非线性分析中的作用》等涉及医疗卫生、环境保护、机械操作等方面的科技论文23篇，其中获得一等奖8篇，二等奖6篇，三等奖6篇。

蓬莱市文学艺术界联合会

【概况】 2016年，蓬莱市文学艺术界联合会牵头组织各种展览、演出、采风、交流、比赛等文艺活动110多场次，组织参加烟台市级以上文艺活动80多场次，各文艺家协会组织开展文艺活动达200多场次，有26人在烟台市级获奖、19人在省级获奖、7人在全国大展和比赛中入展及获奖。

【公益性文艺活动】 1月24日，与书法家协会、凤凰置业联合开展“免费为市民赠春联送祝福”活动，组织书协20多名会员现场题写春联500多幅。3月份，组织“水彩三陈画蓬莱”部分作品参加烟台晋京展。3月26日，在市供电书画院举办“情怀·文心·诗境”罗翔先生美术精品展。3月29日，邀请加拿大北美华人协会会长、著名画家张恒以及中国美术家协会会员、国家一级美术师储金山，在蓬莱仙山书画苑举办了美术作品交流活动。6月18日，邀请中国美术家协会会员、绥化市美协主席郑生意在蓬莱仙山书画院举办“寒地黑土”国画精品展，800多书画爱好者前来学习交流。7月20日，举办“墨韵·情怀”吴涛毅中国画展，吸引市美术家协会、市老年大学及社会各界美术爱好者200多人前来学习交流。9月26日，举办“仙境之秋”闻以东书法作品展。2016年，共展出作品1000余幅，开展书法绘画笔会活动40余次。

【文化“七进”活动】 组织各文艺家协会和艺术团围绕全市创建全国文明城市主题，同时结合“三八”妇女节、“五一”国际劳动节、“七一”建党节、“十一”国庆节等节日，精心搞好节目编排，积极开展送文艺进社区、进村庄、进广场、进企业、进校园、进军营、进敬老院等“七进”活动。组织各文艺家协会、艺术团、乡镇文联到鲁东大学教师教育学院、紫荆山街道马家泊老年社会福利中心、西关敬老院、海滨文化广场以及南王街道大宁家村、北沟镇两铭村等10多个村进行文艺演出、书画摄影交流和培训80多场次。

【“海上丝绸之路”采风活动】 5月24日，邀请中国作协副主席高洪波、航天系统部创作室主任、小说家陈怀国等中国作协“海上丝绸之路”采访团一行20余人到蓬开展以深入生活、扎根人民为主题的“海上丝绸之路”采访采风活动，采访成果在国家级媒体上刊发。通过采风考察活动，对宣传蓬莱市在“海上丝绸之路”发挥的重要作用、展示蓬莱市近年来经济文化和社会各项事业发展所取得的巨大成就、扩大蓬莱市的影响力和知名度起到极大促进作用。

【文艺采风创作】 4月份，市摄影家协会组织会员到江西婺源等地进行摄影采风创作，并专门出版会员摄影作品集，摄协主席高远结集出版《长岛风光》个人作品集并进行展览。5月份，市书协、市美协会员参加省文联与省老龄委联合举办的老年人书画作品展，7件作品成功入选展览活动。6月份，参加烟台市侨联举办的庆祝建党95周年书画作品展，6人11件作品入选展览活动。10月12日，在戚继光故里商业街举办以“深入生活、扎根人民”为主题的摄影作品展览，将市摄影家协会会员的

240多幅作品结集出版，并公开进行展览。10月初，邀请山东美术馆画家团走进蓬莱开展“情满蓬莱”写生活动，由山东美术馆副馆长王建国带队的11名画家团来蓬采风创作，并于10月21日在仙山书画苑进行作品展览及交流活动。10月26日，市摄影家协会携“深入生活、扎根人民”展览作品走进马格庄军营进行了为期3天的展览。2016年，共组织文艺采风活动90余次，创作生产各种文艺作品500余件（项）。

【文艺创作成果】 组织各文艺家协会和广大会员踊跃参加烟台市级及以上开展的各种文艺奖项评选活动。2016年，累计获得烟台市级奖项10项，省级奖项9项，国家级入展及获奖4项。其中，张圣锋的美术作品《耕海牧渔》，在2016年中国画作品展上获得优秀奖。同时，积极向烟台市级以上推荐优秀人才，9人晋升为烟台市级会员、6人晋升为省级会员。

【文艺家协会创研基地】 对仙山书画苑、潮水镇费东村等进行文艺家协会创研基地授牌，将其作为全市文艺家协会和文艺爱好者相互学习、交流、研讨、创作的基地。先后开展活动40多次，参加人员4000多人。

蓬莱市残疾人联合会

【概况】 2016年，蓬莱市残疾人联合会紧紧围绕市委、市政府工作部署，以服务民生为宗旨，严格落实为民办实事项目，积极推进民生改善，全面促进残疾人事业发展。

【基层组织建设】 完善555个行政村、29个社区和19个残疾人相对集中企业的残疾人协会组织建设，高标准打造2个村（社区）残协示范点。出台《蓬莱市残疾人专职干事考核管理办法》，举办全市残疾人专职干部（干事）培训班2次，围绕残疾人证办理、残疾人信息数据动态更新、残疾人信访维权、宣传等方面开展培训，基层残疾人组织为残疾人服务的能力和水平不断提升。

【残疾人康复工作】 投入2000万元的残疾人康复中心主体工程基本完工，正在进行内部装修，力争2017年投入使用。完善提升15个规范化康复站建设，新建2处社区康复示范点。为115名残疾儿童提供专业康复训练救助。为35名脑瘫、智障、听障残疾儿童实施康复训练。对250名贫困精神病患者提供免费服药医疗救助。

【残疾人证办理工作】 出台《关于进一步规范残疾人证办理工作的通知》，成立蓬莱市残疾评定专家组，从市人民医院、精神病防治站抽调18名业务素质高、责任心强的医师担任残疾评定医生，定期进行统一培训，坚决保证残疾人证办理的公正性、准确性和严肃性。为1507名申请人进行了免费查体鉴定，为36名重度残疾、不能到场的申请人进村入户现场办理，为789名申请人办理了二代残疾人证。

【贫困残疾人兜底保障】 全市2961名生活困难的残疾人纳入城乡低保范围。对全市2863名低保残疾人按每人每月80元标准发放生活补贴，为全市3619名符合条件的重度残疾人按每人每月

80元的标准发放护理补贴，“两项补贴”共发放6482人。救助400户特困残疾人家庭，每年每户800元。为200名贫困残疾学生或贫困残疾人家庭在校子女提供救助，每人每年600元。为13名大中专院校在校残疾学生提供助学补助2.44万元。加大残疾人基本医疗和养老保障力度，对参加居民基本医疗保险的重度残疾人按每人每年140元的标准给予缴费补助，为持证残疾人在全市二级以上医院就医减免各项费用80余万元，267名残疾人提前领取了养老保险金。继续实施“阳光家园”计划，高标准打造1处具有示范引领带动作用的残疾人日间照料机构。

【残疾人文体宣传和无障碍建设】 对全市符合标准的残疾青少年进行逐户筛查、动员上报；依托新港街道“聚英摔跤柔道训练馆”建设“残疾人自强健身示范点”，场馆占地约120平方米，配备适合残疾人使用的健身器材、设施12种；在各级新闻媒体刊发稿件35篇，烟台市级以上31篇，推荐自强典型3名；为60户肢体残疾人家庭实施无障碍设施改造和救助，6000元标准10户，1500元标准50户，已全部完成。

【贫困残疾人家庭从业脱贫】 按照“精选脱贫对象、全程跟踪指导”的原则，全市安排100户贫困残疾人家庭，按每户3000元的标准提供从业脱贫项目扶持资金，帮助贫困残疾人家庭实现从业脱贫。

【残疾人就业培训】 开展3期电子商务技术培训，培训残疾人60多人（次），扶持22名残疾人实现网上创业。创建了“517创客”空间，5名残疾人在创客空间工作。加强残疾人职业技能培训和农村实用技术培训，开展各类实用技术培训15场（次），培训残疾人1000多人（次），28名有就业意愿和就业能力的残疾人实现从业就业。

【“爱心助残”社会公益活动】 与今日蓬莱报社联合举办“微心愿、微慈善”公益活动，为300名贫困残疾人实现自己的心愿。联合烟台市梦金园珠宝首饰有限公司举办的“助残微心愿、献爱微慈善”公益活动，募捐善款2.46万元，全部用于“微心愿、微慈善”活动。

【老年残疾人意外伤害保险】 为全市50至80周岁残疾人缴纳意外伤害保险，保险业务咨询、办理、理赔等活动专人负责，提升了中老年残疾人抵御意外伤害风险的能力，减轻了残疾人家庭经济负担。

ZHENGFA DIFANGJUNSHI

政法·地方军事

政法和综合治理工作

【概况】 2016年，市委政法委深入开展“全市政法综治基层基础建设年”“政法队伍建设深化年”两个活动，全面打造平安、服务、法治三个环境，全力维护社会大局稳定、促进社会公平正义、保障人民安居乐业。

【公共安全工作】 结合打击暴恐活动专项行动“深化严打年”，公安机关建立了合成化作战机制，调动、整合各部门各警种的力量。重新梳理、确定34个反恐防范重点目标单位，坚持每季度进行督促检查，确保重点目标的防范工作达到标准。加强危爆物品寄递物流安全管理，制定下发了《关于全市加强物流安全管理的意见》，明确任务，落实责任。加强督导检查，由市综治办牵头，公安、交通、经信等部门参加，先后开展5次危爆物品寄递物流行业安全大检查，共检查出问题45个，对当场整改不了的限期整改。

2016年全市律师工作会议

【综治维稳平台建设】 进一步创新、完善市综治维稳工作指挥中心综治协调、网格管理、特群管理、矛盾调处、治安防控、法治教育六项工作机制，强化指挥协调职能；按照“强镇街”的思路，重点抓好南王街道综治工作中心建设，探索建立了商贸物流调解委员会和流动人口之家，拓展基层综治平台功能，10月13日，烟台市社会治理创新推进会议观摩了南王现场。抓好村级综治工作站建设，共建成规范化的村居综治工作站82个。

【社区网格化管理】 成立市社区网格化管理指挥中心，重点抓好网格队伍培训、信息录入、事件处置、人员和房屋管理、民生事项办理五项任务，构建网格化管理、信息化支撑、动态化监控、常态化研判、全程化服务、规范化管理“六化”模式。7月份，对各镇街网格员全部进行培训一次；8月份，对各镇街网格化管理工作进行了督导；10月份，对各镇街网格信息录入进行抽查，对工作档案进行调检。共采集网格人口信息14.5万条，实有房屋信息2.8万条，实有单位组织信息978条，协调化解矛盾纠纷1125起，办理民生服务事项2847起。

【社会矛盾多元化解】 坚持矛盾纠纷化解的专业化、全域化、规范化、常态化，探索建立社会矛盾纠纷“四化并举、六调融合、多元化解”模式。在法院建立了诉调对接中心，在4个中心法庭建立了诉调对接工作站，设立了律师值班室和人民调解室，在派出所、劳动仲裁庭均设立调解室，实现人民调解与司法调解、行政调解、劳动仲裁等工作的有效衔接。在发挥好医疗纠纷、交通事故、劳资纠纷3个专业调解组织的基础上，探索建立了物业纠纷、环境保护纠纷调委会，全力打造社会矛盾纠纷的“稳压器”“减压阀”。2016年，成功调解各类专业化矛盾纠纷1906起，调解成功率98.7%。

【涉法涉诉信访及司法救助】 共接待涉法涉诉来访243起、372人次，超前化解70余起，切实将矛盾纠纷化解在萌芽状态。对生活确有困难的涉法涉诉信访人员予以司法救助，共计司法救助案件60起，救助资金120余万元。

【执法规范化建设】 协调推进法官检察官入额遴选工作，工作已基本结束。加大场所和装备规范化建设力度，新建3个中心法庭和16个公安派出所等执法单位的4000平方米标准化执法办案区、16个监控中心、13个勤务室，规范3个派驻检察室；建成了11个科技法庭，为基层干警配备453台执法记录仪。强化执法工作创新，指导法院建立了10个法官工作室。推进公安局在每个派出所和执法办案单位新建了案件管理室、案卷保管室、涉案财物保管室等库室。深化“阳光司法”工程建设，上网公开裁判文书2117件，执行案件信息1921件全部上网公开，发表头条号、微博、微信1万余条。完善案件质量考核评估机制，2次对100起案件进行了评查，促进了执法规范化。强化执法工作监督，调整了30名全市政法系统执法监督员队伍，征求意见建议42条，整改问题12个，改进工作4项。

【队伍建设】 开展“两学一做”学习教育等系列学习教育活动，组织学习20余场次；举办了集中培训、案例研讨等活动20余场次，参训干警500余人次。开展了执法零过错、服务零投诉、落实零障碍“三零”创建活动，对64余个次的政法单位开展4次明察暗访，查找问题12个，改进工作6项。健全先进典型动态推荐宣传机制，20余名干警获得省级以上荣誉；编辑了12期《政法综治维稳工作情况交流》，刊发了6期“政法综治维稳报纸专刊”，刊登了100余篇经验材料。

【为民办实事】 先后组织开展“双联双服务”“送法面对面”“法治讲堂进校园”、包村帮扶和为民办实事等系列活动，联系服务单位189个、群众1324名，走访联系服务单位、群众5000余人次，解决实际问题682个，化解矛盾纠纷327起；开展法治教育20余场次，受教育群众和师生2万余人。

公安

【概况】 2016年，市公安局积极顺应治安新常态，回应群众新期待，担当履职，积极作为，争先创优，强力实施了智慧城市承载工程——“天网工程”，推进了合成化作战、派出所勤务、监管工作机制适应性改革，探索了“民生小案”侦防长效机制等创新性工作，探索出贴近旅游城市特点的创安之路，实现了公安工作和队伍建设上档升级。

【立体化治安防控体系建设】 以“天网”工程为支撑的“合成化作战体系”日臻成熟，城区和乡镇主干公路、重要区域110警情5分钟到场率达到93%以上；推进了派出所“两队一室”勤务模式改革，突出了“执法办案”“基层基础”两个重点，“案管中心”和“案管室”建设全面推进，提升了执法监督审核的专业化水平。“天网工程”建设稳步推进。建设完成交通卡口电警10处，高清摄像头150个，完成神眼大数据系统的安装。农村监控已有25个村完成建设，社会面监控摄像头数量增加7%。从10月份起，开展了沿海海域增补建设，接入天网工程的监控探头127个，新增高清摄像头90个。

【合成化作战机制】 针对“突发、敏感案事件的防范处置”这一重要课题，以“实用、实战、实效”为原则，从探索创新警务运行方式入手，大力实施了以警务实战化和基础信息化为依托的合成化作战机制。将城区划分为六个重点巡防区，大大缩减处警半径和群众报警后“等待时间”，提高了110快速反应能力。打破警种壁垒，视侦与刑侦、网侦、技侦、情侦联动，立体用警。通过多方合成作战，强化了指挥与实战双方即时互动，增强了警务工作针对性、准确性。合成化作战机制工作经验被省公安厅转发，被省内外主流媒体报道。

【安全隐患整治】 狠抓了生产单位安全主体责任的落实，不间断开展了交通、消防和爆炸、危险物品管理秩序专项整治，保持了安全形势持续向好。交通事故“四项指标”同比分别下降3.11%、2.22%、4.26%、1.21%，道路交通管理考核指标，列烟台市前茅；开展了矿山企业爆炸物品管理机制改革，实行贮存、监管、使用三方利益强制脱钩，提高了管理实效。

【看守所监管机制改革】 坚持创新思维、科学管理，积极加强与驻所刑事执法检察室的沟通配合，定期召开联席会议，狠抓根源性、苗头性、隐患性问题的整改。蓬莱看守所被公安部授予“全国看守所‘五化建设’成绩突出单位”。

【“庄式学习”法】 在“三严三实”专题教育、“两学一做”学习教育中，实行“庄式学习”法，作为全省县级公安机关唯一的一个典型案例，被省委宣传部编写的《山东学习型党组织建设100法》一书采编，并在全省推广。

【所队小课堂】 围绕“实际、实用、实效”的目标要求，采取按需派遣、集中授课和定期测评等方式，送教上门。被省委宣传部作为典型案例采编。

检　察

【概况】 2016年，市人民检察院全面贯彻党的十八大和十八届三中、四中、五中、六中全会精神，深入贯彻习近平总书记系列重要讲话精神，牢固树立服务改革大局的宗旨意识，紧紧围绕市委中心工作和法治蓬莱建设要求，以维护市场经济秩序为己任，严厉打击各类危害市场经济秩序的犯罪，切实维护人民群众的合法权益，为经济社会稳定发展创造良好法治环境。

【反腐倡廉建设】 强化预防职务犯罪工作，继续深化预防志愿者工作和预防告诫工作，为国电等企业及村两委干部组织预防职务犯罪知识讲座

5次，进行警示宣传教育5次。创新行贿档案查询新领域、新模式，与市财政局联合会签《关于印发〈蓬莱市政府采购行贿犯罪档案查询实施办法（试行）〉的通知》，将行贿犯罪档案查询设置为政府采购招投标的前置条件，查询应用领域逐步扩展。2016年，受理行贿犯罪档案查询393件次，立查各类职务犯罪嫌疑人18人，立查行贿案件5人。

【打击刑事犯罪】 依法批捕刑事犯罪嫌疑人249人、起诉374人，促成刑事和解13件。加大对重点领域犯罪惩治力度，对一起涉案100余人、犯罪数额上亿元、犯罪事实涉及非法吸收公众存款、贷款诈骗、合同诈骗等多个罪名的疑难复杂案件，及时介入引导侦查，为该案成功办理奠定基础。强化未成年人司法保护，以“心理多维重构工作室”为依托，对6名涉罪未成年人落实人文关怀措施，帮助3人重返校园；创新法制教育形式，与中小学合作开展“模拟小法庭”活动3次，被烟台市关工委授予“关心下一代工作先进集体”称号。

【诉讼监督】 强化立案监督和侦查活动监督，追诉9人，不诉11人，追捕5人，不捕42人，办理提请立案监督案件1件，纠正违法案件9件。扎实开展破坏环境资源犯罪、危害食品药品安全犯罪专项立案监督。强化行政执法监督，办理行政执法检察监督案件7件，提出检察建议1件，并得到回复和整改。通过公益诉讼的诉前程序，向相关部门发出检察建议3份，全部得到整改落实。强化刑事执行监督，对羁押在看守所的在押人员个别教育80余人次，集体教育6次，受教育人数1200余人次。进行安全大检查6次，发现安全隐患2起，提检察建议3条，办理羁押必要性审查案件5件5人。探索实行社区矫正监督“三位”工作法，积极参加社区矫正调查评估监督工作，促进社区矫正工作合法规范开展。

【派驻检察室】 深化“一室三网”和履职流程管理模式，提升检察室依法履职效果，经验做法被《检察日报》刊发。2016年，派驻检察室办理公诉轻微刑事案件49件，协助开展检察宣告5件，协助自侦部门初查4次，协助侦查3次，开展职务犯罪预防工作35次，提供法律服务216人次，化解矛盾纠纷30件，纠正5件社区矫正违法案件，受邀介入现场行政执法检察活动21次，监督查阅81件行政处罚案件卷宗，深入基层调查走访18个小微企业，为镇街基层干部、“两委”干部开展警示教育20次。大辛店、北沟、潮水等三个派驻检察室被省院评定为“全省检察机关一级派驻基层检察室”。

【“三源两卡”线索管理】 建立检察机关与行政执法部门内外部联动机制，确保专项立案监督工作的规范化、制度化。建立完善与市公安局、市市场监督管理局、市环保局等行政执法单位线索移送、提前介入等沟通协调机制，进行行政执法与刑事司法衔接的有效实践，强化侦查监督工作。2016年，监督行政执法部门向公安机关移送4起销售伪劣产品案件，增强了两法衔接工作实效。

【矛盾纠纷化解】 健全矛盾发现、化解机制，畅通“信、访、网、电”等群众诉求表达渠道，发挥检察室优势，提升化解矛盾纠纷能力。处理来信来访309件，检察长接访36次，办理初核案件、刑事申诉、立案监督、民事行政监督等12件，办理司法救助案件6件，发放司法救助金8.9万元。

获得“烟台市老年人公益维权服务示范站”称号，连续三届9年保持“全国检察机关文明接待室”称号。

【民生民利维护】 深入开展查办发生在群众身边、损害群众利益职务犯罪专项工作，查办群众反映强烈的医疗卫生领域的贪污贿赂犯罪9人，挽回经济损失200余万元。依法严惩影响群众安全感的严重刑事犯罪，打击盗抢拐骗108人、黄赌毒55人、办理利用邪教组织破坏法律实施案件4人。为推进扶贫开发领域反腐倡廉建设，出台《关于开展集中整治和加强预防扶贫领域职务犯罪专项工作的实施意见》，为打赢脱贫攻坚战提供有力法治保障。

审 判

【概况】 2016年，市人民法院全面贯彻党的十八大和十八届三中、四中、五中、六中全会以及中央政法工作会议精神，深入学习贯彻习近平总书记系列重要讲话精神和治国理政新理念新思想新战略，忠实履行宪法法律赋予的职责，服务“十三五”规划实施，深入推进法治蓬莱建设。全年共受理各类案件5462件，审执结6177件，诉讼类案件结收比达到120.7%，达到历史最好成绩。

【刑事审判】 2016年，受理各类刑事案件358件，同比上升22%；审结381件，同比上升4.3%；刑事附带民事案件调撤率87.4%，过付赔偿款2385万元。审结杀人、抢劫、伤害、盗窃等犯罪案件196件266人。审结贩卖、运输毒品等涉毒犯罪案件40件42人。妥善审理涉未成年人犯罪案件9件11人，其中对6名未成年罪犯适用非监禁刑。加大打击非正常上访案件力度，对2件6名非正常上访被告人以寻衅滋事罪分别处以刑罚。

【民事审判】 受理民商事案件3012件，审结3694件。依法审结家事纠纷案件1112件，劳资纠纷案件247件，侵权纠纷案件726件，房地产纠纷案件126件，民间借贷、融资租赁、金融借款等案件550件。妥善审理烟台建文置业、蓬莱华和木业等公司破产重整类案件8件，上缴税款1130万元，化解各类债权2.48亿元，妥善安置职工204人。

【行政审判】 受理行政案件56件，审结54件。受理行政非诉案件23件，审结45件。推动行政机关负责人出庭应诉，行政机关负责人出庭应诉18人次。健全司法建议工作机制，发出司法建议4份，促使行政机关规范执法行为、完善管理制度。

【执行工作】 执行各类案件2017件，同比上升19.6%；执结2018件，同比上升19.6%。结案标的额4.67亿元，同比提高48.2%。开展了涉民生案件专项集中执行活动、中秋老赖集中搜捕行动等。发挥网络执行查控系统作用，使用司法查控系统查询案件1946件，涉案当事人2075人，查询到银行存款4816.9万元。加大对失信被执行人惩戒力度，通过与烟台电视台联合制作专题节目，曝光部分抗拒执行案件的视频影像、在报纸、微信等平台定期公布“老赖”名单等方式，向社会公开公示失信被执行人1745人，失信被执行法人和组织255个。

【执行规范化建设】 根据调配执行力量处置突发事件等的需要，建成执行指挥中心。规范执行款物管理，无法定事由迟延发放的案款已全部发放完毕。设立专项执行救助基金，共救助案件28件，救助35人次，发放救助资金53万元。

【“执转破”制度】 积极推行“执转破”制度，对符合条件的4家企业进行了“执转破”试点，现已有3家企业宣布破产，1家企业已破产立案，正在清算中，289件执行案件依法终结执行。该系列案件的妥善解决得到了省高院肯定，经验材料被省高院转发。

【涉诉信访化解】 推行网上信访和远程视频接访，畅通信访渠道，提高信访工作效率。全年共接待群众来访600余人次，来信43封。加强重点化解，逐个理顺进京访案件和交办案件，共办理中央巡视组交办来访案件8件，来信案件11件，均按要求及时约谈，妥善办理。处理答复网上民声案件80件，将信访苗头扼杀在萌芽状态。实行诉访分离，对符合条件的申诉引导进入再审程序，审查再审申请案件17件，提起再审8件。全力做好十八届六中全会、全国全省两会等重大敏感期间信访值班工作，有效维护了正常的信访秩序。

【司法公开】 强化裁判文书公开，公布生效裁判文书4533份。利用功能完备的12个科技法庭，实现庭审全程同步录音录像。依托人民法院内外网站、法院官方微博、微信，定期公开法院工作动态，更新转发微博6000余次。完善和落实人民陪审员制度，人民陪审员陪审率达到99%。

【司法服务】 主动服务发展大局，制定服务“五大战略”的实施意见、服务“双招双引”10条措施等，主动帮助解决重点企业、重大项目和产业、生态环境建设过程中遇到的各类纠纷。运用法律机制保障企业发展。为全市重点企业、重大项目案件开通“诉讼绿色通道”，稳妥处理涉及重点企业、重大项目建设案件。主动提供超前法律服务。建立重点联系企业走访调研、送法进企业、司法建议等工作机制，依法保障悦动港湾、龙烟铁路等重点项目建设，开展法律风险评估8次，提出法律意见20条。

【便民举措】 成立诉讼服务中心，开通12368服务热线、配备触摸查询机，为当事人提供便捷、高效的诉讼服务。建立多元化纠纷化解机制，适用诉调对接机制诉前委派调解案件821件，调解成功率为51%，对6起人民调解协议做出了司法确认，其中两起涉案标的额达1000万元，将矛盾纠纷化解在基层和初始状态。完善司法救助制度，为143名困难当事人缓减免交诉讼费64万元。

行政司法

【概况】 2016年，全市共调解各类矛盾案件2469件，调处成功2425件，其中重大疑难纠纷排查16起，成功调处16起。市司法局获得烟台市司法局授予的“全市司法行政系统信息化建设先进集体”称号。

【基层基础工作】 制定出台《关于实施“基层调解大提升”工程加强全市基层人民调解工作的意见》。新建行业性、专业性人民调解组织3个。举办人民调解员培训班两期，培训200余人。组织开展新一轮司法所规范化建设，统一制订司法所管理、职责等10项制度。2016年末，达到司法所规范化建设标准4个，其中，大辛店司法所、潮水司法所达到省级明星司法所标准；高标准建成村居司法行政工作室27个。

【“法德共进”工作】 开展“法德共进”集中宣传日活动、“七五”普法宣传月活动、“12·4”国家宪法日集中宣传活动及“送法面对面”活动。设立“蓬莱普法”微信公众号，成为法制宣传的新平台。编印“七五”普法宣传资料，共10讲5万份。继续加强“一堂一会一阵地”建设，法律讲堂实现镇村全覆盖，90%的村居建立“法德共促会”，50%的村居建立法德文化宣传阵地。推进“法德共进”示范点建设，蓬莱阁街道、潮水镇已建成法德共进示范镇；机关、学校、企（事）业单位各建成5个法德共进示范点，打造小门家镇西张家庄村、郝斌中学两个省级观摩点。蓬莱市被省委宣传部、省人力资源和社会保障厅、省司法厅、省普法办公室评为“2011—2015年全省普法依法治理工作先进县（市、区）”，市司法局被中共烟台市委宣传部、中共烟台市委讲师团命名为“理论学习实践基地”。

【公共法律服务体系建设】 印发《关于加快推进公共法律服务体系建设的意见》。在290个村居建立法律管家工作室、12个镇街建立法律管家服务团、市里设立市公共法律服务中心的基础上，重点加强示范点建设，建设村居法律管家工作室示范点10个，大辛店镇、潮水镇建立法律管家服务团示范点。法律服务队伍新增5名执业律师、20名法律服务工作者，新成立2个律师事务所、1个法律服务所。印发《关于进一步加强律师工作依法保障律师执业权利的意见》，对保障律师执业权利的各环节提出具体细致的要求。取消了法律援助范围，降低了法律援助门槛，提高了法律援助补贴金额，调动了法律服务工作人员实施法律援助的积极性。全年受理法律援助415件。完善公证工作内部制度建设，将法定的出证时限由15个工作日压缩至10个工作日。共办理各类公证1700起，获得蓬莱市“十佳服务窗口”称号。

蓬莱市人民武装部

【概况】 2016年，蓬莱市人民武装部全面贯彻落实习近平总书记系列重要讲话精神，以高度的政治自觉、昂扬的精神状态、务实的工作作风，不断推进经济社会建设和武装工作协调发展，奋力开创蓬莱市国防后备力量建设和军政军民团结新局面。

【国防工程普查】 对辖区国防工程进行普查，完善军事设施相关资料收集整理。先后两次对北部战区、国防动员部要求的国防动员数据进行统计，并按时完成数据上报工作。

【正规化建设】 开展“四清两统”工作，按照时间节点和任务部署，共排查各类办公场所、营房设施设备70余项，对发现和查纠的100多个问题进行限时、定人整改，设计张贴各类宣传展板120余张，增添各类设施橱柜10余套。开展“平安烟警”和“百日安全竞赛”活动，逐人、逐项、逐库室进行清查清理，彻底排除安全隐患及影响安全稳定的倾向性问题。加强安全保密教育，加强文印室建设，确保涉密信息安全。

【军事训练】 围绕强军目标任务，从抓好机关干部训练、民兵教练员素质提升入手，加强军事训练。自4月以来，现役干部先后两批参加警备区封闭式集训。开展预备役人员返岗复训工作，全年共4次15人参加返岗复训工作。

【征兵工作】 坚持“一季征兵，全年准备”。年初，对全市兵役登记工作和开展征兵宣传月工作进行专题部署，通过挂横幅、制作宣传栏、印发“一封信”等多种形式，大力进行征兵宣传，并进村入户摸清底数，研究分析当前征兵工作形势。8月，组织应征青年体检和政治考核，开展预定新兵役前训练工作，为期6天。

【后勤建设】 以保障有力为出发点，以保障正常工作需要为牵引，以规范化、精细化管理为主线，严格财务管理制度，落实联审会签和双主官签字制度，制定接待管理规定及物资采购审批制度，提高财务规范化管理质量。高标准做好用水用电及卫生清理整治工作，完成办公楼暖气改造整修和电视电话线路整理。加强民兵武器装备仓库装修和配套设施建设。

【民兵工作】 开展民兵组织整顿工作，对全市12个镇街进行组织整顿点验。组织开展拉动式检验考核任务，擒敌拳训练科目获得警备区评比第一名。通过电话、微信等媒介收集民兵信息130余条，其中被警备区、省军区采用60余条。

武　警

【概况】 2016年，武警蓬莱中队以建设一支听党指挥、能打胜仗、作风优良的现代化武装警察力量为目标，坚持依法治警、从严治警方针，严格管理，严格训练，科学建队，圆满完成了以执勤和处置突发事件为中心的各项任务。

【思想政治建设】 2016年，以改革强军切入点，突出主题教育，针对官兵思想实际，狠抓经常性思想工作、营区政治环境建设、文体活动和拥政爱民工作，打牢官兵思想根基，坚持思想教育与官兵日常执勤、训练、管理相结合，较好地发挥了政治工作的服务保障作用。

【执勤处突】 2016年，严格落实《执勤规定》《执勤设施建设标准》和《中华人民共和国人民武装警察法》，坚持以从严治勤为切入点，狠抓执勤制度的落实，加紧应急力量建设，完成反恐车辆配备。全年，共出动官兵70余人次，完成押解、临时勤务30次。

【军民共建】 2016年，坚持服务人民的优良传统，把驻地当故乡，视人民为父母，想方设法为驻地群众做好事、办实事。3月5日“学雷锋活动日”，中队组织官兵到三十里店村清扫街道。7月份，组织官兵到戚继光故里参观学习，开展爱国主义教育。12月8日，邀请叶玉杰教授到中队给官兵开展学习戚继光精神授课。同日，与市图书馆签订了流动图书馆协议，并获得文广新局赠书500余册。

公安消防

【概况】 2016年，蓬莱公安消防大队参与灭火435起，参与抢险救援85次，抢救遇险群众129人，圆满完成了春节、五一、十一、第五届国际葡萄酒设备技术暨葡萄果蔬种植展览会、“山东省中小学生校园艺术节启动仪式”等消防安保工作，获得“全国公安机关执法示范单位”“山东省先进基层党组织”等称号。

【消防业务训练】 按照“底数清，情况明”的工作目标，以提高部队战斗力为目的，组织官兵开展辖区“六熟悉”工作，使官兵进一步熟悉了解辖区单位的地理位置、建筑设施、消防设施等基本情况，有效地把握灭火救援工作的主动权。结合熟悉情况，适时制定灭火预案，组织开展实战演练，进一步提升部队的灭火救援水平。为切实提高石油化工事故应急救援处置能力，组织召开石化专项行动部署会，组织人员以实地排查、现场拍照、现场登记、电话询问等方式开展工作，针对不同生产装置、储罐大小，分别制定灭火救援处置对策，并下发三个中队。中队官兵按计划进行熟悉演练，利用现有装备进行实地测试，进一步改进和完善灭火救援的程序和操法。中队与企业义务消防队、微型消防站建立和完善灭火救援协作联勤制度，提高快速反应和协同作战能力，确保一有火情能够及时有效处置。

【消防基础建设】 重点开展微型消防站建设、消防控制室标准化建设，商（市）场消防安全专项治理、自动消防设施维保系统推广、消防安全智慧云平台建设、消防安全“三项重点”等工作。投入265万元购买大功率泡沫消防车一辆，投入59万元购买8吨水罐消防车一辆，投入90万元购买3吨水罐消防车两辆（大辛店更新车辆），投入40万元购买火场单兵侦察系统、热像仪、注入式堵漏工具、粘贴式堵漏工具、手动隔膜抽吸泵等特种装备。建成微型消防站90家，66家单位安装自动消防设施维保系统，175家重点单位全部安装智慧云平台并投入运行，安装独立式感烟火灾探测报警器1116个。新安装消火栓25个，完成313个公共消火栓信息采集工作。提请市局下发派出所消防检查考评标准，对工作开展不到位的派出所由市公安局长亲自约谈。此举通过总队第72期工作简报刊发，在全省推广。

【消防安全检查】 形成“政府牵头、分级管理、严格验收”的隐患排查整治机制。对全市40个重点项目进行包片划分，定人定岗定责，确保每个项目都有一到两名监督员进行跟踪服务。同时，对消防审批事项进行重新梳理，精简行政审批事项，缩短行政审批时限，全面深化消防改革。全年，共检查单位1805家，发现火灾隐患871处，下发《责令改正通知书》626份，下发《行政处罚决定书》53份，下发《临时查封决定书》4份，责令“三停”5家，罚款70.45万元，拘留2人，办理设计备案工程43个，验收备案工程45个，办理开业前37个，开展火灾原因调查36起。

【消防宣传】 结合消防宣传“七进”工作，积极搭建宣传平台，扩大宣传范围，联合主流媒体全方位跟踪报道社会化消防工作。同时加强对社会单位消防安全“四个能力”的培训，督促机关、团体、企业、事业单位科学制定消防宣传教育计划和灭火应急疏散预案，进一步提高社会单位自防自救和扑救初起火灾能力。联合市教体局、《今日蓬莱》报社举办“我是小小消防员”儿童消防作文、绘画竞赛活动，通过线上互动，赢得73000余人的点击率，不仅让更多的学校师生参与消防、了解消防，同时让“蓬莱消防”微信号的关注数由原来的不足6000人直接上升至14000人，吸引1700余人关注总队、支队微信。在新建小区建设消防体验室，利用全市的大型户外视频和楼宇LED循环播出消防安全宣传片和滚动字幕。提高消防宣传的影响力和渗透力，营造浓厚的消防宣传氛围。

【正规化建设】 按照正规化建设标准对三个中队进行了打造，在严格遵循标准的基础上，解官兵之所困、想官兵之所需，打造一批官兵喜闻乐见的文娱和生活设施。为南关路中队建成了影院，重修了文化长廊、为临港工业园区中队安装了空调和净水设施，建成了休息公园，建设了影院。为大辛店消防站建设了训练塔，对营区内墙、外墙重新进行粉刷，做到配套齐全、功能完善，让正规化建设真正服务于消防官兵。

边　防

【概况】　2016年，蓬莱边防大队以党的十八届三中、四中、五中、六中全会以及习近平总书记系列重要讲话精神为指导，一心一意谋工作，加压奋进求突破，强力推进各项工作稳步开展，赢得了各级各部门和辖区群众的广泛认可和大力支持。

【基层党建】　严格落实支队“一定两单五化”党建支撑战略要求，与基层签订党建责任状，形成大队党委、基层党支部双向互促的良性运行机制。结合“支部书记大比武”“政工岗位练兵”等活动，强化对各支部书记、副书记党务培训，先后组织开展“书记轮流上党课”、党务知识竞赛、组织生活实操演练等活动18场次。完善常态化党务督察机制，通过定向督察和随机督察活动以及列席支部会议、调阅会议记录等方式，及时发现并整改党建工作中存在的问题，推动基层党支部战斗堡垒作用的发挥。期间共开展党务督察活动16次，发现整改问题38个。

【模范体系创建】　深化爱民固边战略，命名表彰边防辖区8个村队为“爱民固边模范村”，6名主官进入地方同级领导班子，民警村官覆盖率达到了100%。将爱民固边战略融入驻地党政工程，相继开展精准扶贫工程、美丽乡村和幸福社区创建、法德共进等活动20次；推行“双联共建”“1+1走访制度”，民警村官作用发挥明显。2016年，辖区有3个模范村、社区被市委、市政府评选为“美丽乡村”“幸福社区”，大队被市委、市政府表彰为“创新社会治理工作先进基层单位”，民警浦傲然、王恩滋被蓬莱市委、市政府表彰为“社会管理创新先进个人”。

【全员练兵】　每周组织各所开展2次队列和体能训练，每季度组织开展一次三公里竞赛；各所利用手机“微健身”“7分钟锻炼”等软件掀起练兵高潮。将军事训练融入日常实战需要中，部署开展常态化应急拉动演练。2016年，组织开展营区防范、辖区重点部位防暴恐袭击等内容的演练29场次，官兵实战技能水平明显增强。

【海防维稳】　建立常态化海上管理模式，与涉海部门建立完善联动工作机制，全面开展渔民教育、重点船舶管控工作，年内开展清理航道、船只检查、反恐演练等专项联合执法行动10次；部署海上治安和船舶专项整治行动，开展渔民集中教育25场次，新列管船只53条，处罚违规船只97条，打击处理违规渔民178人，罚款8.3万余元，化解各类涉海纠纷6起，夯实了船舶管理根基。

【信息基础工作】　牢固树立情报先行的理念，坚持定期会商、深度分析、综合研判、落地核查，形成治安管理“闭环效应”有效提升预警研判能力和破案打击水平。加大公开信息员、秘密力量等情报搜集队伍的建设，形成以治保组织、联防队员为核心，全社会参与的群防体系。开展信息采集百日会战活动，对28种行业场所及8种重点人员等基础信息实现100%采集。边防辖区90%的村队安装高清监控，新增临街高清监控探头300余个，辖区2000多路监控信息接入勤务指挥室，湾子口、解宋营边防派出所完成辖区全部村队技防建设和接入勤务指挥室工作。充分利用走访座谈、召开会议等时机，在港口码头、居民区等重点部位，张贴和宣传《群众举报违法犯罪线索奖励办法》，通过物质奖励的方式鼓励群众踊跃提供各类违法犯罪线索。2016年，共新增联络员20余人，获取各类情报130余条、各类线索200余条，直接查破案32起，打击处理各类违法犯罪人员47人。

【规范执法】 狠抓民警执法能力建设，推行“每月一法”学法模式，全面提高民警法律知识水平；在各派出所推行了“案管室”执法模式，将“案管室”打造成派出所执法活动的“指挥管理中心”；建成了应急装备库，组建了应急处突分队，有效提升了大队整体执法水平和应急突发能力。2016年，共接处警2733起，刑事案件立案180起、破案件39起，治安案件立案575起、查处360起，打击处理各类违法犯罪嫌疑人285人，抓获逃犯12人。

【反恐宣传与演练】 将《反恐怖主义法》《防恐怖袭击实用手册》等新法新规纳入“每月一法”必修科目，全面提高民警法律知识水平，为进一步应对和稳妥处置暴恐案（事）件打牢了基础。组织民警深入辖区重点厂企、居民区、学校等人员密集区，通过讲座宣讲、发放资料等方式，宣传反恐形势和基本常识，指导群众做好安全防范工作，有效增强群众的反恐意识。针对辖区企事业单位人员反恐意识不强的问题，经常性组织开展应急处突联合演练，总结经验、查找不足，有效增强内保人员的反恐应变能力。2016年，累计召开宣讲会7场次，发放宣传资料800余份，联合交通、交警、海事、渔政等部门以及辖区企业单位开展联合处突演练17场次，参训官兵和群防力量270余人次。

【安全管理】 将安全工作贯穿于全年工作之中，长期抓好不放松。先后部署开展安全工作大排查、枪支管理隐患大排查“回头看”等活动。大队将日常实地督查与网上督查相结合，强化日常监督管理和跟踪问效机制，下发各类督查通报14次，有效排查整改了一批影响部队安全稳定的苗头性问题。构建“8+16”“5+2”管理机制，构建完善单位、家庭的两点一线监督体系，做到单位有管理、家中有监督，实现了官兵管理实时化、监督动态化、举报随时化的安全管理目标。招聘社会督查信息员21名，对部队存在的作风和安全等问题进行监督检查，使官兵养成良好的作风和安全意识。2016年，督查信息员共反馈各类安全隐患18处，整改18处。

【便民利民警务】 推行主官包片访、民警村官驻村包企等全警走访机制，拓宽网络、微信等走访载体，全方位走访各界群众1.4万余户、3.7万余人，上门办证300余个，化解矛盾纠纷400余起。建立了2支“园媛爱心联盟”公益团队，帮助群众解决生产生活难题，开展爱民实践日、警营开放日、送温暖献爱心等关爱活动8次。民警刘志海、张立伟被市局表彰为“文明服务标兵”，海港边防派出所泉城学院警务室挂牌成立了“微型消防工作站”“大学法制教育基地”，民警刘志海被泉城学院聘为法制教员。

【廉政建设】 推进党务公开和阳光警务，在部队内外建立良好的信息沟通渠道；倡导“丹心戍边”廉政文化建设，塑造官兵清正廉洁良好形象；落实领导干部述职述廉制度，并在内网予以公示，接受官兵监督和评议。2016年，召开社会监督员会议、警民恳谈会、家属座谈会32场次，发放调查问卷200余份，虚心接受合理化建议12条。

人民防空

【概况】 2016年，人防工作贯彻落实“长期准备，重点建设，平战结合”的方针，着力在人防工程建设、组织指挥、信息化建设、宣传教育和疏散演练等方面实现新突破。获得烟台市人防办、教体局授予的“人防教育先进单位”称号。

【规范审批】 完成行政执法主体依据梳理和资格认证、备案工作，为落实行政执法责任制打下基础。依法办理行政许可事项审批，并确保批建项目、施工检查，事后监督三落实。全年共办理业务审批案件39件，工程面积约50万平方米。新开工建设凤凰广场、阳光嘉汇大厦、华龙工贸工业园等3个项目，复工居佳领海、汇海居、海怡城、爱马人骊城等14个在建项目。年内，宝龙城市广场、亚泰兰海和渤海尚都3个工程已组织竣工验收。同时，为竣工的结建人防工程设置并安装人防标识牌近200块，服务功能进一步完善。

【迎接省“十二五”大检查】 梳理“十二五”期间的人防审批手续250余件的办理情况和人防工程近30项的建设情况，保质保量及时报送并圆满完成迎检任务。

【预案修订】 组织开展《防空袭方案》的修订工作，结合自身实际情况，积极协调编制预案成员单位，圆满完成上级交办的编制任务。结合烟台市人防办公室《关于加快推进县、街道两级人民防空方案修订工作的通知》的相关要求，积极开展修订工作，8月中旬，在烟台市范围率先完成方案上报工作，随后，烟台市防空方案编制工作调度会在蓬召开。

【疏散演练】 根据上级业务主管部门的统一部署和要求，结合警报试鸣，在福乐园社区举行防空防灾人口应急疏散综合演练。整个演练分为人口疏散、人口集结、人口转移、抢险抢修、医疗保障和人防知识宣传六个环节。华海现代城、阳光花园、福乐园等小区居民以及周边企事业单位干部职工约500余人参与演练活动。

【人防教育】 在全市13所初级中学开展人民防空知识教育的基础上，着重抓好教师、课本、课时的“三落实”工作，再逐步向家庭辐射人防知识，达到扩大人防宣传教育平台的效果。与市教体局联合组织的第五届蓬莱市人民防空知识竞赛在潮水中学举行，全市13所初级中学全部参赛，南王中学、市实验中学代表队分别获得A、B组一等奖。

【人防宣传】 利用重大纪念日扎实开展宣传活动。结合“5·12”防震减灾日、“6·16”安全生产宣传咨询日和“两学一做”党员活动日在黄海绿洲公园开展防空防灾知识的宣传活动，进一步增强居民灾害风险防范意识。

JINGJIGUANLI YUJIANDU

经济管理与监督

发展规划与综合调控

【概况】 2016年，市发改局紧紧围绕服务经济社会发展中心任务，深入贯彻落实五大发展理念，以供给侧结构性改革为主线，抢抓机遇，积极作为，扎实推进“十三五”规划实施。

【专项资金申报及监管】 2016年，市发改局认真研究国家有关政策，积极主动与上级部门进行沟通，围绕农业水利、蓝色经济、社会民生、污水垃圾处理设施及管网工程、资源节约循环利用、大气污染防治及保障性安居工程等国家重点扶持的领域进行挖掘，指导项目单位提前运作，做好项目申报的前期手续办理。先后为远洋渔船更新改造、农村饮水安全巩固提升、水库除险加固工程、固体废弃物综合利用等项目争取中央预算内专项资金2654万元。蓬莱市入选山东省第一批军民融合深度发展示范（市）区，争取列入山东省新一轮省县域经济提升行动名单（即科学发展试点县），承担中等县加速突破主要任务；刘家沟镇及马家沟村、木兰沟村、费东村、大道刘家村入选国家农村产业融合发展试点示范乡、村；宝塔石化280万吨LNG接收站项目列入国家能源局“十三五”油气专项规划；能源装备制造基地项目列入山东省“十三五”能源专项规划。

【重点项目投资管理】 2016年，全市纳入烟台市级重点项目11个，年度计划投资94亿元，截至年底完成投资74亿元，完成年度计划的78.7%；投资过亿元项目60个，年内计划投资144.8亿元，已完成投资150.5亿元。全市共储备烟台市重点项目35个，计划总投资759亿元，对重点储备项目库实行动态管理。依托国家重大建设项目库，认真做好政府投资项目储备和编制三年滚动计划工作。积极与相关部门沟通对接，及时上报蓬莱海上风电研发检测中心项目相关材料，经多方努力，该项目列入2017年省级重点项目。

【烟台市重点项目考核】 强化大局意识，积极配合，扎实做好烟台市重点项目考核工作。

研究政策，主动对接。认真研究考核办法，分析考核细节，吃透文件精神，提出实施意见。尤其是重点项目考核工作，加强与上级业务部门的沟通和联系，及时捕捉信息，提前了解考核办法调整情况，分析每个考核细节。

主动作为，精心筛选。主动配合考核办，通过对项目的投资规模、形象进度、前期投入、手续办理等方面进行梳理、排队，按照考核办法对全年需要提报的项目提前做好策划，深入项目现场，科学筛选拟提报项目，精心筛选登州仙阜商业街等4个项目作为烟台市考核项目，6月初，确定烟台钢结构装配式建筑产业化基地等3个项目作为烟台市科学发展观摩项目。

加强调度，狠抓投入。深入施工现场，积极主动解决各类问题，加快推进项目建设及项目投达产，确保蓬莱市在考核中取得好的位次。

【审批监管】 2016年，市发改局创新项目审批监管模式，提高服务效率。先后为9个项目办理烟台市发改委立项批复，高质高效办结各类行政审批事项355项，节能审查61项。

工作模式创新　将项目手续办理所需的材料及办理流程及时下发至各镇街园区，按照项目审批、核准、备案的不同要求，规范统一各镇街请示文件的题目、格式与内容，由各园区指定专人负责项目办理，及时解决出现的问题。

审批模式创新　完善投资项目在线审批监管平台，将权限内企业固定资产投资5项行政审批事项可在市政务服务中心窗口集中办理。真正做到一个窗口对外，全过程一条龙、一站式高效率服务。

监管模式创新　先后十多次组织审计、财政等部门对中央投资项目进行督导检查，帮助项目单位完善档案材料，规范基本建设程序，落实项目配套资金，加强资金管理，确保项目顺利实施。定期组织项目单位填报和更新山东省重大建设项目稽查信息系统，及时了解掌握项目动态，确保情况清楚明了、信息及时全面，出现问题早发现、早整改。

【体制改革】　按照市委全面深化改革领导小组的要求，以经济体制改革为抓手，扎实做好体制改革相关工作的协调推进。

经济体制改革　编制完成经济体制改革工作要点和改革事项台账，并每月调度，强力推进。

党政机关公务用车制度改革　深入研究，认真制定公车改革实施方案，本次党政机关公车改革涉及参改人员2238人，参改车辆693辆。改革后，保留车辆355辆，公务交通支出费用节支率达到20.6%。

医药卫生体制改革　编制完成“十二五”医改评估报告、评估报表以及《蓬莱市基层医疗卫生机构综合改革调研提纲》《蓬莱市基层医疗卫生机构改革调查数据》，通过省专家组“十二五”医改评估。

【清洁能源产业规划】　针对全市清洁能源的发展优势、发展空间、重点合作领域、重点招商项目等进行了逐个梳理、细致研究，先后编制完成《蓬莱市清洁能源产业研究报告》《蓬莱市清洁能源产业政策研究》《蓬莱市清洁能源产业招商手册》《蓬莱清洁能源产业发展规划（送审稿）》。在山东省明确今后3年光伏电站发电规模指标优先用于扶贫的政策后，抢抓时间组织光伏企业、电业、国土、扶贫办等部门制定了《蓬莱市光伏扶贫三年行动计划》《蓬莱市光伏扶贫行动方案》，积极为村里集光伏电站项目争取3万千瓦发电指标以满足项目建设需要。

【服务业发展】　2016年，全市完成服务业投资163.3亿元，实现增加值212.9亿元，实现税收（不含海关代征部分）14.6亿元。

强化规划引导，推动服务业转型升级。修订《蓬莱市“十三五”服务业发展规划》，制定《蓬莱市服务业转型升级实施方案（2016—2018年）》，重点加快发展旅游业、健康养老业、现代物流业、房地产业、金融业、科技信息业等现代服务业，

推动改革创新，重点行业稳健发展。深入开展全域旅游建设，做大做强“旅游+”文章，创新发展现代金融、现代物流、科技和信息服务等生产性服务业，提升发展商贸住餐、健康养老、房地产等生活性服务业，培育壮大文旅集团、蓬莱阁旅游、八仙过海、和圣农业、烟台晟森、义和房地产、君顶酒庄等服务业重点企业。

加强载体培育，提升服务业载体规模。省服务业载体项目蓬莱宝龙海上仙街完成5亿元年内计划投资，累计完成投资17亿元。烟台市“3221”工程载体旅游度假区全年共接待游客924万人次，实现旅游综合收入114亿元，24个重点项目全年共完成投资52.9亿元。4户重点企业全年营业收

入46220万元，国地税收入3358万元。

推广创新经验，紧抓企业创新发展。推广“创新企业”典型经验，组织相关企业参与第二批服务业商业模式创新企业的申报工作。文旅集团获得“烟台市第二批服务业商业模式创新企业”称号，并获得40万元的烟台市服务业引导资金奖励。

发挥产业优势，争创品牌标准化。发挥区域、产业优势，全市品牌标准化工作继续保持烟台市领先，全市山东名牌产品42个、中国驰名商标9个、山东省著名商标31个、山东省服务名牌单位7个、省长质量奖2个。

规范业务流程，完成主辅分离重点。对全市所有分离企业均按照服务业统计标准要求，规范业务流程，确保所有分离企业达到限额标准，“三证”齐全，纳入统计范围。2016年末，完成分离企业12户，分离企业总数达到46户。

财　政

【概况】 2016年，市财政局不断加强财源建设，加大民生保障力度，强化财政监管。全市完成一般公共预算收入31.53亿元，可比增长9.5%，完成预算的100.1%；完成一般公共预算支出39.78亿元，增长5.5%，完成预算的107.3%。

【财源建设】 创新财政扶持手段，在蓬莱市争设四支政府投资引导基金子基金，总规模达44.7亿元，大力推广应用PPP模式，成功落地项目2个，吸引社会投资19.5亿元，放大财政资金的杠杆效应，提高财政资金的使用效益。全面落实“双招双引”政策，有针对性地制定了金融支持实体经济发展、“仙境英才”奖励、产业办公室招商经费等一系列财税政策，打造区域竞争先发优势。认真落实结构性减税和普遍性降费政策，全年共为各类市场主体减轻负担7.6亿元，优化了营商环境。设立信贷周转金，为企业提供贷款“还旧借新”资金服务，接续企业资金链和税收链，全力稳定经济发展。建立“飞地经济”税收分享办法，鼓励受资源、环境限制的镇街区异地落户项目，促进产业集聚升级，增强发展后劲。

【民生保障】 坚持把民生作为财政保障的头等大事，2016年全市一般公共预算中用于民生方面的支出达到22.87亿元，民生支出占比达到57.5%，各项民生政策得到有力保障。其中，教育投入7.64亿元，实施城乡义务教育经费保障机制改革，全面落实各项学生资助政策，对6所中小学校实施校舍标准化改造，有效缓解“大班额”问题。医疗卫生投入4.04亿元，深入推进医药卫生体制改革，提高城乡居民医疗保险和基本公共卫生服务政府补助标准，全面落实农村孕产妇分娩补助、免费孕前优生健康检查等重大公共服务政策。社会保障与就业投入5.1亿元（包括盘活存量资金安排0.6亿元），进一步提高城乡低保、居民养老保险、优抚救济、农村五保补助水平，落实特殊群体保障政策，加大就业创业扶持力度。“三农”投入5.95亿元，加快发展现代农业，保障村级组织正常运转，支持农村改水改厕工作，改善农村人居环境，实施精准扶贫战略，促进了农业增效、农民增收、农村繁荣。

【财政监管】 严格贯彻厉行节约规定，大力压减一般性支出，全市以行政管理经费为主的一般公共服务支出下降7.3%，比总支出增幅低12.8个百分点，降低了行政运行成本。创新政府采购监管方式，优化采购流程，全市完成政府采购4.2亿元，节支率8.4%。加大政府投资评审力度，全年评审项目254个，审减资金0.9亿元，审减率达9%。全面实施乡镇国库集中支付改革，严格公务卡管理，提高支出透明度。组织开展行政事业单位资产清查，及时补充完善资产管理信息1万条，增强了资产管理的科学性和准确性。推进财政内控机制建设，按照“分事行权、分岗设权、分级授权”的原则，建立起内部控制基本制度、专项风险管理办法、内部控制操作规程三位一体的内部控制制度体系，为推进依法理财、防范风险奠定了基础。

【财政改革】 财政信息公开日益深化，市级政府预决算以及71个部门的预决算和“三公”经费预决算实现全面公开，决算公开细化到支出功能分类项级科目，部门“三公”经费决算公开细化到出国经费、公务用车购置及运行费、公务接待费支出等具体内容，初步建立起公开透明的预算制度。营改增试点改革进展顺利，经过认真甄别，全市新纳入营改增试点3482户，新老税制平稳转换。

国家税务

【概况】 2016年，市国税局坚持以组织收入为中心，扎实推进各项征管改革，不断提升纳税服务质效，加强队伍建设和党风廉政建设，获得“山东省档案工作科学化管理先进单位”“烟台市国税系统全面推开营改增试点工作突出贡献单位”“烟台市国税系统‘岗位大练兵　业务大比武’活动优胜单位”“烟台市减免税调查统计工作先进单位”“烟台市税收调查工作先进单位”等称号。

【税源管理】 按照征管基础规范化、专业管理精细化、后续管理常态化的思路，对重点税源企业实行个性化管理方案，实现动态监控，深入挖掘增收潜力。2016年共完成国内税收收入13.9亿元，完成县级收入5.59亿元，下达评估稽查任务244户次，已完成174户次，有问题140户次，增加税收2078万元。开展“成品油批发和零售企业”“交通运输业运输服务”“营改增”高风险企业专项检查，辅导企业自查55户，入库税款2754万元。积极建立综合整治发票违法犯罪活动的长效机制，全年查处违法涉票企业124户，查处非法发票1230份，查补税款140万元，加收滞纳金13万元，罚款41万元。

【依法治税】 严格按照税收法律法规及《全国税务机关纳税服务规范》《全国税收征管规范》的要求，进行税收管理和提供纳税服务。依法贯彻优惠政策，全年针对小规模纳税人增值税起征点调整，减免增值税1781万元；根据小微企业所得税优惠扩围政策，减免所得税292万元；资源综合利用企业退税1972万元；福利企业退税1257万元；出口退税43601万元，保证各项优惠政策依法依规贯彻到位。

【营改增工作】 建立县乡两级政府共同参与的“营改增”联动平台，合力解决“营改增”涉及的业务衔接、信息核对等问题。成立营改增临时办税厅，办税厅人员与税控设备发行单位联合办公，分批预约营改增纳税人，实现发票发售、税控设备发行一条龙高效办理。印制2000份《增值税一般纳税人申报培训资料》和1500份《增值税发票查询平台使用手册》，分发给全市1600多户一般纳税人，满足纳税人自学纳税申报的需求；建立“营改增”政策交流微信群，及时为纳税人答疑解惑；按行业进行营改增政策培训，房地产业、建筑业、金融业、生活服务业四大行业累计4258户纳税人参加培训。严把系统信息质量关，按时完成税费种认定、个体定额等信息录入。针对重点企业制作专题PPT进行纳税辅导，针对个体工商户和小规模纳税人利用微信、公示栏、明白纸等渠道加强培训，并发挥税务代理机构以点带面的作用进行宣传，累计培训纳税人3000余人次。做好“四大行业”税负升高纳税人专项辅导工作，对于建筑业和金融业连续税负升高的企业，采取入户面对面辅导，帮助企业理清进项种类，完善产业链条。2016年末，税负升高纳税人仅9户，仅占“营改增”总户数的0.21%，四大行业营改增纳税人6100户，税额2.12亿元。

【金税三期工程】 2016年，为推进税收管理现代化，山东省（市）国家税务局加快实施金税三期工程优化版的推广工作，正式启动金税三期工程应用软件换版工作。市国税局按照要求，精心筹划，攻坚克难，进行了多次业务模拟演练，于9月1日顺利实现金税三期工程双轨运行，10月1日全面单轨运行优化版。

【国地税合作】 推进窗口互设工作，开辟专门窗口，让纳税人“进一家门，办两家事”。委托地税代征二手房及个人出租不动产增值税。成立了专门工作小组，每天到地税办税厅进行现场辅导，保证委托代征业务顺利开展。同时，国税全部窗口办理代征地税税款业务，依托国地税联合开发的委托代征系统，在为代开发票的纳税人办理缴纳增值税以后，随即通过委托代征系统征收个人所得税、城市维护建设税、教育费附加和地方教育发展费等税费。在方便纳税人、减轻纳税成本的同时，又最大限度地减少了地方税收的流失，全年增加地方财政收入680万元。成立纳税信用等级国地税联合评定委员会，加强信息交换共享，共同比对指标数据，实行双方评定和实地查验，及时互通工作进度，2016年共联合评定纳税信用等级1100余户次。

【税警合作】 11月25号，举行“蓬莱市公安局派驻蓬莱市国家税务局联络机制办公室”揭牌仪式。国税系统与公安部门深化协作配合，在案源信息、案件线索、查办成果、证据资料等方面定期进行信息交换与共享，充分发挥税警双方各自优势，共同打击涉税违法犯罪行为。

【电子发票推广】 根据国家税务总局要求，开展电子发票推广。11月9日，市国税局开展推行增值税电子发票第一期培训。市国税局征管科、烟台航天信息有限公司等税控设备服务单位牵头对自愿使用电子发票纳税人进行培训，使用烟台航天信息有限公司税控设备的29户纳税人参加了培训。

【纳税服务】 增加专用发票自助代开机1台、增值税发票发售设备2台、定额普通发票自助领取设备1台、自助办税电脑和打印设备5套。厅内实行双功能导税制度，保证纳税人能够顺畅自助办税。扩展普通发票代开网络，全力推进社会化发票代开服务网点铺设。先后开通了12个邮政代开点、8个乡镇财政所、2个企业共22个发票代开服务网点，覆盖12个乡镇街道，形成了乡镇财政所代开点集合财政力量、邮政代开点遍布城乡、大型企业方便税款源头控制的三级覆盖代开格局。2016年，共委托代开普通发票5260份，累计代开金额1.48亿元，代征税款合计300余万元，全年为纳税人节省往返路程15万多公里。

【队伍建设】 把教育培训与数字人事相结合。依据数字人事统一的专业分类、能力分级，建立按需分类人才培训机制，多方联动提升教育培训成效。利用“快乐学习平台”搭建简便自学平台，并与兼职教师的助学帮教结合，进一步扩大企业实训基地，开展税收实践技能操作训练，在实战中提高分析和处理业务问题的能力。同时将数字人事业务能力升级结果与干部交流轮岗、选拔竞聘挂钩，形成客观严密的人才培养、评价、选拔、流动的数字人事岗责体系，把制度化向常态化、规范化有效转变，有效激发干部队伍活力。2016年，市国税局在国税系统2016年“岗位大练兵 业务大比武”活动中，荣获烟台市“业务大比武”竞赛集体第一名。

2016年蓬莱市缴纳国税前20名企业一览表

序号	纳税人名称	序号	纳税人名称
1	国电蓬莱发电有限公司	11	信益陶瓷（蓬莱）有限公司
2	蓬莱巨涛海洋工程重工有限公司	12	中粮食品蓬莱有限公司
3	蓬莱诺康药业有限公司	13	田讯电子（烟台）有限公司
4	蓬莱张裕酒业销售有限公司	14	华润电力风能（烟台蓬莱）有限公司
5	中粮长城葡萄酒（烟台）有限公司	15	华润电力风能（烟台）有限公司
6	山东蓬莱农村商业银行股份有限公司	16	蓬莱汇洋食品有限公司
7	山东蓬翔汽车有限公司	17	蓬莱佳味食品有限公司
8	国网山东省电力公司蓬莱市供电公司	18	蓬莱红卫化工有限公司
9	蓬莱东海热电有限公司	19	新三和（烟台）食品有限责任公司
10	蓬莱金福不锈钢制品有限公司	20	烟台宝龙置业发展有限公司

地方税务

【概况】 2016年，市地税局紧紧围绕市委市政府中心工作，不断加强税源征管，夯实征管基础，提高纳税服务水平，共组织各项收入18.03亿元，其中县级收入16.5亿元。

【税源征管】 根据税源分布状况，加强统筹测算，科学合理制定税收计划。在组织收入的不同阶段和重要节点，采取有针对性的措施，加大收入调度和督导力度。通过协调镇街配合、下达清欠指标等举措，综合运用日常检查、纳税评估、税务稽查等方式方法，多元清理欠税。开展股权转让、重点税源企业等专项检查，与国税合作开展成品油专项稽查，涉及的稽查定案均通过会议集体审议，并按照相关规定依法处理。

【征管基础】 把清查税源、梳理基础数据作为工作重点，成立税收征管基础建设活动领导小组，印发《蓬莱市地方税务局关于开展税收征管基础建设活动的通知》，重点对纳税人税务登记信息、房产土地税源信息等基础数据进行全面的清理核查，督促纳税人及时到税务机关变更税务登记信息、房产土地税源信息，对清查发现的少缴税款问题及时作出纳税评估意见并追缴税款及滞纳金。同时，将税收核查与镇街土地清查工作相结合，进一步核实相关数据。活动结束后，成立征管基础建设活动检查领导小组，出台《蓬莱市地方税务局税收征管基础建设活动开展情况检查工作方案》，对各分局（所）征管基础建设活动各项工作内容进行汇总，组织业务骨干对纳税人进行以房产税、土地使用税为重点的抽检，并将结果纳入2016年度绩效考评。2016年末，共走访核实管户2945户，入库税款2167万元。

【部门协作】 与市财政局、市国税局共同研究制定《蓬莱市税收保障办法》，对32个单位上传信息平台的涉税信息内容进行了明确，搭建起财源建设平台，统一数据交换规则，消除信息壁垒，畅通信息共享通道，健全税收保障机制。与国税部门协同，对非正常户、注销户情况进行对比分析，建立国地税主管科所联络机制，共同抓好非正常户认定和注销税务登记等工作。与市公安局成立联络机制办公室，共同遏制涉税违法犯罪行为。

【纳税服务】 全面落实小微企业各项税收优惠政策，释放小微企业税收优惠政策红利，支持小微企业发展和创业创新。对重点项目建设、招商引资企业，主动送政策上门，帮助纳税人解决涉税的疑难问题，提高企业发展能力。以纳税人需求为导向，加强内部业务流转，通过让数据“多跑腿”，实现纳税人“少跑路”；拓展网上办税功能，打造便捷高效的网上办税服务厅；积极推广常用涉税事项“二维码”，减少询问和排队等待时间，实现“互联网＋税务”时代的个性化服务。

【党风廉政建设】 围绕落实“两个责任”，推进正风肃纪反腐工作深入开展，对基层中心所和科室负责人开展廉政谈话，要求落实好“一岗双责”，把落实党风廉政建设主体责任同业务工作同部署、共管理，努力打造勤于学习、敢于创新、善于团结、勇于实干、廉洁清正的干部队伍。按照省、市局的统一部署，以“守纪律、讲规矩、正作风、促发展”为主题，认真落实2016年“纪律行动基础建设年”工作计划，有效推动党风廉政建设工作的不断深化。扎实开展“不作为、慢作为、乱作为”专项整治活动，进一步强化纪律意识、改进工作作风。编制完成《蓬莱市地税局工作制度规范》，围绕党的纪律和行政纪律，建立规范内部管理、约束权力运行的工作规定共6部分68项制度，对全局各项工作的权责、程序进行明确界定。规范权力制约，全面开展督查内审工作，重点对房产税和土地使用税的税源登记信息完整度、小微企业税收优惠政策的落实情况、税务登记基础信息管理、征管档案管理、委托代征管理、欠税管理、稽查评估查补问题进行督查，有效防范执法风险。

【队伍建设】 组织干部职工认真学习党的十八届五中、六中全会精神，引导全局干部职工时刻用党的思想来武装自己，牢记为人民服务的宗旨。按照年初制定《蓬莱市地税局2016年教育培训计划》，积极与大专院校方面对接，精心选择课程，合理安排学习时间，先后组织干部职工赴浙江大学、西南财经大学学习培训，干部职工的综合素质全面提高。健全基层党建工作体制机制，落实基层党建工作责任制，将党建工作融入“税收助力新农村”等争创活动，推动基层党建争先创优工作的开展，被省局授予“党建工作先进集体”称号。

2016年蓬莱市缴纳地税前20名企业一览表

序号	纳税人名称	序号	纳税人名称
1	蓬莱市城市建设开发有限公司	11	山东石岛集团有限公司
2	蓬莱阁文化旅游集团有限公司	12	蓬莱环成建筑有限公司
3	山东黄金集团蓬莱矿业有限公司	13	烟台金宇置业有限公司
4	蓬莱巨涛海洋工程重工有限公司	14	蓬莱市民生置业有限公司
5	山东蓬建集团义和房地产开发有限公司	15	山东蓬建建工集团有限公司
6	山东蓬莱农村商业银行股份有限公司	16	蓬莱诺康药业有限公司
7	蓬莱八仙过海旅游有限公司	17	蓬莱市门楼矿业有限公司
8	蓬莱亚泰兰海城市建设有限公司	18	信益陶瓷（蓬莱）有限公司
9	烟台宝龙置业发展有限公司	19	山东蓬翔汽车有限公司
10	国电蓬莱发电有限公司	20	中国工商银行股份有限公司蓬莱支行

国土资源管理

【概况】 2016年，市国土资源局紧紧围绕全市中心工作，集约利用国土资源，提高国土资源服务保障，获得省文明委授予的“省级文明单位”称号，蓬莱市获得国土资源部授予的“2016年地质灾害防治高标准‘十有县’”称号。

【土地征收】 为做好全市双重点项目的征收工作，市国土资源局提前介入，完成了蓬莱市2016年度计划指标上报征收工作，在烟台市位居前列，年内共上报征收土地面积945亩，全部通过上级批复。

【土地供应】 供应国有建设用地54宗，面积1372亩，出让价款6.25亿元，有力保障全市重点项目建设用地，其中5月8日单独挂牌出让一宗地下国有建设用地使用权，在全市尚属首次。

【永久基本农田划定】 2016年新确定任务范围耕地面积1.14万亩，划入永久基本农田面积调整为2544亩，划定比例为22.39%，10月25日，划定方案经省国土资源厅、省农业厅批复。

基本农田保护面积调减4.74万亩，基本农田保护面积由52.86万亩调至48.12万亩，增加建设用地规模1.12万亩。

【土地整治和高标准基本农田项目建设】 2012、2013、2014年高标准基本农田建设项目和2011年实施的大辛店、村里集土地综合整治项目通过上级验收；2015年高标准基本农田建设项目全部完成，总规模5.33万亩，为2017年上半年验收打下基础。

【不动产统一登记】 自9月20日起，按照国土资源部《不动产登记实施细则》，在市区范围内全面实行不动产统一登记，将原来分散在土地、房屋、农业、林业、海洋等多个部门的不动产登记职责整合，在统一的登记系统上办理各类不动产登记业务，核发统一的不动产权证书。不动产统一登记业务范围包括：集体土地所有权、建设用地使用权、宅基地使用权、房屋等建（构）筑物所有权、抵押权、地役权的不动产首次登记、变更登记、转移登记、注销登记、更正登记、异议登记、预告登记、查封登记以及其他各类登记。

【矿产资源秩序整顿】 制定出台《蓬莱市矿产资源秩序整顿安全生产委员会工作推进方案》和《全市矿产产业整治和提升发展方案》，通过公开招标的方式选定三家采矿权评估机构，完成本年度采矿权价款评估工作，收取采矿权价款总额79.75万元。开展矿业安全生产隐患排查工作，做好“安全生产隐患大排查快整治严执法集中行动”“打非治违”等各项专项整治行动。联合山东黄金金创集团有限公司，开展地面塌陷突发地质灾害应急演练。收缴矿山地质环境治理恢复保证金155万元（其中追缴63万元），全市持证矿山企业均已足额缴纳保证金并编制治理恢复方案。开展废弃矿井排查治理工作，完成全市历史形成、责任灭失采空区筛查工作。

【执法检查】 进一步改进执法方式，采取集中人员、集中车辆、集中区域的方式，由监察大队与6个分局执法人员共同行动、联合执法，形成执法合力。对辖区开展集中巡查，对案件多发区域进行有针对性的重点巡查监督。2016年，共受理各级转办、交办的信访案件和网上民声200余件，全部处结，处结率100%，结服率97.5%。

审　计

【概况】 2016年，市审计局加大对重点领域、重点部门和重点资金的审计监督力度，完成审计和审计调查计划项目17个，出具审计报告、审计情况报告和审计结果报告25份，下达审计决定书10份，提出审计建议40条，督促被审计单位建章立制28条，促进上缴财政资金1.81亿元、上缴税金288万元。

【财政预算执行情况审计】 对2015年度本级预算执行和其他财政收支的真实、合法和效益情况进行审计监督，并延伸审计市财政局、市国土局、市环保局、市科技局、市人社局、市农机局等6个部门和单位预算执行情况。提交的本级预算执行审计结果报告，得到市委、市政府主要领导的充分肯定。提交的《关于蓬莱市2015年度本级预算执行及其他财政财务收支审计工作落实情况报告》，在蓬莱市第十七届人大常务委员会第三十一次会议上得到全票通过。根据省审计厅授权，对市地税局2015年度税收征管情况进行审计，并延伸审计10户企业。

【投资项目审计】 重点对市中医院、热力管网、半岛家园等74项工程进行直接审计，审减率12.2%；对道路排水、大街养护、小型水库以及电力改造等126项进行审计；对蓬栖高速、新农贸市场等征迁评估项目进行跟踪审计，深入评估现场120余天。2016年，共参与拆迁项目17项，审计评估造价6015万元；完成工程投资决算审计200项，审核工程造价8.49亿元，审减2672万元，审减率达到3.15%。

【经济责任审计】 开展经济责任审计5项，审计结果利用步入制度化、规范化轨道。审计结果报告纳入领导干部考核档案，作为对其业绩考评、职务任免的重要参考依据；纳入领导干部廉政档案，作为监督、教育干部的主要材料和实施责任追究的重要参考依据。

【村居领导干部经济责任审计】 印发《蓬莱市村居干部经济责任审计暂行办法》《关于村居干部经济责任审计有关问题处理的意见》，成立市村居干部经济责任审计工作领导小组，在市农村经营管理总站内部增设村居干部经济责任审计办公室，12个镇街党政办公室挂村居干部经济责任审计所牌子。举办为期3天的村居干部经济责任审计培训班，28人参加培训。

【专项资金审计】 把维护群众利益作为审计工作的根本出发点和归宿，抓住与群众生产生活有密切关系的专项资金进行审计，完成精准扶贫、社会救助政策措施落实、中小学大班额问题、城市地下管线基础设施建设政策措施、内贸流通健康发展政策措施等5项专项审计。

统　计

【概况】 2016年，市统计局围绕市委市政府决策部署，对标先进，突出统计服务主题，完成48项常规统计调查和各项重要专项调查工作，编发《统计参考》10期，撰写调研分析报告12篇。

【统计基础业务】 完成统计年报、定报和统计调查工作，完成国民经济核算、工业、能源、劳动工资、批发零售贸易业和住宿餐饮业、重点服务业、建筑业、房地产业、固定资产投资等统计专业调查任务及各种抽样调查任务，完成城乡划分、基本单位字典库的维护、规模以下工业企业调查、企业景气调查、旅游调查、商品零售价格调查、工业品出厂价格调查、劳动力调查、国家和省人口抽样调查、文化产业调查、企业创新调查等工作，完成省重点监测企业调查、2015年社会综合年报、妇女儿童发展状况年报、社会发展评价体系监测、外商投资企业联合年检及园区统计工作，编写《2015年蓬莱市国民经济和社会发展统计公报》对外正式发布，完成《2015年蓬莱统计年鉴》编辑出版发行工作。

【统计法制建设】 贯彻落实省及烟台市统计法

制工作会议精神，利用各专业统计年报培训，以课件的方式，对镇街统计站、企业统计人员进行统计法规讲解宣传，共3期260人次。

【第三次农业普查】 4月29日，蓬莱市第三次农业普查工作全面展开，成立了第三次农业普查领导小组和办公室，市政府副市长吴明光任普查工作领导小组组长，12个镇街成立普查机构。针对普查方案、流程、难点和重点，对镇街普查人员进行两次普查业务培训。整理二农普、六人普、三经普资料和名录库资料，对与三农普相关指标进行整理，做好摸底数据比对的准备工作。完成农业普查预算编制、设备采购工作，建立乡镇统计专网。

【四众企业专项统计调查】 为落实《新产业、新业态、新商业模式专项统计报表制度》要求，根据国家、省、烟台市统计局有关文件和会议要求，组织开展了“众创、众包、众扶、众筹”统计调查工作。通过重点区域、行政记录排查等多种方式进行调查摸底，进行调查问卷填写、审核、录入，核实蓬莱市四众单位。

【1%人口抽样工作】 根据国家、省统计局1%人口抽样工作的要求，完成样本核实、过万村居分块图、村级单位边界、调查小区分布图绘制工作。组织36名省调查点普查员、普查指导员调查培训工作。完成调查小区图绘制和户主姓名底册编制工作。11月份完成正式登记工作。

【统计服务】 拓展服务新产品，提升统计服务水平。在已有《统计月报》《统计年鉴》《统计分析》《统计报表》等传统服务产品的基础上，增加《统计参考》。进一步完善《统计局工作报告制度》《统计局统计分析和信息管理办法》，明确统计分析重点，深入开展调查研究，增强对数据的解读能力，按照“洞察力强、脉络切准、观点新颖”等要求加强对经济运行态势的分析和研判，撰写高质量的调研分析报告12篇。

市场监管

【概况】 2016年，围绕打造“食安蓬莱、质量强市”总目标，深入开展“食安城市暨食安先进县”创建，突出服务、监管和基础建设“三个重点”，持续服务支柱产业发展，新增各类市场主体8966户，企业总量突破1万户，市场主体总量达3.2万户。

【旅游餐饮整治】 把旅游核心区食品经营业户、露天烧烤、渔家乐列为整治和规范的重点，联合旅游、物价、公安、环保、街道等部门、单位，印发《关于进一步加强蓬莱市餐饮服务业规范管理的通知》，组织羊肉、禽类制品、豆芽、病死猪肉专项整治，规范旅游餐饮业户执行“两承诺两公开”和食品原料采购索证索票制度，监督诚信经营。联合检查21家连锁酒店、18家旅游景区餐饮单位、400户渔家乐，监督整改餐饮隐患62处。开展露天烧烤集中整治，检查业户200余家，责令6家餐饮服务备案过期的限期办证。开展餐饮服务食品安全管理人员培训6次470人次，渔家乐业主专题培训4次600人次，集中办理餐饮服务和食品经营许可672户。开展“寻找笑脸”活动，张贴旅游景区和大型餐饮聚集区笑脸标识268份。开展旅游景区门票市场整治，检查酒店、渔家乐467户，对其中68户违规经营和张贴代售景区门票广告的业户进行责令停售和现场整改。依托12331投诉举报平台，建立完善全天候备勤机制，确保主城区旅游市场投诉15分钟内到达，受理处置旅游行业投诉举报16起。

【葡萄酒名城品牌维护】 启动“全国海岸葡萄酒知名品牌创建示范区”争创和“蓬莱海岸葡萄酒地理标志证明商标”注册工作。成立专门执法中队，采取日常检查和夜间突击检查相结合的方式，保持对葡萄酒企业的严管严查态势。4月，分区域开展葡萄酒专项整治，以有违法记录的生产加工企业为重点，特别是没有发酵能力、开展委托加工、生产产品标识上标注原料或产品来自国外的企业，重点检查企业生产场所、生产条件、生产过程记录、葡萄酒分装企业灌装进口葡萄酒原酒情况，严查企业有无伪造产地、冒用他人厂名厂址等违法行为。2016年，出动执法人员170人次，夜间突击检查3次，检查葡萄生产企业70家，立案查处企业违法行为3起，对7家塑化剂不合格葡萄酒企业整改情况进行跟踪检查，有效维护了葡萄酒名城的良好形象。

【生物医药产业发展】 根据全市产业发展布局和生物医药行业趋势，对制药、保健食品、医疗器械、海洋生物、优势农产品等各个行业、诸多环节，深入摸底调查和分析研究，编制生物医药产业规划、2016年度招商和推介目录，规范、引导产业招商和培植工作。同时，为重点药企搞好服务，指导诺康药业投入1000多万元改造气雾剂生产车间，开展“硫酸沙丁胺醇气雾剂”药学研究，争取通过药品GMP认证；针对北大高科被总局列为GMP跟踪检查的情况，组织专业技术人员每月深入企业现场办公，邀请烟台市专家对实验室精密仪器及计算机系统换代升级，确保通过总局现场核查。2016年，主要领导外出45天招商引资，成功招引投资1.2亿元的“宏岩生物”项目落户蓬莱市，另有1个项目通过评审，2个项目待评审，5个项目跟踪在谈。

【标准示范和名牌创建】 加强企业标准化监管与服务，建立名牌产品和驰著名商标培育储备库，加强分类指导，实行梯次培育。共有1个农业综合标准化试点和2个省级服务业标准化试点项目被列入2016年省级标准化试点单位，八仙过海旅游有限公司通过国家级服务标准化试点终期评估，蓬莱美丽乡村农业综合标准化示范区通过国标委验收，国内商标申请注册共189件，培育驰名商标1件，省著名商标3件，推荐1人申报山东省省长质量。

【商事制度改革】 改变政务服务窗口的传统模式，变“一对一”受理为“网上申报、网上预审、窗口一次性办结”，编印企业网上受理操作指南5000余份并免费发放，在登记窗口设立自助服务专区和重点项目“服务专员”，累计受理审核内资、私营企业登记4928户，换发“三证合一”新版营业执照2472户，受理食品经营许可申请材料600份，发放食品经营许可证426份，审查药品经营许可申请材料460份，新办、变更、注销药品经营许可证及GSP证书共169份，办理特种设备注册登记853件。同时，加强事中事后监管，建立完善双告知、双随机和经营异常名录制度，严格落实行政审批事项管理和跨部门协同监管机制。

【食品安全监管】 开展以学校周边、农村市场、旅游特产市场为重点区域，食品生产加工小作坊为重点领域，以葡萄酒、水产品、肉制品、桶（瓶）装饮用水、保健食品、配制酒、玛咖制品为重点品种的专项整治，监督食品经营者落实主体责任，重点查处无证或超范围生产、非法添加、虚假标识等违法违规行为，完成205户小作坊摸排建档和现场检查工作，对120家符合要求的小作坊给予发证归档，抽检食品1811批次，食用农产品快检1200批次。严厉打击无证销售、无合法来源、无生产厂家、无生产日期、无保质期、无食品生产许可证、无食品标签食品和超保质期食品等“七无一超”违法行为。会同市文明办，开展“你点我检”活动，通过电视台、报纸、网站、微信等媒介，以不记名投票方式征集公众心中的“风险食品”，结合专业检测机构大数据分析的高风险食品，确定生鲜肉、蔬菜、熟肉制品、水产、面食等8种抽检食品，重点检测瘦肉精、农药残留、亚硝酸盐等高危项目，已累计抽检377批次，其中包含食用农产品167批次，共检出2批次不合格项。开展“小饭桌”整治，无证照的坚决关停，将已办结备案证的47户在《今日蓬莱》报纸和各学校门口公示，检查小饭桌经营业户137家次，提出整改问题26处。结合食品安全城市创建，开展大型餐馆进口高档海鲜专项整治，加强工地食堂、企事业单位食堂、大型餐饮聚集区监管，共检查624家次，提出、监督整改意见62条，抽检食品230批次。

【药品安全监管】 加强药品和医疗器械等特殊商品的监管，抓住生产源头、流通售用、不良反应等关键节点，对辖区三家药品生产企业进行20余次检查，对特殊药品的购进使用及生产、药包材购进使用按时间节点进行专项检查，督促企业严格按新版GMP规范生产。严格开办及变更标准，对15家新开办企业及52家变更企业进行审批、现场检查以及认证，并及时开展跟踪检查工作。加大药械经营使用单位日常巡查和专项检查力度，组织全市近2000名药械从业人员健康查体，督促辖区所有药品经营企业配备阴凉柜，开展疫苗、药品使用单位、滴眼液、中药配方颗粒、透明质酸钠、体外诊断试剂、定制式义齿等10余项专项检查。对存在严重缺陷的企业，坚决撤销或收回证书，共撤销2家，收回证书限期整改6家。注重药品和器械的不良情况收集、评价和上报，组织药品器械监测专题培训，累计上报药品不良反应报表479份，医疗器械不良事件报表186份。

【特种设备安全监察】 以日常监管为基础，注重五一、旅游旺季、端午小长假等重点节点特种设备安全，确保排查工作“横向到边、纵向到底”。强化电梯、压力容器和压力管道元件的重点监察，对128个单位149台锅炉“巡检查体”，监督整改问题15起；全市80家涉氨企业全部整改完成。开展废旧液化气石油气钢瓶置换工作，共印发宣传材料50万份，检查置换点39个，置换废旧钢瓶6.26万个。

【质量监督管理】 市检验检测中心共开展各类别质量检验共2510批次。同时根据食品安全城市创建和产商品质量安全管理的总体要求，配合市公安局、市市场监督管理局开展猪头肉的亚硝酸盐与防腐剂含量的抽样检测、食品抽样检测、化肥抽样检测以及工业产品抽样检测，及时将不合格产品检测情况进行反馈，为打击制假售假提供了有力依据。

为更好地联系服务企业，帮助企业把好质量关，市检验检测中心与37家食品生产企业签订了委托检验协议，遇有送检样品数量多、时间紧迫等情况，中心安排专人上门取样；企业遇到技术难题，可以跟相关科室进行联系，并指定技术人员进行解答。企业提出人员培训的要求，中心视检验任务多少合理安排企业人员到中心进行学习。中心通过不定时参与企业产品质量生产批次检测，保证产品质量合格。

【计量器具监督管理】 市检验检测中心开展计量器具产品质量监督检查和安全用计量器具监督检查，共检定各类计量器具19.74万台件。其中工业计量器具1.2万余台件，衡器3800余台件，医疗计量器具444台套，出租车计价器644台，电能表802块，加油机四个周期共1782台。

【计量惠民服务活动】 市检验检测中心推进民生计量诚信体系建设，积极拓展民生计量服务领域，努力把民生计量工作的范围覆盖到与人民群众生活密切相关的所有领域。与市市场监督管理局和市电视台共同开展了“5·20”世界计量日活动，广泛开展“计量知识进机关、进社区、进校园”等主题活动，对食品安全和公平交易等计量知识进行广泛宣传。同时组织计量服务小分队入社区开展咨询服务，并为市民提供免费检测血压计等服务。

物价管理

【居民用水和管道天然气阶梯价格制度】 1月6日、8日召开居民用水和管道天然气阶梯气价、水价听证会。7月1日，居民用水和管道天然气实施阶梯价格制度，同步调整其他供水销售价格。

【医疗服务价格改革】 启动医疗服务价格改革，在县级公立医院前期医药价格改革的基础上，结合降低大型医疗设备检查治疗价格，进一步理顺医疗服务价格。市物价局会同市卫计局、市财政局、市人社等部门，在做好相关价格数据调查基础上，制定医疗服务价格改革方案，并于6月30日起正式实施。医疗新政实施后，县级公立医疗机构CT、磁共振检查和中医诊疗项目价格明显降低，手术价格设置更加优化，手术、护理、注射、诊疗、床位等能体现医务人员劳务价值的医疗服务价格得到理顺，百姓就医负担进一步减轻。

电力供应

【概况】 2016年，市供电公司围绕市政府中心工作大局，争当服务地方经济社会发展先锋，抓基础，强电网，提服务，电网供电能力和供电服务水平同步提升。全年共完成售电量15.5亿千瓦时，完成迎峰度夏以及重要节假日、大型会议活动保供电58次。获得“国家电网公司同业对标标杆单位”称号，连续10年获得“省公司同业对标综合管理标杆单位”称号。

【城乡电网规划】 加强城乡电网统一规划，按照全市“五大园区”和“八大产业”建设的发展布局，统筹推进城乡建设一体化和公共服务均等化。坚持电网规划与市政规划相统一，将配电网规划纳入城乡发展规划和土地利用规划，合理布局供电设施，实现与其他市政基础设施的协同发展。统筹兼顾新能源、分布式电源和电动汽车等多元化负荷发展，满足人民生活水平不断提高的用电需求。

【市重点项目建设供电服务】 成立由公司总经理和党委书记共同挂帅的市重点项目建设供电服务保障指挥部，提前介入、协调解决21项市重点项目上电问题。完善大客户经理制度，建立大客户服务档案，对市属重点企业实行“点对点”服务，先后主动走访市属重点企业60户次。在宝龙城市广场、鼎峰利群购物中心、北沟化工园区等重点项目上电过程中，供电公司克服资金紧、人员少、任务重等困难，加班加点赶进度，按照时间节点圆满完成了重点工程上电任务。

【农网改造】 筹集资金5254万元，对111个村的老旧供电设施进行改造升级，新增和轮换变压器93台，改造低压线路75.8千米。整体改造35千伏村里集变电站，保障南部地区用电需求。针对“渔家乐”的蓬勃发展，公司强化措施、主动服务，将抹直口村供电台区由5个增加到8个，小皂村供电台区由2个增加到4个，主线路采用大载流量的绝缘架空导线，全面保障了“渔家乐”旅游旺季用电需求。

【一流配电网建设】 重点加强“中心村升级改造”“井井通电”“精准扶贫”等惠民工程建设。通过农网升级改造及自筹资金等方式，完成13个省定贫困村、5个市定贫困村的配电设施改造。完成25个小城镇（中心村）电网改造升级和64个村的“井井通电”工程。落实国家能源发展策略，多措并举加快分布式光伏发电应用，受理分布式光伏发电申请361户，已完成验收213户，并网容量2818.93千瓦。

【用电服务】 市供电公司加快构建客户导向型“大服务”格局，一切围绕客户的利益、围绕客户的感知，改进服务细节，优化服务流程。

办电　以解决群众最关心、最直接、最现实的办电问题为切入点，业扩报装方式不断优化，积极推广“一站式”服务、“首问负责制”、限期办结制等制度，接电时间同比缩短30%以上。上电过程中最大限度减少客户停电时间，全年实施带电作业1035次，减少停电6.87万时户，以优质的施工质量和良好的服务信誉赢得客户和市场。

用电　设立“彩虹共产党员服务队”常态开展居民社区“零距离”服务，建立了供电所员工包保用电村制度，各供电所发放用电管家联系卡、供电服务宣传海报40万张，上门走访1.2万户次，解决群众关注问题70多项。营业厅全年实行无周休、无午休工作制度，同时利用“互联网+”拓展了支付宝、微信支付等12种缴费方式，与45个银行营业网点、676个社会网点开展实时电费代收、代扣业务，丰富了客户交电费渠道。

抢修　以为客户提供最高效的报修服务为第一要务，开通了属地化服务电话“5712345”，供电服务实现了便捷化、就近化。公司打破专业局限和部门壁垒，合理布局设置应急抢修队，抢修查找故障和到达现场平均缩短30分钟。

【海上风电检测基地项目】 市供电公司响应市委、市政府“双招双引”活动号召，积极推动海上风电检测基地项目落地蓬莱。公司经理颜京忠先后到国网公司、省公司进行汇报争取达20次；

推进形成中国电科院、山东电力、鲁能集团长效合作机制，签订三方协议，配合督促蓬莱海上装备园区列入2017年省政府重点项目；邀请全球能源互联网欧洲研究院院长、世界海上风电资深专家雷宪章前来现场调研指导；组织协调项目推进会议10余次，推动项目取得实质性进展。2016年末，海上风电检测基地项目已完成一期项目两个机位详勘工作。

安全生产监督管理

【概况】 2016年，市安监局牢固树立安全发展理念，持续强化预防治本攻坚战略，统筹提升依法治安基础保障水平，探索推进新时期安全生产工作，较好地保障全市安全生产形势持续稳定。

【责任落实月活动】 组织12个镇（街道）、500多个社区（村庄）、1000多家生产经营单位签订安全生产责任书8万余份。将目标细化、分解，逐级落实到各单位和岗位，建立“责任层层传递，考核层层落实”的安全责任体系。通过广播、电视、报刊等新闻媒体和安全知识竞赛等活动，大力宣传安全生产知识。6月16日，组织29个有关部门在黄海绿洲设置咨询台，摆放80多块宣传展板，发放宣传材料2.1万多份。

【非煤矿山整治】 对涉非煤矿山的重点镇、重点企业进行重点检查，对管理混乱、达不到最低开采规模要求整改无望的7个非煤矿山，实施关闭退出。落实网格化、实名制监管，建立安全生产监管台账，明确监管单位和责任人。深入开展安全生产主体责任专项执法检查，查处违法行为2起，罚款4万元。

【危化品监督检查】 生产经营单位全部建立“实名制”管理清单，逐一明确监管责任单位。成立督查组，对各镇街及部门的检查情况进行督查，对工作开展效果不实、走过场、打折扣的镇街、部门和企业予以点名通报。推动“两重点一重大”化工企业退城入园，完成城区4家化工企业搬迁工作，2家非城区化工企业正在开展搬迁工作。

【涉氨制冷行业专项整治】 5月份，共有34家涉氨企业完成全面整改，19家涉氨企业未完成全面整改，完成率64%。7月份，联合住建、气象、国土、消防等部门对涉氨企业进行再次督导整改，全部完成整改治理工作。

【涉爆粉尘专项整治】 开展涉爆粉尘作业和使用场所防范粉尘爆炸大检查工作，对涉爆粉尘企业的安全生产档案资料、生产现场、防爆炸设施等进行全面检查，对发现的问题，依法下达31份现场检查记录、9份责令整改指令书，要求存在问题的企业按期整改完毕。对21家涉爆粉尘企业进行统一管理，形成档案，建立“一企一档”。

【有限空间专项整治】 自4月22日，对巨涛、民和等6家涉及有限空间作业的重点监管企业进行专项检查，并进行统一管理，建立档案。组织相关企业分管安全负责人学习有限空间作业安全知识，进一步提高企业全员职工的安全意识和自我保护意识。

【窗口建设】 规范行政审批“一个窗口”管理，涉及危化品经营许可证核发，烟花爆竹经营许可证核发；职业卫生技术服务机构资质（丙级）审核；新建、改建、扩建生产、储存危险化学品，非煤矿山、金属冶炼和爆竹经营企业建设项目安全条件审查。强化所有审批项目必须通过审批窗口统一受理、统一发证。

【行政许可】 共审批职业卫生“三同时”建设项目4个，其中预评价审核2个，设计审查1个，竣工验收1个。7月2日修改实施《职业病防治法》后，窗口停止受理建设项目职业病危害预评价报告审核（备案）、职业病危害严重的建设项目职业病防护设施设计审查、建设项目职业病防护设施竣工验收（备案）的申请。按照“统一规划、合理布局、总量控制、确保安全”的原则，开展烟花爆竹经营（零售）许可证办证工作。经资料初审、现场核查和领导审查，在承诺期间办结烟花爆竹经营许可证57件，办结率100%；经过初审，上报烟台安监局危险化学品经营许可证51个。经过资料初审、现场核查和领导审查，在承诺期间办结危险化学品经营许可证6个。

【职业卫生监管】 建立健全职业卫生监管体系，按照“管行业必须管职业卫生，管业务必须管职业卫生，管生产经营必须管职业卫生”，“谁主管、谁负责；谁审批、谁负责”的原则，成立由15个成员单位组成的职业健康安全生产委员会，明确责任分工。为更好协调全市职业健康监管工作，将各成员单位职业健康分管负责人及具体科室负责人名单、联系电话、邮箱汇总登记，定期召开职业健康监管例会。

【安全培训】 规范、细化培训内容，更加侧重安全法规、安全技术、职业病防治、应急救援及实际操作技能等五个方面内容的教学。按照学用结合、因材施教的要求，结合特种作业、加油站、一般行业等不同类型生产经营单位岗位特点和培训需求，紧紧围绕安全生产工作实际，更新培训内容，做到培训内容规范化。灵活培训方式，既有集中培训，又有下厂矿办班；既有白天学习，又有晚上培训；既有集中授课，又有分散自学。根据企业实际和需要，充分尊重和考虑企业的工学矛盾，合理安排培训时间，既保证培训计划的落实，又保证企业的正常生产。

口岸管理

【概况】 2016年，完成港口吞吐量1500万吨，监管进出口货物124万吨，货值3.93亿美元；检验检疫进出口货物5924批、43689万美元，其中出口货物5087批、24035万美元；运送旅客354.17万人，车辆36.79万辆，办理国际航行船舶查验546艘次，货物吞吐量1177.1万吨；检查出入境（港）船舶587艘次，检查出入境（港）人员1.15万人次。

【泊位对外开放】 市口岸办积极推进蓬莱港8#泊位、京鲁船业有限公司舾装码头3个泊位、蓬莱大金海洋重工2个泊位对外开放，邀请省口岸办、烟台市口岸办来蓬调研，针对3家拟开放企业的现状提出合理化建议，对开放前准备工作给予专业指导。市口岸办多次走访拟开放企业，要求建立工期时间表，建立工作台账，选调人员成立开放工作小组，建立推进开放计划工作制度，其中主抓京鲁造船，跟踪其拟开放舾装码头3#、6#、7#三个泊位建立基础设施建设台账，工程时间表，人员组成及制度建设。

【巨涛海洋重工承揽项目协调】 蓬莱巨涛海洋重工与美国B & V公司签订锅炉组装工程项目，需要从斯瑞尔场地经大金码头运输到巨涛码头然后完成项目建造。该项目工期紧张，运输线路不符合海事局监管要求。为了帮助企业履行合同，避免损失，市口岸办及时向市政府领导汇报，陪同巨涛主要负责人多次到海事局进行沟通协调，共同商讨，主动担保，调整运输方案，制定运输安全应急预案。经过多方努力，巨涛海洋重工承揽的涉外建造业务得以顺利进行。

【文明口岸共建】 市口岸办充分发挥职能作用，积极开展丰富多彩的文体娱乐活动。于2月举办蓬莱港口岸“够级”比赛、5月举办蓬莱港口岸“青年杯”羽毛球友谊赛等文体活动，港口企业共120多人次参加。通过开展文明口岸共建活动，口岸单位之间相互支持，增进团结，加深友谊，提高凝聚力和工作执行力。

【海关服务创新】 烟台海关驻蓬莱办事处积极支持蓬莱巨涛海洋工程重工有限公司设立海关监管场所，方便企业加大科技投入，年内启动研发项目10个，投入资金占年产值的3%，获发明专利和实用型专利各5项；积极反映企业合理诉求，主动开展税则调研，1项建议被国务院关税税则委员会采纳，关税税率由14%降至2%，直接为该企业降低年度关税成本约380万元。帮助康爱特维迅（蓬莱）化学有限公司解决因环保问题停工停产导致的破产危机，直接促成外方2亿元的二期投资和土地审批顺利完成，市委书记杨原田对其积极帮助企业走出困境的做法给予充分肯定。

【海关政策研究】 烟台海关驻蓬莱办事处成立“利用中韩自贸协定支持蓬莱企业请进来走出去”课题组，研究国家相关政策和海关原产地、关税等相关规定，支持康爱特维迅公司将韩国世界500强企业引入蓬莱投资建厂，双方已签订合作意向书，共同开拓国内市场。支持佳味食品、栾家口港申请设立保税仓库，支持蓬莱港集团公司设立供船免税店，提升蓬莱口岸综合服务水平，为港口经济引入新的盈利点。成立文化保税课题组，结合保税仓库对地方旅游经济的拉动作用，引入中国工艺品集团奢侈品营销平台，利用蓬莱阁、文成城堡的游客和品牌优势，支持企业申建保税仓库，进行奢侈品、艺术品方面的推广与合作，形成旅游品牌和亮点工程。

【海关税收减免】 烟台海关驻蓬莱办事处加强对相关文件的学习，在工作中做到热情宣传、严格审核，既维护国家税收应收尽收，又让符合条件的企业享受优惠。共为3家企业审批减免税货物货值2148万美元，减免税款额3168万元。

【简化通关手续】 烟台海关驻蓬莱办事处落实“放管服”，推进区域一体化通关模式，大力推进无纸化通关改革，简化内部核批程序，扎实推进企业AEO认证工作，年内召开AEO认证企业宣讲会2次，4家企业通过高级认证，进出口总值占全市同期进出口总值的52%。

【通关模式创新】 蓬莱检验检疫局推进“大通关”建设，关检“三个一”查验货物占应检货物100%，检商“两证合一”做到全覆盖。以蓬莱、长岛出口食品农产品质量安全示范区和进境商品保税直销中心、进口葡萄酒保税区为依托，与港口、口岸联检部门紧密协作、互相支持，积极探索“三互”大通关模式，企业通关时间大幅压缩、成本大幅下降。在出口食品检验检疫及生产企业备案监管、口岸食品供应企业监管等方面探索运行“双随机”查验模式。做好E-CIQ系统培训，确保该系统在全局顺利运行应用。继续推进无纸化报检，共受理出口无纸化报检4344批，报检批次覆盖率达到95%以上，E-CIQ上线后进口无纸化报检覆盖率达到80%以上。

【检验检疫基础设施建设】 蓬莱检验检疫局进一步加强实验室建设，新购置15台仪器设备，开发检测项目13个，实验室顺利通过三合一复评审；完成植检实验室建设，采集进境原木样品25种、有害生物标本50余种；建立媒介生物标本室，采集病媒生物标本12种1000余件；建立葡萄酒、食品样品室。争取地方资金40万元，高标准建设200多平方米的矿产品港口取制样车间，配置较为完善的取制样设备。全面推进口岸动植物检验检疫规范化建设，建成原木检疫处理区、熏蒸处理库、树皮处理区各1个，共硬化场地15万平方米。

【检验检疫执法】 蓬莱检验检疫局检出进口不合格货物286批、货值2194万美元。与公安、卫生、海事、港务等单位，建立口岸传染病疫情联防联控机制，组织开展中东呼吸综合症、寨卡病毒、黄热病防控联合应急演练。入境人员中发现传染病病例42人次、确诊42人次，同比增加147%、133%。首次在入境船舶检出小麦印度腥黑穗病菌，首次截获无证入境犬1只。进境原木检出检疫性有害生物2种、159种次、159批次，检出率达到233.8%；检出一般性有害生物25种、924种次、161批次，检出率达到236.8%，进境木材疫情检出率持续居全省前列。检出进口煤炭汞、氟等有害元素超标8批，成功退运2批，正在退运6批。检出重大重量不合格，被国家检验检疫局采用发布警示通报一次。

【工作质量提升年】 蓬莱检验检疫局把2016年作为“工作质量提升年”，组织开展“六查六看”活动，排查发现各类问题63个；以集成管理理念为指导，对照排查发现问题，启动21个过程风险分析评估，评估检测项目362个，并将评估结果应用于检验检疫监管工作中；制定公开权力清单及责任清单，做到行政职权有法可依，权力在阳光下运行。强化综合管理体系建设，建立全局、部门、个人体系学习计划，组织开展集中培训3次、文件评查1次，邀请外部专家对体系运行进行评审2次，修订作业指导书11个、作废1个。狠抓人才培养，“走出去”培训人员52人次，“请进来”专家12人次。

【“三同”工程】 蓬莱检验检疫局组建专门工作组，按照“一厂一策”的原则，加大技术指导和政策支持，先后组织开展HACCP知识培训2次，培训企业60多家。重点扶持的蓬莱熙可食品有限公司借力“三同”政策实施，成功创立自有新品牌，新增产品27种，进驻国内几十家大型连锁商场，产量、产值分别由3000瓶、3万元猛增至500万瓶、5000万元。

【贸易壁垒措施研究】 蓬莱检验检疫局成立国外技术性贸易壁垒措施研究小组，加强贸易壁垒措施研究和分析，每周编发一期《国外技术性贸易措施舆情通报》，并指导企业做好应对工作。同时，建立党组成员每季度与企业恳谈制度，及时倾听企业呼声，帮助企业解决难题21个，培训技术人员300多人次。

【“走出去”战略】 蓬莱检验检疫局积极实施“走出去”战略，帮扶7家蓬莱葡萄酒企业产品走出国门，成功进军新加坡、法国、英国、美国、加拿大等20多个高端市场；指导1家肉鸡生产企业产品顺利进入中国香港，并出口格鲁吉亚、利比里亚、伊拉克等国家，FD水果片成功进入中东市场等。

【涉客船舶安全监管】 蓬莱海事局把握“四重一关键”监管规律，严格落实客运船舶“五制五关”要求，坚决落实安全生产主体责任；强化现场执法力量，实行旅游旺季机关人员周末和节假日参与蓬长航线现场值班制度；严格落实船舶进出港报告制，持续强化客运船舶动态监控，维护良好航行和靠离泊秩序；加强内外部信息交流，做好大风、大雾等恶劣天气的预警和禁限航工作；加强工作督察，先后到辖区开展工作督察138次。

【旅游艇安全监管】 蓬莱海事局围绕“阁下平安游”旅游艇品牌创建工作，积极派员外出学习旅游船艇监管先进经验，进一步提高安全监管质量和水平；加强安全教育培训，培训旅游艇从业人员130名；创新监管模式，实行旅游艇动态巡查机制；组织开展旅游船救生消防演习，提升从业人员应急应变能力；联手港航局对蓬莱旅游艇活动区域进行综合规划，以做到科学管理。2016年，保障57万游客海上游安全。

【非法砂石运输船、施工船监管】 制定《蓬莱海事局非法砂石运输船舶专项整治活动方案》，进一步明确监管要求和职责分工。组织召开水上水下活动安全监管联席会议，推行安全管理承诺制，落实企业安全生产主体责任。严把入口关，严禁无证施工船违法作业，及时查处“鑫辉16”轮、“鄂汉川货0216”轮违法行为，对施工单位、施工船舶罚款8.9万元。强化“三巡”工作力度，开展夜查23次。

【通航环境优化】 蓬莱海事局针对辖区渔船增多、碍航定制网具反弹以及船舶不按照规定航道航行等现象，专题行文报送市政府，申请挂牌督办。开展“防止商渔船碰撞”安全警示宣传，发放材料300余份，提高船员防碰撞意识。利用CCTV、AIS、VTS等监管手段，严厉打击船舶不按规定航行、停泊等行为。组织开展海上碍航定置网具清理活动，联合清除碍航定置网具执法行动1次，出动人员78名，各类船艇5艘，清理碍航定置网具23具。开展海上巡航144次，巡航427小时，出动执法人员299人次，巡航里程2948海里。

【应急搜救处置】 蓬莱海事局健全寒潮大风等极端天气预警机制，发布海上风险预警信息32期。完善应急搜救处置方案，强化水上应急搜救演练。严格落实24小时应急值班、应急待命工作制度，提高应急反应能力。2016年，组织救助船舶2艘，救助人员20人，救助成功率100%。

【危险品安全监管】 蓬莱海事局严格落实船载危险货物“六问六控”安全监管长效机制，积极开展船载危险品安全隐患排查，及时查处“和龙”“钦岛8”轮夹带危险品的违法行为。加强新文件的宣贯、培训，持续改进和完善船载危险货物安全监管工作。与港口、公安、港航等部门保持密切联系，形成安全监管合力。2016年确保了辖区396万吨危险品作业运输安全。

【走访调研】 边检站坚持“口岸需求在哪里，边检服务就跟进到哪里”的工作理念，主动走访调研港口企业，了解生产经营状况和发展需求，同时用足用好边检政策法规，及时出台服务举措支持口岸发展，并将相关情况每月整理汇总报送市委市政府，便于市领导及时掌握口岸动态；跟进掌握新开放码头、泊位建设规划情况，认真研究省边防总队《服务和促进外贸增长五项举措》精神内涵，制定出台《蓬莱口岸新增码头、泊位对外开放边防检查配套设施建设工作意见》，全面、准确地提供边检政策咨询和配套服务指导，并积极向业务上级汇报和协调口岸相关部门争取政策支持和倾斜。10月份，主动深入口岸一线对申请开放的码头、泊位设施建设情况提供现场指导，真正当好了驻地经济发展的保障者。

【巡查新机制】 边检站强化边检辅警队伍建设，探索建立“执法士官带边检辅警”的巡查新机制。推行远洋渔船“两点查验同步通关”机制，实现了渔船进出港“零等待”，单艘渔船进出港时间缩减1小时，年内完成了48艘远洋渔船出入境检查任务。健全完善边检诚信管理体系，对诚信企业提供绿色通道、优先报检等便利措施，让企业享受到“省时、省力、省成本”的优惠待遇。

【服务外延】 边检站针对蓬莱新港进出船舶频繁，停靠泊位紧缺的实际，坚持靠前服务，科学安排勤务计划，合理使用现有泊位，全力保障船舶即到即靠，提高企业效益。巨涛海洋重工企业出口模块建造规模大，集中作业人员少则几百人、多则超千人，管控难度较大，边检站提前上门为6000余名临时作业人员办理登轮证件，并采取执勤人员与边检辅警“2+2”勤务模式，有力保障价值40亿元的俄罗斯YAMAL液化天然气工程。

【预警管控】 边检站坚持“情报导控”先行预警理念，建立每周信息会商研判制度，认真搜集国际国内、驻地周边等敏感信息，深入分析口岸安全防控形势，挖掘口岸非法出入境活动的深层次、内幕性行动线索，多篇涉朝涉恐情报信息被上级采用。

【联动协作】 边检站纵向深化口岸内部协作，边检与海关、海事等联检单位建立口岸《跨部门协作机制》，联合开展打击走私毒品、锚地船舶专项治理、口岸集中整治等活动，提升管控合力；横向强化口岸外部联合，与烟台边防支队、烟台机场边检站及龙口、莱州等边检站建立联动协作机制，筑牢口岸安保防线。

【警地融合发展】 边检站树立“驻地为家”的思想，主动用部队的优良传统带动影响驻地建设发展。深化联创联建品牌，联合开展“对话全国人大代表”访谈、“学维和精神，做合格党员”联合党日、“青春领跑”十公里越野等活动，充分发挥部队党组织的引领示范作用。关注驻地民生所需，积极响应市委号召，开展“情系万家进基层”活动，与蓬莱新港联合帮扶新港街道湾子口村。积极开展义务活动，主动为企业、联检单位、共建单位开展义务军训，一名警官受聘担任第二实验小学国防教育辅导员。积极参与清扫环境卫生创建卫生城市、义务植树、义务献血、义务扫雪等，展现了警民鱼水情深。5月份，邀请港区外来工子女走进警营，开展以“大手小手心连心”为主题的“警营开放日”活动，拉近了警民关系。8月份，在海市公园举办“文明出境游”暨边检服务品牌集中宣传活动，得到了社会各界的广泛认可。

国有资产管理

【概况】 2016年，市国资局不断深化国有资产监管体制改革，加强资本运营，确保国有资产保值增值，完成国有资本经营预算收入12776万元，支出12773万元。

【企业重大事项监管】 严格执行《蓬莱市授权经营大型国有企业重大事项管理规定》，严格重大事项报批程序，凡企业重大事项，都由企业领导班子集体讨论、民主决策，并报市国资局审核报批后方可实施。2016年，审核审批市属企业和部门所属企业上报的重大事项100余项，形成建议报告市政府及出具批复50余件，确保国有资产保值增值。

【企业国有资产审计】 联合市审计局、中介机构组成两个工作组对全市23家国有及国有参股企业2015年度经营情况进行审计，结合每家企业审计中发现的问题，依据相关规定对其进行账务调整。通过审计了解了企业经营情况，发现了企业存在的问题，出台文件予以弥补、强化规范管理。

【信贷周转金管理】 制定出台《蓬莱市企业信贷周转资金使用管理办法》。3月28日，由市财金投资管理公司出资1亿元，成立蓬莱市金祥企业管理有限公司，设立规模为1亿元的信贷周转金。公司对信贷周转金的全部业务进行单独核算，严把借款企业信用审核关，实行全程跟踪和监控，定期向蓬莱市金融办报送周转金使用情况。2016年末，共为40多家企业办理180多笔业务，周转金规模累计15.2亿元，为企业减负1200万元。

【投融资管理】 建立科学合理、高效运作的借、用、管、还机制，提高资本运营效益，确保国有资产保值增值，防范和化解财政风险。按照“政府主导、市场运作、明晰权责、加强监管、防范风险、注重效益”的基本原则，实现“自求平衡、滚动发展、良性循环”的目标，制定《蓬莱市投融资管理暂行办法》。

【激励约束机制】 对市属国有企业法定代表人实行2015年度岗位目标考核和经营业绩考核，建立科学有效的评价体系，健全企业管理者激励与约束机制，切实履行企业国有资产出资人职责，落实国有资产保值增值责任。

【产业基金】 争取3支省、市引导基金参股的子基金落户蓬莱，基金总规模24.7亿元。海滨旅游基金规模20亿元，其中，首笔投资9000万元，与海航旅游创新发展有限公司在蓬莱市注册成立山东璞蔚旅游管理有限公司。海上粮仓基金规模3.2亿元，首期投资1.1亿元拟投向烟台安源海洋食品有限公司（投资额5000万元）、山东新华海洋工程有限公司（投资额5000万元，先期投资2000万元）、蓬莱宗哲养殖有限公司（投资额1000万元）。现代果业基金规模1.5亿元，先后考察凤凰酒庄、国宾酒庄、和圣农业、鑫园工贸、蓬岳果业等10多家企业，并与部分企业初步达成合作意向。

蓬莱市综合发展基金首期规模20亿元，主要支持蓬莱市八大产业和经市政府批准的其他产业等，重点投向市内创新型企业、处于种子期或初创期发展潜力巨大的中小微企业、高新技术企业等新型经济主体兴办的创业创新项目。

农业

NONGYE

种植业

【土地确权登记颁证】 开展土地确权登记颁证，采取灵活有效的方式方法，不同情况区别对待，工作思路及经典案例得到烟台市农业局、省农业厅的高度认可，在全省予以推广。2016年末，已完成506个村的土地确权登记颁证工作，占应完成任务村数的96.2%，超额完成了山东省下达的任务目标和年初制定的工作目标，工作绩效列烟台市第一。

【特色农业培育】 指导大辛店镇申报全国“一镇一业”示范镇并获得批复。宏赢农机、峰盛种植、青禾果蔬、同顺果蔬合作社获得“省级示范社”称号。大辛店宏赢家庭农场获得“山东省家庭农场示范场”称号，农场注册的“甘恬”牌富硒地瓜、地瓜酒等特色农产品逐步形成规模，农场的甘薯产业被列为国家级和省级甘薯产业体系。组织18家农产品生产加工企业和农产品种植合作社及4个贫困村代表参加2016年烟台特色农产品网络平台对接会暨烟台大樱桃微商高峰论坛，组织20家企业和合作社参加2016中国品牌大会暨烟台第三届农产品产销对接会议。组织17家企业、合作社、种植大户参加潍坊举办的全省农产品电子商务培训班，为全市农村电子商务的发展培育载体。

【粮油生产】 全市小麦3.76万亩，小麦宽幅精播面积达到2万亩，平均亩产411.2公斤。玉米面积15.6万亩，平均亩产485.6公斤。花生面积15.2万亩，平均亩产265.2公斤。

【规模化生物天然气工程试点建设】 规模化生物天然气工程总投资9506万元，争取中央财政资金5000万元。2016年末，已完成投入9475万元，粪污预处理系统、沼气制备系统和沼气提纯压缩系统土建完工，沼气制备和提纯压缩设备完成采购、安装和调试。

【农业技术推广】 设立村级农技综合服务站点65处，配备农民技术员118名，36个省定扶贫重点村培养科技示范户65户、村级农民技术员60名。承担中国农科院植保所、山东省农药研究所、江苏农药研究所、山东省农药检定所、山东省农科院等科研院所的60多个试验示范项目，引进推广新品种19个，安排新技术试验示范10项、新技术推广16项。举办各类培训班、进行现场技术指导516次，培训农民2.07万人次，培养科技示范户720个，培训技术指导员72名，发放科技明白纸8万多张、技术明白纸5万份。培育新型职业农民200名。

【“农产品质量安全进万家”活动】 印发农产品质量安全明白纸5万张，禁限用农药名录2000张，韭菜生产及病虫害防治和生产技术规程2000份，做到全市所有的行政村全部张贴禁限用农药名录；所有的韭菜种植户都持有韭菜生产及病虫害防治和生产技术规程。

【强追溯体系建设】 完成山东省农产品质量安全示范县建设项目，县级监管平台、10个生产基地检测室、112个农资示范店的设备已安装到位，并投入运行。200盏杀虫灯安装完毕。对112个农资店、10个生产基地及各镇街农产品质量安全监管员，就农产品质量安全监管平台的使用操作、速测仪的使用等进行全面培训。

【惠农项目】 共争取到上级惠农项目11个，争取烟台市级以上财政扶持补贴资金1485万元。完成农业综合开发区域生态循环农业、山东省一二三产业融合发展试点、耕地质量提升农药残留治理等三个申报项目，其中，农业综合开发区域生态循环农业项目计划争取中央财政资金1000万元，山东省财政资金400万元。山东省一二三产业融合发展试点项目计划争取山东省财政资金200万元。

【种子市场执法】 出动执法人员215人次，检查种子经营业户和流动摊点73家，涉及玉米品种30多个，代表数量4万余公斤，有效地维护种子经营秩序。

果　业

【苹果产业转型升级】 继续实施山东省现代农业生产发展资金苹果产业项目、山东省农业重大应用技术创新课题——苹果矮砧集约高效栽培试验示范项目和烟台市苹果产业提质升级项目，发展苹果矮砧集约栽培示范园265亩、生态循环农业示范园265亩，建立苹果苗木繁育基地3处、精品苹果生产示范园2处、物联网系统应用技术示范园2处、节本增效省力化栽培示范园2处。开展苹果矮砧密植集约栽培技术推广项目2处，共209亩，辐射带动发展2200亩。示范推广矮砧集约栽培模式8000亩，节本增效省力化栽培模式8000亩。

【果业科技创新】 加快果业新品种、新技术的研发和推广力度，推进果业科技创新体系，不断加强农业技术推广普及。“‘烟富7’苹果新品种选育及配套技术研究与推广项目”获得2016年山东省农牧渔业丰收奖（成果奖）三等奖。“晚熟红富士新品种选育”项目通过烟台市科技局组织的验收。选育的新品种“元富红”苹果正报请山东省农业厅进行品种审定工作。

【果蔬生产专项整治】 承担省厅和烟台市166批次果蔬抽检，合格率100%；蓬莱市自行抽检66批次，合格率100%。在全市范围内开展为期一个月的果袋市场专项整治行动，有效防止药袋使用的反弹。

畜牧业

【概况】 2016年，蓬莱市列入全国首批4个布病综合防控试点之一，获得“山东省高效特色畜牧业示范县”称号，争取到省级财政资金500万元；成功争创全国畜牧技术推广示范站，是全省首批

7个争创成功的单位之一；山东民和牧业现代肉鸡产业示范园被认定为首批20家“山东省现代畜牧业产业示范园”之一；民和牧业生物安全隔离区顺利通过农业部验收，成为全国首批创建成功的2个县域之一。

【畜牧生产】 2016年，全市家禽、生猪、牛、羊出栏量分别为4000万只、44万头、0.73万头和3.5万只，同比增长14.3%、2.3%、4.3%和9.4%；肉蛋奶总产量13.46万吨，增长11.88%，其中肉类产量8.60万吨、蛋类产量3.1万吨、奶类产量1.75万吨，分别增长16.07%、6.78%和2.38%；实现畜牧业产值16亿元，同比增长6.7%。

【无疫区规范建设】 共集中免疫禽流感674.9万羽，猪口蹄疫、猪瘟、高致病性猪蓝耳病各40.4万头，牛0.85万头，羊7.5万只，免疫率100%；共监测猪O型口蹄疫1326头份；牛羊亚I型口蹄疫926头份；奶牛A型口蹄疫194头份；猪瘟416头份；新城疫636羽份；禽流感3326羽份；小反刍兽疫抗体349头份。免疫抗体监测合格率达到80%以上。实施集中消毒灭源3次，发放各类消毒药品15吨，对全市所有的村庄、街道、饲养户等活动场所集中开展消毒灭源，消毒总面积达到600万平方米。

【畜牧业转型升级】 2016年，全市畜牧业规模化、标准化养殖比重逐步上升，分别达到93%和83%。共新建及改扩建畜禽标准化养殖场50个，淘汰中小规模畜禽养殖场41个；全市肉鸡多层笼养比例上升了7个百分点，达到48%；生猪标准化养殖比例上升6个百分点，达到77%，全市畜牧业现代化、标准化、生态化水平进一步提升，品种结构、产品结构以及产业结构进一步得到优化。

【畜产品安全网格化管理】 健全市、镇、村三级网格化监管网络，形成全过程监管体系，重点加强“最后一公里”的监管，切实保障畜产品安全。全力推进生猪定点屠宰管理工作，启动“扫雷行动”，关停生猪屠宰点20处，大型生猪机械化屠宰厂正式投产运营；与市公安局、市市场监督管理局成立联合执法队伍，重点打击生猪私屠滥宰违法行为。

【畜牧技术推广】 组织开展技术培训15场次，培训养殖业户1200余人次；开展上门推广9300余户次，解决生产实际问题1200余个，为养殖户挽回损失1000余万元。

【病死畜禽无害化处理体系建设】 编制《蓬莱市病死畜禽无害化处理体系建设实施方案》，全面推进病死畜禽无害化处理体系建设，确保病死畜禽集中无害化处理。2016年，病死畜禽无害化处理厂主车间竣工，正在进行设施设备安装调试。

【畜牧生产监管】 共查处各类畜牧兽医违法案件8起，补检动物115头（只）、动物产品74公斤。完善以监促检、以监促防机制，建立产地检疫申报制度、官方兽医派驻制度、生产环节监管制度和烟台市外动物及产品准调制度，在全市设立9处产地检疫申报点，配备高压消毒设备，对所有调入、调出的动物和车辆进行严格消毒，确保运输安全。

【生猪政策性保险】 启动生猪政策性保险推广工作，由安华农业保险、人保财险形成共保体，向全市达标生猪规模养殖场推出保险业务。全市已投保能繁母猪1000余头、育肥猪2万余头，已完成查勘理赔300余头，为农户挽回损失2万余元。

【良种补贴】 深入开展生猪、奶牛、肉牛良种补贴工作，共补贴生猪精液2万余剂，免费发放奶牛冻精细管500余剂、乳肉兼用牛冻精细管3000余剂，节约农民购置良种投入30万元，为农民增收500万元。

林 业

【概况】 2016年，市林业局积极开展造林绿化工作，加强森林资源保护，获得全国绿化委员会授予的“全国绿化模范县”称号。

【造林绿化】 共完成造林9045亩。其中，城郊森林2788亩，景观通道4053亩，水源地绿化2204亩。完成石门张家林场、石门曲家林场等8处生态林场建设任务，总面积1.18万亩，完成国有艾山林场、村里集镇大道刘家林场等7个生态林场森林抚育1.7万亩，完成新育苗1100亩。积极开展全民义务植树活动，先后在紫荆山街道司家庄村南山和村里集镇大柱山北坡建立2个义务植树基地，参加义务植树1万余人，栽植黑松、黄栌、五角枫等苗木5.4万株。

【森林防火】 新招20人县级森林消防专业队员，组成森林消防五中队，县级森林消防专业队员达到70人。文旅集团招聘专业森林消防队员30人，组成艾山林场中队，由艾山林场统一管理。各镇街都成立半专业森林消防队伍；推进以路网水网为重点的基础设施建设。新建蓄水池24个，修建防火通道50公里，全市蓄水池达到114个，防火通道达到480公里；加强以水灭火装备为重点的物资储备建设。购置小型森林消防水罐车1辆，大型水罐车5辆，背负式高压水泵20组，高扬程水泵远程供水系统7组；加强防火演练，完善扑救预案。对《蓬莱市森林火灾扑救预案》进行修订完善，编制印刷《蓬莱市森林防火应急预案操作手册》，艾崮山系、雨山山系、巨山山系等26个重点山系制定“一山、一图、一案”。全年组织森林防火培训2次，应急演练1次；通过广播、电视、报纸、网络等新闻媒体，短信、微信、微博等媒介，宣传车、宣传横幅、宣传牌和标语、警示牌、灯杆旗、宣传纸等方式，全面提高森林防火意识。

【林业有害生物防控】 完成山东省林业有害生物普查内业整理任务。开展林业有害生物监测预报，设立各级测报点、监测点17个，全面、及时、准确地掌握各病虫发生发展动态，及时发布病虫情预报；共施调运检疫木材1.4万方，核发调运检疫证303份，开具检疫要求书23份，产地检疫苗圃2100亩。

【林政资源管理】 全年办理林木采伐许可证180份，批伐林木2390.54立方米。办理省内木材运输证353份，调运木材1.41万方。完成华能大柳行风电二期项目、中电蓬莱柳格庄光伏电站项目使用林地审批。完成权力利清单及林业行政审批制度改革工作，全市18.45万亩公益林全部纳入森林保险之内。

【林业行政执法】 加大涉林案件查处力度，开展打击非法野外用火和乱捕滥猎野生动物专项行动、森林资源管理年专项行动，共出动警力260余次，处理林业案件14起，其中，滥伐树木案件5起，毁坏树木案件6起，非法占用林地案件2起，擅自野外用火案件1起。当场制止野外用火行为20余起，严厉打击破坏森林资源的不法分子。

农业机械

【概况】 2016年，市农机局在市委、市政府的正确领导和上级业务部门的指导下，主动适应农机化发展新常态要求，不断创新工作方式，开创了良好的工作格局。全市农机总值4.65亿元，比上年增长12.5%；农机总动力79.7万千瓦，比上年增长1.76%；大中型拖拉机1562台，联合收割机390台，分别增长6.2%、4.2%；耕种收综合机械化水平达到96%，比上年增长2%。

【农机购置补贴】 2016年，争取农机购置补贴资金730万元，其中国家补贴资金700万元，市级补贴资金30万元。完成农机具购置补贴4120台（套），受益农户3780户，直接带动农民投入资金2460多万元，全市新增农机动力1.2万千瓦。

【林果生产机械化】 把加快以苹果、葡萄为重点的果业机械化作为“转方式、调结构”的突破口，狠抓苹果、葡萄生产机械的研发、推广。积极联系有关生产厂家，对葡萄打药、深施肥、剪枝、开沟培土等环节的机械进行研制、引进、示范推广；充分利用农机补贴政策，推广适宜果园作业的微灌、滴灌设备，实现水肥一体化，提高作业效率；实施农机化创新示范项目。全年共承担实施省市农机创新示范项目2个，建设葡萄机械化示范区6个，矮砧苹果示范基地4个。2016年，共举办6次林果机械化现场演示会，全市新增适用于果业生产的机具0.89万台（套），惠及果农0.77万户。

【农机合作社】 2016年，市农机局采取优先补贴机具、优先安排项目、优先技术指导等措施发展壮大农机合作组织，新建农机专业合作社3家，全市农机合作社总量达到43家，年经营总收入2938万元。

【农机安全生产】 开展送农机安全知识下乡活动，农机监理人员深入乡村、农户，免费发放农机安全宣传资料5000余份，出动宣传车30多辆次，悬挂宣传标语80多条。建立以市农机局为主体，以农机专业合作社和农机维修网点为工作对象的农机安全生产网络实名制管理体系。定期对全市66家农机维修网点、43家农机合作社进行安全隐患排查。在重要农时季节，及时做好生产前的安全培训、检查，生产期间的安全监督及生产后的机具保养维护指导。

【农机生产服务】 充分发挥农业机械在农业生产中的作用，确保农业生产顺利进行，市农机局扎实做好农机生产服务工作。在春耕、三夏、三秋重要农时季，成立了农机生产工作领导小组，制定实施方案、应急预案，统一指挥调度春耕春播及三夏生产；组织农机技术人员，深入农机作业第一线，全力开展好机械抢修、检修、农机技术指导等各项服务，共检修、调试机械1.8万台（套），确保了上阵作业机械状态良好；农机服务小组，深入全市主要作业镇街进行服务协调工作，合理组织调度机械抢收抢种，确保机械合理流动。

【农机推广】 2016年，市农机局加快农机推广，全面落实强农惠农政策，农机推广工作呈现出“三个突破”：林果生产机械化水平有突破。组织开展“林果生产机械”推广演示活动，提高农民对新型农机具的认知度，提高林果生产工作效率，减轻劳动强度；大田植保机械化水平有突破。11月下旬，利和祥农机合作社率先引进使用无人植保飞机喷洒农药，植保面积达960余亩，实现大田飞机植保“零”的突破；玉米全程机械化新技术有突破。在利和祥农机合作社建立了300亩连片的玉米全程机械化生产示范基地，组织玉米联合收割机开展跨区作业，新推广玉米收获机6台。

【农机从业人员培训】 结合农机补贴项目、农机安全生产、农机职业技能鉴定等工作，积极深入开展农机化新技术培训工作。全年举办拖拉机驾驶员培训、新型职业农民“农机合作带头人培训班”、田园管理机操作手培训班及农机安全知识培训班，培训各类农机技术人员2600余人。

水 利

【概况】 2016年，市水务局实施水库加固、节水灌溉、饮水安全等各类水利项目19个，总投资达1.5亿元，其中上级政策资金9528万元；当年完成项目总投资1.3亿元；争取上级政策资金到位6456万元。

【第二批小农水重点县项目建设】 投资6089万元，建成高效节水灌溉面积5.2万亩，惠及37个村、2.84万人，完成第二批小农水重点县项目三年建设任务，以全省第七名的成绩取得第三轮小农水重点县项目建设资格，争取中央和省级财政补助6900万元，计划2017—2019年，发展高效节水灌溉面积5.43万亩。

南王街道平山水库除险加固工程

【中小型水库除险加固】 投资2250万元，按期完成平山水库除险加固一期工程建设。投资1500万元启动平山二期工程建设，年内完成工程量的50%。争取中央资金620万元，完成5座小型水库除险加固工程并通过蓄水验收，工程建设质量标准位居全省前列。

【农村饮水安全工程】 争取到2016年度省级农村饮水安全巩固提升项目，工程总投资2023万元，其中烟台市级以上补助1200万元，惠及68个村、4.9万多人，12月底完工。争取省级贫困村饮水项目资金90万元，为7个贫困村解决饮水不安全问题。争取2016年农村饮水专项资金142万元，为141个村安装农村饮水消毒设施。

【南水北调二期工程】 2016年，引调黄河水482万方，完成域内调水1100万方。投资96万元，对因二期管道工程施工造成破损的王太沟至沙沟河段进行河堤浆砌。完成二期工程机组试运行和通水验收工作，成为全省仅有的两个提前完成工程验收的县市，获得全省通报表扬。12月4日，针对全市严峻的供水形势，争取到0.6方/秒的调水指标（为烟台地区内调水流量最大县市），再次顺利启动客水引调工作，每天可引调水5～6万方，共计调引1000万方客水资源。

【城区供水】 筹资250万元，完成市体育中心供水管路、湾子口工业园管路铺设及蓬莱阁西至民港八号码头长岛输水管线配套工程建设，铺设供水管路2100米。7月1日起，阶梯水价制度启动实施。安装"一户一表"4690户，实施户表改造134户。

【水土保持综合治理】 指导镇街投资961万元，治理水土流失面积12平方公里，新建水平梯田2000亩、种草200亩、水保林1.57万亩、谷坊72座、拦河闸10座、环山路38公里。

【水资源管理】 制定并下达2016年度用水计划，用水总量6950万方；积极开展地下水超采综合整治，压采地下水井10眼，压减地下水18万立方米。加强水功能区水质监测工作，列入省考核水功能区达标率100%，列入市考核水功能区达标率90%以上。2016年获得"山东省水资源管理规范化建设试点市"称号。

【水库移民扶持工作】 投资1110万元，完成道路硬化、饮水安全、河堤浆砌等移民后期扶持项目25个，正在实施33个，惠及村庄50个。做好移民后扶资金发放工作，2016年发放大中型水库移民直补资金425万元。

海洋与渔业

【概况】 2016年，全市海水养殖企业273家，养殖用海总面积7200公顷，认定无公害水产品产地19处，认定面积2161.3公顷，认证无公害水产品36个，认证产量17.05万吨；远洋渔船31艘，其中秋刀鱼兼鱿钓渔船14艘、鱿钓渔船6艘、金枪鱼钓渔船5艘、定置网船6艘。全年共实现水产品总产量34.2万吨，远洋捕捞总产量3.6万吨，海洋渔业总产值106.8亿元。

【蓝色经济发展】 申报获批蓬莱西海岸振蓬文娱中心项目；完成安邦油港码头及防波堤项目变更工作，涉及用海面积2.93公顷；积极为宝塔LNG项目服务，多次与海大及宝塔集团沟通，并进行现场勘测；为北沟污水处理厂排污用海做好前期工作，与海大沟通项目位置，与中科院海岸带所沟通排污区规划事宜；积极为中兴电力项目取排水用海项目服务，与海大沟通项目位置，并提出建设性意见。变更海域使用权证书28本，涉及变更用海面积1747.89公顷；收取海域使用金324.68万元；为31宗用海项目办理17项抵押贷款登记，涉及评估金额4.25亿元，抵押金额1.4亿元。

【“海上粮仓”建设】 6月6日，在中心渔港举行“2016烟台·蓬莱海洋增殖放流活动”，放流海蜇、牙鲆、黄盖鲽、梭子蟹、黑鲪、川鲽、六线鱼7个品种苗种5890.06万单位，超计划69.7%。大力发展远洋渔业，指导京鲁、北京远洋开展西南大西洋鱿鱼钓、南太金枪鱼钓、缅甸专属经济区定置网作业等远洋渔业项目，完成远洋渔业总产量3.6万吨。渔技推广工作继续保持全省领先，获得补助资金55万元，遴选推荐2个主导品种、3项主推技术，培育科技示范基地2个，科技示范户300户，示范面积1.5万亩。新建“渔业通”远程在线监控客户端9处，全市共建成13处“渔业通”远程在线监控客户端，“渔业通”县级平台系统标注渔场258个。积极参与3个国家级水产原（良）种场管理服务工作，开展多刺刺参苗种选育、海湾扇贝新品种开发、应用生物絮团开展南美白对虾工厂化高密度养殖等项目研究，加快建立产学研相结合、育繁推一体化的现代渔业种业发展新机制。

【海洋生态建设】 开展山东省渤海海洋生态修复及能力建设项目。海侧护岸项目、保护区能力建设项目、公益宣传教育项目、近海生物种群恢复项目、监测站能力建设项目均已完成。加强县级海域动态监管能力建设，该项目计算机工作站建设完成，应急监测车等到位并投入使用。对西海岸区域用海进行动态监管。加强海洋环境监测，分别开展近岸趋势性监测、陆源入海排污口监测、西海岸文化旅游产业区以及岸线修复跟踪监测、蓬莱阁滨海旅游度假区监测、蓬莱海水浴场监测等工作。

【水产品质量监管】 制定2016年蓬莱市海参苗种产地准出实施方案，与农业部渔业渔政管理局合作开展农业部水产品质量安全追溯试点建设项目。编制2016年蓬莱市水产品质量安全监管工作方案、2016年蓬莱市县级水产品质量安全风险监测计划，组织开展海参苗种质量安全专项整治行动、“三鱼两药”专项整治行动，对全市19个无公害水产品产地进行专项检查。完成农业部水产品监督抽查任务3个、省水产苗种监督抽查任务14个、省捕捞水产品风险监测任务15个、山东省监督抽检14个、烟台市监督抽检9个、烟台市海参苗种风险监测任务40个。

【安全生产监管】 制定局领导班子安全生产“一岗双责”责任制及包镇街督查管理规定。督促沿海镇（街）与各渔村、渔养单位、渔港码头、渔船业主签订安全生产责任书107份，签订安全生产承诺书910份；开展安全生产隐患大排查执法59次，查处并整改隐患28处；充实海上渔业安全救助力量，救助船达到30艘；举办渔民安全生产知识培训班6次，发放宣传材料1100余份；开展2次海洋渔业消防救生、应急救援演练活动。共检验渔船910艘，换发证书581套，办理渔船过户、更新改造12艘。完成渔港普查工作，将13处渔港及停泊点信息全部录入山东省海洋与渔业执法指挥系统。利用“平安渔业”项目，投入资金10万元为中心渔港、栾家口渔港、西山避风港、湾子口渔港配备手抬式消防水泵16个；投入20万元为西山避风港、栾家口港、湾子口渔港建造消防房等安全设施。

【海洋综合执法管理】 出动宣传车进行宣传，发放《致全省渔工渔民的一封信》，张贴标语180余张，通告50余份；在新闻媒体发布休渔通告，逐船落实渔船实际停泊情况和具体位置，核查外地坞修渔船实际情况，确保全市708艘应休渔船全部在港休渔。加强海上执法检查，累计出海164航次，航程5281海里，出动执法人员2157人次，查处违规渔船8艘。与公安边防、市场监管局等联合组织大检查5次，出动执法人员55人次，没收幼鲅鱼100余斤。每周核查一次远洋渔船船位，与全市114艘60马力以上具备涉外作业能力渔船签订责任状，确保不发生涉外违规事件。配合第五支队、第三支队、烟台市支队、蓬莱市边防大队等组织外省定置作业渔船联合大检查活动5次，海上检查12航次，航程340余海里，对渔民反应的重点海域进行拉网式巡查。成立“三无”船舶排查小组，对沿海镇街海岸线进行拉网式排查，对发现的涉嫌“三无”船舶逐船核查渔船信息，对确认的“三无”船舶进行登记造册，共检查各类停泊点48处，排查出“三无”船舶401艘，其中涉渔船287艘。组织跨部门、跨区域的联合执法，查获并收缴地笼350余组。开展常规性岸线巡查36次，行程1200多公里；对全市已完工项目和正在施工项目进行海域动态监察，对批复用途、位置和面积进行现场监测，共检查项目7个、23次；以“海盾”“碧海”专项行动为抓手，加强海砂管理、海洋倾废执法检查、常态化海岛执法，以及溢油巡查。

农业高新技术

【概况】 2016年，农高区落户企业48家，其中，省级以上龙头企业3个，高新技术企业3个。科技创业服务中心通过山东省科技厅的审查认定，入选“烟台市首批众创空间”5家，建成烟台市首家“山东省创新驱动助力工程示范区”。

【双招双引】 重点围绕现代农业、生物科技、农产品深加工、商贸物流及旅游休闲产业，着力引进投资强度大、科技含量高、辐射带动能力强的大项目。先后赴北京、上海、天津、南京等主要相关城市开展招商活动12批次，请进来15批次，对接企业和项目35个，寻求有价值信息15个。蓬莱麦卡斯通乡村旅游、尘外城旅游公司仙暇谷和烟台乐享人生农业科技乡村旅游3个项目已签订协议书。筛选有发展潜能的本地企业入驻孵化器，先后引进烟台众兴电气、御宴食品、新丰农业科技、恒晨网络科技有限公司、认知葡萄与葡萄酒等10个项目。

积极开展“院所行”活动，拜访中国农科院、上海交大、浙江大学、南京大学等高校院所，围绕产学研合作开展洽谈，并与7所高校院所初步达成合作意向。引进南京“321”领军型科技创业人才1名；中国农科院农产品加工所来蓬考察，探讨在蓬设立农产品加工研究院。

【产学研合作】 调研32家重点企业，建立“高校科技成果库”“企业需求库”，为企业与高校牵线搭桥。引进10多名相关领域专家、教授来企参观洽谈并开展合作。组织多家骨干企业，参加省内外科技成果、专业技术洽谈会，为企业与人才对接搭建平台。发挥烟台农高科技成果转化中心作用，先后与12家高校院所进行对接，搜集各类科技成果500多项，在园区门户网站不定期发布，推广科技成果。

【科创中心建设】 制定出台《农高区管委关于推进蓬莱市科技创业服务中心创新创业的意见》《蓬莱市科技创业服务中心企业入驻管理办法》《农高区管委关于设立项目评审委员会的通知》《蓬莱市科技创业服务中心工作制度》等一系列规章制度。加快配套设施建设，完善孵化场地、网络中心、多功能会议室、商务洽谈室、职工餐厅等配套设施建设及配套服务体系建设，为入孵企业营造更加舒适的孵化环境。定期开展调查研究，及时了解在孵企业需求。针对在孵企业的不同发展阶段，采取分期引导的服务模式。先后与中国农业大学、中国农科院、山东农科院等高校院所建立合作关系，为企业提供技术指导。与市人社局、市科技局、市经信局做好对接，吃透政策，尽力争取政策和资金扶持，做好入孵企业培育。同时，严控准入标准，重视入孵项目的科技含量与发展潜力，多方遴选具有前瞻性、成长性、带动性的源头企业入驻发展，努力打造高品质的创业企业孵化基地、创新人才培养基地。烟台京蓬仪器科研、烟台三生生物科技、烟台凤凰种业等42家科技型企业先后入驻，累计获得国家专利29项。创业中心已被认定为烟台市创业孵化示范基地、山东省科技企业孵化器、山东省众创空间等。

【企业服务工作】 组织园区企业参加由科技部《中国农村科技》杂志社主办的首届“中国十大果酒”评选活动，其中两家企业产品获得金果奖，一家获得优秀推荐奖。邀请中国果酒产业科技创新战略联盟组织多家媒体和专家团队对获奖企业进行走访调研，召开媒企座谈会，专家对园区果酒产业的发展提出合理化的建议。组织裕龙酒业、星宇食品公司赴中华供销合作总社济南果品研究院进行技术探讨，初步达成院企技术合作协议。积极与市联企办公室做好沟通对接，按时上报相关材料。帮助企业联系高校院所开发新产品，为企业解决发展中遇到的困难。开展科技项目申报工作，为烟台市京蓬仪器科研有限公司申报省重点研发计划“基于无线网络技术的农产品安全检测数据快速采集平台”、为凤凰种业申报烟台计划“中日照物候区洋葱新品种‘胶东白雪’选育及推广”等科技项目。

蓬莱市科技创业服务中心

【园区规划】 调整完善“四园一带一中心”总体规划，整体布局为葡萄与葡萄酒产业园、农产品加工产业园、生物科技产业园、农业种质资源产业园、休闲农业旅游带、科技创业服务中心。启动生物科技产业园的规划及调整土地利用规划工作，与市国土局对接协调，初步调整土地利用规划180亩，用于农高区引进项目的入驻。

艾山自然保护

【概况】 2016年，艾山保护区管理处紧紧围绕森林防火、资源保护等中心工作，认真履行部门职责，不断加强队伍建设，较好地完成艾山自然保护区的各项工作任务。

【森林防火】 加大防火宣传力度，营造浓厚的护林防火氛围。在沿用以往防火宣传有益做法的基础上，要求护林员统一着装，走村入户宣传；在林区周边新刷宣传标语20余处，在林区醒目位置新增防火宣传牌30余个，悬置防火宣传旗帜和横幅80余面，累计出动宣传车30余次，白天在进山门口不间断滚动播放《蓬莱市人民政府禁火令》600小时。加大检查力度，设立1个定点烟火检查点，划定16个责任区，安排2～3名流动检查人员，对进山游客和施工人员进行定点检查和流动巡查，坚决杜绝带火种进山。利用自然保护区瞭望台、120倍光学变焦望远镜、对讲机、GPS定位仪等现代科技手段，全方位、24小时对全区进行严密监测和巡护，出现火警迅速反应、快速处置。完善森林防火物资储备库，配备大量防火器具。严格落实领导带班、工作人员24小时值班制度，清明节、“五一”国际劳动节、中元节、“十一”国庆节、十月朝等敏感时期，管理处班子成员、全体工作人员、护林员全员上岗值班，督导和指挥护林防火工作。

【森林病虫害检测与防治】 坚持“预防为主，综合治理”的方针，坚持实施生物化学防治与人工清除综合防治技术相结合，确保有虫不成灾，有效地保护森林植被。5月初，组织人员加强对松材线虫、美国白蛾病虫害的检测工作，出动检测人员60余人次，安装并启用34台太阳能多波段频振式灭虫灯。6月，组织职工采用高枝剪进行人工摘除虫蛾网幕4000多个，作业面积达1800余亩。7月，投放啮小蜂蛹3000枚。8月、9月，对二代美国白蛾进行有效防治，实现第一代、第二代防治率100%。

【防火基础设施建设】 加大防火基础设施投入，先后在艾山林区东大流、西大流防火隔离带上埋设高位储水罐16处，其中容量10吨的5处，容量20吨的11处，基本形成较为完善的“以水灭火”系统。新购置消防水带1000米，大马力高压水泵机组2台，专业森林消防服20套。通过文旅集团采购森林消防运兵车1辆，大小水罐车2辆。新修东部防火隔离带600余米，清除杂草灌木。对兵器厂北部和西大流的护林看护房进行了维修改造，保证防火道畅通无阻，看护无死角。

【国有林场改革及护林防火现场观摩会】 10月13日，烟台市林业局组织的国有林场改革及护林防火现场观摩会在艾山林场举行，烟台部分县（市、区）分管领导及12个国有林场负责人参观了艾山防火物资储备库和“以水灭火工程”现场。与会人员对艾山保护区在护林防火基础设施建设和队伍建设方面所做的工作给予高度评价，并表示要学习借鉴“以水灭火”的理念，开展防火高位蓄水池建设，提高防火储备库的运转能力。

【综合管护】 采取GPS定位系统和GIS地理信息系统相结合、实地检查和随机抽查相结合，对调整后的区内资源情况进行详细调查。联合市环保局、市住建局、市国土局、市林业局、市水务局、市度假区管委、市农业局、市畜牧局等及村里集镇、小门家镇进行专项检查。检查重点为自然保护区内开展的采矿、探矿、房地产、水（风）电开发、开垦、挖沙采石、侵占林地、盗采盗伐，以及核心区、缓冲区内的旅游开发建设和工业项目等其他破坏资源和环境的活动，对检查的数据进行翔实的记录备案，并根据相关要求上报整改措施，为保护区管护能力走上科学化铺平了道路。其后，及时更新了界碑界桩、标志标识，先后在艾山旅游快速路东侧新设立界碑1处，保护区缓冲区和核心区入口处新设立警示牌10块，在保护区界碑上布设保护区总体规划图4处。

GONGYE

工业

工业发展综述

【概况】 2016年，全市规模以上工业企业增加值增幅为8.96%，实现主营业务收入1527.9亿元、利润132.03亿元、利税148.6亿元，工业产销率99.8%，工业经济总体运行稳中有升。

【双招双引】 先后赴北京、上海、贵阳等地开展“双招双引”活动11次，拜访东北工业公司、山东省科学院、颐高集团等30多家企事业单位，邀请山东蓝色基金、北京首科等23家单位主要负责人来蓬考察洽谈。新引进总投资4604万元的烟台圣元工业机器人项目、总投资8000万元的汽车玻璃项目，总投资4亿元的烟台三环电镀园区项目等待评审，总投资6～8亿元的中科院节能中试基地项目正在对接洽谈中。

【中小微企业发展】 筹备成立中小微企业联合会，首届吸纳会员139名，走上抱团发展轨道。扩建办公场所3000平方米，入驻中介机构20家。组织17家企业申报烟台市“小升规”培育企业，12家企业申报山东省、烟台市“专精特新”中小企业。累计向25家企业发放建行助保金贷款1.6亿元，确保无延期还款现象。

【企业管理】 推动规模以上企业实施规范化公司制改制，已有隆和科技等20余家企业建立健全现代企业制度，基本具备对接资本市场条件，占年度计划的95%。组织企业参加省、烟台市管理培训，选派8名企业高管分5个批次参加企业领导人研修、智慧提升工程和省级中青年企业家学习，万寿机械和民和牧业2名企业家到德国参加培训。

【北奔闲置资产盘活】 投资方天津行天下已在郑州完成纯电动汽车轻卡样车试制，正等待两台轿车样车试制、检验评估及首批投资款到位，与瑞宝国际商讨共同出资入股北奔事宜。北京光电已与马来西亚方签订合作组装北奔重卡汽车协议，跟健平国际起草三方合同，争取尽早完成原北奔重卡生产线收购事宜。同时，加强与具备重卡生产资质的美国帕佩卡公司合作，支持广汽本田来蓬拓展重卡业务。跟进洽谈中国机械工业集团洛阳拖拉机出口基地项目，盘活原北奔配套企业闲置资产。

【项目建设】 烟台源洋家具被列入2016年重点建设项目、烟台市工业观摩项目。福特智能家具完成投入1660万元，占目标总数的55.3%。

【节能项目建设】 督促民和生物、华兴建材等4家企业落实所建设的5个节能环保产业项目责任，加强跟踪管理，促进节能环保产业健康发展。组织东海热电申报京津冀及重点地区污染治理工程，成功获批中央预算内投资870万元。组织蔚阳发电、华臻重工、民和牧业申报烟台循环经济及节能项目。组织康爱特、京鲁造船、万寿机械、蔚阳发电、康达水泥5家企业申报并获批山东省电力直接交易试点用户，年节省电力费用800余万元。

【工业转型升级】 作为市化转办牵头部门，完成全市化工企业“一县一册”调查摸底和材料上报，大力实施化工企业“打非治违”专项监察，开展“三评级一评价”节能降耗评级工作。积极与烟台化转办沟通对接，组织开展北沟化工新材料产业聚集区认定相关工作，于10月份成功获批烟台市级园区。

组织京鲁造船、蓬翔汽车技术改造项目申请省级财政贷款贴息、烟台市工业转型升级专项资金。组织巨涛重工2个项目、蓬莱海洋2个项目申报省级重大技术创新政策支持。组织嘉信染料申报省级创新转型示范企业、思为线材申报烟台市“一企一技术”研发中心，助推工业提质增效。

【信息产业】 推荐蓬翔、金创、超硬复合材料3家企业为两化融合管理体系贯标试点，通过省经信委审批。结合蓬莱产业发展实际，提出大力发展在线运营信息产业的建议，成立课题小组，向北京首科集团、数字小溪、蓝色基金、华唐集团等多家单位征求意见，并赴贵阳考察学习，确立发展思路，起草优惠政策，为壮大全市信息产业奠定基础。

【行业准入】 完成2家企业水泥行业准入年度自查报告的审核上报，协助现场考核3家企业水泥化验室资格证换证，完成沈蓬水泥2台磨机淘汰拆除的现场验收。指导拉菲、龙亭葡萄酒庄进行行业准入。组织3家企业参加烟台市2015年度黄金地质储量平衡审查会议。督促指导明福、洪兴、华琪等印染企业尽早实现达标准入。完成京蓬药业2个产品《农药生产批准证书》换证申请的审核上报。

【成品油和天然气经营企业专项整治】 在全市开展为期5个月的成品油经营企业专项整治行动，制定全市专项整治行动方案，调度各镇街对非法加油站点逐一摸底排查，与安监、市场监管、公安、消防等联合执法，取缔非法经营加油站点40处。加大天然气管道安全隐患排查力度，查处并整改隐患18处。严格民爆企业销售许可证换发申请审查，顺利通过省国防科工办审批。

【电力设施和电能保护集中整治】 在全市范围内开展为期3个月的电力设施和电能保护集中整治行动，追补漏计电量1.77万千瓦时，追补电费0.89万元；追补窃电电量0.8万千瓦时，追补正常和违约使用电费1.76万元；下发隐患通知书33张，累计清理树障144处，新装电力警示牌80余处；处理电力违法案件2起，电力纠纷2起，切实保障正常供用电秩序。

【工业企业房屋产权手续补办】 联合国土、住建等10部门下发文件，对已建成但由于历史原因未办理产权登记的工业企业房屋补办手续，为企业抵押融资创造基本条件。全市共有165家企业提出申请，涉及土地1.04万余亩，拟办房产面积186万余平方米，首批49家申报企业正按规定分组补办。

【安全生产】 年初与20家直接监管企业签订安全生产责任书，全面落实企业安全生产责任，认真做好对大辛店镇的督导工作。以“大快严”活动为抓手，开展安全生产检查178家次，督查乡镇38次，查处直接监管企业安全生产隐患78处，经复查已整改59处，查处所包镇街隐患114处，经复查已整改79处，进一步夯实安全生产工作基层基础。

化工新材料

【蓬莱嘉信染料化工股份有限公司】 成立于2010年，位于北沟镇港里村，占地面积180余亩，是集研发、生产、销售于一体的染料化工企业，系国家级高新技术企业。2014年1月8日，在上海股权托管交易中心挂牌（股票简称：嘉信染料，代码：100172）。

公司建有行业先进的染料生产线，年总产能1.3万吨，包括1.1万吨商品染料和0.2万吨中间体。公司以科技创新为企业核心竞争力，专注于新型染料的研发与服务。公司拥有自主知识产权的发明专利8项，其中“高耐碱分散染料”系列产品于2014年获得科技部“科技型中小企业创新项目奖”。公司自主研发的“涤/锦超细纤维毛巾、珊瑚绒开纤染色一浴法染整工艺”于2015年被列入第九批中国印染行业节能减排先进技术推荐目录。2016年10月19日，公司研制的“酸—碱性浴染色的黄色分散染料”获得中国专利优秀奖。

公司总资产达到4亿元，员工300余人，其中享受国务院特殊津贴的高级染料工程师1人，高级应用工程师6人，科技研发岗位30余人。2016年，完成染料生产4400吨，销售收入2亿元，税收640万元。

【蓬莱蔚阳新材料有限公司】 成立于2011年4月，位于北沟镇西城临港工业区蔚阳集团总部院内，是一家集生产、研发、销售于一体的高新技术企业。

公司成立“山东蔚阳防腐与助燃新材料研究院”，致力于新材料的发展与研发。公司建有一支高素质的人才队伍，专职科研人员20余人，大专以上学历人员30余人，占公司总人数的70%以上。公司与北京工业大学建立长期合作关系，签订《技术开发合同》，成立“产学研基地”“教学实践基地”和“联合培养研究生基地”。公司还与中国腐蚀与防护学会、中国工业防腐蚀技术协会建立长期合作关系，定期进行人才培训。累计培训防腐蚀工程师10余人，防腐蚀工20余人。

公司研发的ZY系列带锈重防腐涂料，改变了传统涂料类型单一的特点，首次将渗透型、转化型、稳定型三种特性结合到一起，产品在国内属于首例。ZY系列产品通过省级科技成果鉴定，填补了国内空白，整体达到国际先进水品，获得国家发明专利授权。公司相继通过ISO9001：2008质量管理体系认证、ISO14001环境管理体系认证及挪威船级社认证、GJB9001B/2009质量管理体系认证、国军标质量管理体系认证及军工保密资质认证，是国内首例通过挪威船级社替代品实验的产品。

【康爱特维迅（蓬莱）化学有限公司】 始建于1992年，时称蓬莱市精细化工研究所，设址于在南关路329号，从事医药、农药系列产品研发业务。1996年，改称康爱特维迅（蓬莱）化学有限公司。2001年，与德国康爱特化工控股有限公司共同出资兴建的集产品研究开发销售于一体的中外合资企业，更名为康爱特维迅（蓬莱）化学有限公司。2012年被认定为国家级高新技术企业，后迁址于北沟镇化工新材料产业聚集区。公司主要从事染料中间体和热压敏材料的研究开发、生产与销售，产品主要包括热敏传真纸、热敏记录仪用纸、热敏标签纸、医疗检测用纸及计算机终端打印用纸等。

公司注重产学研结合，与清华大学、南开大学、华东理工大学、大连理工大学及沈阳化工研究院建立多种形式的协作关系。公司引进德、日、美等国生产设备及分析仪器，聘请9位国内外资深管理、技术专家，研发领域进一步扩展。公司“2，4，6-三氯嘧啶”“2-氨基苯磺酰-N-甲基环己胺”等3个项目被列入国家火炬计划，其中“2-氨基苯磺酰-N-甲基环己胺”被列入国家重点火炬计划，“2-苯胺基-3-甲基-6-二正丁氨基荧烷”等两个产品被列入国家科技兴贸行动计划，一项产品被评为国家重点新产品。2016年，公司完成销售收入2.89亿元，实现税收1302万元。

【烟台安诺其精细化工有限公司】 成立于2013年12月24日，位于北沟镇化工新材料产业聚集区，占地面积240亩，总投资5亿元，是上海安诺其纺织化工股份有限公司的全资子公司，专业从事中高档分散染料的生产，是全球先进的分散染料生产基地之一。项目建设年产精细化工中间体3万吨项目，达产后年可实现销售收入12亿元，利税2亿元。

【山东京蓬生物药业股份有限公司】 始建于1989年，时称烟台市京蓬农药厂，设址于北沟镇镇南4公里处。1992年，该厂“30%桃小灵乳油”研制生产项目被列入山东省星火计划。1993年，与中国香港兴利公司合资成立蓬莱良友农药有限公司。1996年，改称山东省良友集团公司。1997年，企业改制为烟台市京蓬药业有限公司，是国家农药生产定点企业。1999年，该公司“2.5%扑虱蚜可湿性粉剂”研制被列为山东省星火计划项目；“6%蚜螨双杀乳油”产品开发被列为山东省科研计划项目。2000年3月20日，企业获省科委高新技术企业资格认定；5月改称山东京蓬生物药业股份有限公司。当年，与莱阳农学院联合开发“银果”杀虫剂，对防治蔬菜、果树的白粉病、灰霉病、腐烂病有特效。2001年，研制生产的“八仙”丰产素植物生长调节剂获山东省科技进步三等奖。2002年，该公司“人工模拟银杏杀菌剂”“36%霜脲·锰锌悬浮剂”两个项目被列入国家级星火计划；“快速检测农药残留的乙酰胆碱酯酶试剂盒”项目被列入国家创新基金计划。2003年4月，被科技部认定为国家火炬计划重点高新技术企业，成为国家农药生产定点企业之一。

公司先后与中国农业科学院、沈阳化工研究院、南开大学、山东大学、国家剂型中心、山东省农科院植保所、烟台大学、青岛农业大学等全国20多个大专院校、科研单位建立横向联系，聘请50多位专家、教授担任公司的技术顾问。公司投资500多万元，为检测中心配备气相色谱仪8台，引进美国一流的液相色谱仪4台。开发“京蓬”系列农药新产品30多个，有8项获得国家专利，12项填补国内空白。产品销往全国25个省（市、自治区），覆盖农作物近10亿亩。2016年，实现销售收入2500万元，完成税收80万元。

【蓬莱新光颜料化工有限公司】 建于1979年，时称蓬莱县化工厂，设址于沙河大李家村西。1997年，改制为蓬莱新光颜料化工有限公司。后迁址于北沟镇，占地187.5亩。公司是生产有机颜料、无机颜料的专业公司，生产设备先进，产品结构合理，有80多个品种，年产“仙桥”牌颜料2万吨，生产能力居全国同行业第三名，产品适用于涂料、油墨、塑胶制品、涂料印花浆等行业。产品内销遍及全国各大市场，及中国香港、中国台湾等地区，国内市场占有率在40%以上；

外销至美国、英国、韩国、西班牙、德国、印尼等十几个国家，出口销售额占总销售额的 50%。2016 年完成销售收入 15619 万元，实现税收 470 万元。

【烟台世缘橡胶有限公司】 成立于 2005 年 8 月 12 日，位于刘家沟镇工业园区工业东路，占地面积近 4 万平方米，主要生产高苯橡胶。公司前身为蓬莱市广大树脂有限公司，在橡胶材料生产领域已有 10 多年的历史。1992 年，开发的高苯乙烯橡胶填补国内空白。1994 年，被命名为高新技术企业。1999 年，被评为国家级新产品，该项目被省经委列为 2000 年高新技术产业化重点指导性机会项目。

公司争取青岛科技大学技术支持，采用自动化工艺生产，主要指标和物理性能达国际同类产品先进水平，可完全替代进口产品，可根据客户的不同需要生产不同牌号的高苯乙烯橡胶，年产量达到 1.5 万吨。2016 年实现产值 9000 万元，完成产品销售收入 8223 万元，利税 590 万元。

汽车工业

【山东蓬翔汽车有限公司】 始建于 1968 年，前身为一汽山东汽车改装厂。2008 年，由中国兵器工业东北工业集团有限公司、中国第一汽车集团公司、北京雷岩投资公司和公司经管层四方出资改制更名为山东蓬翔汽车有限责任公司。公司占地面积 48.6 万平方米，注册资本 2 亿元，资产总额近 16 亿元。

公司拥有 4 个专业厂和 30 多条国内先进的流水生产线，关键生产设备 850 多台，关键加工工序实现了数控和自动化。公司拥有国家级实验室、省级技术中心、省级技师工作站和兵器集团级技能大师工作室。公司有员工 1250 人，其中中高级职称 90 多人，技师、高级技师 70 多人，技术创新能力处国内领先地位。

公司产品结构为专用车、矿用车、车桥和自卸车液压系统。专用车有半挂车、自卸车、厢式车等 3 个系列 140 多个品种。矿用车有 45T、65T、75T、90T 等 4 个系列 20 余种产品。车桥产品有中重型卡车桥和宽体自卸车桥，中重型卡车桥产品种类从 7T 到 16T 覆盖了整个中重卡车产品系，宽体自卸车桥包含 25T、30T、35T、45T 等 4 个系列，可满足国内所有宽体自卸车的需求。液压系统可提供缸、泵、阀模块化供应，举升缸行程从 900 ~ 9100mm，基本满足国内自卸车产品设计要求。

公司坚持产品创新、产品领先战略。近两年取得了轻量化桥、矿用车桥、转向驱动桥、电驱桥、油气悬挂矿用车、清扫车、城市绿色渣土车等新的技术突破，开发了一系列适应市场的新产品，进一步推动企业实现转型升级。

公司 1997 年在全国同行业率先通过了 ISO9001 国际质量体系认证，2005 年通过了 TS16949 质量体系认证。连续多年跻身中国机械行业 500 强，2005 年“蓬翔”牌改装车被认定为“山东省名牌产品”。2007 年“蓬翔”牌驱动桥获得“中国名牌产品”称号。2009 年获得“高新技术企业”“省级技术中心”等称号。2016 年获得烟台市政府授予的“经济发展标兵企业”称号。

【蓬莱万寿机械有限公司】 成立于 2000 年 4 月

28日，位于经济开发区金创路58号，占地面积34万平方米，是一家集铸造、机械加工、成型焊接、总成装配为一体的中型民营企业。

公司拥有3条消失模生产线和一条V法生产线，拥有数控专业机床、加工、热处理等设备800余台和完善的监测及化验设备，具有完整的产品开发，生产制造，检验检测和市场营销体系。公司主要为一汽解放汽车有限公司、安徽安凯福田曙光汽车桥有限公司、方盛车桥柳州有限公司、陕西汉德车桥有限公司、福田、北方奔驰等主机厂供货。公司年产铸件12万吨，钢管整体式汽车驱动桥壳50万支，铸造桥壳20万支；平衡悬架件20万套，轮毂、制动鼓、差减壳等产品300多万套。2007年，公司开发了强制散热汽车制动鼓，获得国家发明专利和实用新型专利；2008年，获得山东省发明创业二等奖；2009年，公司获得“山东省科技型优秀企业”，产品获得“山东名牌”称号。自行研制开发的整体式汽车驱动桥壳、强制散热制动鼓通过省级鉴定。2010年，整体式驱动桥壳获省科技进步三等奖。2011年10月，被科技部评定为国家火炬计划重点高新技术企业。同年，“万机”商标荣获山东省著名商标。2012年，被山东省科技厅批准为“山东省省级工程技术研究中心”，被山东省经信委批准为“省级企业技术中心”，共获得授权国家专利24项。

公司产品远销北京、上海、天津、河北、辽宁、吉林、黑龙江、云南等多个省市。2016年，生产车桥11.5万根，完成销售收入20875.8万元，实现税收1045.8万元。

【烟台孚瑞克森汽车部件有限公司】 成立于2009年，位于经济开发区昆明路81号，占地面积21.16万平方米，是中国汽车工业协会制动委员会会员单位，中国汽车强制标准委员会起草单位，中国摩擦密封材料协会会员单位，中国汽车维修行业协会会员单位。公司主要生产盘式刹车片、鼓式刹车片、制动卡钳、分泵、电子驻车系统（EPB）、盘式制动器、鼓式制动器、汽车减速器、车桥等，可年产刹车蹄片300万套、制动器总成30万台（套）、减速器20万台、车桥15万支。

孚瑞克森主要为御捷汽车、长安奔奔等企业供应汽车配件，为孚瑞克森供应配件的下游企业包括常州高远化工、德州方元钢棉纤维、宁波合声、武城县金登、故城庆山等企业。公司通过TS16949，ISO14000体系认证，拥有6项实用专利。2016年，公司总资产3.93亿元，完成销售收入3673.72万元，实现税收256.16万元。

【烟台鲁新汽车零部件有限公司】 成立于2011年5月16日，位于经济开发区金创路18号，占地面积约140亩，为莱州亚通金属制品集团有限公司的全资子公司。公司主要从事设计、开发、制造、销售汽车零部件，主要产品为钢铁冷冲压制品。公司拥有先进的全自动机械冲压、液压冲床设备，为上海通用东岳汽车有限公司、上海通用（沈阳）北盛汽车有限公司和中国重型汽车集团有限公司配套生产汽车钣金冲压件。2015年8月份，开始给日本三井富士配套生产汽车冲压件。2016年，公司总资产1.07亿元，完成产品销售收入9309万元，实现税收671万元。

造船重工

【蓬莱中柏京鲁船业有限公司】 成立于2007年，位于北沟镇西城临港工业区迎宾路1号，占地1500亩，是一家以船舶制造为主营业务兼顾海洋工程分段制造的现代化船舶总装企业，是山东省最大的民营造船企业。

2012年，京鲁船业被农业部授予国内首家“远洋渔船建造与技术示范基地”。2014年，公司与中国台湾渔业协会合作，启动海峡两岸渔业合作交流示范基地项目，引进中国台湾高端渔船建造技术，生产出具有国际先进水平、高附加值、高技术含量的系列渔船。

2014年，投入3.5亿元，新建2个10万吨级泊位，对30万吨级船坞实施改造。2016年，交付船舶25艘，实现产值26亿元，利税1.33亿元，出口创汇1.6亿美元。

【斯瑞尔重工业（烟台）有限公司】 成立于2007年4月，位于经济开发区振兴路101号，占地面积18.36万平方米，系（株）韩国YANASE独资企业，公司投资总额2500万美元，注册资本金1000万美元。公司主要从事研究、开发、生产、销售港口新型机械设备、海洋石油平台及循环流化床锅炉加工，属于国家产业指导目录鼓励类项目。公司建筑面积4.5万平方米；其中：组装生产车间3.2万平方米，涂装车间5927.24平方米，办公大楼7218平方米。建设自用码头填海造地60亩，码头海岸线150米，水深5米，能容纳1万吨平板船靠岸。2016年，完成销售收入3749万元，实现税收430万元。

【蓬莱巨涛海洋工程重工有限公司】 成立于2006年5月，由中国海洋石油总公司、新加坡胜科集团、中国南山科技开发有限公司和西萨摩亚茂盛投资有限公司组建的大型合资企业，总投资2.2亿美元，注册资本4350万美元，占地面积950亩。公司建成长700米、水深－11米的自用码头，可以停靠包括空载30万吨级油轮在内的各类船舶；建设亚洲最大的5万吨级海工滑道1条，1.5万吨级、8000吨级和6000吨级海工滑道各1条，配备52万平方米作业区和10万平方米现代化厂房。主要从事海上石油和天然气钻井采油平台的设计、开发与建造，包括导管架和桩、组块、生活模块、浮式生产储油轮的上部模块以及港口机械和石油化工设备等。与中海油、澳洲ROC石油、美国Amclyde、荷兰Bluewater等国际知名公司建立合作伙伴关系。公司通过ISO9001（质量）、ISO14001（环境）、OHSAS18001（职业健康安全）体系认证，并通过挪威船级社认证，获得海洋石油工程专业承包一级资质，跻身海洋工程建造领域主流承包商行列，被列为山东省船舶工业振兴规划重点扶持企业。2016年，公司完成销售收入19.26亿元，实现税收1.12亿元。

【新和重工（蓬莱）有限公司】 成立于2006年2月，位于经济开发区南宁路1号，占地面积3.39万平方米，系韩国PRIME重工株式会社独资设立，投资总额498万美元，为世界上为数不多的能够制造现代化船舶相关配套设施的大型海洋重工企业。公司厂房面积1.4万平方米，其中一车间面积是3898平方米、高度8米；二车间面积是1.05万平方米、高度14米。行吊25吨的2个、20吨的2个、16吨的2个、10吨的1个、5吨的7个、3吨的8个。公司主要给韩国三星重工、烟台现代冰轮集团、日本JKC、韩国大宇重工、韩国SK等公司配套加工各种钢结构。产品国内主要销往山东省内和重庆，国外远销韩国、日本、印度等国家。2016年，公司总资产4142万元，完成销售收入4142万元，实现税收259万元。

生物医药

【蓬莱诺康药业有限公司】 始建于1984年8月，时称山东蓬莱制药厂，设址于南关路136号。初期与天津医药科研所、山东海洋学院合作，以刺参为原料，生产刺参粘多糖。1985年7月，从天津引进技术，生产的盖胃平片剂取得国家药品批准文号。2002年6月与沈阳赛诺科技发展有限公司合资组建蓬莱诺康药业有限公司。2009年，由北京远大生物科技有限公司、中国香港元生国际投资有限公司、沈阳赛诺元生物技术有限公司投资2.6亿元在经济开发区建设新厂区。新厂区设施先进、技术领先，生产车间和研发中心完全符合GMP规范要求，新上的洗焙灌联动系统是中国北方第一条具有国际领先水平的自动化药剂生产线。在血液、内分泌等治疗领域拥有多个优势产品。其中拳头产品巴曲亭（注射用矛头蝮蛇血凝酶）销量连年攀升，2009—2016年连续8年在止血药领域销量稳居首位，是中国止血药第一品牌。2014—2016年，巴曲亭被中国化学制药工业协会评为“化学制药行业血液及造血系统类优秀产品十大品牌”第一名，并于2015年纳入国家药典。

公司以产品创新为先导，先后与山东省医药工业研究所、山东大学、军事医学科学院毒物药物研究所等知名院校、行业领头企业建立合作关系。拥有核心技术发明专利5个，新药证书7个，参与起草制定国家药品标准14项，在研项目14项。公司获得“山东省高新技术企业”“福布斯中国潜力中小企业”“中国医疗健康产业最具成长企业”等称号。2016年，公司生产巴曲亭2125.7万支，销售2108.37万支；生产前列地尔注射液676万支，销售673万支，共完成销售收入6.4亿元，实现税收7898万元。

【山东北大高科华泰制药有限公司】 成立于1992年，位于海市路1号，是集新药研发、生产、销售于一体的现代化高新技术企业。公司产品包括抗生素类、心脑血管类、消化系统类、精神系统类、激素类、抗肿瘤类及其辅助治疗药物等领域的药物。主要产品有注射用复方二氯醋酸二异丙胺（尔祺）、克林霉素磷酸酯、注射用更昔洛韦、注射用藻酸双酯钠、注射用尿激酶、注射用三磷酸胞苷二钠、注射用氢溴酸高乌甲素、注射用萘普生钠等。小容量注射剂车间通过国家药监局GMP认证，原料药（尿激酶）通过山东省药监局GMP认证，公司获得“国家级高新技术企业”“烟台市科技进步一等奖”“烟台市重点企业”“烟台市科技型中小企业”“烟台市企业技术中心”“2014年度经济发展模范企业”等称号。2016年，公司完成产值5584万元，实现销售收入4917万元。

【瑞博生物制药（蓬莱）有限公司】 成立于2015年6月，位于北沟镇海润南路西，占地面积1.5万平方米，由北京大学分子医学研究所教授，博士生导师，国家千人计划学者，国家人类基因组北方研究中心教授梁子才担任董事长，国家医药管理局科学技术奖获奖者，科技部、国家重大专项、国家863项目研究员于中生担任总经理，是一家从事核苷单体、小核酸技术和小核酸制药产业的高科技生物制药公司。公司致力反义核酸及RNA干扰（siRNA）技术开发，是国内小核酸技术和小核酸制药产业的主要开拓者。

【蓬莱深奥生物科技研究所】 成立于2001年7月11日，位于刘家沟镇工业园文化路西5号，是一家集保健品和海洋生物系列产品研发、生产、销售于一体的多元化企业。

2012年，投资1000余万元建成1900多平方米GMP标准生产车间，车间空气洁净度达10万级，可生产胶囊、丸剂、片剂、粉剂、颗粒剂等多种剂型。公司通过GMP标准认证和中国食品卫生出口注册认证。新建现代化海参加工生产车间，拥有一条集宰杀、清洗、重金属、卤素分离、蒸煮为一体的海参加工流水线。并建造100多米长的参观走廊，供游客观看系列保健品与海参生产加工的全过程。深奥牌鲜刺参、冻干海参、淡干海参，被誉为“精品海参”，获得济南食品协会和消费者协会颁发的金奖。

公司先后开发生产的深奥牌修盛胶囊、深奥牌修利胶囊、深奥活力胶囊、青秀胶囊等产品，已覆盖全国并远销英国、以色列、罗马尼亚、俄罗斯、乌克兰等国家。公司还与英国中医药研究院、英国奥博生物股份有限公司、中国军事医药科学院、中国糖尿病防治工程组委会、清华大学、山东轻工业学院、山东省科学院、大连海洋生物科技研究所等国内外高校、科研机构联合研发，在一些影响人类健康和重大科技上取得了突破。2016年，公司实现产值500万元，销售收入485万元，利税27万元。

【烟台三生生物科技有限公司】 成立于2014年，位于烟台国家农业科技园区内，是一家专业生产生物环保型消毒剂的高科技民营企业。

公司创立伊始，秉持“科技兴企、绿色环保”的经营理念。建有一流的自动化生产线，投入200万元购入水处理设备、全自动理瓶机、灌装机、旋盖机、恒温培养箱等先进的生产、检测设备。三生研发团队由国内消毒领域享受国务院特殊津贴的资深专家教授组成，申请国家发明专利7项。在新型消毒剂的研发过程中，创造性地将6种中草药提取精华与7种海洋生物活素经科学配比及特殊的生物工艺聚合，成功研制了新一代生物型高效消毒剂。集协同、补充、整合、调节于一体，充分发挥杀菌功效，无残留、易分解，属实际无毒级产品，开创消毒剂领域安全环保新局面。

食品工业

【蓬莱汇洋食品有限公司】 成立于2001年10月，位于经济开发区哈尔滨路8号，占地面积24万平方米，由蓬莱京鲁渔业有限公司、日本岗食品株式会社、日本MAR株式会社合资兴建。

公司拥有现代化的水产品加工厂18座，冷库8座，冷藏能力6.8万吨，其中公用型保税仓库1

座，并拥有现代化的制冷机房5座。主要从事鱿鱼、鲐鱼、鲅鱼、马哈鱼、金枪鱼、虾蟹类等水产品以及调理食品的精深加工和出口，形成以原料类，冷冻类，沾粉类，调理类，生食类，鱼糜类，休闲类，其他类为核心的主营市场。产品出口日本、韩国、欧美、东南亚等10多个国家和地区，销往国内30多个省（市、自治区），公司与日本冈食品、八户、三井物产、农水、MAR、神港鱼类、YAMAYA、双日、新东京、SEVEN-ELEVEN、海神叉等大集团建立长期合作关系，与肯德基、棒约翰、必胜客、德克士、味千拉面等国内外著名餐饮连锁品牌建立长期合作关系。

公司注重科技创新，与中国水产科学研究院黄海水产研究所、中国海洋大学等国内知名院所建立产学研合作。公司拥有国家认定企业技术中心，以及烟台市鱿鱼捕捞与深加工工程技术研究中心。已经研发出新产品8大类，涉及煎、炸、蒸、煮、烤、微波、即食、干品等品种。公司注重水产品质量安全控制技术、生产设备，以及制冷技术的研发与改进。申请专利44项，授权30项，其中发明专利授权6项。

公司获得“全国农产品加工业示范基地”“国家标准化良好行为企业”“国家农产品加工企业技术创新机构”“国家级出口水产品标准化综合试验区”“全国食品工业优秀龙头食品企业”。“京鲁远洋”牌冷冻调理食品获得“中国名牌”称号。2016年，公司完成销售收入2.42亿元，实现税收1714万元。

【蓬莱民和食品有限公司】 成立于2000年5月，是国内肉种鸡养殖行业首家上市公司——山东民和牧业股份有限公司的全资子公司，集肉鸡养殖、屠宰、加工和销售为一体，年可生产鸡肉产品6万吨。

公司占地面积4万平方米，其中生产车间建筑面积1.2万平方米，附属设施建筑面积8000平方米。公司引进荷兰施托克公司的最新成套屠宰加工生产线，每小时可屠宰肉鸡1.2万只，从荷兰梅恩公司引进自动化分割设备，实现从挂鸡到出成品全过程自动化，避免交叉污染。同时公司引进日本、法国等其他配套设备，加工车间采用环氧树脂铺设地面，墙面臭氧灭菌处理生产空间，墙壁和顶棚全部采用不锈钢聚氨酯板组装，保证了车间的卫生环境和产品的完美品质。

公司在生产过程中严格实行HACCP体系管理，完善卫生安全保障体系。建有国际上先进的理化实验室、微生物检测室和病毒检测室，并配备先进的高效气相色谱仪和液相色谱仪，可进行多种理化检测、微生物检测及病毒检测，为产品的质量检验和卫生控制提供了可靠保障。公司通过ISO9001国际质量体系认证、ISO14001国际环境管理体系认证、OHSAS18001职业健康安全管理体系认证、GB/T22000食品安全管理体系认证、中国绿色食品认证。公司被认定为国家出口鸡肉标准化示范区，获得“全国食品工业优秀龙头企业”“中国国际农业博览会名牌产品”“中国放心食品品牌”“山东省著名商标”“山东名牌”“山东省清真行业十大品牌”等称号。产品畅销国内10几个省市区及港澳、中东等地区。2016年，公司完成销售收入5.58亿元，实现税收168万元。

【新三和（烟台）食品有限责任公司】 成立于1999年，位于小门家镇五龙路21号，占地面积260亩，系外商独资企业。

自20世纪90年代，公司就致力于发展冻干食品加工技术。经过十几年的发展，走出了一条以品质和管理为核心价值的企业发展之路，先后通过HACCP体系认证、ISO9000认证、美国

KOSHER 认证、OHSAS1800 -2001 认证、国际通标（欧美）SGS 认证、QS 质量安全认证。公司建有 4 个现代化生产车间，20 条冻干生产线，总冻干面积达 4800 平方米，主要生产加工方便面系列、米粥系列、即食汤系列、冻干蔬菜系列、冻干水果系列、燕麦粥系列、粉丝系列和冻干海鲜系列等食品。产品主要销往美国、日本、欧洲及东南亚地区，成为康师傅、KFC、日本三洋食品等国际领先食品企业的 FD 产品供应商。公司获得“山东省农业产业化重点龙头企业”“烟台市先进民营企业”“烟台市百强民营企业”等 10 余项称号。2016 年，公司完成销售收入 1.88 亿元，实现税收 1089 万元。

【熙可食品（蓬莱）有限公司】 成立于 2004 年 11 月，位于小门家镇南山北头村 40 号，占地 61 亩，属中外合资企业。公司建有配套面积为 4000 平方米的包装车间及保温仓库，购置全自动果冻封口机 2 台，全自动化塑料杯罐头封口机 6 台，全自动铁罐封口机 1 台，半自动铁罐封口机 3 台，年生产能力可达 2 万多吨。配有微生物室、理化分析室、农残检测室，建有黄桃、洋梨、大樱桃基地 5000 亩。企业自主研发的果汁，拥有世界尖端的 HPP 超高压冷杀菌技术，是新技术 HPP 的领跑者。产品主要分为果汁系列和果蔬汁系列，包括苹果汁、橙汁、蓝莓苹果汁、树莓苹果汁、椰子水、西芹黄瓜汁、羽衣甘蓝汁、甜菜根汁等在内的 8 种口味。线上销售以天猫商城、易购网、京东网等网店为主，线下同上海高岛屋、久光超市，苏州 BHG 超市，北京华联、深圳沃尔玛、天河城超市等近 40 家大型超市和餐饮咖啡厅均有合作，并远销美国、日本、澳大利亚、新西兰及欧洲、东南亚等国家和地区。公司先后通过 ISO9001、HACCP、YUM、IFS、BRC、KOSHER 的认证，已取得 QS 号。2016 年，公司完成销售收入 3644 万元，实现税收 330 万元。

【星宇食品（烟台）有限公司】 成立于 2007 年 5 月，位于刘家沟镇工业园振兴路 23 号，占地面积 72 亩，由日本星宇株式会社和蓬莱星宇进出口有限公司出资兴建。

公司设有独立的实验室和专业的研发机构，拥有全封闭自动配料煮料系统、全自动充填封口机、洁净水处理系统等世界先进的工艺生产流水线，年生产能力 2.5 万吨。公司制定和实施严密的质量控制措施，并形成从供方管理、入厂检测、在线检测、产品出厂检测，到市场售中检测的全流程质量监管体系。公司取得 ISO 食品安全管理体系和质量管理体系，美国 FDA 反恐登记和英国 BRC 等认证。产品主要出口日本、美国、法国等国家，内销打造“果太郎”品牌，现已覆盖国内 10 多个省、市、自治区。2016 年，完成销售收入 5376 万元、实现利税 485 万元。

【蓬莱酒业有限公司】 1958 年于东关投产，时称蓬莱县酿酒厂。1981 年，“凌云”牌白酒获省一轻厅“优良产品”称号；1987 年，“敬八仙”牌白酒获省“优质产品”称号。1985 年，“蓬莱阁”牌仙（白）酒获省一轻厅“优良产品”称号。1990 年，“敬八仙”牌白酒获第 28 届布鲁塞尔世界优质产品评选会铜奖。1991 年，“蓬莱阁”牌特曲获第 29 届布鲁塞尔世界优质产品评选会银奖；“蓬莱阁”牌特窖获省“优质产品”称号。1996 年 12 月，改称蓬莱市酒业集团。1997 年 6 月，与古井集团合资经营，改称古井集团蓬莱酒业有限公司。2004 年 5 月，古井集团撤资，企业改称蓬莱酒业有限公司；同年迁址于经济开发区，投入 3000 余万元更新设备、工艺，新厂区占地120亩，年生产能力2万吨，储酒能力增至6000余吨。

公司主要生产经营高质量高品位的白酒、葡萄酒及滋补强身酒，形成三大价值量和认知度很高的品牌："蓬莱阁"牌蓬莱古酿系列酒及特级老烧、"八仙过海"牌八仙过海系列酒、"敬八仙"牌敬八仙及八仙王系列酒。"蓬莱阁"牌被认定山东省著名商标，"蓬莱阁"牌葡萄酒被评为山东名牌产品。2016年，公司完成销售收入4879万元，实现税收919万元。

轻纺工业

【山东圣豪家纺有限公司】 始建于1988年10月，时称蓬莱县天山染业有限公司，位于北沟镇北王绪村，占地面积300亩。2003年5月，更名为山东圣豪家纺有限公司。发展成为集纺、染、织、毛毯、法兰绒、床上用品研制、开发、生产、销售于一体的集团公司。

公司建有现代化毛毯、法兰绒生产线10条，先进的毛毯、法兰绒、染线主要生产设备251台（套）。日染纱线30吨，日产毛毯等床上用品100多吨。公司注重技术创新，拥有烟台市级企业技术中心，每年均有200多个新样品推向国内外市场。公司开发生产的超柔5.8公斤、4.8公斤、4.2公斤毛毯工艺技术行业领先，居世界先进水平，取得11项国家专利。开发生产的高档腈纶仿兽皮超柔毛毯、涤纶压花拉舍尔毛毯、涤纶雕花拉舍尔毛毯被中国毛纺织行业协会认定为毛毯精品，获优质产品精品奖。

公司建立完善的质量管理体系，通过ISO9001：2000国际质量管理体系认证、GB/T24001-2004环境管理体系认证和GB/T28001-2001职业健康安全管理体系认证。注册的"蓬莱阁""圣豪""雅丹妮""小燕子"商标被认定"山东省著名商标"，"圣豪"商标被认定为"中国驰名商标"，圣豪牌毛毯被认定为"中国名牌产品"，是毛毯行业内唯一一家同时获得这两项荣誉的企业。获得"中国纺织服装企业竞争力500强""山东省成长型中小企业""山东省环保工作先进会员企业""山东省中小企业节能减排示范企业""山东省重点培育和发展的出口名牌企业"等称号。内销客户遍及全国各地，外销出口26个国家和地区。2016年，实现生产毛毯9555吨，完成销售收入6.5亿元，上缴税金752万元。

【蓬莱市恒源染业有限公司】 位于北沟镇港里，占地面积1.87万平方米，注册资金500万元。公司职工200人，其中技术人员50人。公司主要经营腈纶、棉、雪尼尔、纯涤、尼龙、黏胶及各种混纺纱线的染色和销售，年生产能力可达1万吨。公司总资产8200万元，固定资产3000万元，拥有各种漂染设备65台（套），其中拥有较为先进的喷射式绞纱染色机20台（套），溢液式绞纱染色机45台（套）。2013年，公司新购进成衣染色机5台，段染机1台，吊染机4台，主要用于新品种的研发及各种方式的染色加工。"明福"牌产品主要销往北京、天津、威海、青岛、淮安等毛衫加工企业。

【爱和家家居（烟台）有限公司】 始建于2003年，其前身为蓬莱柏霖家具有限公司。2011年，进军全屋定制家居行业，更名为爱和家家居（烟台）

有限公司。2013年，迁址于刘家沟镇刘家沟村东，是一家集产品研发、设计、生产、销售和服务于一体的大型现代化全屋生态家居定制企业，

公司秉承“云智造，安醛家”的环保理念，选用不释放甲醛的万华禾香板作为原材料，引进德国豪迈全自动生产设备和先进数控设备及软件与国际工业先进制造技术，生产衣柜、橱柜、榻榻米、酒柜、床、书桌等全屋系列家具，打造真正的绿色健康家居产品。其门板系列产品已成为山东省家装行业首选品牌，并多年为万科等一线地产配套，产品远销中南亚、中东等地区。2016年，完成销售收入116万元，实现利税12万元。

建材工业

【信益陶瓷（蓬莱）有限公司】 成立于2003年3月，位于经济开发区冠军路1号，占地面积500亩。公司主要生产“冠军”牌高档瓷砖，年产量800万平方米，产品类型为釉面砖、抛光砖、抛釉砖、微晶石等产品。公司采用世界先进的最大吨位的PH7500成型机和先进的辊道窑炉，整个烧成过程全部由独立的电脑系统控制；喷墨印花机的引进，是瓷砖与3D数码喷墨印刷技术的完美结合，把石材的色彩演绎得更加丰富润泽，实现革命性跨界材质的突破。

公司秉承“绿色工厂”标准，开创冠军“Champion-V”技术平台，生产出世界一流质量的绿色建材产品，并率先推出源于石材胜于石材的“科技新石材”系列新品。2004年成功研发幕墙干挂工艺提高瓷砖抗拉力30%以上，双切面与柔性结合，延长瓷砖使用寿命，不止降低建筑物承重，更有隔热、保温等节能功效，进而降低建筑成本和能耗。

公司通过ISO 9001、ISO14001国际质量认证、PAS 2050产品碳足迹认证，入选为2010年上海世博会零碳馆唯一指定用砖，连续十年荣获“中国500最具价值品牌”。2016年，完成销售收入2.51亿元，实现税收2915万元。

【山东隆和节能科技股份有限公司】 成立于2011年5月，位于经济开发区金创南路南侧，是一家集BIM建模师培训、集成被动式房屋和建筑工业化、节能保温装饰建材等系列研发、生产、施工为一体的高新技术企业，下设有蓬莱森美软瓷有限公司。2015年11月18日新三板成功挂牌上市。

公司主营建筑节能保温材料的研发、生产和销售，以及提供建筑节能外墙外保温施工服务。公司现有员工300多人，本科以上学历100人，研发人员35人，拥有自主专利30余项。公司同山东建筑大学、武汉大学、凝华科技等多所大学和科研院所共同研发、合作共建，是山东建筑大学的教学科研基地。公司LH复合保温板、LHQK自保温砌块、建筑用轻质隔墙条板等产品获得山东省建筑节能技术产品认证。2016年，公司获得“建筑装修装饰工程专业承包贰级资质”，完成销售收入2988万元，实现税收196万元。

【山东盛富莱实业有限公司】 位于经济技术开发区，占地面积8万平方米，是中国极具影响力和最具发展潜力的石英石产品制造商，也是亚洲同行业生产品种多、规格全、生产规模最大企业之一，建有贴面板生产流水线7条，可生产从

3′×7′到6′×12′的各种规格档次的贴面板、抗倍特、理化板。

公司引进国外先进的生产设备和高新专利技术，精选各种不同粒径的天然石英石晶体与聚合物、各种环保型添加剂混合，采用特别配方在极高真空状态下振动压制而成。“盛富莱”牌石英石产品具有硬度高、健康环保、色泽艳丽、光洁度高等特点，经中国石材产品质量监督检验站检测鉴定，符合“建材放射卫生防护A类标准”。

公司主要出口到马来西亚、韩国、越南、印度、美国等30多个国家和地区，特别在韩国、马来西亚已成为主流供应商之一。公司获得“全国家居行业优秀供应商”“中国建筑装饰协会会员单位”“山东省高新技术企业”，“盛富莱”商标被认定为山东省著名商标。2016年，完成销售收入14253万元，实现税收346万元。

【烟台蓬建杭萧钢构有限公司】 成立于2016年6月，由蓬建集团与杭萧钢构公司合资20亿元兴建，是山东省首个钢结构装配式建筑产业基地。

公司建有钢筋桁架焊接生产线、U型钢成型生产线等多条先进的生产线及压型板机、对焊机、钢管束组焊机等先进设备。公司整体规划年生产能力建筑面积500万平方米，其中一期工程年集成钢结构装配式建筑面积100万平方米，2016年10月正式投产，主要生产钢管束、钢筋桁架楼承板（装配式、焊接式）、H型钢梁，年钢结构加工能力可达8万吨。二期年集成钢结构装配式建筑面积约200万平方米。整个项目投产后，钢结构年加工能力40万吨，可施工建筑面积500万平方米，销售收入100亿元，税收5亿元，吸纳1200多人就业。

【山东华兴建材科技有限公司】 成立于2012年，占地面积330亩。公司主营石膏空心砌块、新型复合自保温砌块、各类干混砂浆、混凝土路面砖、水工砖及FS复合保温外模板等。

因市场需求的逐年扩大，公司在北沟镇建设新厂区，总投资2.44亿元。厂区建设分两期进行，一期项目建设内容为脱硫石膏粉煅烧车间、公共配套设施等，2013年底完工并投产。脱硫石膏粉煅烧车间以电厂工业废渣脱硫石膏为原料生产建筑用石膏粉，符合可持续发展的要求和环境保护的发展方针，年可处理电厂脱硫石膏10万吨，产值3000万元，利润达1000万元。所生产的脱硫石膏粉主要用于生产石膏砌块、各类干混砂浆等；二期项目主要建设内容为砌块生产车间、砂浆生产车间、办公宿舍楼、实验楼及其他配套设施等，2014年4月动工，2015年7月份投入使用，车间建筑面积2.5万平方米，引进的设备有德国玛莎全自动砌块生产线，并与济南大学共同研发的新型复合自保温砌块生产线、全自动石膏砌块成型机、FS复合保温外模板生产线等。

公司正逐步建立起由内墙到外墙，从基础到高层的多元产品组合产业，持续推进主导产业的布局优化和结构调整，使优势产品高端化、品牌化。

机械工业

【山东蓬莱小鸭洗涤设备有限公司】 1958年，在县城钟楼东路南侧投产，时称蓬莱县农具厂。1972年，改称蓬莱县轻工机械厂。1973年，改称蓬莱县工艺美术机械厂。1982年，研制的GTB-1型多用绣花机和GI14-1型专用绣花机同时获得省二轻厅科技成果二等奖。1983年，生产的GIB-1型多用绣花机获国家经济计划委员会“金龙”奖。1984年，生产的“飞帆”牌YTG-1000型脱水机获轻工部“优质产品”称号。1985年，引进西德博韦干洗机生产技术，生产干洗机。1986年，生产的“飞帆”牌YTG-800型脱水机获省“优质产品”称号。1991年8月，该厂为国家二级企业，是当时轻工部唯一定点生产洗涤机械的专业厂家。1993年，与中国香港中银集团投资有限公司合资，成立蓬莱飞帆洗涤机械有限公司。1997年，被山东小鸭集团有限责任公司兼并，改称山东小鸭集团有限公司蓬莱洗涤设备厂。1999年，改称山东小鸭电器股份有限公司蓬莱洗涤设备厂。2001年，迁址于市外向型工业加工区，厂区占地10万平方米，建筑面积3万多平方米，陆续投资引进澳大利亚数控激光切割机床、日本数控转塔冲床、西班牙数控旋压机床、德国数控冲床及数控剪扳机、数控折弯机、自动焊接设备、大型型材卷弯机、大型卷扳机、动平衡机及大中小各型车床200多台设备；当年通过ISO 9001、德国GS安全认证、欧盟CE认证。2004年1月，改称山东小鸭集团有限公司蓬莱洗涤设备分公司，主产变频自动洗衣机、半自动工业洗衣机。2007年，更名为山东蓬莱小鸭洗涤设备有限公司。公司主要生产“小鸭”牌系列干洗机、全自动水洗机、隔离洗、洁净烘、半自动水洗机、脱水机、熨平机、烫平机、烘干机、干洗辅助设备等十大系列100多个规格型号的产品，以及生产石油系列干洗机、折叠机、烘干机、干洗辅助设备等十大系列100多个规格产品，在国内设50多个办事处，产品远销北美、西欧、东南亚及中亚、中东等地区。公司获得“中国洗涤机械专业委员会常务副主任委员单位”“全国用户产品质量满意售后服务满意十佳企业”等称号。

【蓬莱市大成洗涤机械有限公司】 其前身为蓬莱市热电器材厂，成立于1997年，当时租用蓬莱皮鞋厂厂房。1999年，因扩大生产规模的需要，迁往蓬莱市高级职业技术学校东南位置，改称为大成洗涤机械有限公司，收购蓬莱市纺织机械厂主产设备和产成品、在制品，开始生产“大成”牌系列洗涤机械。2002年，迁址于经济开发区，厂区占地2万平方米。2003年，加入全国洗涤机械标准化技术委员会，参与《工业洗涤机械的安全要求》（第一部分：通用安全要求）、《四氯乙烯干洗机的安全要求》《工业洗涤机械的安全要求》（第二部分：洗衣机和洗脱机）、《工业洗涤机械的安全要求》（第五部分：熨平机、送料机和折叠机）等4项国家标准和《熨平机》《石油干洗机》《工业脱水机》等3项行业标准起草。2004年5月，被山东省科学技术厅认定为高新技术企业。同年，通过ISO 9001质量体系认证。2005年5月，产品XGQ50F高效隔振全自动洗衣机、HG100F速热高效节能烘干机项目列入国家火炬计划；6月，立式熨平机项目被列入国家重点新产品计划。当年，立式熨平机专利产品被国家轻工业服装洗涤机械质量监督检测中心、全国服装洗涤机械标准化技术委员会、中国轻工机械协会洗涤装备分会、中国洗涤机械咨询投诉中心联合推荐为行业名品。10月始，工业洗衣机、工业烘干机、熨平机、折叠机等多种产品生产执行国际标准。12月，XGQ50F全自动洗衣机、TB Ⅱ 2800L立式熨平机、HG100F烘干机等3种产品被省科学技术厅认定为“山东省高新技术产品”。2016年，完成主营业务收入887万元，实现税收为40万元。

【蓬莱鲍尔电气有限公司】 成立于2004年8月，位于经济开发区天津东路3号，是从事电力电子电源、工业电气自动化产品开发、生产和销售于一体的高新技术企业。公司主要产品有微机型高频开关直流电源、化工及厂矿企业用应急电源、铅酸免维护蓄电池、智能蓄电池放电装置电力专用大功率逆变电源、高低压开关柜、无功补偿柜、变频柜、PLC柜、仪表成套及自动化等。

公司主导产品中的高频开关直流电源被广泛应用在电力、金融、石油、建筑、铁路、医疗和工业等各个领域。公司开发研制的高频开关电力操作电源，先后通过电科院、电力部电力设备及仪表质检中心的试验和鉴定，设备已被列入两网改造和国家电规总院推荐目录，是国家经贸委全国城乡电网建设与改造所需主要推荐设备之一。公司相继完成数个330KV变电站及600MW、1000MW发电机组工程。公司还致力于工业自动化的研究，并与国内重点高校建立长期合作的伙伴关系。公司先后通过ISO9001质量管理体系认证、ISO14001环境管理体系认证和3C认证，公司所有产品皆为专利技术成果、国家重点新产品，拥有全部核心技术和知识产权。公司获得“中国专利山东明星企业”“高新技术企业”等称号。公司产品销往国内20多个省、市、自治区，并远销伊朗、沙特、马来西亚等国家。

【山东蓬泰股份有限公司】 1957年，在大辛店镇驻地投产，时称蓬莱县农具二厂。1981年，改称蓬莱县电线厂，转产特种漆包线。1987年5月，改称蓬莱县特种漆包线厂。1991年，更名山东蓬莱特种漆包线有限公司。1998年，改制为山东蓬泰股份有限公司。

公司以科研为先导，其“OHBH-IPEW自黏性漆包线和PQA特种漆包线试制”“电子引线涂线设备工艺技术研究”先后被列入山东省科技攻关计划；8种产品通过美国UL安全认证；“特种漆包线系列产品开发”项目被列入国家星火计划；产品“蓬特”牌聚酯漆包线、聚酯亚胺漆包线、聚氨酯漆包线和缩醛漆包线质量均达到国际IEC标准；在国内率先研制成功并批量生产的PQA型0.06 ~ 0.07毫米特种漆包线和QAN型自粘直焊性漆包线；“聚酰胺复合涂层漆包铜圆线”项目于1998年被列入国家重点新产品计划、1999年国家星火计划、2001年国家火炬计划。“3000吨/年聚酰胺复合层漆包铜圆线”项目列为国家科技型中小企业创新基金项目。“200级变频电机用耐电晕漆包铜圆线”项目填补国内空白，“200级特种超微漆包线”项目达到国际领先水平。“蓬特”“蓬莱阁”商标被认定为“山东省著名商标”，“蓬特”漆包线被认定为“中国名牌产品”。

【蓬莱市超硬复合材料有限公司】 成立于2002年1月，位于南王工业园区206国道11号，占地面积3.32万平方米。公司致力于硬质合金辊环的研制、开发和生产销售，引进德国PVA烧结炉，采用HIP烧结工艺，开发出新的辊环牌号：PL30R、PL25R、PL20R、PL15R、PL10R、PL08R以及PL30H、PL08H系列，产量位居世界前列，市场占有率30%。

公司注重科技研发。2005年1月，成立技术中心，负责公司新产品、新工艺技术开发和技术改造。2011年4月，被认定为山东省2011年第一批中小企业“一企一技术”研发中心。2012年11月，被认定为烟台市市级企业技术中心。2013年11月，被认定为烟台市硬质合金工程技术研究中心。2014年11月，被山东省经济和信息化委员会认定为山东省企业技术中心。先后与上海材料研究所、北京钢铁研究总院、青岛科技大学、山东省机械设计研究院、燕山大学、俄罗斯物理大学石墨研究所、哈尔滨工业大学、中南大学等多家单位建立了生产、学习、科研联合会，聘请了几十位教授、专家担任公司的技术顾问。先后研发的“TYD-1250型受电弓纯碳滑板”“铁合金基复合硬质合金轧辊”“一种高线硬质合金辊环再生方法”“一种用于制备夹送辊的材料”均获得国家发明专利。其中TYD-1250型受电弓纯碳滑板经省科技厅鉴定，填补国内空白，获得“国家四部委重点新产品证书”“山东省科技进步二等奖”“山东省中小企业科学技术进步一等奖”“山东省企业技术创新奖优秀成果一等奖”“山东省企业技术创新奖优秀新产品一等奖”，“世尧”牌硬质合金轧辊获得“山东省名牌产品”称号。获得国家发明专利4项、实用新型专利12项、外观设计3项，为国家级高新技术企业。

【烟台市京蓬仪器科研有限公司】 成立于2003年，是集科研开发生产销售于一体的科技信息技术型企业。

公司建有800多平方米的实验室，拥有26台（套）先进的检测设备，聘请60多位专家教授担任公司的常年技术顾问，具有较强的技术开发实力和创新能力。依托山东省生物农药工程技术研究中心，与中国农业大学、中国农科院、浙江大学、烟台大学、青岛农业大学、山东省科技厅所属的研究机构等开展技术合作，相继开发信息化农业生产物联网服务平台、智能化移动端与互联网食品安全实时检测监控系统、食品安全快速检测实时监控平台、食品安全快速检测数据分析服务平台、无线智能食品安全检测过程视频追溯监管系统、食品安全快速检测仪、食品安全快速检测箱、肉类水分快速检测仪、多功能食品安全检测仪、拉曼激光食品安全检测仪、土壤养分及有机肥养分的快速检测仪、作物配方施肥方案系统等系列产品。产品广泛应用于上海市、山东省、江苏省、陕西省、甘肃省、昆明市及东北地区130多所大专院校中小学师生餐厅的食品安全检测、司法系统100多个监狱食堂的食品安全检测、山东省市场监管系统市场流通领域的6000个食品安全监管点；乙酰胆碱酯酶供应于多所大专院校研究机构、超市、餐厅、酒店餐馆食品安全的预防以及农业生产基地配套等众多领域。

电力工业

【国电蓬莱发电有限公司】 成立于2004年10月，位于北沟镇西城临港工业区，是国电山东电力有限公司控股企业。一期工程建设两台300MW亚临界热电联产机组，项目总投资24.81亿元，列入山

蓬莱大金海洋重工二期项目

东省的重点项目和应急电源项目。一期工程 #1、2 机组分别于 2006 年 4 月 12 日、7 月 28 日移交试生产，投入商业运营，有效缓解了山东东部的供电压力。

公司获得"国家能源局电力安全生产标准化一级企业""中国最美丽电厂""国电集团公司'四星级企业'""国电山东公司先进集体""烟台市纳税百强企业"等称号。2016 年，完成销售收入 9.52 亿元，实现税收 9278 万元。

【蓬莱大金海洋重工有限公司】 成立于 2009 年 12 月，位于经济开发区振兴路 81 号，占地面积 914 亩（其中：海域部分 646 亩，陆域部分 268 亩），是辽宁大金重工股份有限公司（股票代码 002487）投资成立的全资子公司。公司总投资 17.1 亿元，建设 1 个 5.4 万平方米主厂房、1 个 1 万平方米联合车间、1000 吨龙门吊及 8000 平方米办公楼等其他配套设施。

公司主要从事大型能源钢结构制造，海上、陆地风电大型基础部件装备，海洋油气开采装备等海洋工程重型装备，主要生产海上风电大型基础部件装备、海洋油气开采装备以及风电塔筒等管桩类产品。为中电投公司、华能公司、大唐公司、国电公司、华电等能源装备制造企业提供配套产品。公司已有 8 项自主创新的技术申请专利，其中，双丝双弧埋弧焊接技术，处于国际上领先水平，被评为烟台市海洋风电基础装备制造技术工程实验室。公司实现海上风电全系列产品的制造技术水平、装备能力和供货能力的整体突破，在国内率先实现海上风电全系列产品的规模化、专业化和批量化制造和供货。并先后承接国际上排名前列的风电机械制造企业美国 GE、德国西门子、西班牙歌美飒风电项目，订单安排已排至 2017 年下半年。2016 年，公司加工生产海洋工程重型装备 6 万吨，完成销售收入 3.7 亿元，实现税收 1235.7 万元。

【蓬莱东海热电有限公司】 成立于 2002 年 12 月，位于经济开发区，占地面积 300 亩，由山东百年电力发展股份有限公司、龙口矿务集团、京鲁渔业有限公司、鑫源电力有限公司合资 5.6 亿元兴建。2005 年 5 月 26 日、10 月 1 日，一、二号机组相继投入运行，当年发电总量 9373 万千瓦时。2014 年 10 月份，实行股权转让，原山东百年电力发展股份有限公司出资的 71% 的股权转让给了由山东蓝色产业投资基金经济下设的烟台蓝色新源投资中心。

公司装机容量为 2×28MW 抽凝机组，配 3 台 140 吨 / 时循环流化床锅炉。设计年发电量 3 亿千瓦时，实际发电能力 4.5 亿千瓦时，年供热量 413 万吉焦。2016 年，完成销售收入 1.74 亿元，实现税收 2755 万元。

石化工业

【蓬莱安邦油港有限公司】 公司位于北沟镇西城临港工业区，占地面积251.7亩，是由中国化工油气开发中心控股的国有有限责任制企业，注册资金1亿元。公司拥有山东省第二个原油专用码头，是一个集油品仓储、接卸、贸易、周转于一体的港口公司。

公司储油库区总库容62万立方米，其中成品油罐28万立方米，燃料油罐34万立方米。保税库容达19万立方米。库区设装车平台一座，装有原油装车鹤管12个，成品油装车鹤管8个，可以同时进行12台原油槽车，8台汽、柴油槽车装车，装车能力原油400立方米/小时，汽油、柴油约160立方米/小时。

公司建有码头两座，分别为5万吨级、5千吨级。5万吨级油品码头可以停靠1500—50000吨级油轮进行装卸。同时，码头配有4000马力全回转拖轮一艘，为油轮靠泊、进出港安全提供了保障。原油卸船能力为1500立方米/小时，装船能力为1500立方米/小时；成品油卸船能力为1500立方米/小时，装船能力为1000立方米/小时；年吞吐量达到200万吨。

安邦油港2007年9月通过国家标准化管理二级达标，2010年3月公司库区成为天津渤海商品交易所蓬莱交割仓库，2010年5月入围国家石油战略储备库资格，2011年1月获批国家商务部下发的原油仓储经营资质，2012年1月获批国家商务部下发的成品油仓储经营资质，2013年1月获批AAA级物流企业证书。

【北斗航天（烟台）能源科技有限公司】 位于北沟镇化工新材料产业聚集区，项目总投资约23亿元，占地面积283亩，是北斗航天能源科技集团的子公司。

公司主要以甲醇、石脑油及其他化工产品为原料，建设甲醇芳构化、石脑油芳构化、油品添加剂和醇醚燃料项目，实现芳烃、醇醚燃料、液化石油气、高清替代能源醇醚燃料等产品一条龙生产模式。其中，甲醇芳构化项目以甲醇作原料，通过特定的催化剂进行脱水、低聚、异构等步骤转化为C11以下烃类。甲醇芳构化汽油辛烷值较高；原料无硫或少量硫带入，产品硫含量均能满足国五标准；产品的芳烃含量、烯烃含量和苯含量均远远优于国三、国四汽油标准要求。还可以用来调和炼厂芳烃含量较高的重整汽油和烯烃含量较高的催化汽油；石脑油芳构化项目采用国内先进的催化剂及成套技术，以石脑油为原料，利用固定床反应器，通过分离可以得到苯、甲苯、二甲苯、改质石脑油等基础化工原料，能够有效满足国内外市场的需求；油品添加剂、醇醚燃料项目的实施不仅可以有效缓解能源紧张，石油对外依存度过高的现状，而且能够在汽车拥有量猛增、成品油消耗量增加的情况下，降低汽车尾气排放物中的有害成分，从而达到降低大气污染的环保要求。项目全部达产后，可年产石脑油芳烃40万吨、甲醇制汽油60万吨、醇基汽油添加剂10万吨，实现年销售收入150亿元、利税30亿元。

XIUXIANLVYOU

休闲旅游

旅游景区（点）

【蓬莱阁景区】 国家AAAAA级景区，位于迎宾路57号，景区总占地面积5.8平方公里。发展为以蓬莱阁古建筑群为中轴，蓬莱水城和田横山为两翼，登州博物馆、古船博物馆、田横山、合海亭及黄渤海分界坐标等20余处景点为点缀，融自然风光、历史名胜、人文景观、休闲娱乐于一体的风景名胜区和休闲度假胜地。景区获得“全国重点文物保护单位”“国家重点风景名胜区”“全国创建文明行业先进单位”“全国五一劳动奖状”“全国旅游行业最佳诚信单位”“全国首批5A级旅游景区”“全国文明单位”等称号。蓬莱十大胜景中的“神山现市”“仙阁凌空”“狮洞烟云”等8个景观均可在蓬莱阁观赏到。

远眺蓬莱阁

【三仙山风景区】 国家AAAAA级景区，位于抹直口社区北、海滨东路南，占地面积24万平方米。整个景区由三和大殿、蓬莱仙岛、方壶胜境、瀛洲仙境、瀛洲书院、珍宝馆、蓬莱历史文化集锦、玉佛寺、万方安和等景观组成，另有三仙山大酒店和温泉洗浴中心等配套服务设施，形成集游览

三仙山内景

观光与休闲度假于一体的格局，功能完备，独具特色。景区采用“一池三山”的蓬莱造园模式进行构思设计，以山海立境界，体现天人合一的儒释道意识观念，融建筑、宗教、文学、绘画、金石、雕刻、典藏、民俗、风情、演艺等于一园，结合叠石、理水、花木、装饰等元素，创意精妙，章法得当，既显北方皇家宫苑之雄奇，又呈江南私家园林之灵秀。

【八仙过海景区】 与三仙山景区整体申报国家AAAAA级景区，位于海水浴场东侧海中，占地面积5.5万平方米。景区根据八仙过海的传说于海滨礁盘上建造而成，外形似丫腰葫芦，主要景点有八仙坊、八仙桥、八仙壁、钟鼓楼、望瀛楼、八仙祠、会仙阁、颐心亭、八仙诸亭、龙王庙、妈祖殿等近40处，还有观海平台、观景长廊、奇石林、海豹岛等环区景观和快艇游览项目。八仙过海景区以道教文化和蓬莱仙话为背景，以八仙传说为主题，突出大海仙山的创意，集古典建筑与艺术园林于一体，自然景观与人文景观交相辉映，

俯视八仙过海景区

周围海域天高水阔，景色壮观、空气宜人，是人们拜仙祈福、游览观光的首选。

【蓬莱海洋极地世界】 国家AAAA级景区，位于蓬莱—长岛客运码头南，展示面积5.98万平方米，分为热带雨林馆、极地馆、鲨鱼馆、海豚海狮表演馆、海龟馆、海豹馆、水下剧场、四维动感影院等14个展馆，汇集从赤道热带雨林到北冰洋极地世界各地珍稀海洋生物千余种，融科研教学、海洋生物展示和表演于一体，充分运用互动性、参与性、艺术性的手法，将人们带入神秘的海洋大世界中，是人们感知海洋、亲近动物的

蓬莱海洋极地世界海豚表演

首选之地，被中国海洋学会确定为“全国科普教育基地”。

【欧乐堡梦幻世界】 国家AAAA级景区，位于海市西路东、北关路北、海滨东路南，占地面积20万平方米。景区借鉴迪士尼先进元素，融合东方游乐文化，以世界经典建筑风格为主，共分为童话镇、勇者挑战区、魔幻城堡、天鹅堡、环游世界区、探险乐园区、欢乐派欧洲街七大主题区，包括龙卷风、雷神之锤、极速飙车、偷天换日、动物危机、寰球之旅、矿山小镇、逃出尼罗河、亚马逊漂流等百余项游乐及观赏项目，融参与性、娱乐性、趣味性于一体，是一座充满“动感、时尚、欢乐、梦幻”的现代化大型游乐园。

欧乐堡梦幻世界内盛装游行

【中粮君顶酒庄】 国家AAAA级景区，坐落于南王山谷凤凰湖畔，占地面积13.7平方公里。酒庄建有8000平方米地下酒窖、“长城系列”1000吨葡萄酒酿造基地、葡萄和葡萄酒科研中心、五星级标准会所、丘陵高尔夫球场以及凤凰湖、湿地公园、跑马场、葡萄观光园等娱乐观光景点，将酿酒葡萄种植、葡萄酒生产、美食美酒品鉴以及葡萄酒文化推广等与旅游休闲需求有机结合，是最具创新意义与东方神韵的个性化葡萄酒庄。

中粮君顶酒庄、凤凰湖及酿酒葡萄种植园

【马家沟生态旅游景区】 AAA级景区，位于刘家沟镇东部4公里处。景区依山傍海，环境优美，18公里葡萄长廊穿境而过，初步形成葡萄酒文化体验区、滨河临水垂钓区、特色果蔬采摘区、农家乐休闲区、综合餐饮服务区、多彩夜景观赏区等六大板块，融合了酒堡临风、休闲垂钓、茂园采摘、木屋风情、花港观鱼等十个景点，让“村在景中走，人在画中游”变为现实。景区获得“中国最有魅力休闲乡村”“中国乡村旅游模范村”“国家级生态村”“‘好客山东逍遥游’山东最美乡村”“蓬莱最美乡村”等称号。

马家沟生态旅游景区的木屋风情

【国宾酒庄】 AAA级景区，坐落于唐皇山谷。酒庄主体建筑占地60亩，拥有2000亩优质样板葡萄园，建有5000平方米地下酒窖，珍藏“盛唐”美酒和世界领袖产区的名庄葡萄酒。酒庄内建有国内首家葡萄酒主题酒店，集美酒、美食、休闲、娱乐于一体，引领以葡萄酒为主题的高品质生活方式。

国宾酒庄内景

【平山河湿地公园】 AAA级景区，位于平山河中下游，距离蓬莱市中心4.5公里，规划面积86.19公顷。风景区以平山河为中轴，划分出逍遥蓬莱区、活力蓬莱区、记忆蓬莱区和诗韵蓬莱区四大区，四大区各具特色，互为依托，形成“一轴”“一廊”“四区”的空间结构形态。景区内植被葱郁、奇石密布，自然条件优越，是城市天然的后花园，同时，依托蓬莱悠久灿烂的神仙文化，兴建了展现东方神话的聚仙广场、仙踪园等特色景观，将蓬莱的历史文化与休闲娱乐完美结合。

平山河湿地公园组图

【烽台胜境】 AAA级景区，位于北沟镇北王绪村北，占地面积2.6公顷，建筑面积5.5万余平方米。烽台胜境规模广165米，深三进院落150米，七殿三阁、门坊、楼台房舍共计108楹，均为明清建筑样式，采用五脊殿的建筑方式。景区建筑规模宏大、气象雄伟，雕梁画栋巧夺天工，飞檐斗拱精美绝伦，是碧霞元君祈福圣地。

【泰生小镇】 AAA级景区，位于经济开发区山东路29号，占地面积2500亩。景区秉持“共生、和谐、分享”的核心价值观，引进“大健康”概念，建有泰生生活馆、咖啡馆、葡萄园、酒厂、遛马场等，打造一个休闲旅游、养生和健康等为一体的世外桃源，让住在这里的人，足不出户即可享受全年365天有机蔬果、24小时天然氧吧、远离污染与喧嚣，真正过上一种“健康天然有机，低碳低耗低噪”的生活。

泰生小镇内景

【蓬莱艾山国家公园】 AAA级景区，位于蓬莱市最南端，总面积2578.67公顷，森林覆盖率96.2%。艾山国家公园以森林生态环境为基础，以险峰群崮、温泉碧湖、历史遗迹为特色，打造了20多处游客休闲节点及80多处截流、水坝、水景，设置木屋、长廊、凉亭等10余处，修复省级文物保护单位八路军兵器厂，改造林相，增加色叶植

艾山国家森林公园内的凉亭

物、丰富花草色彩，实现三季有花四季常绿的森林生态景观。景区建成2400平方米的游客中心，1.2万平方米的生态停车场，4处星级卫生间等基础设施，1.5公里的旅游主干道及3条总计9公里的游览环线能够满足不同年龄段游客登山休闲需求。

【黄金河度假村旅游区】 AAA级景区，位于大柳行镇南曲家村，占地面积300余亩。景区以亭台楼阁、山石湖泉、古树名木、观音乐佛等人文、自然景观为基础，以珍稀野生动物园、大中型儿童游乐园、国防装备展示区、民俗文化展览区为主导，并建有三星级标准商务酒店、传统老火车餐厅旅馆及数十栋原生态木质别墅，形成集游览观光、餐饮住宿、休闲度假、动物观赏、娱乐健身、采摘垂钓于一体的综合型旅游度假区。

大柳行镇黄金河度假村内景

【海源渔家民俗文化馆】 AA级景区，位于刘家沟镇，占地面积1600平方米。渔家民俗文化场馆通过复原场景、人物模拟、民俗实物的手法展示20世纪40年代的渔家民俗文化生活。内容涉及原生态渔家居住环境，渔民出海捕鱼场景，渔民集市买卖场景，祭海文化场景，渔民捕鱼工具展示等。走进蓬莱渔家民俗文化馆，感受渔家文化、海洋文化的历史，胶东民风民俗、海洋风情尽收眼底。

海源渔家民俗文化馆内景

【戚继光故里景区】 全国青少年教育基地、山东省优秀爱国主义教育基地，位于蓬莱城区中西部的牌坊街，占地面积1.9万平方米。景区包括故里景区广场、戚家牌坊、戚继光祠堂、戚府、大型浮雕壁画等。明代嘉靖年间御赐的两座戚家牌坊，明代崇祯年间修建的戚继光祠堂，均属于国家级重点保护文物。戚府主要有横槊堂、止止堂、悠憩堂、孝思堂、孟诸书屋等。戚继光兵器馆主要陈列着戚家军当年用的狼筅、镗钯、加刀棍、钩镰、撩钩、火砖、喷筒、鸟铳、虎蹲炮、无敌大将军炮、火箭等兵器，所有兵器均是由戚继光发明和改进的。

戚继光故里

【蓬莱阁冰雪艺术世界】 东临蓬莱阁，西接田横山，北濒大海，占地面积4500平方米。冰雪艺术世界汇聚国内外最顶尖冰雕研发、设计团队精心打造，集八仙传说、冰雪奇缘、北欧风光、天宫圣境等于一体，推出了国内首个室内狗拉爬犁项目，加之全亚洲最长室内冰上极速滑道、国内最大的室内飘雪场地以及冰上碰碰车、冰雪酒吧、冰雪婚礼殿堂等互动项目。配合采用声、光、电交融等高科技方法，给游人以听觉、视觉、触觉的多重享受。

冰雪艺术世界内景

【蓬莱艾山露营基地】 位于蓬莱艾山旅游综合开发片区内，占地面积7.4万平方米。一号露营地占地3.4万平方米，其中包括1500平方米娱乐服务中心一处、1.8万平方米草坪活动区一处、配套建设游客接待中心一处、集装箱客房19栋、驿站12栋、容纳30辆自驾车的汽车影院1处及400米沿河景观带。二号露营地占地4万平方米，其中

蓬莱艾山露营基地

包括1.2万平方米生态露营地1处、AAA级厕所1处、临街商铺1处、6700平方米水景广场1处及2万平方米山区营地。艾山露营基地集餐饮、住宿、娱乐、拓展、帐篷扎营、篝火、烧烤、星空观赏、登山运动于一体的大型旅游休闲营地，可容纳500人同时就餐烧烤，300人同时住宿扎营。营地内可搭建大型舞台设施，举办大型露天聚会、篝火晚会，精彩演出等。

旅游活动

【概况】 2016年，组织旅游景区及涉游企业参加第十二届海峡旅游博览会、2016北京国际旅游博览会、2016中国国际（上海）旅游交易会、2016中国北方旅游交易会等各类展会10余次。通过文艺表演、景区门票赠送、派发旅游优惠券和宣传资料等方式，展示蓬莱“仙、阁、海”“酒、湖、马”“山、林、泉”等旅游资源，提升蓬莱旅游的知名度和竞争力。

【第25届时报金犊奖】 3月16日—4月26日，携手时报金犊奖组委会在全国近20所高校举行时报金犊奖现场巡讲活动。活动以“畅游蓬莱仙境，过神仙般日子”为传播主题，通过发放蓬莱旅游宣传资料和创意策略单的形式，向各高校广告创意人征集蓬莱市旅游广告形象设计方案及传播创意，将蓬莱旅游资源及城市形象在全国1000多所高校推广。

【第四届“仙境蓬莱旅游嘉年华”活动】 6月18—30日，策划举办以“人间仙境·休闲蓬莱”为主题的第四届“仙境蓬莱旅游嘉年华”活动。活动主要包括蓬莱市旅游局官方微信平台狂欢节、智游蓬莱电商平台大放送、宝龙海上仙街等你来嗨皮、就是爱旅游爱集戳、仙境蓬莱景区大特惠、仙境蓬莱海洋文化养生之旅启动仪式等六项主题活动。通过此次活动，蓬莱暑期旅游提前预热，游客和业界给予一致好评。

第四届“仙境蓬莱旅游嘉年华”活动微信平台

【第四届仙境蓬莱“乡村与葡萄酒庄体验季”】 9月15日—10月15日期间，开展“自驾蓬莱做神仙”“仙境葡萄采摘节”“山地露营”“葡萄酒马拉松”“仙境旅游新体验”等各种特色活动，吸引众多游客参与体验，掀起乡村与葡萄酒庄游的热潮。

【2016 蓬莱 wo·run“迷踪跑”】 11月13日，蓬莱文旅集团与阿里体育成功举办2016蓬莱wo·run“迷踪跑”活动。本次活动邀请击剑冠军施嘉洛为本次赛事的特约嘉宾，吸引了省内外800余名山地马拉松爱好者积极参与。

2016年蓬莱wo·run“迷踪跑”活动

旅游宣传

【概况】 2016年，以市场为导向，以线路产品为重点，创新工作思路，积极开展全方位、多层次、宽领域立体式的宣传营销，通过策划举办各类旅游节庆活动，建设完善网络营销渠道，深入拓展旅游客源市场，有效提高蓬莱旅游品牌的知名度。

【媒体宣传】 通过与山东卫视、烟台电视台、中国旅游报、大众日报、齐鲁晚报、烟台晚报等媒体开展宣传合作，吸引观众和读者的广泛关注；利用烟台火车站、青烟威荣城铁动车、渤海轮渡和户外高炮、桥体广告牌等资源，做好户外媒体宣传；组织蓬莱各景区参加北京国际旅游博览会、海峡旅游博览会等重要旅游展会，拓展旅游客源市场；丰富完善蓬莱休闲旅游地图、蓬莱旅游指南、旅游折页等宣传品，做好蓬莱城市形象宣传。

【主题活动专题推广】 组织景区和涉旅企业参加“好客山东贺年会”和“烟台城市月月休闲汇”活动，开展各类活动135项。以蓬莱丰富的旅游资源为基础，策划组织第四届仙境蓬莱旅游嘉年华、第四届仙境蓬莱乡村与葡萄酒庄体验季等专题活动。通过特色主题活动的开展，把蓬莱的优势旅游资源及游客体验式活动重新整合，使嘉年华成为蓬莱休闲旅游的一个代表性活动。

【特色旅游线路推广】 开发推广特色旅游线路，增强蓬莱旅游发展的后劲与活力。精心打造滨海寻仙、醉美蓬莱、浪漫仙境、美丽乡村休憩之旅、蓬莱长岛仙境之旅、蓬莱龙口仙境福寿之旅等休闲度假一日游、二日游及多日游产品，并将单品、组合产品、精品旅游线路全部纳入各类电商网站、旅行社线路中对外宣传推广。

【网络宣传】 不断创新网络营销，探索宣传营销新方法和新途径。在蓬莱旅游官方微博、微信平台，开通自定义菜单功能，提供门票、酒店、商品、线路等产品的在线预订，天气、交通等信息的在线查询；组建以蓬莱为核心区域的旅游目的地电商平台，完成蓬莱地区所有景区门票及部分酒店、餐饮、旅游商品、精品线路产品、部分周边县市区旅游产品的整合并上线；与百度搜索、美团、去哪儿网合作，在APP端类目标签、首页轮播图、活动专区及专题页面等板块投放蓬莱旅游广告，宣传蓬莱旅游资源。

改版升级蓬莱旅游电子商务平台——“智游蓬莱”，整合蓬莱及周边城市旅游产品300余种，策划烟台人本地游、各景点门票线上秒杀、暑期限时特惠等系列活动，受到游客欢迎。全年线上产品销售总额突破700万元，其中蓬莱阁“码上游”活动截至10月底共销售门票4700余张。蓬莱旅游官方微信和“智游蓬莱”微信公众号粉丝量年内上升至五万多人。

【咨询服务】 在宝龙海上仙街设立旅游咨询服务中心，内设综合咨询服务台、游客休憩洽谈区、宣传展示区、影视介绍系统、商品展示区、物品寄存区等，免费向市民和游客提供各种旅游信息和服务。7月，采购蓬莱旅游咨询电动车一辆，在旅游旺季人流集中地段提供流动旅游咨询服务。

品牌创建

【国家蓝色旅游示范基地】 1月16—17日，蓬莱市创建国家蓝色旅游示范基地的工作通过检查验收。9月，国家旅游局正式发布公示，蓬莱市获评“国家蓝色旅游示范基地”称号，成为全国首批国家旅游示范基地，标志着蓬莱旅游产业发展迈上新的台阶，将进一步扩大蓬莱旅游的品牌效应，推动全市旅游产业转型升级，打造国内一流、国际知名的海滨度假目的地。

【全国海滨度假旅游产业知名品牌示范区】 6月29日，蓬莱旅游度假区被国家质检总局正式命名为“全国海滨度假旅游产业知名品牌创建示范区”，成为全国唯一获此殊荣的海滨旅游产业集聚区。蓬莱旅游度假区以创建示范区为契机，深入挖掘海滨文化、神仙文化、葡萄酒文化内涵，以“围绕品牌、质量、服务打造竞争新优势”为创建目标，集中实施品牌特色化、产业集聚化和服务标准化三大战略。制定筹建规划方案，强化制度保障，以国家AAAAA级旅游景区为标杆，大力发展海洋文化、生态休闲旅游，强化安全监管、提升服务质量、优化发展环境，推动全市旅游产业提质升级。同时，加大品牌宣传力度，确立高市场辨识度的“到蓬莱过神仙日子”形象口号，成功打响“人间仙境、美酒之乡、休闲天堂”的品牌形象。

【全国休闲农业和乡村旅游示范县】 11月15日，《农业部关于全国休闲农业和乡村旅游示范县认定名单》发布，蓬莱市成功入选。蓬莱市以“美丽乡村”为依托，大力发展休闲农业和乡村旅游业，先后启动实施民居改建、景观打造、农家乐培育等“十大工程”，开发酒堡临风、临池垂钓、木屋栖居等休闲项目，形成集葡萄采摘、酒堡度假、农家风情于一体的乡村旅游产业链。至2016年，全市共创建省级旅游特色村 9 个，省级农业旅游示范点 6 处，省级精品采摘园 3 个。

【全国旅游标准化示范企业】 12 月 27 日，国家旅游局公布第三批全国旅游标准化示范单位名单，蓬莱阁管理处被确定为全国旅游标准化示范企业，这是继 2015 年获得国家级服务标准化试点单位之后，蓬莱阁管理处在标准化建设上获得的又一“国字号”招牌。

在旅游标准化工作的引领和带动下，蓬莱阁管理处对每个岗位“做什么”“怎么做”“做到什么程度”都明确进行量标，使每个工作人员言行有规矩、工作有程序、操作有原则、服务有方向，真正做到“岗岗有标准规范，人人按标准履职”。蓬莱阁管理处还成立服务质量检查小组，通过监控检查、社会监督员暗访、日常巡查等方式，对一线员工的服务质量进行检查评比，有效促进各项标准的落实，获得“国家级服务标准化试点单位”“山东省服务标准化示范单位”“山东省服务名牌”等省级以上称号百余项，游客满意度始终保持 100%。

行业管理

【景区管理】 3 月，组织全市 13 个重点景区召开标准培训会，制定《全市景区和乡村旅游点对标提升整改要求》及马家沟、文成城堡、艾山、黄金河、泰生小镇等专项提升方案，要求景区从服务标准、管理制度、配套设施建设等方面开展自查，各旅游点共完成整改事项 52 项。同时，编制 2016 年 A 级景区创建计划，欧乐堡通过国家 A A A A 级景区，艾山、黄金河度假村通过 A A A 级景区。

【乡村旅游管理】 成立“对标整改提升”工作小组，相继对游客中心、旅游厕所、停车场等基础服务设施进行完善，对景区导览图、道路指引、安全警示标志等旅游标识进行规范，强化风险源管理、游乐设施运行维护、高峰期旅游安全保障和员工日常安全培训等。制定《2016 年蓬莱市乡村旅游创建及复核工作方案》，开展蓬莱阁街道小皂社区省级旅游特色村、和圣农业省级精品采摘园、村里集镇绿村农庄和刘家沟镇盛世桃源高星级农家乐的创建指导工作。对省定重点旅游扶贫村——村里集镇巩家庄村进行实地调研，摸清底数，指导制定、实施《蓬莱市村里集镇巩家庄村旅游实施方案》，组织文旅集团与巩家庄村开展“一对一”结对帮扶。

【旅行社管理】 自 3 月起，开展全市旅行社专项检查活动，召开旅行社专题工作会议，引导旅行社从人力资源管理、业务流程规范、企业形象管理、产品研发创新、安全管理等方面入手，全面加强旅行社内部管理工作。组织全市旅行社、服务网点召开工作会议，对旅行社质量信誉等级评定管理办法进行宣贯培训。开展全市旅游网站“严重违规失信”专项整治活动，签订《旅行社诚信经营承诺书》《蓬莱市旅游网站落实诚信建设主体责任承诺书》。

【导游员管理】 完成全市 487 名导游员导游证年审；外派兼职导游员 117 人次；办理导游证申请、单位变更、调入调出、损坏补发、遗失补发等业务 240 余起。积极培育新导游力量，完成对 160 名新导游员的实地岗前培训工作。

西海岸

安哥拉客商来蓬考察

【概况】 2016年，西海岸文化新区以“承载蓝色经济的新空间、文化产业的新海岸和世界一流的城市新组团”为定位目标，累计完成投资35亿元，完成工程总量86.5%。

【岸线修复工程】 完成海侧护岸1472.21米，临时护岸1062米，人工沙滩1569米；完成地基处理、台阶景观护岸工程；台阶式景观护岸工程完成74.07%，直立护岸完成83.3%，陆域回填完成98.92%。

【人工岛项目】 西岛工程完成海侧护岸3950.2米，景观护岸174.765米，临时护岸928.92米，直立护岸847.1米，人工沙滩540.87米，东岛工程完成海侧护岸4380.68米，景观护岸105.02米，临时护岸1158.3米，直立护岸473.14米，人工沙滩586.46米，心岛工程完成海侧护岸400.01米，景观护岸796.88米，直立护岸200米，陆域回填120.43万立方米。全部人工岛项目已完成总工程量的79.03%。

【物料区工程】 按照“时间第一、安全第一、质量第一”的原则，安全有序开展物料区爆破、开采工作。至2016年末，进场挖掘机54台、自卸车236辆、其他各类作业车辆共116台，山皮土石开挖面积2550亩，挖运土石6169万立方米。

【项目建设规范与监管】 2016年，办理国家、省、市各级批复的手续共计20项；启动项目二

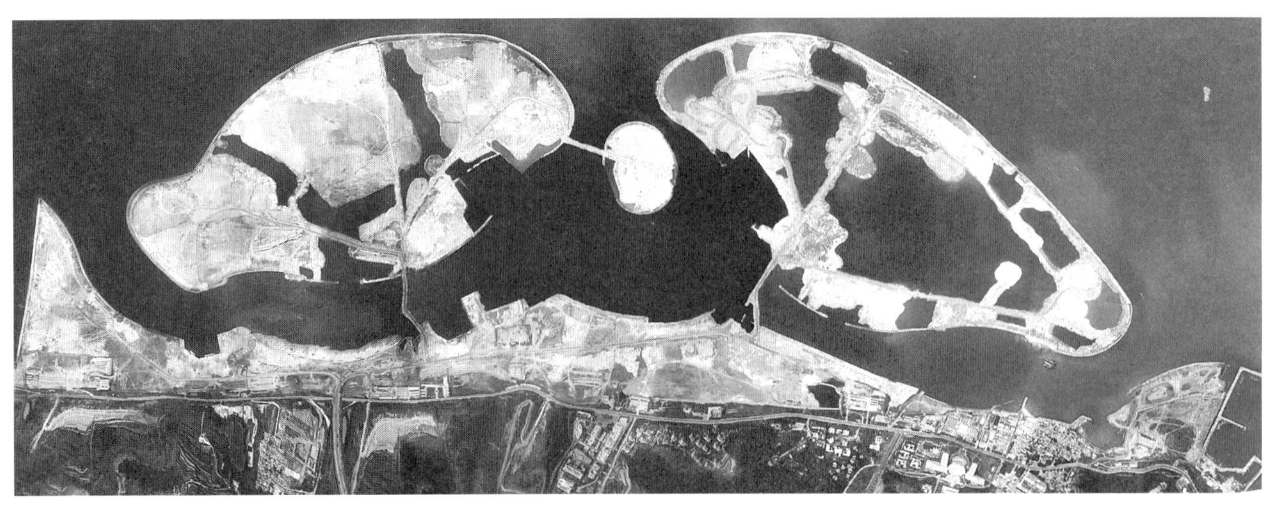

蓬莱西岛工程航拍图（2016年9月）

级开发阶段海域使用权手续申报工作，山东省海洋与渔业厅批准接岸陆域655亩经营性用海手续。定期开展海洋环境跟踪监测，国家海洋局烟台海洋管区定期在工程建设周边海域进行海洋环境跟踪监测，确保污染问题零发生。严格实施动态监管，烟台海洋局动态监管中心在项目现场安装高清摄像头，全天候实时监视工程建设情况，根据施工进度，及时跟进用海边界的测量、复核，确保按规定要求施工。切实加强质量监督，全年共开展4次建设工程质量监督抽查，对检查中发现的隐患苗头及时下达整改通知书，有效保证工程质量安全。

【招商工作】 6月14日，市委书记杨原田，市委副书记、市长杨升岩主持召开西海岸项目建设现场会，西海岸项目二级开发招商工作全面展开。会后及时组建专业招商队伍，精心编印《蓬莱仙岛》宣传册、《蓬莱市人民政府关于“蓬莱仙岛”项目的推介函》，瞄准国内排名前30强的大型地产企业，从主营业务、经营方向等多种角度进行分析，遴选恒大集团、万达集团、万科集团、保利集团等20余家大型地产企业作为主攻方向，赴北京、上海、广州等地开展“走出去、请进来”活动50余次，吸引复星集团、中信集团、新奥集团、北京城建集团等20多家企业来蓬洽谈合作事宜。

PUTAOYU
PUTAOJIUCHANYE

葡萄与葡萄酒产业

产区发展规划

【概况】 以“优质产区，特色葡园，精品酒庄”进行产区定位，力争将蓬莱打造成为集葡萄种植与苗木培育，葡萄酒酿造、加工与销售，葡萄与葡萄酒技术研发、文化展示与培训教育，葡萄酒庄休闲度假于一体的世界葡萄酒名城，形成以生产型酒庄、度假型酒庄、综合型酒庄以及不同风格葡萄酒小镇组合而成的酒庄聚集区。

重点规划区域是滨海葡萄观光带、南王山谷、平山河谷、丘山山谷4个区域（即“一带三谷”），总面积243.73平方公里。重点调整产业结构，扩大酒庄酒所占比例，提高葡萄种植质量，标准化葡萄种植基地面积目标为6670公顷（10万亩），葡萄酒企业总产能目标为20万千升。到2020年，酒庄葡萄种植面积达3340公顷（5万亩），酒庄酒产能达6万千升，葡萄酒销售收入45亿元，葡萄酒旅游游客数量200万人次，葡萄酒旅游总收入20亿元。

【滨海葡萄观光带】 打造滨海风情酒庄聚集区。以206国道蓬莱段为轴线，发展以精品葡萄酒庄为主，集葡萄酒生产、文化展示、旅游接待、休闲度假功能于一体的葡萄海岸和滨海旅游度假休闲区。

酒庄区总面积958公顷：包括5个A级地块261公顷，3个B级地块270公顷，3个C级地块128公顷，已建、在建及签约酒庄用地299公顷。滨海葡萄观光带共规划酒庄28个，葡萄酒小镇1个。其中已建、在建及签约酒庄18个，规划综合型酒庄4个，生产型酒庄3个，度假型酒庄3个。到2020年共建成酒庄18个，葡萄酒小镇1个。

【南王山谷】 打造高端综合型酒庄聚集区。以战山水库为中心，以顶级葡萄佳酿和高端休闲度假为目标，建设具有国际一流水准的葡萄酒生产基地和研发中心，形成以君顶酒庄为旗舰的高端商务会议、休闲度假为一体的酒庄聚集区。

酒庄区总面积1758公顷：包括2个A级地块161公顷，5个B级地块575公顷，3个C级地块304公顷，已建、在建及签约酒庄用地718公顷。

滨海葡萄观光带

南王山谷共规划酒庄 11 个，葡萄酒小镇 1 个。其中已建、在建及签约酒庄 2 个，规划综合型酒庄 2 个，生产型酒庄 5 个，度假型酒庄 2 个。到 2020 年共建成酒庄 5 个。

【平山河谷】 打造东方神韵酒庄聚集区。以平山水库为中心，以东方文化中的“天人合一”为设计理念，融入中国古典建筑形式、园林景观和空间布局，建设以“静思、养生、修德”为主旨的东方神韵酒庄聚集区。

酒庄区总面积 2144 公顷：包括 3 个 A 级地块 241 公顷，11 个 B 级地块 1068 公顷，12 个 C 级地块 740 公顷，已建、在建及签约酒庄用地 95 公顷。平山河谷共规划酒庄 39 个，葡萄酒小镇 3 个。其中已建、在建及签约酒庄 5 个，规划综合型酒庄 11 个，生产型酒庄 21 个，度假型酒庄 2 个。到 2020 年共建成酒庄 20 个，葡萄酒小镇 1 个。

【丘山山谷】 打造国际特色酒庄聚集区。以丘山水库为中心，以建设葡萄酒庄“世界之窗”为目标，吸引全球知名酒庄和国际投资集团入驻，建设以罗斯柴尔德男爵中信酒庄为旗舰的国际特色酒庄聚集区。

酒庄区总面积 1455 公顷：包括 7 个 A 级地块 654 公顷，3 个 B 级地块 250 公顷，5 个 C 级地块 495 公顷，已建、在建及签约酒庄用地 56 公顷。丘山山谷共规划酒庄 27 个，葡萄酒小镇 1 个。其中已建、在建及签约酒庄 6 个，规划综合型酒庄 6 个，生产型酒庄 5 个，度假型酒庄 10 个。到 2020 年共建成酒庄 13 个。

【葡萄酒小镇规划】 依据聚集区的发展定位，结合现状地形及交通条件，在“一带三谷”范围内规划了六个葡萄酒小镇。

在滨海葡萄观光带设计了一个开放式的度假小镇，包括葡萄酒加工厂、葡萄酒交易中心、葡萄酒博物馆、风情酒吧街、商业街、葡萄酒主题酒店等功能，可举行一些大型活动。

在平山河谷规划了一个封闭式的中式小镇，包括葡萄酒加工厂、休闲会所等，更多地体现了酒庄的私密特性，符合平山河谷的定位。

在丘山山谷规划了一个半开放式的欧式小镇，包括葡萄酒加工厂、乡村教堂、葡萄酒主题会所等，可以举行酒庄婚礼等活动。

葡萄种植

【概况】 2016 年，全市标准化葡萄种植基地 8 万亩，酿酒葡萄品种 39 个，其中，红色酿酒品种 21 个、白色酿酒品种 16 个、染色品种 2 个。

【特色葡园建设】 积极推广标准化特色葡园建设，严格按照《酿酒葡萄生产技术标准》指导基地生产，倡导农业部“一控两减”的总目标，大力研究和推广土壤深翻改良、深挖定植沟、行间生草、叶幕简化管理等新技术，推广单干单臂或单干双臂架式，引导基地建设符合机械化发展的趋势。

【特色化品种品系研究】 加大对特色化品种品系的研究推广。对蓬莱产区品种进行物候期跟踪调查，对产区小味儿多、马瑟兰等特色品种进行重点研究，总结特色化品种的生理表现及适栽模式。在新建基地品种选择上，推广适合产区风土条件的马瑟兰、小芒森、小味儿多等个性化品种。

【机械化葡萄种植】 积极推进全市葡萄基地机械化的应用。在2016国际葡萄酒设备技术暨葡萄、果蔬种植展览会期间，与市农机局在国宾酒庄举办种植机械现场演示会。针对蓬莱酿酒葡萄的架势、行距、地形特点，选取葡萄夏季剪枝机、冬季剪枝机、枝条粉碎还田机、喷雾打药机等几款适合蓬莱产区葡萄基地种植管理的设备进行重点推广展示。

【技术培训】 制定葡萄生产培训计划，深入企业酿酒葡萄基地进行技术指导80余次，共发送“葡信通”技术短信50余条，发表《今日蓬莱》技术文章10余篇，电视台专题报道4次、召开园艺师例会4次，邀请国内外专家来蓬技术指导4次。建立蓬莱产区园艺师协会微信群、飞信群，及时预报天气情况，传授防灾减灾办法，预防自然灾害。

葡萄酒酿造

【蓬莱产区名牌创建】 “蓬莱海岸葡萄酒”地理标志证明商标已经被国家工商总局受理，全国海岸葡萄酒知名品牌示范区创建完成文审论证答辩工作。协助万德福申报“中国驰名商标”，年内新增君顶酒庄为山东省服务名牌，国宾酒庄盛唐及图被认定为山东省著名商标。全市葡萄酒企业获得1个国家级名牌产品、3个中国驰名商标、7个省级名牌产品、9个山东著名商标和1个山东省质量奖、1个山东省服务名牌。

【海岸特色葡萄酒开发】 按照“个性化”“差异化”原则，引导企业开发海岸特色葡萄酒。鼓励企业利用产区特色葡萄品种，酿造出优质葡萄酒，体现“蓬莱海岸葡萄酒”的独特风格。中粮长城海岸精选赤霞珠－马瑟兰干红获得2016年布鲁塞尔大赛银奖和2016年品醇客Decanter大赛铜奖，中粮长城海岸葡园2012高级精选梅鹿辄小味儿多干红和海岸葡园2014高级精选霞多丽干白分别获得2016第五届WINE100葡萄酒大赛银奖和铜奖。长城海岸葡园高级精选干红葡萄酒（美乐、小维尔多）2013获得2016年品醇客亚洲葡萄酒大赛铜奖。

【新产品研发】 在稳定传统产品的同时，鼓励企业研究开发深受大众消费者青睐的、性价比高的桃红酒、半甜酒、起泡酒、白兰地等产品。中粮长城起泡酒灌装线已安装完成，嘉桐酒庄正在建设起泡酒厂房。同时，引导企业积极探索具有口感清爽和低度易饮等特点的快销品种，以丰富产品结构。烟台时代葡萄酒有限公司开发出康子号洋葱干红，获得2015—2016年度中国葡萄酒市场年度“创新佳酿”。

【葡萄酒出口】 2016年，市葡萄酒局协助苏各兰酒堡办理葡萄酒出口手续。全市共有君顶、中粮长城、国宾、中信国安、瑞枫奥赛斯、苏各兰、海市、泰生小镇等8家具有葡萄酒出口资质的企业，全年共出口葡萄酒9批次，约8000升，同比增长150%。烟台时代葡萄酒有限公司的金色时代葡萄酒产品已进驻德国最大、欧洲第二、世界第三的零售批发超市集团麦德龙商超。国宾酒庄的盛唐葡萄酒产品已入驻世界500强企业泰国正大集团莲花超市。

【中粮营养健康研究院酿酒葡萄及葡萄酒研发中心】 由中粮营养健康研究院（中粮集团的科技管理部门）和中粮长城葡萄酒（烟台）有限公司共同发起，经科技部批准，以中粮长城葡萄酒（烟台）有限公司为建设依托单位，联合中国农业大学合作组建“国家酿酒葡萄及葡萄酒工程技术研究中心”，打造国内领先、国际知名的酿酒葡萄及葡萄酒科技创新平台。2016年4月，中粮长城葡萄酒（烟台）有限公司获得中粮集团授予的“中粮集团科学技术奖”。

葡萄酒庄

【概况】 2016年，全市建成酒庄18个，在建酒庄15个，全年投入建设资金约1.93亿元，其中，拉菲、龙亭酒庄已安装部分酿酒设备，逃牛岭、安诺、福祥兴唐、嘉桐、楚博等酒庄主体均已完工；文成城堡（二期）、仙谷酒庄正进行内外装修。

【瑞枫奥塞斯酒庄】 位于朱家庄村村西海滨，由比利时籍华人吴枫和法国奥塞斯酒庄（ChateauAuzias）庄主奥塞斯合资兴建，2005年春建成运营。

酒庄坚持“好酒来自好葡萄”的理念，从源头上抓好葡萄生产。酒庄开辟了自属葡萄园23.3公顷。葡萄种植、维护、采收、分选全部人工作业，确保挑选出优质的葡萄。在酿制过程采用重力酿造法代替传统工艺，尽量避免氧化，保留葡萄原有风味。酒庄从2007年酿造第一个年份酒以来，先后向市场推出了五个系列的葡萄酒，而每一滴葡萄酒都来自于庄园自有葡萄园。2012年9月，酒庄获得国家标准化管理委员会授予的“全国葡萄栽培综合标准化示范区”称号。

【文成城堡】 位于解西村，由加拿大华侨李文

瑞枫奥塞斯酒庄葡萄基地

沃族酒庄外景

成投资 8 亿元兴建。城堡由欧洲建筑元素巧妙组合而成，融合了欧洲巴洛克、洛可可和哥特式三大古典主义建筑风格，以珍贵洞石为主的建筑材料承载着欧洲建筑和装饰艺术的精髓。周围有护城河环绕，内装海水，可养海参、鲍鱼，也可供游客戏水划船，是一座集绿色生产、观光旅游、休闲娱乐于一体的海湾城堡群。

1 号城堡地上四层客房餐厅 4500 平方米，地下酒窖 6000 平方米。地下酒窖由黑色和棕红色火山灰石堆砌而成，展示着如教堂、城堡、古镇及来自巴黎、伦敦、圣彼得堡等各地的欧洲经典建筑，陈列着世界著名的油画、雕塑。2 号城堡地上五层 2000 平方米，地下两层为建筑面积 800 平方米博物馆展览馆。3 号城堡建筑面积 1.8 万平方米，地上八层和地下一层，建有客房 200 套，主要用于大型会议接待、皇家婚礼、婚庆等，配备的宫廷服装、皇家马车、优质草坪、皇家礼仪仪仗队、中西经典特色美食，具备包含婚纱拍摄及婚礼承办的一站式定制实力。4 号城堡建筑面积 4000 平方米，拥有客房 80 套、梦幻葡萄大厅 1000 平方米。5 号城堡是建筑面积 1 万平方米的文化艺术品保税仓库。

【沃族酒庄】 位于安香店村，由澳大利亚 GNT 公司和烟台海市葡萄酒有限公司共同投资兴建，项目总投资 9000 万元，总建筑面积 2.1 万平方米，主要从事葡萄种植、高档葡萄酒生产销售及与酒庄相关的观光、休闲、度假服务，为中国第一个澳式风格葡萄酒庄园。

沃族酒庄致力于打造中国高端起泡酒，建有国内首条意大利起泡酒生产设备和罐内二次发酵设备，酿酒技术和生产设备均属国际最先进水平，弥补了国内起泡酒行业的空白，年产高档酒庄葡萄酒 2000 吨。

【苏各兰酒堡】 位于大辛店镇木兰沟村村东，总投资 600 万美元，葡萄基地面积 350 亩，酒堡建筑面积 4000 平方米。酒庄倾力打造以顶级葡萄酒生产为核心，涵盖优质酿酒葡萄苗木研发、种植、葡萄酒文化推广与交流、葡萄酒主题休闲旅游、会所等产业的发展。

苏各兰酒堡背靠丘山山脊，面向丘山水库，腹地是一望无尽的葡园，视野极其开阔。酒堡以

苏各兰酒堡

极富中国式智慧的“知行合一”思想为理念，融合旧世界葡萄酒上千年传统文化和新世界葡萄酒的现代意识，在丘山山谷完美体现了人与自然的和谐、中西方文化的结合。酒堡内有商店、餐厅、住房、娱乐等设施，不仅可以品尝各种高档葡萄酒、西餐、新鲜淡水鱼，还可尝到山间野菜、野味。酒堡还根据目标人群的生活习性和兴趣爱好，定期举行宴会、舞会及主题酒会。

【古顶酒庄】 位于九顶会仙山的主峰——古顶山麓的丘陵坡地，地理位置优越，先天风水

古顶酒庄一角

独特。酒庄以“打造新世界顶级酒庄酒”为己任，投资 1.2 亿元，建立 1800 亩自主管理生态葡园基地，全套引进意大利 SPADONI 生产设备，通过 ISO9001 质量管理体系认证、HACCP 食品安全管理体系认证，获得葡萄酒、白兰地等酒种食品生产许可证，取得“绿色食品”认证和中华人民共和国原产地域保护。

古顶酒庄珍藏选用优质的解百纳葡萄品种作原料，采用欧洲传统工艺与现代设备精心酿造，并在法国橡木桶中贮藏3年以上。古顶酒庄系列产品先后荣获中国国际葡萄酒烈酒品评赛优秀奖、银奖、布鲁塞尔国际葡萄酒烈酒评酒会银奖，并在第三届五色海岸新酒节中荣获最高奖——“金玫瑰”奖。

【拉菲酒庄】 位于大辛店镇丘山山谷内，由位列法国五大顶级酒庄之一法国罗斯柴尔德男爵拉菲集团与中信华东（集团）有限公司共同投资 1 亿元兴建，主要从事优质葡萄种植及高品质葡萄酒的生产和销售。

2009 年 3 月，拉菲集团与蓬莱市政府签订合作协议，蓬莱成为继阿根廷、智利之后，全球第三、亚洲唯一的拉菲生产基地。2012 年 3 月，拉菲集团为该酒庄项目举行了奠基仪式，开始了酒庄建设的第一步——葡萄园建设。一期葡萄园占地 25 公顷，主要种植萄品种包括赤霞珠、品丽珠、西拉、梅洛，部分种植味尔多和马瑟兰。每棵葡萄枝条都有木桩固定，每根木桩上均有两根绿色丝带缠绕，葡萄间距等宽，垄间距工整。在葡萄种植过程基本不使用化学药物和肥料。酿酒师常年生活在种植园，时刻关注葡萄长势，定期根据每片区域的小气候制定相应的管理方案，最大限度地保证葡萄的糖分和品质。

拉菲酒庄的葡萄基地

2013 年 7 月酒庄主体建设开工，规划建筑面积 9171.58 平方米。其中：酒厂 6437.06 平方米，农庄 1113 平方米，酒堡 1621.52 平方米。

2016 年，取得了历史上最好的产量、最佳的成熟度平衡以及最高的品质，酿造的葡萄酒也从“试验性产品”变成“真正的葡萄酒”。

葡萄与葡萄酒文化及休闲

【第五届国际葡萄酒设备技术暨葡萄、果蔬种植展览会】 5 月 30 日—6 月 1 日，第五届国际葡萄酒设备技术暨葡萄、果蔬种植展览会在体育中心举行。国际葡萄与葡萄酒组织总干事让・马里・奥兰德，法国驻华大使馆农业事务副参赞辰好，中国酒业协会常务理事长王琦，法国高美艾博展览集团农业、食品、建筑及光学部总经理罗兰，市委副书记、市长杨升岩，副市长孙传武出席开幕式。法国、德国、意大利、丹麦、西班牙等国家的 200 多家企业参展，集中展示国际一流的葡萄栽培、种植技术设备，葡萄酒包装、酿造、灌装、贮藏技术设备。展会吸引观众达近 7000 人次，达成意向订单 40 余个，订单金额达 4000 万元。展会还举办多场葡萄酒产业发展高峰论坛和技术交流活动。

第五届国际葡萄酒设备技术暨葡萄、果蔬种植展览会开幕式

【第四届中国葡萄酒创意包装论坛】 9 月 27 日，由中国包装联合会华南委员会支持，市葡萄与葡萄酒局联合山东万里鹏城文化创意产业有限公司、环球创意产业研究中心共同举办第四届中国葡萄酒创意包装产业发展论坛，150 余名来自全国各地的葡萄酒行业包装、设计等企业代表与会，共同搭建起葡萄酒企业与印刷包装、设计品牌策划以及设备供应商之间互动交流的平台，引导葡萄酒企业通过创新包装设计来拉动市场销售。

【2016 蓬莱葡萄酒半程马拉松赛】 9 月 24 日，蓬莱葡萄酒半程马拉松赛在八仙雕塑广场拉开序幕，来自北京、上海、大连等全国各地 3000 余名马拉松爱好者参加比赛。比赛分 5 公里短程和 21 公里半程马拉松，赛道选择在美丽的海岸线，赛道上设置 5 个美酒美食补给站，美酒由本地企业蓬珠、国宾、时代等提供。最终，蓬莱选手张德成以 1 小时 13 分钟获得男子组半程马拉松第一名，选手杜娜以 1 小时 28 分钟获得女子组冠军。

这是中国首个以葡萄酒为主题的马拉松赛事。本次赛事的成功举办，大大提高蓬莱作为“人间仙境、美酒之乡”的知名度和影响力。

【“尊享世界精品美酒”品鉴会】 5月29日，市葡萄酒局携手中国首个以消费者为导向的专业葡萄酒大赛评审机构WINE100，在瑞枫奥塞斯酒庄举办了一场以“尊享世界精品美酒”为主题的葡萄酒海鲜烧烤派对，创造了一个让参与展会的嘉宾相互交流的机会。活动吸引来自国内优质酒庄、酒商等50余名专业人士和爱好者，共品鉴来自法国、德国、澳洲、新西兰、意大利、宁夏、新疆、蓬莱等产区的60款国内外精品葡萄酒。

【“全国理性饮酒宣传周”宣传推广】 10月21日—28日，为响应中国酒业协会“2016年全国理性饮酒宣传周”主题活动倡议，在社会上广泛传播理性、文明饮酒，彰显酒类行业社会责任的担当，市葡萄与葡萄酒局联合沃族酒庄、蓬莱葡萄酒学院同步启动“全国理性饮酒宣传周”宣传推广活动，以“关爱成长，非成勿饮”为主题，通过线上、现场两种方式向社会深入宣传未成年人饮酒的危害，提升民众相关知识。

【春秋糖酒会展销】 组织多家葡萄酒企业赴成都、福州参加全国春秋季糖酒会。在春季糖酒会期间，协助国宾酒庄、时代酒业等企业进行新品宣传推广，参加“2016中国优质葡萄酒颁奖、推介、论坛”“国际领袖产区葡萄酒质量大赛”“全国葡萄酒峰会”等活动。秋季糖酒会期间，与中国酒类流通协会合作举办“10年，再出发——世界七大葡萄酒海岸之中国蓬莱战略规划媒体沟通会”在福州海峡国际会展中心举办，中国酒类流通协会会长王新国、中国酒业协会常务副理事长王琦、市政府副市长孙传武等出席会议。

【2016烟台葡萄酒巡展推介会及葡萄酒博览会】 组织中粮长城、国宾、时代、瑞枫奥塞斯等8家企业参加2016烟台葡萄酒巡展推介会。参巡企业现场做了企业和产品推介，引起现场经销商的广泛关注。组织瑞枫奥塞斯、万德福、国宾酒庄等3家企业参加2016年烟台葡萄酒博览会，取得理想效果。

行业服务与管理

【行业服务】 以园艺师、酿酒师为重点，通过现场指导和集中培训的方式，共培训200余人次，协助中粮长城引进意大利葡萄酒专业留学硕士1名、拉菲酒庄引进法国勃艮第第戎学院葡萄栽培与酿造留学硕士1名，聘请法国杜翰教授为蓬莱葡萄酒学院客座教授，引进葡萄酒研究项目2项，分别为中国农业大学战吉宬指导的马瑟兰特性研究项目和山东省农科院科技创新工程项目科技项目—葡萄节本提质标准化生产与精深加工技术集成示范。在山东省葡萄与葡萄酒协会主办的“山东省第四届葡萄酒品酒技能竞赛暨2016年中国技能大赛——‘siprem西博梅杯’第三届全国葡萄酒品酒职业技能竞赛山东赛区初赛”中，蓬莱参赛选手有3人获得“山东省葡萄酒行业技术能手”的称号，8人取得决赛资格。

【行业管理】 梳理安全生产职责及监管企业详细情况，与企业签订年度安全生产责任书61份，发送各类明白纸、宣传画200余份；到企业进行安全生产检查，督促企业进行隐患整改及日常自查，发现隐患7起，全部整改完毕。

MAOYI 贸 易

对外经济贸易

【概况】 2016年，把招商引资、招才引智深度交融，作为全市“一号工程”全力推进，促进项目、资金、技术、人才等要素集聚。新批外资项目13个，合同外资1.7亿美元，实际使用外资1.5亿美元，实现外贸进出口总额11.88亿美元，其中出口9.32亿美元。

【国家级“侨梦苑”建设】 为进一步开发利用全球侨资侨智，打造侨商产业发展和海外高端人才归国发展的聚集区，更好地服务国家“一带一路”、中韩自贸区建设等重大战略举措，经山东省人民政府同意，烟台市委、市政府决定，在海陆空交通便利、基础设施完备、各方条件优越的西部区域（主要在蓬莱区域内）规划建设山东烟台“侨梦苑”。3月份开始，经过前期的调研学习和充分准备，将“侨梦苑”申报材料经省政府同意上报国侨办，又多次到烟台外侨办、省侨办、国侨办汇报“侨梦苑”发展规划、进展情况及措施计划，得到各级侨务部门的支持和肯定。10月19日，“侨梦苑”项目通过国务院侨务办公室验收。

【平台建设】 强力推进三类平台建设，进一步提升人才承载能力。一是公共创新创业平台。全面推进现有孵化器提档升级工作。建筑面积1.15万平方米的蓬莱市科技创业服务中心成功获批“山东省科技企业孵化器”，入孵企业42家，入选“烟台市首批众创空间”5家，建成烟台市首家“山东省创新驱动助力工程示范区”；积极推进国家级“侨梦苑”建设，全力打造华人侨胞精英创新创业基地，国务院侨办已对项目进行验收。二是企业技术创新平台。年内新增省级院士工作站2处、烟台市级高层次人才载体5处。三是产学研合作平台。与山东大学等21所高校达成产学研合作协议19个，设立实习实践或教学基地8个；与齐鲁工业大学建立全面校地战略合作关系，签订合作协议4项。

【海上风电产业招商】 依托蓬莱海上风电产业区位优势，在充分研究国内外海上风电产业发展态势、广泛征求业内专家的基础上，制定出台海上风电产业招商目录、招商手册，确定海上风电产业发展目标和方向。并抽调精干力量，积极开展海上风电产业招商，先后赴北京、上海、江苏、广东等地进行招商推介。与三峡集团、金风科技、中国电科院、鲁能集团、中材集团、中国建材北新集团、上海电气、北车风电、大唐华创、株洲时代新材料等国内知名海上风电机构、企业进行项目对接，重点引进海上风电研发设计、发电机组、叶片等项目。7月28日，中国风能协会理事会扩大会议在华玺大酒店举办，邀请中国农机工业协会风力机械分会、中国电力科学研究院新能源研究所、国电联合动力技术有限公司、新疆金风科技股份有限公司等105家企业参会，积极推进在蓬建设海上风电试验基地项目。2016年末，鲁能海上风电检测研发中心及示范基地项目已签订框架合作协议；中国机械设备工程公司与江南电缆公司达成叶片制造项目意向；三峡集团蓬莱海上风电装备产业园规划完成，并提交给烟台市发改委。

市委书记杨原田在蓬莱（北京）招商引智暨城市形象推介会上致辞

【2016蓬莱（北京）招商引智暨城市形象推介会】 7月12日，“神仙日子 蓬勃未来”——2016蓬莱招商引智暨城市形象推介会在北京举行，来自央企、行业龙头企业、跨国公司及高校科研院所等200多名代表参加活动。中兴电力股份有限公司董事长李茂银，国家“千人计划”专家、瑞博生物技术有限公司董事长、北京大学教授梁子才，北京宋致露营投资管理有限公司董事长王英寿，市委书记杨原田等先后致辞。本次推介会对旅游、葡萄酒、投资置业环境进行重点推介。在旅游推介板块中，主推“到蓬莱，过神仙日子”的度假理念和“慢、静、闲”的生活方式，还针对北京游客推出蓬莱旅游专属线路。在葡萄酒品鉴活动中，来自中粮长城、君顶酒庄等蓬莱产区的多款海岸葡萄酒集体亮相，让与会嘉宾品鉴了世界顶级品质葡萄酒的“蓬莱味道”。

推介会上，中兴新能源、首旅寒舍高端民宿、威斯顿聚仙湾等10个项目组团与蓬莱“牵手”，在旅游服务和装备制造等产业领域开展合作。中兴新能源项目主要建设高效超净燃煤示范电站，未来年可发电120亿千瓦时，实现年销售收入45亿元、税收15亿元；北京宋致露营项目，以景区+营地为核心的方式，主要开发汽车房车露营、户外主题活动、休闲体育项目等休闲产品；威斯顿聚仙湾项目，在蓬莱投资打造集海上娱乐、餐饮住宿、生态度假、赛事会议于一体的综合性旅游度假项目。

【2016蓬莱（上海）招商引智暨城市形象推介会】 11月1日，“神仙日子 蓬勃未来”——2016蓬莱招商引智暨城市形象推介活动第二站在上海举行，来自央企国企、上市公司、世界500强企业、高校科研院所的200多名代表与会。宁波温州商会会长朱振甜，国家“千人计划”专家、上海交通大学教授卢江，市委副书记、市长杨升岩等出席并致辞。

中民汇洋投资合作、金牡丹环球嘉年华旅游综合体、蓬莱鲁班软件园、葡萄酒文化展览综合中心等16个项目与蓬莱签约或达成合作意向，涵盖旅游、造船海工、新能源等多个重点产业领域。其中，中民汇洋投资合作项目投资总额达30亿元，建设中国最先进的工厂化养殖基地、冷链物流中

市委书记、市长杨升岩在蓬莱（上海）招商引智暨城市形象推介会上致辞

心、国家级中心渔港，聚力打造国际一流远海远洋综合作业船队及国际性水产交易中心。

此次推介会上上海千人计划联谊会与蓬莱市签订协议，将蓬莱作为合作和重点支持单位，依托双方优势资源，搭建沟通交流平台，推动双方人才培养、科学研究、社会服务等共同发展，实现共赢。

【中国博士后科技服务团蓬莱行活动】 1月6日，中国博士后科技服务团山东蓬莱行活动启动仪式在蓬举行，人社部留学人员和专家服务中心副主任、中国博士后科学基金会副秘书长邱春雷，中国人民大学经济学院区域与城市经济研究所所长、博士后合作导师孙久文，市委副书记杨升岩，市委常委、常务副市长张祖玲，市委常委、组织部长李少娜出席启动仪式。来自中国科学院、中国环境科学研究院等16所高校及科研单位的18名博士后与蓬莱市11个项目方代表参加启动仪式。

“中国博士后科技服务团山东蓬莱行”活动吸引了32名博士后报名。经过初步接洽，有18名博士后与蓬莱市21个项目成功对接，涉及医药、食品、机械、生态环境、农业等多个领域。启动仪式后，18名博士后深入山东民和牧业股份有限公司、蓬莱巨涛重工有限公司、山东安源水产股份有限公司等单位，了解项目市场状况、发展前景、科研水平、人才待遇等情况，并最终确定合作事宜。

中国博士后科技服务团是人社部、全国博士后管委会“十二五”期间开展的重要博士后科技服务活动，目的是引导博士后走向基层、走向生产一线，将科技创新成果直接服务于地区的经济社会发展。该活动与国内县级市合作尚属首次。

【“百日会战”活动】 确定利用5、6、7、8四个月的时间集中开展“百日会战”活动，掀起了“双招双引”工作热潮。全市各级各部门按照市委、市政府的统一部署，坚持狠抓招商引资、招才引智不动摇，主攻项目、人才、资金、技术引进不松劲，精心组织，强势推进。全市各级各部门累计“走出去”3195批次、“请进来”968批次。其中，各镇街党政主要领导外出招引天数达到720天、平均30天，最多的41天；78个具有招商引资任务的单位主要负责同志外出天数达到1627天、平均21天，最多的34天。城投集团、文旅集团合计外出天数80天。各级各部门共搜集上报有价值的项目信息278个，其中继续跟踪类以上项目信息209个，签订各类投资项目78个；走访高等院校、科研院所467次，对接重点人才604人次，确定有创业创新意向或有实质性内容的人才项目75个，其中引进“千人计划”创业人才1人、“泰山学者”创业人才1人，跟踪洽谈“千人计划”创业项目4个。在烟台市7、8、9三个月的《招商引资年活动简报》中，出访和接待来访次数都排名各县市区第一，9月当月签约项目个数排名各县市区第一。

【“蓝火计划”博士暑期挂职活动】 7月21日，教育部“蓝火计划”博士工作团蓬莱分团开团仪式在蓬举行，市委常委、组织部长李少娜出席仪式并致辞，来自厦门大学、山东大学、哈尔滨工业大学等8所高校的10余名博士及海洋生物、超硬复合等项目方代表参加启动仪式。

“蓝火计划”博士工作团走进蓬莱活动共吸引39名博士报名，经过初步接洽，10名博士与蓬莱市企业的16个项目成功对接，涉及新材料、生物医药、装备制造等多个领域。开团仪式后，博士工作团深入蓬莱海洋（山东）股份有限公司、蓬莱市超硬复合材料有限公司、山东京蓬生物药

"蓝火计划"博士工作团蓬莱分团开团仪式

业股份有限公司等企业一线，进行产学研合作实践和技术指导工作。

【行业服务与引导】 市投资促进局按照市委、市政府的总体部署，牢固树立全市工作一盘棋的思想，准确把握全市招商工作动态，加强对全市招商引资工作的研究和规划，精心策划和组织好全市招商活动。制定出台《关于全面加强招商引资工作的意见》《双招双引手册》《对外推介项目目录》等资料。进一步加强信息调度力度，建立招商信息库、招商微信平台。通过信息采集、筛选论证等工作，一方面营造浓厚的全员招商氛围，提高各部门、各单位的招商积极性、主动性，拓宽招商引资渠道；另一方面通过科学的分析论证，确保重要信息由专业部门跟进，提高项目洽谈的成功率。

2016年新批外资项目

单位：万美元

企业名称	经营范围	投资总额
烟台双赢钢结构有限公司	生产钢结构（包括船舶配套钢结构，凭中国钢结构制造企业资质证书生产经营）及汽车、工程机械的配件用品，并销售公司上述所列自产产品以及纺织品、布匹、玩具、电子产品的进出口贸易	14
烟台华业生态科技有限公司	药材种植、农业种植（我国稀有和特有的珍贵优良品种除外）；光伏发电、光伏产业技术开发应用；生态旅游	29990
蓬莱爱护商贸有限公司	食品、酒类、汽车用品、化妆品、电子产品、日用百货、服装鞋帽、工艺美术品、针织品、家用电器、一类、二类医疗器械的批发零售及进出口业务	76.000
烟台金美农业科技有限公司	果树的种植、育苗及研发，并销售公司上述所列自产产品	150.351
山东百骏生物科技有限公司	二、三类医疗器械研发、生产、销售	1000
烟台市蓬达胜威酒店股份有限公司	从事酒店经营与管理，从事高档酒店、高档餐饮等场所的设计、装修装饰服务	2000

续表

企业名称	经营范围	投资总额
烟台市韩菲阁葡萄酒有限公司	从事绿色、有机果蔬种植，并进行相关栽培技术开发；生产葡萄酒、果酒、白兰地，并销售公司上述所列自产产品	2000
雷斯博（烟台）国际贸易有限公司	国际贸易、转口贸易、区内企业间贸易及贸易代理；会务服务（主办、承办除外）、商务信息咨询（不含经纪）；仓储服务（除危险品）；软件开发及其他相关技术服务；广告设计、制作、代理发布；五金交电、家用电器、数码产品、电子元器件、电子产品、照相器材、厨房用品及设备、家具、装饰材料、灯具、纺织品、服装、鞋帽及箱包、化妆品及卫生用品、文化办公用品、体育用品及器材、钟表、眼镜、玩具乐器、日用百货、珠宝首饰、汽车饰品、金银饰品、工艺品（除文物）的批发、零售、佣金代理（拍卖除外）、货物的进出口	2000

2016年新批中国香港资本项目

单位：万美元

企业名称	经营范围	投资总额
烟台高升酒业有限公司	加工、灌装、储运葡萄酒、果酒，并销售公司上述所列自产产品（依法须经批准的项目，须相关部门批准后方可开展经营活动）	2288
烟台皮诺商贸有限公司	从事预包装食品（含酒类）、日用百货、工艺品的批发及零售，各类葡萄酒和与葡萄酒相关的设备的进口业务，与葡萄酒相关的技术信息咨询，各类展览展示和企业形象策划	10
中设（蓬莱）国际贸易有限公司	机械设备、电气设备、电子产品、仪器仪表、包装材料、建筑材料的批发零售及进出口业务；机电设备安装；商品展览服务；外贸咨询服务，技术咨询、技术服务	100
蓬莱雅霖食品有限公司	从事水产加工品（鱼松、鱼片、鱼丸、鱼酱及熟制、腌制、熏制、干制水产品）的批发及进出口）	1000

续表

企业名称	经营范围	投资总额
山东云水仙境环保投资有限公司	以自有资金对水资源综合保护利用、海绵城市建设、综合管廊建设、城市基础设施建设、河道综合整治、污水处理、固废物处理等环境治理项目和政府鼓励、允许外商投资领域范围内的项目依法进行投资、建设、管理、运营，水处理设备销售、安装、水务技术咨询	10000

蓬莱市2016年进出口过千万美元企业情况表

单位：万美元

企业名称	进出口总额	出口额	进口额
蓬莱巨涛海洋工程重工有限公司	53393.3	45364.2	8029.1
蓬莱中柏京鲁船业有限公司	14334.4	12676.8	1657.6
蓬莱汇洋食品有限公司	5684.4	3915.3	1769.1
莱尼电气系统（蓬莱）有限公司	4189.1	2961.4	1227.8
康爱特维迅（蓬莱）化学有限公司	2878.8	2878.7	0
蓬莱佳味食品有限公司	2873.5	2750.8	122.7
山东圣豪家纺有限公司	2642.7	2642.7	0
蓬莱金福不锈钢制品有限公司	2604.4	2143.7	460.7
蓬莱京鲁食品有限公司	2346.5	1386.1	960.5
蓬莱京鲁渔业有限公司	2288.4	0	2288.4
山东民和进出口有限公司	1520.1	1520.1	0
蓬莱联盛果蔬有限公司	1265.2	1265.2	0
蓬莱裕门木业有限公司	1253.9	0	1253.9
蓬莱环得钢阀有限公司	1027.9	1027.7	0.2

商贸餐饮业

【概况】 2016年，全市商贸流通企业完成销售收入7亿元，实现利润2140万元，实现利税3280万元。

【消费促进年活动】 2016年，全市商贸流通企业始终坚持以“诚信安全、便民惠民、绿色环保”为主题，积极开展“消费促进年”活动。清明节至“五一”劳动节期间，开展了以“诚信、安全、低碳和惠民”为主题的“消费促进月”活动，有力地拉动了城乡市场消费。仅“五一”三天小长假，城区主要商场、超市实现销售额近1378万元。“十一”国庆期间城区主要商场、超市实现销售额2896.5万元。

【餐饮行业品牌创建】 6月21日，组织全市6家餐饮企业代表参加“金德杯”烟台市经典鲁菜烹饪大赛，进一步弘扬鲁菜文化，传承鲁菜技艺，推动“中国鲁菜之都”品牌建设。9月，由市商务局、市市场监管局、市旅游度假区、市总工会等部门及市烹饪协会联合举办“2016年金色时代杯蓬莱市仙境美食烹饪大赛”。全市100多位选手参加比赛，最终共评选出20家仙境美食名店、40道名菜点、40名仙境名厨，并为获奖企业颁发“蓬莱市诚信经营餐饮企业”牌匾。至2016年末，已有6家餐饮企业被推荐为“食安山东”餐饮服务品牌示范店；3家企业被推荐为“食安山东”餐饮服务品牌示范街区。

【酒类流通秩序规范】 继续为酒类经营企业规范备案登记，发放酒类流通随附单，并指导企业正确使用《酒类流通随附单》，规范建立酒类流通台账。全年共规范备案企业283户，办理随附单4.1万份。同时，加强对酒类流通随附单的检查力度，共出动检查人员30余次，发放宣传资料600余份，发现问题30余处，下发整改通知书30余份，督促按时按要求进行整改，规范管理。

【商贸资金申请工作】 组织企业及时上报2015年度山东省新建改建旅游厕所资金申报材料，3月初顺利通过省商务厅、省旅游局联合检查小组验收，为家家悦超市、振华商厦、利群集团争取山东省旅游厕所专项资金补贴9.17万元。继续跟进第二批报送企业厕所新建改建情况，争取顺利通过审核验收。

【侵权假冒整治】 协调组织11家成员单位及时报送专题信息，督促各单位做好两法衔接平台信息录入及数据汇总上报。

【安全生产】 印发《关于开展商务系统安全生产隐患大排查快整治严执法集中行动的活动方案》，督促企业建立健全隐患排查制度和体系，建立健全隐患台账，切实消除安全隐患。共组织检查110余次，发现一般隐患70余处。组织开展“安全生产责任落实月”活动，共签订安全生产工作目标管理责任书、安全生产责任书、承诺书等90份，签订责任状1643份。扎实开展夏季消防安全专项行动，7月份集中组织企业开展消防疏散演练，签订消防安全自查自纠整改承诺书、夏季消防安全检查社会单位自查自纠表60余份，组织部门联合检查2次，发现问题隐患11处，各企业已经整改完毕。组织企业专题培训3次，切实提高企业安全意识，规范安全生产管理。督促企业组织开展应急演练工作，全年组织国美电器、家家悦超市、利群集团蓬莱购物广场、第二百货、振华商厦、人民商场、三联家电、福林商场等11家企业开展应急疏散演练22次。

电子商务

【概况】 2016年，以大力推进区域电子商务发展为抓手，充分发挥本地区位、农业、交通和物流等优势，坚持“政府引导、企业参与、政策推动”的方针，着手构建创新创业平台，加速推进传统产业向电子商务产业升级转型，实现经济新增长、扩大大众新就业。全市电子商务交易额突破80亿元，同比增长33.3%。

【蓬莱市电子商务协会】 3月8日，蓬莱市电子商务协会注册成立。3月，针对苹果价格低、库存压力大等问题，组织协会会员开展为蓬莱苹果助力活动，累计销售红富士苹果2500万公斤。5月，销售大樱桃近40万公斤。11月1日，协会邀请济南凡盟创投公司、各有关部门以及葡萄酒企业召开蓬莱市葡萄酒产业电商研讨会，将蓬莱葡萄酒作为产区集中对外进行线上宣传。年内，电商协会在蓬莱博展商贸城打造7万平方米的电商孵化基地，成立蓬莱胜境电子商务孵化基地有限公司，积极打造并申报“省级电子商务示范基地”“烟台市创客空间”和“烟台市电子商务定点培训学校”，引导培养有志电商创业残疾青年，在孵化基地成立517创客中心，支持残疾青年创业，入驻残疾青年达到5人。2016年末，协会拥有注册会员近400人，其中企业电商会员100多家。

【自然慧微电商创新创业科技园】 3月，自然慧微电商创新创业科技园开始筹备。5月6日，开工建设。5月15日，联合中国商业经济学会电子商务促进会在蓬莱举行第一届微商运营师培训项目正式开课。5月28日，公司在泉城学院举办招聘会。10月8日，正式启动运营，微电商创客正式开始招聘、培训工作。2016年末，微电商科技园运转良好，日发货量超过千单。

【英搜跨境电商项目】 英搜跨境电商项目已完成在蓬莱海关备案工作。6月1日，完成注册地址变更。7月12日，与第三方物流（顺丰）签订合作协议，办理电子口岸。8月10日，完成对机构信用代码证注册地址的变更。8月25日，与中国银行正式签订第三方支付协议。企业网站已维护完成，正着手加强与海关的具体对接，准备办理“三单合一”相关材料。

【蓬莱市第一届电子商务招商大会】 3月10日，由市供销社、市商务局、团市委联合主办的蓬莱市第一届电子商务招商大会在市电业公司召开。大会以“供销社+京东战略融合”为主题，突出高端化、专业化和品牌化，展示国内外最新“互联网+”创新成果，搭建企业营销管理、沟通交流、学习借鉴和项目合作的平台。蓬莱市各大中小企业、三农企业主、农村合作社、协会组织、生产商、网店运营商等社会各界人士共300余人参加会议。

【电商平台建设】依托恩源科技项目，大力发展电子商务“总部经济”。发展锦泰广场“中国葡萄酒网上商城”，以“蓬莱产区”为重点特色，实现线上销售与实体葡萄酒博览交易中心结合。推进昌升商贸物流广场海参（海产品）交易网、博展商贸城汇美佳建材家居网上交易平台建设，发挥专业市场的引导作用，带动电子商务的快速发展。

【京东封神榜优秀推广员颁奖典礼】 7月12日，2016年京东乡村推广员评选第二季颁奖典礼在蓬举行，同时将每年7月12日设定为“京东乡村推广员日”。市政府副市长吴明光、京东乡村业务负责人蒋洪宇、京东3C事业部品牌合作与发展部总经理汪延领、京东公共事务部总监李贺明、京东农村金融负责人洪洁及合作商英特尔中国大型零售渠道总监沈荣等出席会议。

【蓬莱供销e网】 搭建蓬莱供销电子商务平台“蓬莱供销e网”，吸纳20余家电子商务主体入驻蓬莱供销电子商城。3月份成功举办“蓬莱市第一届电子商务招商大会”，免费举办“互联网+创业”培训班5次，培训人员317人次。与省供销社电商公司、山东天鹅棉机公司合作，邀请日本电装公司来蓬考察，协商将蓬莱墟里玫瑰香葡萄种植基地纳为省“供销e家”电子商城果蔬商品特定供应基地。

供销合作

【概况】 2016年，市供销社加快组织体制和网络体系建设，积极推进服务规模化和流通现代化，使供销社的经营服务更加广泛地融入“三农”，与农民联结更紧密、为农服务功能更完备、市场化运行更高效。

【改革试点】 市供销社2015年被省供销社综合改革试点工作领导小组确定为供销社综合改革试点工作重点联系单位，得到市委、市政府领导的关注和支持，市委办、市府办印发《关于印发〈蓬莱市供销社综合改革试点实施方案〉的通知》，市委组织部和市供销社联合印发《关于开展“党建带社建、社村共建”工作的意见》，全面启动供销社综合改革试点工作。市供销社与市农业局、市农机局分别签订《为农服务战略合作协议》，使供销社综合改革成为面向农村、惠及农民、多方参与的社会化服务举措。经过一年来的改革实践，供销社综合改革取得阶段性进展和实质性突破，围绕“三农”工作大局，依托为农服务中心项目建设，激发基层党组织活力，推进服务转型升级和创新经营模式，做大做优传统经营服务业务，加快农资、农产品、日用品、农用成品油等现代流通服务网络建设，形成了连锁化、规模化、品牌化经营的新格局。

【为农服务】 成立供销农业服务有限公司，具体实施为农服务设施资源整合组织协调工作。规划建设为农服务中心3处，南王供销社为农服务中心经营农资、日用品、餐饮、农械修造、加油站、农技讲堂、果品生产示范基地及批发市场等多种社会服务项目，服务半径涵盖全街道及周边镇村。村里集、于家庄为农服务中心正在改造建设中。开展土地托管服务，组织开展耕、种、管、收系列化服务，服务面积5.7万亩。登州供销社与北沟镇荆魏村民合作，建设1处肉牛养殖场，成立了蓬莱市汇通养殖专业合作社，引导养殖业户发展绿色生态肉牛标准化养殖。养殖场肉牛存养量已达180余头。以养牛场建设带动大田托管服务，合作社投资35万元购置各种农用机械，在周边村建立托管大田2400余亩。

【网络体系建设】 加快网络体系建设，推进农村流通现代化。建立3处农资配送中心，发展230处农资连锁网点。建设果蔬批发交易市场，由南王供销社与徐家沟村联合建设的1800平方米大樱桃批发市场年成交量600吨以上，交易额960余万元。改造供销社传统经营网点，稳步发展农村超市，其中潮水、大柳行两处1000平方米以上超市成为农村日用品市场的领军店。与中国供销石油烟台公司合作，改造原供销社油库，建立农用成品油连锁经营服务网络，建设7处加油站投入运营。

【合作社建设】 从章程制度制定、组织管理机构、经营服务拓展和利益联结方式上加强对农民合作社的规范引导，领办专业合作社6个，服务各类专业合作社156个。成立乡镇农民合作社联合社5个，县级农民合作社联合社1个。民生葡萄专业合作社、汇通养殖专业合作社获评中华全国供销合作总社“农民专业合作社示范社”称号。由基层社和专业合作社组织实施新型农民社员素质提升工程，与有关部门协作，举办各类农技培训班12期，培训农民3700多人次。

【社村共建】 推进服务机制社会化，与包村帮扶、精准扶贫和美丽乡村建设相结合，开展党建带社建、社村共建活动，使社村共建成为一项社会化为农服务工作。南王街道徐家沟村、北沟镇荆魏村先后被省供销社评为“社村共建示范点”，其共建经验做法在《大众日报》《中华合作时报》《烟台晚报》和《今日蓬莱》刊登报道。

粮食流通

【概况】 2016年，认真贯彻执行国家粮食购销政策和储备粮管理办法，紧紧围绕粮食和粮食安全这个中心，强化粮食市场监管，抓好地方储备粮、成品粮油应急和军粮供应管理。实现粮油经营量5.7万吨，粮食销售出库1.4万吨，实现销售收入3532万元。

【粮源建设】 在巩固本地粮食收购管理的基础上，加大粮食外采力度，通过与产区签订长期购销合同、发展订单农业，创新产销协作模式，搞好与主产区的有效衔接，建立以国有粮食收储企业和中小粮食经营企业及贩粮大户参入的粮食购销骨干企业为龙头，以粮食加工企业为纽带，以重点粮食品种为方向，在省内外产粮区建立域外粮源基地，增强域外粮源采购能力。同时，加强与主要粮食批发市场、粮食商品交易所的信息网络建设，掌握粮食供求信息，增加多种粮食采购渠道，满足全市粮食需求。

【粮油储备】 根据蓬莱城镇人口的粮食需求情况，落实烟台市政府充实扩大地方储备粮规模会议纪要，扩大地方粮食储备规模，增加成品粮油的储备数量；以创建国家和省级智能化示范库活动为载体，全面提升储备粮油管理水平；利用库容，大力开展对外服务与合作，发展储备经济。推进粮食储备库与中储粮、中粮集团等大企业合作，成立粮食集散交易中心，为东北、山东玉米流通打造集散交易平台。

【仓储管理】 加快全市现代化粮油仓储设施建设，争取省财政资金122.5万元、地方财政配套资金52.5万元对粮食储备库和徐家集粮站智能化升级。抓住中央在流通领域加大储备项目投资的契机，积极向上争取政策资金，扩大粮油储备能力，力争“十三五”形成原粮库容6万吨和一定库容的成品粮、油罐储备规模。投资212万元对蓬莱国家粮食储备库等旧仓房进行维修改造，更新粮情检测、机械通风、环流熏蒸、信息化管理、供电线路等系统的维修改造，购置部分粮仓机械设备，进一步提高储粮安全。

【地储粮轮换】 为确保地方储备粮储存品质，按计划完成轮换任务，以市场为导向，适时安排粮食轮换出库，大力开展粮食购销工作。年内，粮食销售出库1.25万吨，实现销售收入3100万元，回笼资金100%，无欠账、赊账问题发生。在粮食收购过程中，认真贯彻执行国家最低保护价粮食收购政策，本着遵循节约成本、提高效率的原则，制定切实有效的措施，早行动、早计划、早开秤，拓宽收购渠道，改善收购设施，提高服务质量。全年共投入资金3360万元，收购小麦1.4万吨（其中本地收购5785吨，外采8300吨），超额完成地储粮轮换任务。

【粮食流通市场秩序】 采取定期监督检查、专项监督检查、抽查和专案调查等方式，加强对全市粮食流通市场的监管。共开展了粮食收购资格审核检查、粮食库存检查、夏粮收购检查及政策性粮食日常检查26次，检查企业67家次，出动检查人员153人次，增强了粮食经营企业遵守法律法规的自觉性，规范了粮食流通市场秩序。

【信息化建设】 根据省粮食局《关于加快推进粮食仓储信息化建设工作的意见》文件精神，收储中心分别对储备库和徐家集粮站进行粮库智能化升级，争取资金175万元（其中省拨补130万元，地方配套45万元），目前已申报成功。

【粮油统计与粮情监测】 开展全市粮油供需平衡调查，每周及时监测社会市场粮油价格的登记上报工作。为企业及时了解市场行情提供真实有效的数据，为企业在经营中发挥重要作用。

【粮食应急供应保障体系】 修订完善《蓬莱市突发粮食事件应急预案》，编制蓬莱市突发粮食事件应急处置流程图及应急预案实施细则。按照合理布局、方便居民的原则，确定应急加工企业和供应网点，明确任务目标，落实责任义务。在城区以6000~10000人为标准设立一个应急网点；在农村以自然村为单位，根据村民人数设1~3个点，实现镇村、社区全覆盖。按照训练有素、保障有力的原则，成立了各级应急保障领导小组和队伍，落实责任，在应急调拨、加工、供应各环节安排专业技术人员，开展应急知识培训，组织安排应急演练，提高应急保障能力。

烟草专卖

【概况】 2016年，山东烟台烟草有限公司蓬莱营销部销售各类卷烟1.86万箱，销售额4.54亿元，实现利税1.08亿元，实现利润3384.2万元。

【品牌培育】 强化终端建设，将重点品牌培育的重心寓于细支烟当中，以鲁产细支烟泰山（好客细支）、泰山（心悦）和黄金叶（仙境）作为细支烟培育的亮点，以点带面、以面促整，不断夯实细支烟市场基础。在培育过程中，创新制作《细支烟品牌培育》微课程，带领全体营销人员共同学习如何培育细支烟，通过历史数据、现状调查、未来预测对细支烟发展趋势进行深入分析，提高市场分析的精准度。

【营销队伍建设】 以全市烟草系统营销技能竞赛选拔为契机，以组织考试的形式对业务人员进行全面摸底，并注重理论知识与实际工作需要的衔接，有针对性开展营销技能培训工作，促进员工业务技能不断提升。

【零售终端建设月】 通过开展驻店营销、亲身示范，帮助零售户做好卷烟陈列出样、新品推介、店堂整体布局等工作，强化“精品店、标杆线路”以点带面的辐射作用，提高零售终端经营和管理能力。

【营销管理】 围绕卷烟经营、市场监管、基础管理、节能增效等重点工作扎实开展规范化、精益化管理。开展“金点子”征集、精益管理课题研究、浪费点查找活动，成立“QC”小组，开展创新活动，职工的自主创造性和工作积极性进一步提升。在全市系统质量管理小组成果评审工作中，申报的“提升旅游市场细支烟重点品牌铺货率”课题获得一等奖。

JINRONG

金 融

银　行

【存款】 2016年末，全市各项存款余额412.78亿元，较年初增加35.43亿元。住户存款余额259.07亿元，比年初增加21.48亿元，同比多增9.09亿元。非金融企业存款余额96.1亿元，比年初增加23.94亿元。其中活期存款28.01亿元，较年初下降4.11亿元。定期及其他存款68.09亿元，较年初增加28.05亿元。

【贷款】 2016年末，全市各项贷款余额303.94亿元，较年初增加22.38亿元。存贷比73.6%，高于烟台辖区10个百分点。住户贷款余额38.89亿元，较年初增加2.02亿元。其中，消费型贷款余额22.68亿元，较年初增加4.37亿元；经营型贷款余额16.21亿元，较年初减少2.35亿元。非金融企业及机关团体贷款余额265.06亿元，较年初增加20.36亿元，其中，短期贷款余额140.23亿元，较年初减少1.44亿元；中长期贷款余额119.14亿元，较年初增加19.39亿元。

【金融创新】 中国人民银行蓬莱支行针对辖内不同性质、不同规模金融机构的特点，积极探索“一行一策”。通过召开会议、印发文件等形式对金融创新工作进行安排和部署，按季对农村金融产品和服务方式创新进行专项监测，引导金融机构加大金融创新力度。先后4次深入民生村镇银行、当地海参加工企业开展调研，了解企业资金需求情况以及银行的顾虑，帮助推出海参质押产品“参易贷”，缓解海参加工业主季节性资金短缺问题。创新开办知识产权质押贷款、农民“安家贷”等信贷产品，开辟企业融资新模式，缓解企业融资难题。

蓬莱银监办事处推动辖区银行机构积极开展小微企业金融服务宣传月活动，促进其开发创新“量体裁衣”式小微金融产品，农商行和村镇银行均与市就业办、团市委联合推广发放“创业贷”“鲁青基准贷”等产品，助力农民工、返乡大学生创业贷款。加大对小微企业贷款、结算及电子银行业务指导和服务，建立绿色审批通道，进一步提高小微服务水平。

【金融扶持】 中国人民银行蓬莱支行印发《关于实施创业担保贷款支持创业就业工作的通知》，督促相关金融机构做好创业担保贷款支持失业人员、复员置业退役军人、大学生村官、建档立卡贫困户等人员的创业就业工作。全年累计发放贷款988万元，余额1048万元，累计使用贴息资金39.6万元，累计支持307人实现创业就业。举办金融扶持青年创业工作推进会，大力推广“鲁青基准贷”等。2016年末，累计发放“鲁青基准贷”金额1190万元，新增金额710万元。

【金融扶贫】 制定《中国人民银行蓬莱市支行2016年金融助推脱贫攻坚宣传方案》，组织银行业金融机构深入40个省定贫困村进行宣传，对3000余户贫困户金融服务需求进行走访调查，并联合紫荆山街道及2家法人银行业机构到扶贫村进行实地调研，对落实金融脱贫提出意见和建议。开展金融精准扶贫融资需求对接百日攻坚活动，实现对建档立卡的农村贫困户的融资需求全方位摸底对接，较好地推动金融扶贫工作的开展。

【金融维权】 中国人民银行蓬莱支行推进农村金融消费维权建设，指导农商行成立金融维权联络点建设领导小组，在镇、街设立维权联络点，实现农村金融消费维权联络点乡镇全覆盖。加大普惠金融知识宣传，提高金融知识普及率。利用重要时点，牵头组织金融机构在人流量较大的公园、景点门口等开展集中宣传，讲解与百姓生活密切相关的人民币知识、支付结算知识、反洗钱、征信、外汇业务、存款保险相关知识、消费者维权等知识，并接受现场咨询。

【外汇管理】 全市出口收汇6.85亿美元，同比增长5.09%，进口付汇1.5亿美元，同比下降5.36%。办理新设外汇登记7家，合同利用外资1.28亿美元，实收资金5411.08万美元。境外投资登记2家，投资总额6558万美元。共办理外债登记6笔，登记金额1735万美元。

【基础业务管理】 中国人民银行蓬莱支行加强农村支付环境建设，设立银行卡助农取款服务点584个，布放各种设备1922台，手机支付便民服务点463个，手机支付用户14.2万户。加强国库管理，办理各项业务17.4万笔，金额448.17亿元。推动应收账款融资业务，通过平台累计融资笔数49笔，金额29亿元。加强征信管理，发放更换机构信用代码证1544个，查询企业信用信息报告456户，查询个人信息报告1.4万人次。强化人民币流通管理，办理现金预约批复200多笔。加强反假宣传和监督管理，收缴假币28.3万元。

【县域担保圈风险化解】 蓬莱银监办事处明确监管工作角色和定位，积极建言献策，强化信用蓬莱建设、打击恶意逃废债、建立偿债周转金及产业救助基金，5000万元的偿债周转金已经建立并成功运作。构架企业、银行与地方政府的沟通桥梁，组织召开县域债权人联席会，切实推动债权人联席会作用的发挥，既促成了银行间的合作和信息共享，又促进了银、企、政之间的顺畅交流，更易于达成风险化解措施共识，维护了辖区内涉事企业和银行相对稳定的局面。

【金融监管】 蓬莱银监办事处在及时开展各项非现场监管措施的同时，还通过EAST系统的风险预警、信访核查及其他重要监管事项积极开展了覆盖全辖进行入社。完成高管人员的履职考核、任职资格考评、机构迁址等工作，还重点对两家法人机构的新增不良贷款、涉事担保圈贷款、操作风险、理财业务风险等主要风险点进行现场核查，深挖风险成因，查找非现场监管不到的风险隐情。特别是针对分局EAST系统发现某行员工银行卡金额来往数额较大的情况，及时进行现场核查，在查明事实的基础上进行及时有效处理。

2016年蓬莱市辖区内金融机构存贷款情况汇总表

单位：万元

银行名称	各项存款		其中：住户存款		各项贷款		存贷比（%）
	余额	比年初增加额	余额	比年初增加额	余额	比年初增加额	
人　行	45281	−37990	0	0	0	0	
农发行	74160	57427	0	0	183653	92011	247.6%
工　行	235427	−52683	141626	10522	302041	−29657	128.3%
农　行	614362	−18930	416492	29249	375553	15568	61.1%
中　行	146410	3656	91663	6979	120800	16331	82.5%
建　行	308661	30608	151154	11909	165337	−5870	53.6%
恒　丰	674964	110893	447862	36879	359314	−3943	53.2%
农商行	924599	43380	828441	39599	676090	7979	73.1%
邮　政	243557	37317	230480	37764	27361	8052	11.2%
烟　银	162251	44149	66739	15006	134943	26401	83.2%
华　夏	112791	23644	35979	11622	143773	29996	127.5%
光　大	108623	27407	26668	−226	149980	−8296	138.1%
村　镇	174909	14933	110652	4351	112749	950	64.5%
交　通	155502	42200	14389	7688	185219	55671	119.1%
兴　业	79795	17404	11176	−405	51639	9909	64.7%
中　信	66527	10893	17382	3892	50994	8722	76.7%
龙口农商行	54267	25011	36610	11458	48848	14121	90.0%
合　计	4182086	379319	2627313	226287	3088294	237945	73.8%

蓬莱金融机构2016年12月末资产规模表

单位：万元

农业发展银行	183785.92	烟台银行	172427.00
工商银行	569570.09	华夏银行	155109.04
农业银行	1176848.17	光大银行	189534.00
中国银行	293394.87	民生村镇银行	200615.53
建设银行	331148.07	交通银行	188043.63
恒丰银行	703945.40	兴业银行	93230.61
蓬莱农商行	1147013.00	中信银行	68969.36
邮政储蓄银行	269158.91	龙口农商行	51468.96

证券·资本

【资本市场】 鼓励和支持企业利用多层次资本市场上市挂牌，加大财政资金扶持力度，企业境内外主板上市后，市政府给予150万元奖励；在新三板和区域股权市场挂牌分别给予80万元和50万元奖励，成功转到主板后，再分别给予70万元和100万元奖励。2016年，全市上市企业1家，确定蓬莱八仙过海旅游有限公司、蓬莱嘉信染料化工股份有限公司、康爱特维迅（蓬莱）化学有限公司、山东安源水产股份有限公司作为拟上市后备资源企业重点推进。

【“新三板”挂牌】 2016年，山东民和生物科技股份有限公司“新三板”挂牌上市，全市“新三板”挂牌企业总量达到4家，签订辅导协议企业10家，后备企业20家，挂牌企业累计融资1.1亿元。

【区域股权】 2016年，新增烟台市金鼎微人电子商务股份有限公司、蓬莱长发商贸有限公司、烟台市鑫丰生物科技有限公司、蓬莱市红地毯电子商务有限公司、烟台市鹏诚新能源科技有限公司、烟台业荣食品有限公司、烟台源力德海洋生物有限公司、烟台瑞帮矿山工程有限公司区域挂牌企业8家，全市区域股权市场挂牌企业总数达到16家，累计融资1.93亿元。

【基金设立】 2016年，全市设立2只省级引导基金参股的子基金，其中，山东海滨旅游发展基金规模20亿元，山东省海上粮仓建设投资基金3.2亿元。同时，积极推进设立综合发展基金，规模为20亿元。

【上市培训】 2016年，在北沟、开发区等组织“新三板”和区域板股权挂牌交易培训会，由华泰证券、国信证券等专家授课，蓬莱海洋、嘉信染料、康爱特维迅等10余家当地骨干企业参加培训。

【融资服务】 深入安源水产、嘉信染料、隆和节能等企业调研，了解企业在上市挂牌过程中的需求，通过多种渠道，邀请上交所、股转公司、华泰证券等资本市场方面专家来蓬，为拟上市挂牌企业提供专业化融资服务。2016年，嘉信染料完成定向增发100万股，融资2400万元；隆和建材“新三板”挂牌后首次融资3000万元。

【证券】全市共有中泰证券（原齐鲁证券）和国信证券两家县级营业部，主要从事客户开发和维护、理财产品推广、股票投资咨询等基本服务。2016年，交易金额318.12亿元、保证金余额1.95亿元、开户数量4.05万户。

商业保险

【保险】 2016年末，全市寿险公司17家，财险公司18家，全年实现保费收入8.01亿元，纳税4152万元。

CHENGXIANGJIANSHE
HUANJINGBAOHU

城乡建设·环境保护

城乡规划

【城市总体规划】 为抢抓烟台蓬莱国际机场落户、德龙烟铁路、蓬栖高速建设以及未来渤海海峡跨海通道项目启动等战略机遇，全面启动城市总体规划修编。本次总规修编本着高点定位、与国际接轨的规划理念，先后邀请国内外多家高水平设计单位来蓬参与论证总体规划修编工作。总规修编工作正在有序推进中。

【控制性详细规划】 为解决各项控制性详细规划编制时间不同、标准不一等问题，开展蓬莱市控制性详细规划整合工作，实现一张图控规全覆盖，做到一图总领，分区控制，为全市规划管理工作提供有力依据。

【专项规划编制】 统筹推进各类专项规划编制，先后开展城市地下空间开发利用、城市地下综合管廊建设、海绵城市建设及社区和新农村发展规划等专项规划的编制工作。为更好指导历史街区的保护与利用，编制了戚继光故里、万寿和西关三个历史街区专项规划。

【城市规划管理】 研究蓬莱市城乡规划委员会工作制度，健全完善层级评审制度。组织召开各级规划项目审查会14余次，研究审议项目160个，确保项目审批的科学性和公正性；严格执行行政审批的标准、程序和时限，严格控制项目用地性质和项目容积率调整，严格要求沿海、沿河、沿路等项目的规划审批。全年累计发放“一书两证”45份，均在法定时限内办结；根据大型户外广告增设情况，对206国道、潮水机场周边路段大型户外广告设置情况进行梳理研究，与城管、高速路政等部门多次现场踏勘，配合做好高速公路两侧大型广告专项整治调研工作；认真做好门头广告、文明城宣传指示牌、交通设施及旅游服务设施、邮政设施等业务的规划管理、选址工作，共审核门头广告牌230多个；结合全市道路实际情况及相关规划，完成铁塔公司31处铁塔选址、南王火车站铁路供电工程踏勘选线、八仙居换热站选址论证、东海热电扩建选址踏勘，办结滨海热力西部热源项目用地规划、电业公司奥源线项目、运翔加油站工程规划、潮水空港南路百骏加油站及110余江线改造选址；启动城区主要道路两侧80栋重要公共建筑的亮化工作，城市整体亮化环境得到显著提高。

【阳光规划】 全面接受社会监督，采取“公开、公正、廉洁、高效”的规划管理制度，对规划审批项目，均通过规划公示牌、网络媒体等形式，予以批前、批后公示，广泛听取社会各界意见和建议，并及时排查和化解规划建设过程中的不稳定因素。2016年，累计公开政务信息及各类项目规划设计方案共计50余条，回复网上民生70余条、市长公开电话3个，回复率及满意度100%。

【规划监察】 按照“关口前移，重心下移，全程监管”的原则进行全方位监察，全年监察70多个新建以及在建工程。在监管核验工作中实行精细化管理，以“严、细、实”贯穿整个批后监管的始终。不断加强日常监管巡查，对在建项目进行全程跟踪监管，实时监督在建项目规划实施情况，真正做到建设项目初期有规划、建设有审批、管理有措施、竣工有验收，有效防止违法建设的滋生，确保各类建设项目严格按照规划审批许可实施。2016年，竣工规划核实22件，竣工面积5.29万平方米。

城市建设

【概况】 2016年，为推进生态宜居城市建设，完善城市基础设施配套和综合服务功能，完成9条道路排水建设，完成2项市重点项目。

【道路建设】 投资2100万元，完成兴蓬路东段、富民路东段、振兴路、晒甲河北路、晒甲河南路、兴民路6项道路建设，新增道路长度2.25公里，道路面积2.95万平方米，敷设雨、污管道6.82公里。

站前路、芝山路南延工程于5月25日完成招投标，选取施工单位，9月20日完成征迁后施工单位进场施工，预计2017年6月底前完成施工。银川路南段400米完成底层沥青摊铺，预计2017年6月底完成施工。

【重点项目】 龙烟铁路站前广场占地约76亩，建设站前广场环路、简易停车场。工程于8月25日完成招投标，9月20日完成征迁后施工单位进场施工，预计2017年6月底前完成施工。体育馆总建筑面积为2万平方米，建筑高度为21.9米，座席4115个，结构形式为钢筋混凝土框架及钢结构。已完成室内装饰及体育配套设施、供水、供电工程安装及室外配套管网、道路及铺装工程建设。

村镇建设

【概况】 2016年，不断加大村镇建设投资，完善配套设施建设，着力推进村镇建设，全年累计投资超过20亿元。刘家沟镇获得“中国特色小镇”称号，北沟镇入选山东省重点示范镇，费东村入选第三批山东省传统村落。

【配套设施】 北沟镇投入4100万元，实施三大工程。其中，投资2000万元启动污水厂建设，完成老厂区拆除和前期手续办理；投资1300万元，对北沟镇所有排污企业实施“一企一管”改造，3月初全面开工，年内投入使用；投资800万元的明福东路供热、园区绿化和亮化等配套工程年内全部完工。大辛店镇投入约1000万元，平整土地约400亩，完成两纵两横道路两侧天然气管道铺设；投入500万元完成牟黄路、蓬寨路路灯铺设；投入1500万元完成污水处理厂土建及管道铺设；投入600万元完成黄水河河道浆砌，投入200万元完成滨河路硬化。大柳行镇投资3800万元的大柳行中学和投资1000万元的大柳行卫生院已完工，园区道路、管网等累计投资约1600万元。刘沟镇投资400万元完成府东路南延段1200米沥青道路的铺装，投资300万元完成振兴路沥青罩面。小门家镇投资300万元建设占地20亩的公园一座。村里集投资约150万元，修建拦河坝5座。南王街道投入300万元完成川寨北路道路硬化，投资200万元开展辖区道路绿化。

【农村人居环境】 完成农村危房改造880户，完成改造投资约1300万元，使用上级补助资金约1150万元。221个村庄启动农村改厕工作，完成改厕任务2.93万户，争取上级政策补助资金911万元，完成改厕投资约3000万元。筛选院后等13个省级贫困村，投资860万元进行河道清洁、村庄整洁、道路硬化和绿化亮化等工作。

【小城镇建设】 指导潮水镇费东村和刘沟镇解西村申报第三批山东省传统村落，费东村成功入选，获得传统村落保护专项资金20万元。指导刘家沟镇申报第一批中国特色小镇，10月13日由中央财经领导小组办公室、住建部、发改委联合授予刘家沟镇“中国特色小镇”称号，是烟台地区唯一入选的乡镇。指导北沟镇申报山东省重点示范镇，12月北沟镇成功入选，获得补助资金800万元。

建筑业

【概况】 2016年，全市资质三级及以上建筑企业达59家，完成房屋建筑施工面积136.44万平方米，实现建筑业总产值28.03亿元、利税3.15亿元。

【绿色产业】 7月，成立绿色产业办公室，起草《关于加快推进建筑产业现代化的实施意见（暂行）》。对全市建筑节能材料企业进行走访摸底，掌握全市节能材料的行业情况，为绿色节能材料发展做准备。蓬建杭萧钢构申请“烟台市钢结构装配式建筑产业基地”，对海怡城二期采用蓬建杭萧技术相关手续提供“保姆式服务”，推动全市装配式建筑的发展。

【行业提升】 共组织全市建筑管理人员培训170余人，高等技术人才培训667人次，职业技能工人920人次，为全市建筑业转型升级提供人才保障。启用新版建筑工程施工许可证，同时废止旧版施工许可证的发放，统一进行网上审批，把简政放权放管结合落到实处。组织企业开展资质换证资料申报工作，完成57家企业的资质考核换证，注销资质2家，新增建筑企业2家。

【安全生产管理】 高分通过住建部全国工程质量治理两年行动监督执法检查，创建山东省级示范工地2个、山东省级优良工地1个、烟台市安全文明标准化工地7个。积极探索推行“花钱买服务”的监管新模式。10月份，于全市建筑业施工高峰期，从烟台专家库聘请安全防护、临时用电、起重机械、监理等4位专家，对全市37个在建工程进行拉网式安全生产大检查，进一步提高监管专业水平。

房地产业

【项目建设】 2016年，全市房地产在建项目37个，其中复工项目34个，包括海悦城、宝龙城市广场、蓬莱碧桂园、登州仙阜等；新开工项目3个，包括卧虎山庄、万兴凤凰市场、海怡城二期。

宝龙城市广场项目由烟台宝龙置业发展有限公司开发建设，项目位于北关路与海滨路之间，新兴路以东，军工街以西，总占地246亩，建筑面积25.77万平方米，分五个地块开发建设。其中，二号地块、四号地块、五号地块均于2016年交付使用，交付面积达15.94万平方米。

碧桂园一期项目由蓬莱碧桂园房地产开发有限公司开发，位于海滨东路以南，南河路东，占地207亩，建筑面积34.56万平方米。其中，一期部分住宅于2016年交付使用，交付面积为2.97万平方米。

【市场拓展】 组织辖区内房地产企业参加北京、哈尔滨等目标城市春、秋两季房展会，重点宣传蓬莱宜居环境、发展前景和海景房特色，叫响“宜居蓬莱”城市品牌。2016年北京春季房展会期间，收获意向客户300余人。发挥烟台住博会平台作用，加强周边地区交流，让烟台地区居民了解到蓬莱市房地产业的良好发展趋势和升值潜力，让周边居民来蓬置业。紧抓蓬莱车展契机举办房展活动，将车展与房展相结合，促成房地产交易，营造良好氛围。

【制度落实】 为积极应对当前市场新形势，支持合理住房需求，有效化解房地产库存，促进全市房地产市场持续健康发展。根据国家、省和烟台市支持农村居民进城购房政策要求，研究制定农村居民进城购房的相关政策，从实施购房补贴、子女享受义务教育同城待遇、维护进城农民即有权益等方面，鼓励农村居民进城购房安家落户。

房产管理

【房产交易管理】 办理房屋所有权登记9599起，面积99.4万平方米。房屋抵押权登记2827起，抵押房屋面积133.76万平方米，抵押金额33.89亿元。预告登记1550起，面积15.8万平方米。

商品房预售管理稳步推进。全市新建商品房开发项目均纳入网签管理，实现网上申报、网上开盘、网上签约、网上公示，商品房销售全程公开、透明。年内，合同备案3891套，37.18万平方米，销售金额20.95亿元。通过监控合同备案数据，加大预售资金监管力度，年内监管资金14.69亿元。

【住房保障体系建设】 按照《烟台市城市住房保障管理办法》规定，继续建立多层次住房保障体系，实行以发放租赁住房补贴为主、住房实物配租为辅的保障新机制。年内，经相关部门严格审核，有31户家庭申购经济适用住房，162户家庭申领住房租赁补贴，实现廉租住房“应保尽保”。

【棚户区改造】 2016年，以政府购买服务和货币化安置为主线，出台《关于规范棚户区改造拆迁补偿安置工作意见》《蓬莱市城区棚户区改造补偿安置指导意见》《蓬莱市建制镇驻地棚户区改造拆迁补偿安置指导意见》《蓬莱市棚户区改造房屋确权暂行办法》《蓬莱市棚户区改造工作部门（镇街）职责分工及工作流程的意见》以及《蓬莱市政府购买棚改服务管理办法》等相关配套政策。成立由市长担任总指挥，住建、财政、国土、城投和镇（街）等相关单位负责人为成员的棚改工作指挥部，加快推进棚改工作。年内，完成南秦、北秦、张赵等7个项目2358户居民房屋搬迁协议签订工作；采用政府集中采购房源统一安置，共采购安置房2462套，全部实现货币化安置。

城市管理

【概况】 2016年，拆除违法建筑96处2.2万平方米，规范非机动车停放1.3万辆次，清理各类小广告9000余张，发放各类联系卡5000余份，办结民生诉求460余条。

【市容管理】 创新管控措施，实现一刀切管理向分区域管理转变，划分五个区域分类施治，突出油烟、噪声扰民、占道经营等方面的治理。推行烧烤店铺标准化经营，每张桌旁设置1个垃圾篓，统一遮阳伞，统一划线管理，打造规范管理新亮点。实行中队长包路段，严格卡定责任，逐条路段进行改造，将烧烤治理纳入大队考核。实行步行巡查机制，大队负责人每周至少步行2次，中队长每天至少步行1次。监管新设置门头广告192处，查处擅自设置户外广告15处，拆除各类户外广告380余块，清理违规橱窗广告字3500余个，清理各类小广告9000余张。以钟楼南路、钟楼北路、东关路等路段和利群购物广场、振华集团、福林商场等主要购物场所为重点，规范非机动车停放1.3万辆次；强化主要旅游通道、旅游景点周边秩序监管，实施定人定岗、全天候管理，加强乱设落地广告牌、乱泼乱倒海水污水等常见问题治理。强化撒漏粘带治理，查处违法车辆200余辆次，责令施工单位清扫撒漏粘带46起，硬化建筑工地出入口面积366平方米。强化城区建筑工地扬尘治理，5家建筑工地增设冲刷设备。审批挖掘城市道路41起、临时占用城市道路225起。督促利群商场、蓬达集团、振华商场、农业银行及时修整停车场破损理石方砖1800平方米。强化夜间秩序管理。在夜间实行“无死角拉网式”巡查，责令修复破损霓虹灯85处，查获野广告人员10名，收缴尚未张贴的野广告1万余张。

【违建查控】 从早、快、严三个方面入手，严厉打击抢建偷建行为。设立村镇信息员，形成网格化违法建设查控格局，第一时间掌握违建动态，对违法建设采取“露头就打”措施。大密度开展违法建设查控宣传周、宣传月活动，深入村头巷尾、农村集市举行违法建设查控宣传咨询一条街、开辟报刊宣传专栏、出动流动宣传车、悬挂宣传条幅以及发放《致广大群众一封信》《致村居两委负责人一封信》等等，多渠道、多形式营造舆论声势，扩大宣传受众面。按照突出重点、以点带面、强力推进的思路，加强日常巡查密度和力度，对暴力抗法、以身试法的行为公开予以曝光、谴责，起到“处理一起、震慑一片”的警示作用，在全社会逐步形成自觉抵制违法建设的良好氛围。下大气力解决违建图斑问题，并邀请省城乡规划督查员现场检查，得到督查员的肯定。组织对一处当事人拒不配合的违法建设予以强拆，实现“零口供”拆除违法建设零的突破，解决因当事人不配合而出现的拆除难题；对于住户违法扩建及在楼顶等公共区域抢建的，一律由住房交易部门冻结房产。累计查处违法建筑125处，拆除96处2.2万平方米，罚款10起22万元。违建查控工作得到省城乡规划督查组的赞扬。

【数字化城管】 将数字化城管系统纳入智慧城市建设范围，积极与烟台市数字化城管监督中心对接，确定建立集中式系统，与烟台市实行无缝对接。开展地理信息普查和监理工作并在年内结束，完成计划建设费用的13.6%。

【互动平台建设】 创建“城管之家”和“城管学习”微信群，通过微信工作平台进行通知通告、信息发布、执法学习、业务交流、工作交办督办，充分发挥微信即时通信、直观直播的优势，将工作完成前后情况以照片或视频的形式上传至微信群。推行野广告有奖举报，设立24小时举报电话，充分发挥出租车司机夜间不休息、活动范围广、机动性强的特点，印制2000份野广告举报卡向出租车司机发放，引导他们成为流动的监督员。设立燃气有奖举报热线，发放联系卡900余张，发动合法代办点、燃气企业进行监督和举报，从源头上制止违法倒罐等行为；向临街店铺发放非机动车温馨提示卡2000张，引导市民共同参与非机动车停放秩序治理。以“让城管走进群众，让群众走近城管”主题实践活动为主线，进党校与新录用机关事业单位工作人员进行交流，让更多的市民了解理解城管工作。参加“阳光政务热线”，现场回答市民提问。邀请民盟蓬莱支部到大队座谈交流，共同探讨城管难点热点问题的解决思路。举办2场“走进群众”大型文艺晚会，城管队员和城管志愿者共同表演诗朗诵、舞蹈、情景剧等群众喜闻乐见的节目。将东关路、富民路打造百姓城管志愿服务街，每月8日、18日、28日开展志愿服务活动，实现志愿服务制度化、长效化。

【文明服务】 以“文明服务示范岗”“十佳服务窗口”“青年文明号”“做城管好人”等创建活动为抓手，不断提升城管队伍规范化建设进程。将城管队伍基本情况、职责权限、联系方式、办事流程、常用电话等内容印制成《便民服务手册》并发放到市民手中，便于市民使用。为解决农民沿街摆卖瓜果蔬菜的问题，本着“疏堵”结合的原则，确定在城区新开辟4处应季瓜果蔬菜临时销售点。在此基础上，把这4处临时销售点以及城区3处农贸市场、8处便民摊点群全部绘制在一张图上，即《农民进城销售瓜果蔬菜区域引导图》，并印发1000多份广而告之，为进城农民和广大市民提供便利。推动故里、塌地桥摊点群升级改造，划线定点经营，设置统一的专用柜台，为附近居民营造更舒适卫生的购物环境。真诚服务获得市民真心称赞，2016年收到市民赠送锦旗2面。

【安全生产】 坚持预防为主，防治结合，加强安全措施，落实安全责任。联系专业人员对190块大型立柱式户外广告和68块大型户外广告的版面缺失、铁架生锈、焊缝开裂等安全隐患逐根排查，及时做好检查台账。根据流动气贩规律，加强实时监控，查处违法倒灌液化气 9 人次，证据保存钢瓶 35 个，倒气工具 9 个，进一步规范了燃气市场秩序。会同燃热办等单位对 6 家燃气经营企业进行 4 次安全大检查。对 4 起野蛮违规施工造成燃气管线破裂的案件依法予以查处。

市政基础设施和公共事业

【概况】 2016 年，制定《2016 年养管处城维费工程计划明细表》，坚持精细化管理，提高市政设施养护水平，道路排水设施完好率、路灯亮灯率都保持在 99% 以上。

【道路、桥梁】 安装新型道路路名牌 40 块，水泥混凝土修补路面坑槽 1000 多平方米，整修人行道道板 500 多平方米，整修树围石、道牙石 400 多米。5 月初投资约 10 万元，对阳光家园出入口、农信家属区出入口、文苑小区出入口等 15 处道路接口进行整治，整治面积约 870 平方米。投资约 700 万元，对港南路、南关路、南环路、登州路、钟楼东路、北关路、海滨西路、银川路等 16 条道路路面坑槽进行修补，修补面积 4.2 万平方米。对 20 座市政桥梁安装桥名牌，投资 2 万元安装桥梁信息管理系统。

【排水、河道管养】 更换各类雨污水检查井盖约 80 套（块），整修检查井 20 余座，清理主次干道的雨水检查井 1500 余座，清运小皂河、画河河道垃圾约 100 方，治理高职、八仙居、龙华大酒店附近等 8 处污水外溢问题，修复画河大世界北坍塌墙岸墙 6 米等。投资约 28 万元，完成会仙桥至碧海污水处理厂的 11 公里污水主干管道、约 120 座检查井、两座泵站集水池等清淤工作。

【路灯设施管养】 在海源路安装单侧路灯 13 套，在北关路、乐园路、中心街安装 3 台箱变。改造银川路（南环路—206 国道）路灯 58 套、西关路（钟楼西路—南关路）单侧路灯 22 套，对城区西关路、海港路、南环路、海市路等 17 条道路路灯杆进行粉刷。维修城区路灯 5000 多盏次，更换路灯检查井盖 100 多套（块）。

【人行道铺装及改造】 投资约 140 万元，在海市西路（北关路—海滨路）、消防路（南关路—南海御园）、海市东路（南环路以南）、新站东路（新汽车站段）、裕民路（钟楼南路—交通检测公司）等 5 条路段新建人行道，铺装面积 8970 平方米。投资约 300 万元，对登州路、南关路、北关路、黄海路等 13 条主干道的人行道按创建文明城市标准进行改造和整修，改造人行道面积 1.9 万平方米，其中改造无障碍坡道面积 1.1 万平方米。

【小街小巷改造】 投资约100万元对城区诸谷街、沿河街、盛安南街、消防路南段、糠市弄、仙桥街等 6 条小街小巷进行罩面补坑，整修街巷面积约 8120 平方米，工程于 6 月底完工。

城市园林绿化

【概况】 2016年，以建设生态城市为目标，以海绵城市为要求，坚持高标准、严要求，努力打造绿化亮点工程、群众满意工程，不断提升城市景观水平。

【城区景观提升】 完成海市公园特色钢构拱门工程、裸露地被及行道树栽植工程及体育中心配套绿化等工程。栽植各类乔灌木2万余棵，栽植小龙柏、冬青苗等模纹植物8万余棵，播黑心菊、二月兰、大花金鸡菊等草种组合面积2万平方米。完成登州路南延、上海路、小皂河公园、小鸭集团门前假山景观亮化工程、银川路及南关路东段裸露土地绿化面积4万平方米。其中海市公园获得“省级绿化优质工程奖”。海市西路北段裸露土地绿化推荐为“山东省城市裸露土地绿化2016年度示范项目”。

【精细化管理】 以增大城市绿肺、提升市民幸福指数为目标，对城区道路、节点和小游园等绿化，进行合理布局，适时增设果皮箱、健身器材、坐凳等设施。在黄海绿洲、街心公园等公园绿地播种黑心菊、二月兰等约50万棵；修剪模纹植物130万平方米。同时结合裸露地面的专项整治，完成公园及零星绿地局部改造提升。补植乔灌木、模纹及地被植物20万棵。栽植孔雀草、美女樱、银叶菊、矮牵牛等时令花卉30万盆。针对绿化植被颜色单一、视觉冲击力小的实际，在规划和建设过程中，有针对性地增加色时树种、地被花卉。海市路绿化建设中，利用银叶菊、彩叶草、美人蕉等有色植被，配上紫叶李、红枫、黄金槐等不同色彩树种，不同颜色搭配和高低错落有致，打造五颜六色的景观，形成了海滨独特的风景带。在海市公园沿海沙滩带进行夜间景观打造，配以灯光、水幕、冷雾等，营造出虚幻飘浮、美轮美奂的影像。

城市环境卫生

【网格化管理】 城区环卫所根据服务区域面积分成若干网格，明确工作人员、街巷名称和责任分工等，形成常态化管理制度；在每个重点区域确定一条“样板路”，按时限、标准进行考核、验收，逐步达到“示范路”的标准，以点带面、扎实推进，直至全部达标，并实行长效管理；按照“发现·告知·处置·反馈”的模式，严格做到作业时间、监督检查、整治薄弱环节、应急机制“四个到位”，及时掌握每一时间段、每一区域的卫生状况，实行全方位、多角度监管，推动城区环境卫生水平的稳步提升。

【环境卫生统一管理】 推进卫生统一管理覆盖整个城区，采取先内后外、先城区后城郊、先试点后推广的渐进方式，将城区（村）的环境卫生工作纳入统一管理，实现城区环卫一体化管理模式。登州街道、蓬莱阁街道及紫荆山街道的自主保洁部分已完成交接，同时接收凤凰、东关、石岛等9个社区。

【环卫基础设施】 购置660升垃圾箱100个，环保型果皮箱200个，对果皮箱和垃圾箱安装情况进行排查登记，对垃圾容器设置不足的部分路段（位置）进行增补，对街道上破旧垃圾容器进行更新维修。购置农用车3辆、压缩车3辆、道路清扫车1辆。新建海韵苑东公厕、海市西路公厕，9月份投入使用。购置拖挂式移动卫生间和10个简易公厕。对农业局公厕和四〇五公厕的残疾人间进行改造，安排专人进行管理。

【社会关爱】 4月，中国石油蓬莱分公司开设蓬莱片区8家“爱心驿站”，为环卫工人提供临时休息、热饭、饮水、避雨、充电等便利，还为环卫工人办理“爱心油卡”。蓬莱神琦力生物营养品有限公司分别于春节、三八节、五一劳动节及中秋节，四次向环卫工人赠送药酒，帮助环卫工人治疗腰腿疼及风湿疾病。湖南鑫亚达食品有限公司（烟台总代理）在炎炎夏季为坚守一线的环卫工人赠送400多箱黑茶降暑饮品。

资产经营管理

【概况】 2016年，城投集团融资35.58亿元，还本付息29.83亿元，垫付土地成本3.54亿元，入库和缴纳各种税款10.15亿元，累计拨付城建资金5.77亿元。

【融资工作】 充分利用各平台公司，积极与多家金融机构对接，包装融资项目，最大限度发挥现有各平台融资职能。同时，抓住时机进行债务结构调整，进一步压低融资成本并延长期限。2016年，共取得授信额度66.64亿元，到位资金35.58亿元（含国开行5.1亿元），后续储备资金总计达80亿元。其中，已通过审批可用余额为50.38亿元，正在审批贷款额度10亿元。置换债券资金16.38亿元。

【土地开发】 不断完善土地运作和基础设施建设水平，加大土地和工程项目开发力度。完成林格庄、南北秦、张赵等安置项目数据整理及测算分析。编制西海岸片区旧村改造征迁补偿补充意见讨论稿。完成化工片区内京蓬置业土地（5.18亩）收储并签订征迁协议。完成北王村15.9亩土地有证部分土地流转、现场清理、接收。开展平山河片区内4850余亩可开发土地初步调查。协同南王街道对新高中拟选址周边1400余亩土地进行调研测算分析，并对其周围配套生活区、回迁项目选址、小学、幼儿园等综合开发工作进行初步分析论证。

【债权收购】 积极与农商行、法院、评估公司、国土局、住建局等相关单位对接，对农商行2016年四宗债权详细情况进行摸底调查，整理完成资产现状、价值评估、租赁测算、债务关系、租赁关系等相关资料，并参加农商行债权拍卖会，成功竞得永明物资、红日机械、仙境食品三宗债权，债权本息4131.2万元，涉及抵押物房产2.2万平方米、土地100.4亩。

【工程建设】 开展自营项目建设4个。其中，登州市场二期工程商铺，建筑面积约1227.73平方米，已完成工程、规划、消防、气象等验收并交付市场管理方。京蓬加油站工程完成建筑、装饰及部分安装，等待相关部门办理手续后进行整体搬迁。水产小区项目已完成工程、规划、节能、环保、气象等验收，并完成物业移交、回迁安置房交付及前期购房户交付。仙境名仕商务项目完成装饰装修工程，正进行室外配套工程，并根据招租经营方要求对部分楼层进行方案变更。利用现有的土地开发整治资质，参加2015年高标准基本农田建设项目施工投标，中标合同金额2881万元。

【资产管理】 推进资产注入，完成老师范房产证、土地证办理，及时跟进体育馆、宝龙、登州仙府车库、飞龙工贸、新党校等五宗（112.13亩）土地证相关手续办理。完成交通检测线（15.44亩）土地竞买，正在办理相关手续。盘活登州市场、水产小区和科技服务大楼等固定资产，实现经营收入418.6万元，其中科技服务大楼、水产小区等固定资产收入412.6万元，广告招商0.3万元，产权交易5.7万元。联合烟台港集团蓬莱港有限公司、大连海运（集团）成立蓬莱港客运码头有限公司，8月初开工建设，预计2018年5月竣工运营。

【多元化经营】 2016年，对外有效担保余额2.45亿元，共10家企业单位，实现收入339.8万元。出资144.9万美元参股城投（蓬莱）木业发展有限公司，占股45%。出资2000万元参股蓬莱港滚装客运码头，占股20%。与云南水务开展水务环保等领域投资合作，签订《合资协议》，平台公司注册资本为1.3亿美元，集团公司占股35%。自营建设的水产回迁小区项目，除满足回迁安置外，销售住宅24套，合同金额1430余万元。办理海域养殖证3.17万亩，进行海带、海珍品养殖等综合开发利用。

环境保护

【概况】 2016年，市环保局坚持“在执法中服务，在服务中执法”理念，努力开创环保工作新局面。城区环境空气质量SO_2浓度为16微克/立方米，NO_2浓度为26微克/立方米，PM10浓度为67微克/立方米，PM2.5浓度为38微克/立方米，空气质量优良天数为302天，集中式饮用水水源地水质、地表水水质、近岸海域水质达标率均100%。

【国家生态市验收】 10月10日，受环保部委托，山东省环保厅邀请国家、省有关专家组成考核验收组，对蓬莱创建国家生态市工作进行考核验收。验收组听取蓬莱市国家生态市创建工作报告和技术评估整改工作报告，对海市公园、碧海污水处理厂、平山河湿地公园、北沟镇污水处理厂等地进行现场检查，核查技术评估整改意见落实情况，审阅补充完善的技术资料。考核验收组认为蓬莱市国家生态市建设各项基本条件和建设指标达到国家生态市考核要求，同意蓬莱市通过国家生态市考核验收。10月20日，山东省环境保护厅向环境保护部呈报《山东省环境保护厅关于蓬莱市国家生态市考核验收情况的报告》（鲁环发〔2016〕198号），按程序报请环境保护部审定。

【环境问题集中整治】 9月8日，全市环保突出问题整改调度会召开，会议下发《主要环保问题汇总表》《近三年主要环境信访案件汇总表》，要求各镇街及有关部门明确整改措施和完成时限，全面抓好存在环保问题的整改。同时，对辖区企业开展一次拉网式排查，对新发现的环保问题制定解决措施，并督促整改到位。为配合做好中央环保督查工作，10月初下发《蓬莱市突出环境问题集中整治工作方案》，成立工作领导小组，进一步明确各镇街和有关部门的职责分工，列出重点整治任务和完成时限。10月31日，市环保局对各镇街及有关部门负责的环境突出问题整治工作进展进行了解和督促，对整治工作存在问题进行梳理总结。11月22日，市委副书记、市长杨升岩召开全市环保突出问题整改工作会议，全面部署加快推进突出环境问题整改，动员各有关部门做好中央环保督查迎检工作。

【污染减排】 根据上级环保部门要求并结合蓬莱市实际，筛选确定2016年减排工程，严格按照计划稳步实施，东海热电脱硫超低排放改造工程于10月20日投入运行，国电2#机组超低排放改造工程于11月6日投入运行。积极做好年底减排核查建档工作，大气减排方面，蓬莱东海热电有限公司新增二氧化硫消减量280吨，新增氮氧化物消减量940吨；水减排方面，9月份碧海污水处理厂完成提标改造工程并投入运行，预计2016年新增化学需氧量消减量50吨，新增氨氮消减量10吨；农业源减排项目方面，上报农业源关停减排项目10个，预计新增COD消减量78吨，新增氨氮消减量8.4吨。

【空气质量改善】 全面防治燃煤污染，完成禁燃区内10吨及以下燃煤锅炉和集中供热范围内的分散燃煤设施清洁能源改造，完成城区全部33家浴池燃煤锅炉的清洁能源替代，完成禁燃区外21家企业燃煤锅炉进行烟气治理，完成蓬莱国电、东海热电超低排放改造工程，完成滨海热力公司烟尘治理升级改造工程，全面开展工业企业生产用燃煤锅炉及企事业单位取暖用锅炉清洁能源改造。全面防治扬尘污染，检查各类建筑工地11家、企业料场20个、尾矿库17个，发现问题19处，均已整改完毕。严把机动车尾气检测关，检测机动车11522辆，合格率95%。

【河道及水源地环境综合整治】 严格落实饮用水源保护目标责任制，开展农村饮用水水源地基础环境状况调查工作，全面推进农村饮用水水源保护区划定，加强农村饮用水水源地规范化建设和保护，切实保障群众饮水安全。加强河道及水源地环境治理，实行“河长”制管理，实施龙山河、黄水河、黄金河等流域湿地治理工程。加快推进城镇污水处理厂及配套管网工程建设，扩大城区及各镇污水处理厂污水管网收集范围，提高污水处理率，确保辖区内污水集中处理。

【环境监管】 以维护群众环境权益为出发点，严格环境执法监管，严查环境违法行为，及时消除环境隐患，全面改善环境质量。

创新执法方式。制定《蓬莱市环境保护约谈暂行办法》，建立约谈机制，推进依法行政进程。实行联动执法，加强与公安部门、检察院的深度衔接，探索开展重点领域执法联动，合力打击环境违法犯罪行为。实行网格化监管，将全市划分为12个网格，各网格由环保、住建、公安等17个职能部门分别派驻执法人员，按照职能要求落实环境监管责任和任务，实现环境监管执法的全覆盖和无缝对接。妥善处理信访，制定《蓬莱市环保领域信访问题法定途径清单》，全面厘清环保部门及其他负有环境保护监督管理职责的部门的职能，已受理各类环境信访案件428件，处理率100%，处结率97%。

构筑安全防控体系。加强环保队伍能力建设，配备移动执法终端，使用移动执法设备开展现场执法。推进核安全文化宣贯，严格落实国家、省核与辐射安全工作要求，提高核与辐射安全从业法规意识，对14家重点涉源单位进行现场例行检查、突击抽查52次，发现并要求整改31项，向省贮源库移送放射源1枚。加强危险废物管理，强化执法监督，严格环境标准，坚持对危险废物污染控制采取从产生、收集、贮存、运输、利用、处置的全过程管理，全面落实危险废物经营许可证管理制度和转移联单管理制度，严格监管企业危废处置合同续签和年度危废转移报批计划，建立危险废物“一企一册”档案30余册。严把环境准入关，严格执行“先评价、后建设”和“三同时”管理规定，深化建设项目环评管理，建立新建项目环境风险评估制度，对于新、扩、改建和区域开发项目，从项目建议书、可行性研究、方案设计，到施工、竣工验收等实施全程管理，审批各类项目102个，完成验收53个，“环评”执行率和“三同时”执行率均100%。开展安全生产大检查，联合市国土局、市安监局开展尾矿库综合治理专项督查行动，对全市所有在用、停用及废弃的尾矿库进行隐患排查，检查企业36家，发现安全隐患22个，全部整改到位。

加强环境执法监管。加大日常监察力度，采取明察暗访及分行业监察等多种措施，重点检查企业的污染治理设施运行情况、污水及废气排放情况、在线监控设施运行情况等，确保污染物稳定达标排放，先后出动执法人员2178人次，检查企业756家次，消除各类环境安全隐患107个。深入开展环保违规建设项目清理整顿工作，对26个环保违规建设项目建立整改台账，下达督办通知，整改完成违规项目14个。严格按照监测技术规范和标准要求，认真开展日常监测工作，至11月份全面完成环境空气、降水、地下水、地表水、饮用水水源地水质、跨界河流断面水质、近岸海域水质、声环境噪声、功能区噪声、交通噪声等例行监测任务，获得环境空气监测数据1824个，地下水、地表水、近岸海域水质和饮用水源地水质监测数据2835个，环境噪声监测数据2880个。

【环保宣传】 以传播生态文明理念为目标，充分发挥环境宣传的引导效应，多形式、全方位开展环境宣传教育活动，突出环保特色，打造环保品牌。创新宣传方式方法，从政府、企业和社会多层面入手，全方位开展环保宣传。向镇街主要负责人、有关代表委员发送《致领导的一封信》《致代表委员的一封信》300多封，分析当前环保工作面临的形势，介绍全市环保工作情况。组织环保人员结合“解放思想大讨论”“两学一做”学习教育活动到企业讲授新颁环保法律法规，赠送“解放思想大讨论”“两学一做”活动资料、环保法律法规和知识手册，引导企业在解放思想、开拓创新、取得更大发展的同时，进一步增强守法意识、履行环保义务，全面落实环境保护各项规定。社会层面，结合当前全国文明城和国家生态市创建，与相关部门联合开展环保特色活动。

JIAOTONG YOUDIAN

交通·邮电

交 通

【**概况**】 2016年，市交通运输局围绕全市经济社会发展大局和年度目标，积极开展农村公路安全生命防护工程建设，推进遇柳路大修和危桥改造，加强交通秩序整治，各项工作实现持续较快发展。

【**农村公路安全生命防护**】 围绕三年任务两年完成和创先争优两个目标，明确工作任务，强化责任分工，协调资金保障，高效规范推进。全市417公里县乡路安保工程全部完工，投资7000万元，安装护栏153公里，警示桩、标志牌1.2万个。

【**遇柳路大修和危桥改造工程**】 遇柳路21.68公里大修工程完工，完成投资1300万元。6座危桥改造工程完工，完成投资458万元。

【**日常管理养护**】 坚持“建养并重、有路必养”，投资250万元完成路面小修工程。严查超限超载车，加强与公安交警等部门联合执法，全年查处超限车90辆，切实提高了公路的使用寿命。

【**政策资金争取**】 争取蓬栖高速、遇柳国防路和农村公路生命防护工程等项目上级补助资金2.33亿元；与山东万利环保科技有限公司（潍坊）达成合作意向，在蓬拟投资7600万元建设果蔬食品冷藏加工项目。

【**交通秩序整治**】 出动执法人员3000余人次，执法车辆600余辆次，检查疑似违法运输车辆3600余辆次、违法车辆239辆。加大对危化品、漏撒等车辆治理力度，查处违规营运货车26辆。以景区周边、车站码头为重点区域，查处旅游包车49辆；加大取证力度，查处非法营运车辆29辆；对北沟、刘家沟等非法驾校培训点进行突击性检查，查处违法经营教练车11辆；采取突击暗访检查等方式，加大企业动态监管检查，对异常停车、超速行驶、疲劳驾驶、不按规定线路行驶以及擅自关闭、遮挡车辆安全监控设备等违法违规行为及时警告纠正。加强路政许可事项办理、审核，重点加强事中、事后监督检查。清除路障、纠正各类路政违章60余起。

【**公交**】 争取烟台公交集团投资8000万元，购置140辆纯电公交车投入使用，年内已有50辆运营。开通东西两条旅游专线，直达蓬莱阁和海洋极地世界等市内主要景区。公交线路增至12条，运营车辆78辆。

【**安全生产管理**】 采取企业自查、行业管理机构复查，逐一摸底排查的方式，按照“一企一册”的要求，对全行业406个风险点全部登记造册。加大联合检查频率和内部抽检密度，与安监、消防、交警等多部门开展旅游包车、危化品运输企业、营运车辆路面监察、寄递物流清理整顿等多层面专项执法检查行动，突出现场复查验收、安全约谈、情况通报等环节，实行安全隐患整治闭环式管理，共排查整改各类安全隐患825项。把应急演练纳入行业监管范畴，针对行业管理特点，与公安、安监、消防大队等部门联合开展大型应急处置演练6次。对高速公路、龙烟铁路与农村公路交叉施工工程，严格施工许可，按规范落实指示和警示标牌，加大施工巡查，重视事后监管，确保道路标志、交叉顺接等符合道路安全规范。

公路建设

【S302成龙线】 市公路局完成S302成龙线开发区蓬莱界至潮水机场连接线段改建工程，8月5日完工，工程总造价9046万元。市交通局参与S302成龙线蓬莱境大修工程改建段省投资部分工程，2016年完成工程造价约670余万元；参与S302成龙线龙口黄城集至土城新村段大修工程一合同段工程建设，工程造价约1亿元，11月完成全部工程。

【蓬栖高速公路】 市公路局负责的蓬栖高速公路主线地上附着物、结构物征迁基本完成。弱电及电力设施完成95%。南水北调完成1条管线改迁，剩余2条已签协议。路基、桥涵及管线工程10月20日开工，累计完成土石方30万余方，结构物台背回填1.8万余方，铺设土工织物3500平方米，涵洞工程200余万元，防护工程500余立方，排水工程1800余米，完成工程造价1000余万元。

【公路养护】 市公路局全年完成烟汕线、蓬水线灌缝3万余延米，蓬寨线、成龙线贴缝1.5万延米，集中处置蓬水线平交路口路面病害2389平方米，完成挖补5291平方米，实现公路优良路率100%。巩固文明样板示范工程建设成果，做好蓬莱境内国省干线公路生命安全防护工程收尾工作。提前做好防汛准备工作，清理、疏通边沟43公里，桥下、涵洞淤积及垃圾180余立方米，严格执行汛期24小时值班和雨中上岗制度。做好冬季清雪防滑准备工作，准备防滑砂2000余立方米，融雪剂330吨，清雪机械设备16台（套）。

【文明窗口建设】 市公路局开展“一站一品”文化创建活动，创建“爱心驿站，文明先锋”“360度公路卫士”“敬畏生命、点亮公路”“一心为公，保路畅通”四项品牌。组织“一路有爱”志愿服务，参加捡拾白色垃圾、义务植树、文明志愿我先行、“十一”旅游咨询疏导等志愿服务活动。对六条收费通道进行升级改造，建立自动化、智能化的“闯关车”数据库。按照“理论通”“政策通”“业务通”的标准，收费员主动抓紧业余时间苦练收费基本功，并通过点钞、识别假币、突发事件处置等收费技术比武，全面提高收费人员的技能水平。提高ETC分中心业务服务水平，办理鲁通卡510张、OBU460个。全年通行绿色通道车辆1.3万车次，节假日免费通行小客车19.6万车次，累计减免通行费约217万元。

【路政宣传与管理】 市公路局利用“全国路政宣传月”，开展多种形式的路政宣传活动，出动宣传车10台次，出动路政人员30余人次，发放宣传材料3000余份，悬挂横幅6条，电台广播、报纸宣传3次，更换大型宣传画面4块，营造爱路护路、安全出行的浓厚氛围。

完成路政巡查里程11.17万公里，处理事案26起，案件查处率100%。同时，联合公安、交警、城管等部门开展路域环境综合整治，清理违法经营摊点1226处、违法小广告牌181块。

铁路建设

【概况】 2016年，辖区内在建铁路两条。龙烟铁路途经北沟镇、南王街道、刘家沟镇、潮水镇四个镇街，境内线路正线长46公里，设北沟站、蓬莱市站、潮水站三个中间站。潍坊至烟台快速铁路蓬莱市域线路长度约51公里。

【龙烟铁路】 控制工程蓬莱隧道2月份改造完成，古梓庄隧道3月份贯通，特大桥、大桥、中桥桥墩，路基和桥涵工程、框架桥、上跨桥、人行天桥全部完工。5000平方米的客运站主站楼6月份完成主体工程。站场内的雨亭以及线下工程及消防、排水等配套设施于11月份全部完工。主站楼由东向西分为A、B、C三个区域，分别对应出站口、候车厅和售票厅，12月份A区的出站口，B区候车厅和C区售票厅均完成装饰工程。铺轨工程基本完成，接触网工程正在有序推进。

【潍坊至烟台快速铁路】 市铁路局制订最优方案，推荐线位从蔚阳河西南侧进入蓬莱市境内，由大孙家村西侧上跨蔚阳河，向东北经过南罗家村南侧，绕避北罗金矿区，经孟家村、高家村北侧，继续向东北经吴家南侧，紧邻山东民和生物科技有限公司南侧经过，绕避平山水库一级保护区，经郭家沟北侧、位张村南侧，引入在建龙烟线蓬莱市站，于在建车站南侧并行设置，出站后穿越小院水库，跨越省道211后，沿高尔夫俱乐部北侧绕避战山水库一级保护区，折向东南，上跨在建蓬栖高速公路，从三十里堡北和三赵村南穿过，后经向阳村东侧向南走行，穿越接夼姜家，由泊子与上营村中间穿过，经中营西侧后下穿平畅河，进入地下，与机场跑道垂直，于航站楼西侧地下设置蓬莱机场站，下钻机场连接线之后，于道头村北侧出隧道，经东流院村南侧向东南跨越荣乌高速公路，穿越尾矿库区，进入福山区境内。

11月3日，铁道部第三勘探设计院抵蓬，开始初测工作。市铁路局积极收集交通、规划、环保、文物、水利、军事等部门资料，配合烟台发改委铁路办、铁道部第三勘探设计院开展前期工作，提前做好沿线规划控制和预留。

港航建设与管理

【概况】 2016年，实现货物吞吐量2808万吨，旅客吞吐量715万人次，客运量103万人，客运周转量1335万人公里，货运量70万吨，货运周转量3亿吨公里。全系统实现税收2617万元，较去年同期增长32.28%；新开工建设项目2个，总投资6.5亿元。蓬长航线的映华海运公司在建客滚船4艘，其中获批新建2艘、更新2艘，新增直航航线2条；更新旅游船41艘。争取列入省“十三五”规划项目4个，其中，蓬长客港陆岛交通码头迁建项目、栾家口港区10万吨级航道工程、栾家口

省港口保安核查组到蓬检查工作

港区东防波堤工程3个项目列入交通部“十三五”规划，3个项目预计可争取上级补助资金3.9亿元。积极做好救助机场迁建、宝塔LNG、中兴电力等项目的前期选址、规划调整等工作。

【双招双引】 2016年，市港航局外出招引51天，接待来蓬考察洽谈26批次。围绕蓬莱东港的客运码头项目，鼓励中海客轮有限公司注册成立客运公司，新开辟蓬大航线运营。引导烟台新绎游船有限公司发展高端旅游，推进开发邮轮项目。邀请齐鲁交通发展集团有限公司，参与蓬长客港迁建项目。先后10次赴交通运输部规划研究院，邀请4位专家学者来蓬，就宝塔石化LNG码头规划调整进行对接和论证，栾家口港区规划报告局部调整编制工作已正式启动。赴中国水电建设集团港航建设有限公司水利水电工程分公司洽谈投资栾家口港区航道扩建等项目。多次赴中国民航科技研究院，推动蓬莱市通用航空产业发展规划编制工作。着力推进北京华彬天星通用航空有限公司的旅游飞行项目、吉林瀚星集团有限公司的通航小镇项目、中航工业幸福航空控股有限公司的水上飞机项目，其中，水上飞机项目已达成框架协议。推动北海救助飞行队在蓬莱纳税，年可实现个人所得税300多万元。

【港口建设】 蓬莱东港客滚码头项目完成公开招标，已完成西护岸回填380米，沉箱预制18个。栾家口港10万吨级航道新建项目海洋环评报告修改完毕，正与相关部门进一步沟通。原5万吨级航道扩建10万吨级航道项目，正在做规划调整及前期工作。大金重工重件码头项目，通过省质量监督站出具的质量鉴定意见；尚未开工的一个5万吨顺岸泊位，已完成工程量约占总工程量的76.3%。东防波堤项目完成工程量约占总工程量的64.6%，争取补助资金1.2亿元已全部到位。蓬长客港陆岛交通码头迁建项目现列入省“十三五”规划，成为交通部重点支持山东的陆岛交通项目。与其配套的栾家口港区东防波堤工程，也列入省、交通部“十三五”规划，工可研报告已形成初稿。中柏京鲁舾装码头一期、二期项目码头主体工程，竣工验收整改完毕，获烟台市局竣工验收证书。

【规划选址】 围绕陆岛交通码头迁建项目，对栾家口港区东港区客滚码头区进行规划调整。配合做好救助机场迁建、宝塔LNG、中兴电力等项目前期选址、规划调整等工作。开展旅游船航行水域船舶容量分析及管理措施研究，进行项目研究大纲修改。

【经营秩序规范】 做好危化品作业监管工作，审批危险品船舶85艘次，作业量160万余吨。抓好水运企业监管，严把年度审核关，年审合格率

100%。加强对蓬长航线、旅游船运输市场各类船舶的检查，进行航道碍航物清障工作1次；参与整治“三无”机帆船非法经营、“三无”渔船非法载客钓鱼等非法经营活动76次。开展旅游船从业人员岗前安全教育130人次。

【安全生产】 推进安全生产标准化运行，组织开展各类演练30次，深入开展各种专项活动，配合省政府检查2次、省局检查2次，烟台市局检查3次，自行组织检查10次，督导整改查出的隐患和问题65项，港航系统安全生产形势持续稳定。

海上运输

【蓬长客港】 2016年，实现旅客发送量338万人次，海上游发送旅客21.1万人次，车辆发送量28.3万辆次，滚装发送量589万吨。公司按照“一二三五”的既定发展目标，着力优化调整产业结构。主营业务逐步向以服务旅游为主，全资子公司蓬长同心旅行社于五一小长假正式运营。与北京国信风行文化传媒有限公司合资成立烟台仙游长莱旅游资源开发有限公司，促进公司转型升级发展旅游产业。完成了亏损成员企业——同心驿家客栈的内部市场化运作，一举扭亏为盈，由原来的年亏损80余万元变为年盈利16万元。7月，公司先后与大型上市民企——新奥集团北部湾旅游股份有限公司、省管功能型国有资本投资运营企业——齐鲁交通发展集团有限公司签订战略合作协议，共同进行旅游资源开发、新港区建设及后续运营管理。中国石油化工股份有限公司燃油公司、中国电建集团港航建设有限公司、中诚国际、天津港航工程有限公司等大型企业陆续前来洽谈合作意向。

【蓬莱港】 2016年，蓬莱港抢抓德龙烟铁路建设契机，以建设特色区域性服务港口为目标，着力加快实施差异化战略和多点赢利战略，进一步加快新客运区和防波堤建设、货运区建设、物流园区建设三大重点建设工程。

蓬莱港不断深化木材作业名牌“质量上精心，服务到每一根木材”“管理上精心，规范到每一道工艺流程”“细节上精心，满足客户每一项根本需求”的内涵，不断强化木材卸船管理，提高木材作业质量和装卸效率，原木平均作业效率达到10200方/昼夜，最高13200方/昼夜，货损货差率控制在0.01%以下，赔偿率为0，顾客满意度在95%以上，成为山东省第二大木材进口港。业务工作获得各口岸单位的政策支持，蓬莱边防检查站开辟“木材船舶绿色通道”，蓬莱检验检疫局将木材货物原来15天的检验周期压缩为8天。9月28日，山东木材流通协会第六届会员大会暨全省木材行业2016年年会在蓬举行，年会主题为“资源共享、创新发展、促进山东木材与木制品流通行业持续健康发展”，来自山东各地的50多家木材商参会。

新客运码头列入2016年蓬莱重点工程，项目总投资3.25亿元，8月10日正式开工建设，至2016年末，完成沉箱预制28层，西侧护岸完成165米，正在进行纳泥区围挡建设与相关设施的拆除工作。同时，完成防波堤工程，货场回填工程已形成陆域260亩，完成工程总进度的37.1%。

民用航空

【概况】 2016年，烟台机场完成航班起降5.1万架次，同比增长14.7%，完成旅客吞吐量513.5万人次，同比增长20.9%，完成货邮吞吐量5.1万吨，同比增长24%，航班量、客流量、货运量三个关键指标实现“三个五”的突破。

【运输生产】 针对新机场客货源的重新布局，主动多方协调，强化战略合作，成功承办北方区域机场航空市场战略联盟第十六届航班洽谈会。新增海南航空、青岛航空、福州航空等8家航空公司，运营航空公司达到24家，新增青岛航空和东方航空2架过夜飞机，停场过夜飞机达到14架，开通和恢复牡丹江、福州、大庆、南昌等7个城市客运航班，加密哈尔滨、深圳、西安、郑州、昆明、名古屋等城市航线，新开张家界旅游包机航线，通航城市达到51个。针对新机场地面交通配套不足问题，加强与交运集团合作，增加机场巴士、快线线路和密度，实现了全烟台市除长岛、海阳外所有县市区的覆盖，设置异地候机楼，推动旅客运输规模快速增长。抓住中韩自贸区和产业园区建设契机，加密仁川航空烟台至首尔全货机航班至每周11班，积极引进韩亚767货机每周3班和747货机每周2班运营，推动韩亚航空在烟台建立货运集散物流中心，大力开展航空货运跨境电商业务及国际快件业务，机场正式获批进境冰鲜水产品指定口岸，积极与顺丰快递和邮政航空合作开通樱桃航班，实施互联网+，助力樱桃电商销售，货运业务实现快速增长。

【安全保障】 完善安全工作“责任清单”，层层签订安全责任书，加强责任追究和整改督办，推行问责处罚制；完善安全运行“标准清单”，修订《机场使用手册》和部门班组岗位手册，健全机场安全规章标准，通过SMS效能评估；完善安全管理“隐患清单”，组织开展安全隐患建议征集、安全危险源识别、安康杯等活动，深入周边地区宣传无人机飞行相关规定，做好净空环境保护，合力提升风险管控能力；完善安全保障“应急清单”，修订完善各类应急处置机制和预案，开展候机楼旅客紧急疏散应急演练和反劫机演练。

【服务管理】 开展争创“全国文明单位”活动，并与服务质量提升相结合，强化监督检查和整改提高；创新服务模式和服务内容，优化服务流程，推出“红樱桃安检导乘台”“行李管家”等16个特色服务项目；强化航班运行保障的组织调度，不断提高航班放行正常率；修订完善大面积航班延误应急处置预案，不断提高现场组织指挥能力和处置水平。

邮 政

【概况】 2016年，全面落实“一体两翼”战略，全力打造金融、寄递、农村电商三大增长极，完成邮政业务总量3795.24万元，实现业务收入4862万元。

【函件】 打破传统业务发展模式，以信函、明信片、邮政广告业务为平台，实现资源整合创新。设计制作蓬莱阁景区邮资门票、戚继光故里邮资门票、蓬莱阁冰宫门票、三仙山景区邮资封片等，设计制作《蓬莱阁旅游地图》《蓬莱阁旅游指南》《蓬莱休闲旅游地图》《蓬莱乡村旅游折页》《蓬莱旅游局招商折页》、蓬莱贺年会宣传品等，介入蓬莱旅游整体宣传工作。打造“邮政媒体”品牌，通过邮政视频媒体、邮政商函、中邮广告、邮政贺卡等形式，策划消防安全知识竞赛、交通安全反思日知识竞答活动、建党周年庆党员节日期刊等。

【集邮】 结合蓬莱特产苹果、葡萄和海上丝绸之路起点等主题，选取《水果—苹果》《水果—葡萄》《海上丝绸之路》及蓬莱首发邮票，设计制作《人间仙境 中国蓬莱》专题邮册。

【报刊投递】 报刊收订流转额达到650万元，含各类行业报刊、党报党刊、校园报刊、私费报刊等。全市共42个投递段，投递里程为2434公里。打造商务期刊媒介，为全市企业事业单位量身定做专业期刊，塑造形象，打造品牌。

【包裹快递】 快递包裹进口2.96万件，出口21.4万件，双十一进口快包日均达到2000件。特快专递进口8.4万件，出口3.97万件，普通包裹出口1.09万件。围绕农产品进城，精准扶贫，3月苹果出库、6月樱桃上市、10月苹果上市季节，日均邮政快递包裹达到3000件，单日最高达到4000件。

【三农服务】 贯彻中央一号文件精神，积极打造邮政服务市民渠道工程。建立精品三农服务站达到70余个，建立示范田5处，面积达到5万亩。引进山东省邮政公司农村亮化和净水工程，为30多个村安装太阳能灯1000余盏，改善农村夜晚照明条件。常年聘请农技专家，深入田间地头进行土壤测试和现场技术指导，开展送农技下乡活动，举办小型农技讲座500多场。

【农村电商平台】 推进买卖惠项目，重点围绕消费品下乡、农产品进城、本地生活三大环节服务，构建集农村网络消费服务、农产品网络销售服务、农产品信息服务、综合便民服务、农村物流服务、农村普惠金融服务于一体的农村电商服务体系，建成1处运营中心，5处镇级服务中心，注册零售商733户，成为烟台买卖惠标杆县局。深入农村、社区，建立商超型便民服务站478个，便民服务旗舰店2个，提供金融、农资、缴费、充值等服务，打造农民家门口的邮政局。

联 通

【概况】 2016年，中国联合网络通信有限公司蓬莱市分公司以深入推进通信业与社会各行业各领域的融合发展为主线，构建新一代信息通信基础设施，拓展网络经济空间和网络民生服务新模式，完成通信业务总量2.98亿元，实现通信业务收入1.01亿元，完成通信固定资产投资3000万元。

【网络结构升级改造】 深入推进固定宽带网络升级，推动全市城乡光纤网络深度覆盖和速率提升。推进超高速、大容量光传输技术应用，升级骨干传输网，大幅提高城域网和骨干网出口带宽，提升高速传送、灵活调度和智能适配能力。加快推动4G网络布局和商用发展，加快推动应用普及与产业发展。结合新型城镇化建设、美丽乡村建设，加大对农村4G基站等宽带网络基础设施建设，促进城市和农村地区无线宽带网络的协调发展，实现4G网络深度和广度覆盖。2016年末，互联网宽带接入端口达到12万个，实占用户6.8万户，固定电话用户3.1万户，iptv用户达到2.1万户；3G/4G（第三代/第四代移动通信）基站规模达到828个，基本完成4G网络的纵深覆盖，3G、4G用户达到8.8万户。

【网络提速降费】 5月17日，山东联通举行宽带“三承诺”发布会，发布联通宽带“免费无条件提速、速率货真价实、480限时服务”三项承诺。蓬莱联通对全市10M及以下宽带用户全部免费提速到20M及以上速率，且原资费不变，户均宽带速率提升160%，单位带宽平均资费下降61%。大幅降低移网用户国际漫游资费，取消国内漫游费，降低手机套餐外流量标准资费，提升产品性价比。同时，优化资费结构，简化资费方案，增强资费透明度，提升用户获得感。

【“互联网+”行动】 深入实施“互联网+”行动计划，促进信息消费，发展互联网经济。高效服务电子商务、网络购物等新型消费业态，在大力推广已有成功项目经验的基础上，积极打造基于光纤宽带和“移动互联网+”的信息平台，推动农业物联网、工业互联网、双创云平台、电商平台等的建设发展，推广“互联网+”教育、养老、交通、医疗、旅游等民生服务。加快“互联网+”应用基地建设，提供“建设、运营、维护”三位一体的创新性统一平台支撑服务。推动建立蓬莱工业云平台和大数据服务平台，加快大数据、云计算、物联网等与传统工业的融合，支持企业在工厂无线应用、标识解析、工业以太网、IPv6应用、工业云计算、工业大数据等领域开展创新应用示范。

【综合信息化服务平台】 11月1日，蓬莱联通整合多种适合农村的“互联网+”应用，推出全市首个“美丽乡村”建设综合信息化服务平台。提供专属大流量、低资费产品，开展信息化应用下乡活动，解决农村区域日常政务管理、扶贫脱贫、基层党建、农业生产、文化娱乐中的痛点问题，得到了农村用户的高度认可。

通　信

【概况】 2016年，中国移动通信集团山东有限公司蓬莱分公司移动手机用户达到26万个，4G用户年净增7.74万户，宽带用户达到2万户，有线宽带市场份额占比26.8%。

【无线网络建设】 按照早计划、早选址、早施工的原则加快无线网络建设，工程建设在选址进度、建设进度和开通进度均保持在烟台市前列。全年新建开通2G/4G宏站196处、室分39处、微站34处、皮基站3处。加强高校园区、交通枢纽、星级景区、星级酒店宾馆，高速、铁路、国道省道等交通干线以及乡镇村庄等地的4G基站的建设数量和覆盖规模。深耕4G网络覆盖，打造4G精品网络，切实提高用户满意度。

【传输网络建设】 新建传输汇聚机房3处。设综合业务区11处，其中，城区7处，乡镇4处，新增综合业务区光交74处。新增OLT传输节点20处。配合规划部门增加传输管道和杆路的建设数量。

【有线宽带建设】 新建FTTH有线宽带351处，累计到达608处（乡镇村庄405处，城区203处），合计覆盖用户数17.72万户。FTTH农村覆盖率为75.41%。

广电网络

【概况】 2016年，山东广电网络有限公司蓬莱分公司加快转型升级，以业务、网络、服务“三领先”为突破，夯实网络基础，提升服务品质，完成营业收入达到4400余万元，完成新增有线4282户，新增宽带6151户，数字电视续费率为87.04%（不含清缴）。

【金字品牌】 充分发挥广电网络视频品质优势，坚持品质优先，抓好品牌推广。从用户实际需求出发，将“视频专家”“真高清”“独享宽带”“点播回看”等特色宣传给用户，全力打造“山东有线”金字品牌。

【春雷行动】 利用各种媒体多渠道、全方位进行宣传，逐村逐小区开展营销活动，以电视+宽带组合套餐为主打产品，提升付费业务订购率和宽带捆绑率，拉动增值收入持续增长。完成数字电视新增1473户，宽带新增1280户，办理电视机478台。

【营销实战】 5月中旬开始，组织了为期15天的“赢在蓬莱，冲刺五月”的营销实战大赛。12个营业部组成4个队进行比拼，15天新增数字电视349户，新增宽带373户，办理电视机190台，营业收入近140万元，各项指标较平常有近两倍的增长。

【服务创优】 着力于服务质量的提档升级，切实抓好客服百日创优活动的达标。共组织各类客服培训10余场，围绕《全省客户服务手册》《客服管理升级百日创优活动》《蓬莱分公司客服管理升级百日创优活动实施方案》《营业厅服务效能提升培训指导手册》等组织学习培训，对各项KPI指标进行解读，提高一线客服队伍的自身素养。建立考核制度，对《客服管理规范》《营业部客服管理考核细则》等进行完善，按照《蓬莱分公司客服考核补充方案》，指派专人对各项考核数据进行监督指导，实行周报月报通报制度，各营业部之间的客服考核数据公开、透明，发现问题及时通报，限期整改。全年未产生一例投诉事项。

【首届广电优质客户惠民活动】 从10月下旬到12月，携手创维集团开展首届广电优质客户惠民活动，利用创维集团强大的营销网络、完善的售后服务以及良好的用户口碑，促进广电网络品牌推广。活动中，蓬莱分公司从宣传、服务、配合联动三方面入手，细化责任分工，明确目标要求。在城区1场集中活动积累经验的基础上，分9个乡镇在镇中心主要商业地段依据当地购买习惯分阶段开展活动。采取进村广播宣传、登门入户发放宣传材料、电话通知、微信朋友圈推广等各种途径广泛宣传，利用赶集、超市店庆等同场热卖，大提升现场人流量。活动中共销售各类电器288台，主营业务和三产业务销售收入近20万元，销售收入总计近百万元。

【网格化管理】 在营业部中合理进行网格划分，共划分由分管副经理负责的一级网格4个，以营业部为单位的二级网格12个，由客户经理负责的三级网格67个，形成以营业部—客户经理—代理员为模型的“金字塔式”组织结构。通过AB角制搭配，结成对子，互帮互助，打造富有战斗力的客户经理团队。自网格化管理工作实施以来，通过对“营销、装维、服务”三位一体的客户服务新体系的打造，切实提高了一线客户经理的管理水平和工作效率。

【网络建设】 加快网络改造，提高网络全业务承载能力。工程新建和改造立项共74个，主要完成城区主干光缆、乡镇主干光缆及城区、村的数据业务FTTH改造工程四个方面，对城区和乡镇的主干网络进行集中改造，解决网络数据FTTH改造中主干光缆芯数不足的问题。全年签订新建小区合同21个，共计7687户，合同总金额192万元，收缴资金184万元。

【机房设备升级】 5—8月，更换6个乡镇机房的ODF机柜。9月，统一安装OTN和PTN设备。全年共安装GPON设备3台，安装EPON板卡5块，开通PON口110个。开通EOC 1723个，入户ONU 5862个，VOD点播业务7587个。

【维护管理】 完成线路抢修200余次，栽撤杆300余支，打拉线100余根，架设钢绞线5000余米，穿挂光缆6万余米。抢修线路熔接光缆70余次，夜间抢修30余次，排除线路故障40余次。机房播出严格按照市公司的要求，24小时监测机房温度以及重要设备的状态指示灯，并定期巡查各营业部机房环境卫生、设备状态，及时消除安全隐患。

【队伍建设】 5月，组织营业员参与到“精彩有线人”提服务树标杆服务技能大赛，全部营业员分三批参加烟台市公司开展的专业礼仪培训，全部通过理论与实践知识的通关考试，并在比赛中摘得“最佳服务礼仪之星”称号，登州路营业厅获得“山东省文明服务窗口”和“烟台市青年文明号”的称号，黄海路营业厅在全市的营业厅评比中被树立为“标杆营业厅”。

KEJI JIAOYU

科技·教育

科　技

【概况】 2016年，以提升自主创新能力为主线，实施“科技兴市”战略，争取各级各类无偿资金915.04万元，嘉信染料获得“中国专利优秀奖”，实现蓬莱国家级专利奖项零的突破；烟台海益苗业的“扇贝分子育种技术创建与新品种培育”获山东省技术发明奖一等奖。

【双招双引】 市科技局研究制定“招才引智”相关政策文件，于5月底完成《“仙境英才”创业项目评审标准》和《“仙境英才”创业领军人才创业项目评审细则》编制工作，制定《关于开展高等院校科研院所集中走访活动的实施方案》。

推进投资3.2亿元的烟台核众新材料项目落地。全程跟进安评、环评、立项、规划方案等手续办理工作，帮助协调解决项目推进中存在的问题。已经完成投入资金1630万元，其中土地款1180万元，安评、环评、设计费等100万元、技术补偿费350万元。

先后走访清华大学、中国矿业大学、江南大学、中国医药科学院、复旦大学、上海交通大学、东华大学、上海大学、华东理工大学等18家高校院所，邀请烟台同兴实业、江苏胜景园林、江苏宋和宋智能科技、北京加吉雅传媒、深圳展亚资本管理等公司以及科技部农村技术开发中心、中国农业大学、中国农科院的专家和教授来蓬考察调研，引进高层次人才2人，签订合作协议2项，达成合作意向3项。

【科技项目】 2016年，共申报上级计划24项，争取无偿经费620万元。其中，山东省重点研发计划立项6项，获无偿经费490万元，分别是蓬莱渤海超硬申报的山东省重点研发计划（重大关键技术）、蓬莱诺康药业参与申报的山东省重点研发计划（产业集群类）、蓬莱海洋生物申报的山东省重点研发计划（海洋医用食品专项计划）及蓬莱蔚阳新材料、烟台海益苗业和蓬莱鑫园工贸申报的山东省重点研发计划（科技攻关）。烟台市重点研发计划立项3项，获无偿经费130万元，分别是中粮长城葡萄酒、烟台海益苗业申报的烟台市重点研发计划（重大关键技术）及烟台孚瑞克森汽车部件申报的烟台市重点研发计划（科技攻关）。2016年，在烟台市以上科技管理部门各类科技计划立项数量创历史新高。同时，结合蓬莱实际，以传统产业改造升级、科技合作与技术创新、新材料产业、新农村建设、节能减排、医学及社会发展等领域为重点，下达48项2016年度蓬莱市科技计划，共列支本级科技经费600万元。积极搜集优秀科技成果，申报上级科技奖励，其中烟台海益苗业的“扇贝分子育种技术创建与新品种培育”“刺参白色品种选育技术构建与应用”项目分别获“山东省技术发明奖一等奖”“烟台市科技进步奖三等奖”，嘉信染料完成的“高耐碱分散染料开发”项目获山东省科技进步奖三等奖。6月中旬，开展2016年蓬莱市科技进步奖评审工作，共评审出38项优秀奖项。

【科技创新平台建设】 鼓励企业持续加大科技投入，建立健全研发机构，积极争创省级（示范）

和烟台市级工程技术研究中心。先后组织嘉信染料、京鲁船业、诺康药业和民和生物科技四家企业申报2016年度省级示范工程技术研究中心，组织嘉信染料、奥斯勃机械、蔚阳新材料三家企业下属院所开展烟台市新型研发机构的备案工作，完成京鲁渔业和蔚阳新材料两家企业的院士工作站备案工作。加快科技孵化器建设，农高区科技创业服务中心成功申报省级科技孵化器，引入科技型企业42家，在谈6家。开展大型科学仪器设备共享共用，新增嘉信染料、中粮长城、万寿机械等6家入网单位，全市入网仪器数量达到40台，仪器价值达到1253万元，入网单位32家，申报烟台市级大型科学仪器设备补贴13.64万元。

【高新技术企业培育】 广泛宣传高新技术企业税收优惠政策及新出台的高新企认定管理办法和工作指引，帮助企业规范财务制度，逐步完善申报条件，积极参与高新技术企业认定。新增蔚阳新材料、嘉信染料、华兴建材、海益苗业4家高新技术企业，全市高新技术企业总数达17家。组织安源水产、孚瑞克森、嘉信染料、广泰环保、隆和科技争取烟台市科技信贷风险补偿专项资金贷款（“科信贷”），恒驰挂车新增融资200万元。先后组织3批次共10家企业开展“烟台市科技型中小企业”认定工作，3批次申报企业均已获批，全市“烟台市科技型中小企业”总数达到43家。

2016年蓬莱市国家级高新技术企业一览表

续表

企业名称	认定时间
蓬莱万寿机械有限公司	2008年
蓬莱诺康药业有限公司	2008年
山东京蓬生物药业股份有限公司	2009年
山东北大高科华泰制药有限公司	2009年
山东蓬翔汽车有限公司	2009年
蓬莱巨涛海洋工程重工有限公司	2010年
康爱特维迅（蓬莱）化学有限公司	2012年
蓬莱汇洋食品有限公司	2012年
蓬莱市超硬复合材料有限公司	2013年
蓬莱中柏京鲁船业有限公司	2013年
蓬莱红卫化工有限公司	2014年
山东民和生物科技有限公司	2014年
蓬莱金创精密铸造有限公司	2014年
蓬莱蔚阳新材料有限公司	2015年
蓬莱嘉信染料化工股份有限公司	2015年
山东华兴建材科技有限公司	2015年
烟台海益苗业有限公司	2015年
蓬莱奥斯勃机械有限公司	2016年
蓬莱海洋（山东）股份有限公司	2016年
蓬莱大金海洋重工有限公司	2016年
烟台孚瑞克森汽车部件有限公司	2016年

【知识产权】 积极开展知识产权培训教育。邀请烟台知识产权局专家到北沟园区讲解专利检索、分析与侵权风险规避的相关知识；组织8044名专业技术人员参加远程教育，位居烟台各县市区首位；培育知识产权优势企业。全市共有6家企业参加贯标（贯彻《企业知识产权管理规范》国家标准），京鲁渔业被评为国家级知识产权优势企业，蓬翔汽车和万寿机械被评为省级知识产权优势企业，嘉信染料、京鲁船业和奥斯勃三家企业正在培育中；开展专利执法活动。共查处假冒专利9件，由于情节轻微，均下达《责令（限期）改正通知书》，并及时送达。2016年，全市发明专利申请264件，

授权专利27件。嘉信染料获得“中国专利优秀奖”，超硬复合材料、嘉信染料参评烟台专利奖，获得烟台专利二等奖。

【科学技术普及】 市科协筹集资金330余万元建设3处社区科普馆和大柳行黄金河科技馆，展出机械滚球、多媒体互动等科普器材150余件套，并在长裕、韩家疃、武霖等12个社区建设社区科普大学。建立起一支来自于医疗卫生、健康教育、环境保护、防震减灾等领域的30余位专家讲师团队伍，定期开展科普讲座。校园科技馆建设稳步推进，总建筑面积2000平方米的第二实验小学科技馆土建工程基本完工；全市共有3所高中、13所初中、25所小学参与到数字科技馆的建设中来，第二实验小学开通“科普中国校园e站”，创新校园科技教育形式。全市建有1处国家级科普教育基地，10处省、市级科普教育基地。同时，不断丰富科普活动形式和内容。在2016年全国科普日，精选8个有创意的科普教育基地和代表全市新科技水平的10个企业进行布展；在社会各界的大力支持下，联合登州博物馆举办为期4个月的“蓬莱民俗灯具展”，共展出火油灯、马灯、煤油灯、汽油灯、航标灯等五类灯具50余盏；校园科普活动丰富多彩，先后开展海洋科普知识进校园、科普大篷车进校园、青少年科普报告百校行等系列活动。

【气象工作】 严格实行业务24小时值守班、灾害性天气领导值带班制度，及时准确发布预报预警信息。针对春季森林火险气象等级持续较高情况，3月下旬至5月底每天发布森林火险气象等级预报，发布《森林防火专题气象服务》76期。全年，通过手机短信、电台、电视预报、显示屏、12121等渠道广泛发布预报预警信息，共报送各类决策材料157期，其中《重要天气报告》13期、《天气简报》57期、各类预警信号36期、《降水通报》30期、《高考专题气象服务》4期、《中考专题气象服务》2期、《气象信息服务周报》15期，发布各类决策短信4.68万人次。开展人工增雨作业9次，发射增雨火箭弹72枚。

加强与安监、经信、消防等部门的联合，通过联合行文、联合检查等形式，增强各单位对防雷安全工作的认可和重视。及时停止新建图审和竣工验收的服务收费，在许可交接未完成的过渡期内，继续为用户提供无偿优质的服务。按照上级对涉氨制冷企业防雷装置安全性能专项检查的要求，对全市的涉氨企业进行防雷检测。

成立蓬莱市气象灾害防御和气象现代化建设指挥部；将农村气象防灾减灾工作纳入蓬莱市新农村考核；将气象防灾减灾知识纳入全市领导干部培训。

【地震综合防御】 印发《关于进一步做好地震应急救援志愿者队伍建设工作的通知》，招募600名地震应急救援志愿者工作。申报两处烟台市级地震科普示范学校（郝斌中学、易三小学），申报一处省级地震科普示范学校（实验三小），并获得命名。在防灾减灾活动日期间，开展地震法律法规及地震科普知识宣传，并在全市中小学举行地震应急演练，到刘家沟中学、北沟一中进行地震科普知识讲座。按时上报地震观测点的观测数据，做到观测数据及时可靠，为上级业务部门地震会商提供第一手资料。做好测震台仪器维护和地震应急值班工作，对强震台进行仪器巡检，为三十里铺数字台更换供电设备。扎实开展抗震设防管理工作，本着为企业做好服务的原则，坚持一般建设工程在承诺期限内办结，重大建设工程严把安评关。完成农村防震房改造407户，争取补助资金241万元。

教　育

【概况】　2016年，全市各级各类学校44所，其中普通高中3所，职业学校1所，初中13所，小学24所，特殊教育学校、竞技体校、教师进修学校各1所，教职工3984人，在校中小学生29065人。共有幼儿园52所，其中公办幼儿园1所，公办性质幼儿园29所，民办幼儿园22所，在园幼儿8990人。

【校长职级制改革】　5月27日，印发《关于推行义务教育学校校长职级制改革的意见》，以去行政化为标志，着力完善校长管理机制，激发干事创业活力，提高校长队伍专业化水平。9月，研究制定《蓬莱市义务教育学校2016年校长职级制评审认定办法》，并对首批符合条件的25名义务教育学校校长的职级组织评审认定。

【学区制改革】　组织开展初中小学联合教研、校内外教研活动60多场次，参与教师3000多人次。着力推广大辛店等学区改革典型经验，打造区域教育管理“六统一”模式，即统一教育管理、统一教学管理、统一人员管理、统一资源管理、统一教研管理、统一监督考核，以内涵发展带动办学水平不断提升。烟台市改革办先后两次到蓬考察调研学区制改革工作。省《调查与研究》《改革情况交流》和烟台市《改革工作简报》《决策参考》先后刊发蓬莱市学区制改革的经验做法。《大众日报》《烟台日报》等媒体相继对蓬莱市学区制改革进行宣传报道。

【教育督导评估机制】　完善教育督导评估机制，积极创新督学工作模式，全市42所中小学校调整为6个督学责任区。聘任的18名新一届督学于秋季开学后正式“上岗”，并认真做好每月的专项督导。作为烟台市首批申报县，被推荐参评全国中小学责任督学挂牌督导创新县。

【校长教师交流轮岗】　2016年，共交流教师230人次，4人参加市外支教，干部交流调整23人次，23名教师从城区学校到乡镇学校支教，36名教师从农村学校到城区学校顶岗学习，乡镇学校校际间交流58人次，城区学校校际间交流26人次。

【教研教改】　组织开展初中小学联合教研、校内外教研活动60多场次，参与教师3000多人次。高考本科上线率超70%，一本上线率始终稳居烟台第一方阵。积极做好烟台临港工业学校创建省示范性中等职业学校相关工作，上报申报材料，正在等待上级主管部门的遴选。职业技能大赛取得了历史性突破，烹饪选手在全国技能大赛获银奖，数控车床加工技术专业选手获得省赛第一名。

【德育工作】　对全市中小学德育工作进行深度整合，突出学生、教师、家长三个抓手，通过打造德育环境、丰富德育活动、优化德育课程、激活学科德育，加强德育队伍、基地和网络建设，建构德育课程、学科课程、传统文化课程和综合实践课程“四位一体”的德育工作新格局。联合《今日蓬莱》推出“筑中国梦·做幸福人”仙境校园文化巡礼大型系列报道，集中、连续刊发全市35所中小学校在校园文化建设方面的亮点做法和先进成果，取得良好宣传效果。

【艺术测评改革】 全市艺术测评改革走在全省前列，5月，作为省标杆县，承办山东省中小学校园艺术节启动仪式，全市4980名师生参加演出，高质量的节目展示，学生良好的艺术素养，得到山东省教育厅、烟台市教育局的充分肯定。10月份，蓬莱市承办山东省中小学生艺术素质测评活动，并作为典型做经验交流。'

【校舍建设】 启动新高中建设工程，初步确定新高中选址，进行整体规划设计招标。经济开发区小学异地新建工程完成规划方案设计。西城小学异地新建工程和于家庄小学综合楼工程完工并交付使用。大柳行中学异地新建工程完工。南王中学宿舍楼主体工程封顶。北沟一中教学楼完成基础施工。崮寺店小学综合楼正办理规划手续。小门家小学综合楼办理土地征迁手续。

【教育信息化建设】 推进教育信息化建设，新建9个自动录播教室、10个网络备课室和8个数字化地理教室。将初中295个教室的电子白板改为电视一体机，同时将传统黑板更换成无尘黑板。组织“中国梦—行动有我”微视频展播活动，52件作品代表烟台市参加全省评比，入选数量居烟台市第一。易三实验小学、大辛店中学等两所学校获评首批“烟台市数字校园示范校”。加强信息技术在教学、管理上的应用，利用录播教室录制精品课程2000余节、制作微课400余个，为优质课评选、“一师一优课”及课堂教学提供了优质技术保障。

【平安教育环境】 强化安全责任落实，指导学校、幼儿园建立全面、实用的安全管理“三个清单”，形成逐级负责、常态运转、高效顺畅的“一岗双责”工作机制。深入44所学校、54所幼儿园，进行3轮全面检查，进一步规范学校幼儿园安全管理。联合公安、消防、市场监管、交通等部门，先后开展食品安全、“小饭桌”“小公寓”专项检查、整治活动。投入44万对全市校车监控系统进行2G升4G改造，并进一步严格校车审批管理，严格校车操作规范，严格值班监控措施，保障全市学生、幼儿乘车安全。2016年11月，9所学校被评为烟台市“三星级”食堂，27所学校被评为烟台市“三星级”校园。

【教育惠民政策】 积极落实教育惠民政策，拨付义务教育学校和特殊学校公用经费补助2444.01万元。继续向城乡义务教育阶段学生免费提供教科书，全年支付城市义务教育阶段免费教科书资金157.76万元。继续加大对困难学生的资助力度，全年共发放政策性资助资金401.57万元，资助困难学生5434人次。投入资金198.47万元，为全市义务教育阶段学生制作夏、秋两季校服2.73万套。

【残疾学生资助】 从2016年春季开始，为残疾学生申请40.5万元助学金，救助残疾学生270人次。将非寄宿的义务段随班就读残疾学生纳入了资助体系，实现了从幼儿园到大学阶段困难学生资助全覆盖。2016年，全市没有一名学生因家庭苦难而失学。

【职业教育】 加快职业教育发展，投入450万元购置数控车床12台，数控铣床6台，共拥有机电、建筑、数控、焊接等实训车间6处，打造烟台市内具备实际生产加工能力的一流实训基地。

紧跟形势发展和社会用工需求，烟台临港工业学校推出高铁乘务、电子商务、无人机驾驶等专业，与部分高校联合将酒店管理、旅行社管理、会计电算化、电子商务4个专业办成3+2连读专科专业。5月23—26日，在2016年全国职业院校技能大赛中职组烹饪赛中，烟台临港工业学校烹饪专业刘继宇在西式烹调赛项上通过层层角逐获得银牌。10月31日—11月2日，在山东省职业院校技能大赛中职学生组数控车加工技术赛项中，烟台临港工业学校机电处14级数控专业的崔振玮、姜成远同学，通过学校、市赛的层层选拔，最终作为烟台市中职组数控车加工技术代表队，参加山东省中职组数控车加工技术赛项比赛，两位同学凭借扎实的理论基础、精湛的技艺，顺利完成90分钟的理论知识、270分钟的操作技能两个竞赛模块的比赛，从34名选手中脱颖而出，崔振玮勇夺总分第一名，获得金牌；姜成远位列总分第四名，获得银牌。

【教师队伍建设】 加强师德师风建设。进一步抓好中央八项规定的贯彻落实，加强执法监察和责任追究力度，严肃查处违规行为。完善师德测评内容与方式，探索实行积分制量化考评等新举措，建立健全师德个人档案，实现对教职工职业道德制度化、规范化管理；坚持典型引路。在教师节期间表彰最美教师、优秀教师、优秀教育工作者、师德标兵和教坛新秀，表彰人数达358名，营造尊师重教的良好氛围；加大乡村教师队伍建设支持力度。提高乡镇教师津贴补贴标准；注重师资培训。重点推进对校长、教研员、教研组长、骨干教师的专业培训，先后组织国培、省培、校长赴莱州跟岗学习、骨干班主任和教研员赴上海学习等各类培训1100多人次。发挥已有烟台名师、名班主任、名校长的带动辐射效应，开展县域内“名师工作室”特色展示活动，有效提升教师队伍专业素质。

【2016山东省中小学校园艺术节启动仪式】 5月26日，“中国梦 校园情”2016山东省中小学校园艺术节启动仪式在海滨文化广场举行。山东省教育厅副厅长张志勇，山东教育电视台台长邢顺峰，烟台市人民政府副秘书长于向明，烟台市教育局局长徐建敏，市委副书记、市长杨升岩出席启动仪式并观看演出。

山东省中小学生“校园艺术节”展演活动启动仪式

艺术节在《仙境校园情》的鼓乐表演中启幕，第二实验小学的课本剧《七根火柴》，南王小学的舞蹈《珍惜》，郝斌中学的歌伴舞《习主席寄语》以及四千人口风琴齐奏《请来看看我们美丽的村庄》等，引得现场阵阵掌声。演出在大合唱《我们是共产主义接班人》中结束。启动仪式汇集30所学校4980名师生参演，表演节目22个，现场观众5000余人。本次艺术节展示出蓬莱市多年来倡导“面向全体学生，

第六届蓬莱市“杰出青少年市长奖”“优秀中小学生奖”颁奖典礼上的合影

人人享有艺术”的育人成果，充分体现出全市中小学艺术教育的普及性和参与度。

【第六届蓬莱市“杰出青少年市长奖”“优秀中小学生奖”颁奖典礼】 7月15日，第六届蓬莱市“杰出青少年市长奖”“优秀中小学生奖”颁奖典礼在三仙山大剧院举行，市委副书记、市长杨升岩，市人大常委会主任杜康生，市委常委、宣传部长曹承华，市政府副市长徐爱华，市政协副主席任建民出席典礼并为9名杰出青少年和51名优秀中小学生颁奖。

“杰出青少年市长奖”自2011年设立以来，连续举行6届，累计募集基金1100多万元，先后奖励60名杰出青少年，301名优秀中小学生，12名优秀教师，资助8个名师工作室。

【优秀教师表彰大会】 9月30日，召开蓬莱市优秀教师表彰大会，隆重表彰近三年来涌现出来的最美教师、优秀教师、优秀教育工作者和师德标兵、教坛新秀，表彰人数达358名，弘扬了爱岗敬业、忠诚奉献的优良师德师风。

【西城小学】 9月份，西城小学正式投入使用。西城小学占地面积30亩，总投资1500万元，建筑面积5191平方米，能容纳15个教学班675名学生就读。

济南大学泉城学院

【概况】 2016年，济南大学泉城学院不断扩大和改善校园基础设施建设，提高基本办学条件，加强内部管理和制度建设，进一步提升学校教育服务社会的能力。

【创新创业教育】 将《大学生职业生涯指导》充实调整为《大学生职业生涯指导与创业基础》，调整内容、学时、授课学期；在现有课程中突出创新创业教育，明确要求思政课突出提高创新意识和正确择业观的教育，新闻传媒类课程加强新

济南大学泉城学院田径运动会

媒体的教育内容和实践，工科类课程加强实际技能的训练，商科类课程加强现代经济社会发展趋势的内容，努力与新经济业态、新型商务工作接轨，艺术类课程加强自创作品能力的培养；开出有利于“双创”的选修课，改进实践教学，建立有利于创新创业教育的教学评价机制，将创新精神、创业意识和创新创业能力纳入人才培养质量标准。

重点培养教师的创新创业教育思想。制定“卓越教学 魅力课堂”首期教师教学能力培训方案，通过网站、QQ、座谈、讨论等多种形式学习领会教育部高校改革创新、转型发展的指示精神，积极推广讨论教学法、项目教学法、情境教学法、翻转教学法、启发教学法等教学方法，让教师们理解、研究、学习、实施。同时，强化听课观摩，邀请专家讲授，与教师们交流探讨，促进教学水平提高。2016年，培训新进教师46人，帮助其掌握基本教学技能，成功实现角色转换。

【招生工作】 重新修订招生章程、艺术类招生章程、专升本招生章程。精心制作宣传材料，做好各类招生宣传网站、网页设计与建设工作。策划借助山东省《现代教育》报考指南、《齐鲁晚报》《半岛都市报》《鲁中晨报》、大众网等媒体做好精准宣传。创建“济南大学泉城学院招生办公室”微信平台、新浪微博，招生期间每天向订阅用户推送校园文化生活、招生政策、招生动态等相关信息。并与新浪网签合作协议，通过招办主任视频访谈、招办微博访谈、新浪网舆情监督、招办微博推广等形式，开展多种多样的教育网络宣传推广。开通招生热线，组织参加校内外高招咨询会、“山东招生考试巡展——百所高中进校园活动”TQ对话咨询等活动，推进招生工作实现新突破。2016年计划招生2600人，实际录取2642人，在山东省十二所独立学院中名列前茅。

【教育管理服务】 把思想政治教育融入管理和服务之中，坚持教育、管理、服务三位一体，加强对课堂、学生公寓、早晚自习情况的巡查力度，查课98次、抽查学生宿舍1689次，查操121次。为考研学生提供各项服务，引导学生明确学习目的和发展目标。不断完善心理健康教育体系，普查新生2356人，跟踪了解学生70人次，约谈67人次。组织开展2016届毕业生文明离校教育、暑期安全教育，开展毕业生感恩母校活动。加强辅导员专业化建设，积极探索学生工作的新方法和新途径，工学院张蒙获山东省高校辅导员职业能力比赛一等奖，获山东省高校辅导员演讲比赛三等奖。

【学生奖、助学体系建设】 完成国家助学金发放工作，其中，国家奖学金10人，国家励志奖学金181人，国家助学金843人，省政府奖学金4人，省政府励志奖学金35人；办理助学贷款347人，共计271.4万元。完善勤工俭学制度，对勤工俭学学生进行统一调整，帮助215名家庭经济困难学生，进入勤工俭学岗位。上报服义务兵役学费减免学生信息，并进行相关费用的减免。

济南大学泉城学院2016届毕业生学位授予仪式

【校园文化建设】 开展田径运动会、毕业典礼、开学典礼、2016残奥同行残奥冠军挑战赛（山东站），组织“我爱我的祖国，永远跟党走”主题征文活动、首届“绽放青春 唱响祖国”歌咏大赛、首届“梦想与担当”主题大型演讲比赛、首届科技文化艺术节。举办书华朗诵比赛、关爱女生讲座以及系列关爱女生视频、乒乓球羽毛球比赛、汉字听写大赛、舞蹈大赛、变废为宝活动、“够文明 才青春”倡导校园文明活动、跳蚤市场、校园十佳歌手、社团风采展示月、西部捐衣等100余次文化活动。

【图书服务管理】 加大数字资源的引进和服务力度，购进超星汇雅电子图书两年10万种，电子文献资源检索、电子图书阅读和手机移动图书馆服务实现突破。2016年，校图书馆荣获中国知网2016“畅知悦读”体验活动山东优秀组织奖，是山东省独立学院唯一一家获奖单位。举办校园读书节、服务宣传月活动，承办山东省独立学院图书馆2016年年会，旨在提升独立学院图书馆的特色建设和服务。组织制作专题片“发展中的济南大学泉城学院图书馆”，片长11分钟，涵盖图书馆概况、资源建设、服务宣传活动、领导重视支持、馆员队伍建设和发展愿景等内容，全面生动地呈现校图书馆的建设发展。编辑《日记杂志》《葡萄与葡萄酒古诗词选编》，同时做好登州文会馆纪念馆和中国日记资料馆的资料管理与讲解服务，接待参观81批，1100余人次。

【服务地方建设工作】 积极参与蓬莱市文化产业园的策划与启动，完成烟台县域文化产研讨会策划；策划蓬莱市影视旅游项目，完成项目策划书和剧本的撰写工作。策划《创客蓬莱》网络大电影项目，获得北京晟昊天成文化传播有限公司立项并正式启动，数次参加学校组织的项目研讨会。

登州文会馆史料收集整理。收集到1919年出版的第43印刷出版的文会馆教科书《笔算数学》，发现“女文会馆”校碑遗物，收集到王元德后人遗存物品。围绕“京师大学堂聘用文会馆毕业生”“文会馆与白话文运动”和“近代美国传教士在登州概况”等课题进行深入研究与整理，形成6万多字的资料。其中较详细地反映文会馆向京师大学堂输送西学人才的资料，在《大众日报》以8000多字的整版刊登出来。编辑发行《文化产业导刊》增刊（登州文会馆专刊），组织翻译传教士在山东的文献资料《山东前线》，形成独家的资料资源。

WENHUA

文化

文化产业发展

【产业招商】 以PPP形式进行文化基础设施建设合作项目、引进五星级酒店项目、中科院数字内容技术项目等59个项目已达成考察意向。引进美国著名动漫品牌“芝麻街”、文化展演活动、全国少数民族风情文化展演项目等30个项目已达成合作意向。争取将八仙动漫题材剧本创作列入全省电影剧本创作扶持计划，省新闻出版广电局已拨付5万元剧本创作启动资金，后期再拨付5万元用于正式创作。剧本完成后进入拍摄阶段，继续追加资金予以拍摄制作支持。

【中国八仙传说之乡和中国仙道文化研究保护基地创建】 通过组织国内外专家学者和全市历史文化工作者认真挖掘、整理、研究、论证，形成蓬莱八仙文化和仙道文化系统化、理论化的研究成果。全市新增非物质文化遗产储备项目20多个，新培育100多名民间艺术和工艺人才。年初，“蓬莱阁庙会”又被列入省级非物质文化遗产项目。

【影视剧产业】 挖掘特色文化资源，突破发展影视剧产业。启动“创客蓬莱”百部网络微电影项目，计划投资2000万元拍摄100部网络电影，题材、取景均为蓬莱元素。《吻我，加仙气》在腾讯视频上线首播，24小时点击率已过千万。《转命葫芦》《时空来客》《八仙后传之一品公馆》三部新媒体电影已先后在蓬莱开机拍摄。电影《龙华之少年归》10月30日在蓬莱杀青，由著名演员兼编剧赵晋执导。创作八仙动漫题材电影剧本已上报国家新闻出版广电总局进行电影审批备案。《我们的秘密》完成后期制作。

【社会文化资源整合利用】 与泉城学院达成文化共建合作协议，将学院图书馆免费向市民开放，艺术类专业院系经常性为全市文艺骨干进行专业培训，双方共建艺术团体，合作开展各类文艺展演活动。此项工作被烟台市文广新局列入创新创优项目在烟台市范围内进行宣传推广。为弱势群体和特殊群体提供文化服务，组建文艺小分队，常年开展“田院三头”送文化活动，做到文化惠民没有“被遗忘的角落”。此项工作被省委宣传部列为典型工作案例。市图书馆在居民小区、公共场所设立30多个流动图书点，定期送去图书，方便居民阅读。面向社会提供个性化、定制式文化服务。通过深入基层调研，借助媒体征求意见，在文化下基层、文艺人才培训、农家书屋书目配备、文化惠民办实事项目等工作征求群众具体性需求1200多条，采纳率85%以上。

“田院三头”送文化活动

文化基础设施

【文化基础设施建设】　建设完善以市级重大文化设施、镇街文化站、村（社区）基层综合文化服务中心为主体，设施配套、功能齐全的文化基础设施，全市实现15—20分钟公共文化服务圈全覆盖。文化馆新馆四楼美术馆设立蓬莱籍油画家汤传杰作品展室，专门陈列、收藏汤传杰作品。市图书馆为更好地满足读者需求，实行周末开放；在居民小区、公共场所设立30多个流动图书点，定期送去图书，方便居民阅读。95%以上的村（社区）建起基层综合文化服务中心，达标率达85%。积极吸引社会力量兴办公共文化设施，由民营资本投资建设的“胶东民俗文化博物馆”“蓬仙美术馆”“蓬莱美术馆”均已建成，向社会免费开放。

【“书香蓬莱”建设】　通过对市图书馆升级改造、完善农家书屋建设，推动学校及机关、企事业单位图书馆向社会开放，完善阅读设施。组织干部职工、学生、社会从业人员、家庭成员、务工人员等不同群体开展各有针对性的阅读活动，使全民阅读蔚然成风。开展图书交换活动，满足群众多样性需求。全年为读者提供交换服务220余次。开展“阅读成就梦想”读书征文活动，鼓励全市广大群众多读书、读好书。开展“好书推荐活动”，市图书馆发布经典书目102条。开展“评选优秀读者活动”，以图书奖励的形式，鼓励广大读者充分利用图书馆资源与服务。与泉城学院图书馆开展共建共享，最大限度的满足读者借阅需求。

群众文化

庆祝建党95周年文艺会演暨“仙境之夏”广场文化活动启动仪式

【群众文化活动】　以建设全国文明城市、庆祝建党95周年、发展红色文化、弘扬优秀传统文化等为主题，重点打造“新春民俗文化季”和“市民消夏文化节”两大群众文化活动品牌，通过文艺会演、调演、巡演、比赛、送文化下基层等形式，形成涵盖一年四季、周末、节假日、重大节庆活动等时间节点，规模大、标准高、社会参与面广的生动局面。先后举办“建设全国文明城市”镇街精品文艺节目巡演、建党95周年文艺会演、“田院三头”送文化、“仙境之夏”文艺会演、“欢乐蓬莱行”文艺下基层巡演等各类全市性演出、赛事活动260多场次，举办镇村两级及机关企事业单位、社会组织文艺会演、交流活动1300多场次，参与群众20多万人次。

【群众文化队伍建设】 加强以文化馆为龙头的专业人才队伍建设，发挥领头雁作用。通过积极引进“送出去、请进来”培训，开展岗位技能学习竞赛等多种形式提升专业人才素养。全年组织市级文艺培训辅导50多次，培训文艺骨干3900多人次，组织镇、村两级培训班200多次，新增基层文艺队伍34支，全市95%以上的文艺爱好者都能受到业余文艺辅导。

【田院三头】 倾心为弱势群体和特殊群体提供文化服务，做到文化惠民没有“被遗忘的角落”。组建文艺小分队，开展“田院三头”（田间、院落、村头、地头、炕头）送文化活动，为那些平时因行动不便、经济困难、地处偏远或农活繁忙，参加文化活动有困难的人群送文化到身边。“田园三头”文化特色服务摆脱舞台限制，活化了化服务方式，把欢乐送到群众家门口。

【群众文艺创作成果】 扶持和发展民间文艺团队及创作队伍，创作文艺精品。张圣锋的美术作品《耕海牧渔》，在2016年中国画作品展上获得优秀奖。2016年末，各文艺家协会累计获得烟台市级奖项10项，省级奖项9项，国家级入展及获奖4项。同时，各文艺家协会积极向烟台市级以上推荐优秀人才，有9人晋升为烟台市级会员、6人晋升为省级会员。

文化保护与研究

【文化遗产普查】 2016年，开展文物普查工作，摸清蓬莱市非物质文化遗产的种类、数量与分布状况。全市非物质文化遗产资源存量有了比较系统、完整、全面、详尽的文字、图片及音像记录。全市普查搜集线索1455条，重点线索500条。普查线索涵盖了十大类别，其中民间文学1066个，传统音乐4个，传统舞蹈33个，传统美术12个，传统戏剧3个，曲艺3个、传统体育、游艺与竞技41个，传统技艺39个，传统医药59个，民俗195个。全市有99项进入蓬莱市县级非物质文化遗产名录，其中《八仙的传说》《大杆号吹奏乐》《戚家拳》《烧纸调》《登州海市》《蓬莱剪纸》《胶东蹦蹦戏》《蓬莱刺绣》《焗瓷技艺》《葫芦雕刻技艺》《吴式太极拳》等13项成功申报烟台市非物质文化遗产名录，《八仙的传说》《大杆号吹奏乐》《戚家拳》《蓬莱阁庙会》4项成功申报山东省非物质文化遗产名录，《八仙的传说》成功申报国家级非物质文化遗产名录。

【文物保护与开发利用】 设立非物质文化遗产保护中心，明确文保单位、馆藏文物的依法登记、公布机制，“一对一”聘任文物保护员。组建历史文化研究会、戚继光研究会、慕湘藏书楼等专门研究机构，建立起市镇村三级文物保护网络，充实完善非物质文化遗产名录体系，对非遗进行抢救性发掘，通过传艺讲学、艺术创作、带徒授艺等方式，培育传承人300多名。投资近3000万的“胶东民俗文化博物馆”“蓬莱美术馆”和“蓬仙美术馆”免费向市民开放，三处展馆均由民间出资建设，主要用于收藏具有本土特色的文化遗存。每年定期开展“新春民俗文化季”“百日仙境之夏”“百篇作品颂蓬莱”等群众文化活动，发动民间创作力量，让传统文化在群众自我创作中得到传承。同时推动本土文化“走出去”，通过举办各种城市形象推介会，宣传推介蓬莱特色文化，并与海内外研究机构联合开展戚继光、登州古港、海上丝绸之路、国内名楼等专项历史文化研讨、文博展览活动，增强城市文化知名度。

2016 年蓬莱市非物质文化遗产（烟台市级以上）一览表

项目名称	类别	公布单位	公布时间
八仙传说	民间文学	国务院	2008 年
八仙传说	民间文学	山东省人民政府	2006 年
大杆号吹奏乐	民间音乐	山东省人民政府	2006 年
戚家拳	传统体育、游艺与杂技	山东省人民政府	2009 年
八仙过海传说	民间文学	烟台市人民政府	2006 年
蓬莱烧纸调	民间音乐	烟台市人民政府	2006 年
蓬莱大杆号吹奏乐	民间音乐	烟台市人民政府	2006 年
胶东蹦蹦戏	传统戏剧	烟台市人民政府	2006 年
戚家拳	杂技与竞技	烟台市人民政府	2006 年
烟台剪纸	民间美术	烟台市人民政府	2006 年
登州海市文化	民俗	烟台市人民政府	2006 年
蓬莱的传说	民间文学	烟台市人民政府	2008 年
蓬莱小面制作技艺	传统技艺	烟台市人民政府	2008 年
蓬莱阁庙会	民俗	烟台市人民政府	2010 年
蓬莱博绣	传统美术	烟台市人民政府	2014 年

文化市场管理

【概况】 2016年，文化市场管理坚持“发展与规范并重，服务与管理并举”的工作理念，秉承“守住底线，促进繁荣”的工作原则，以日常巡查和专项治理为手段，坚持管理与服务相结合，全面规范文化市场经营秩序，严厉打击各种违法违规经营活动。

【审批规范】 组织制定服务规范、办事指南和操作手册等审批标准化制度体系，审批时间平均由原来的 20 天减少为 5 天，打通文化创业投资的快速绿色通道。推进审批制度改革。根据上级要求完成 11 项行政许可的网上录入，15 项行政权力事项的调整、取消、承接，2项中介收费事项的梳理填报等工作。网吧、游艺娱乐场所审批全面放开后，深入调研摸底，积极做好政策宣传解释，使行政审批权力在阳光下规范化运行。2016年，全市新设立上网服务场所3家（小米、柒彩、潘多拉），电影院1家（大地影院），练歌房1家（同一首歌），淘汰一批“脏、乱、差”的网吧与娱乐场所。

【文化市场规范】 2016年，以严格监管为重点，不断强化责任意识、阵地意识，集中时间和力量，对文化市场进行不间断整治，有力规范全市文化市场经营秩序，净化了文化市场环境。

开展出版印刷专项整治。对全市各类出版物经营单位、印刷企业进行拉网式检查，重点对经营政治性非法出版物、盗版教辅教材及超范围印刷、印制盗版图书、假冒商标以及其他非法印刷等行为进行全面检查，切实从源头上把好知识产权保护关。2016年，共开展专项检查43次，出动执法人员269人次，检查出版物经营单位265家次，印刷经营单位126家次，取缔无证图书摊点2个，收缴非法出版物786册。

规范网吧市场。对全市所有网吧实行不定期、不定时的突击检查，加大对中午、傍晚以及周末的检查力度；同时严格执行网吧上网实名制，严厉打击上网信息登记不全、夜间锁闭门窗超时经营以及经营非法网络文化产品行为。开展执法巡查100余次，周末、节假日检查24次，检查网吧600余家次，查处擅自变更负责人、不按规定登记等案件3起。

推动娱乐市场阳光发展。严厉查处娱乐场所非国家法定节假日接纳未成年人、无证经营以及设置宣扬赌博机型等违法违规经营活动；同时，在强化监管、规范经营的基础上，推动娱乐市场健康、文明、有序发展。先后检查娱乐场所270余家次，配合中、高考保障、创城等专项活动敦促整改噪声污染、场所卫生等20余次。

加强演出活动的审批和监管。在严格演出审批程序的基础上，严厉打击含有淫秽色情、内容低俗以及其他国家明令禁止演出内容的非法演出活动；同时加大对城乡接合部和农村集会的巡查力度，确保了全年无非法演出活动出现。

深入开展文明城市创建工作。自3月份至10月份，先后组织出动执法人员500余人次，每天均对城区网吧、娱乐经营场所的证照、卫生、场所文明等问题进行拉网式排查，先后纠正证照未悬挂12处，卫生不达标问题近200处、门前三包不落实100余处，制止场所内吸烟现象200余起。

【文化经营场所安全管理】 2016年，坚持隐患排查治理活动常态化，突出抓好“安全生产隐患大排查快整治严执法集中活动”“夏季消防安全大检查”“安全生产大检查”“冬春防火专项行动”等专项活动以及汛期、重大节假日期间的安全生产检查任务，建立经营主体台账、隐患台账、问题台账，跟踪整改各类隐患。

开展安全生产大检查。先后开展专项检查行动12次，与消防大队联合检查2次，检查游艺娱乐场所、歌舞娱乐场所、网吧、影院等487家次，对检查中发现的55家（次）89处消防设施不全、关闭安全通道等安全隐患提出整改意见，责令经营单位当场整改或限期整改，并及时进行复查，并对拒不整改的移交消防大队处理，目前全部完成整改。

强化宣传教育培训。先后组织教育培训4次，印制安全生产工作制度、教育培训制度、场所巡查制度、应急预案、安全承诺书等安全生产制度400份，消防安全须知100份，消防安全提示100份，由执法人员发放、张贴至各文化经营场所显著位置。6月22日，联合市公安消防大队在星光大道音乐广场举办了2016年“蓬莱市文化市场安全生产月培训暨应急演练工作会议”，通过宣传、演练，提高广大经营业户、文化系统工作人员的安全防范意识和忧患意识，增强主体责任意识。

广播电视

【概况】 2016年，市广播电视台以“新闻立台”为根本，围绕市委、市政府中心工作，多视角、多层次、全方位地进行宣传报道，共播发2920多条新闻，完成各种宣传片汇报片10多部。获得“山东省文明机关”“山东省县级广播电视系统优秀广播电视台”及山东、烟台广播和电视4个新闻宣传先进集体一等奖。

【新闻宣传】 2016年，围绕全市不同时期的重要工作，在《蓬莱新闻》中开设《认真学习贯彻党的十八届五中、六中全会精神》《争创全国文明城市》《直击重点项目工程》《深入开展“两学一做”学习教育活动》《深入开展“双招双引”百日会战》《深入开展“百名干部联百企”活动》等40多个专栏，播发新闻2920多条，多视角、多层次、全方位地宣传全市四个文明建设所取得的成就，使新闻的政治性、思想性、导向性更加突出。《海上生明月》《江山多娇》《山东2015年实现旅游消费总额7062亿元》《“庆祝中国共产党成立95周年”说说身边的共产党员：党员要当带头人》等4条新闻在《新闻联播》节目中播出，《大风渔民遇险 直升机紧急救助》等8条新闻在各整点新闻中播出。《山东制造2025推动制造业转型升级》《山东省中小学生校园艺术节在蓬莱启动》《山东打造精品民宿 推动乡村游转型升级》《山东：旅游产业转型升级从好客山东走向世界》《新山东: 耕海牧渔早备早播 大食物产业全新起航》《关注高考：考场外的“意外”》等25条新闻在《山东新闻联播》播出，在其他时段播出新闻72条。《我市叫响“休闲城市”旅游品牌》《文化艺术季：京剧下乡走进蓬莱》《烟台海工：创新中寻找突破口 加快转型促发展》《高新技术产业：走好科技创新“先手棋”》《技术改造：深化供给侧改革 推动工业提质增效》《蓬莱：三方监管促中介提速 行政审批效率再提升》《蓬莱：品牌战略 提升城市影响力》《旅游产业：做好全域旅游文章》等48条新闻在《烟台新闻》播出。

【形象宣传】 2016年，完成各种宣传片汇报片10多部。其中独立制作完成《人间仙境·中国蓬莱》在上海招商引资暨莱城市形象推介会成功亮相，获得良好反响；在《蓬莱发布》平台发布后，三天网上点击量超过7万人次。在第五届国际葡萄酒设备技术暨葡萄、果蔬种植展览会上，派出骨干记者全方位、多角度进行采访，仅用两天时间制作完成《国际葡萄酒盛会亮相蓬莱》专题，突出做好同央视合作，提高对外宣传成效。争取并配合中央电视台在蓬莱阁上直播中秋赏月节目，直播时间2分钟，对宣传蓬莱起到了巨大作用。同央视科教频道《文明密码》栏目组联系沟通，争取栏目组到蓬采访，在春节黄金周期间播出长达55分钟的《海边人家幸福年》专题，向全国电视观众介绍蓬莱悠久的历史传统文化、丰富的旅游资源和独特的魅力。制作完成的《人间仙境·

美酒之乡》，助力刘家沟镇获得“首批中国特色小镇”称号。配合市旅游度假区创建全国优秀旅游度假区，制作专题汇报片《仙境海岸·度假天堂》。

【公益宣传】 2016年，制作播出公益广告片《神仙日子·蓬勃未来》《走进蓬莱》《故园的记忆》，MTV《蓬莱美酒》《人间仙境·天下朋来》。为推动文明城建设，制作公益专题片《蓬莱，文明的家园》，精心挑选有关文明建设各个层面的12条公益广告有序推出；借助外部资源，重新制作调整公益宣传片《仙境蓬莱》《蓬莱的云》《海岸风情》《飞跃田横山》《湿地公园的荷花》。同时筹划制作省委宣传部、文明办征集的“厚德鲁商”公益专题片《仙境看门人》和年底道德模范颁奖等需要配合的相关工作。

【栏目改版】 2016年，完成自办12个栏目片头的改版包装，策划和制作各个频道的台标、宣传片和频道呼号，给观众耳目一新的感觉。《今日关注》栏目发挥专题栏目的优势，先后报道播出重点工程、学区改革、道德工程等时政专题25期，为全市经济发展和社会各项事业建设营造浓厚的舆论氛围。尤其两会期间，制作《履职尽责心系发展》《积极献策 助力发展》《新征程再谱新华章》专题报道，通过详细的政府工作报告解读，使全市人民对蓬莱的发展成果、工作举措和规划目标有了更直观、清晰的了解认识，对凝聚力量，振奋精神，鼓足干劲加快全市各项事业发展起到良好的舆论引导作用，受到了市人大和市政协的充分肯定。《阳光政务热线》共播出126期，其中部门上线84期，反馈42期，接听群众资讯980条，当场解决650个问题，事后调查处理330个问题。通过主持人问答的形式，为各单位、部门宣传相关政策、法规1000余条次，切实践行“事事有着落，件件有回音”的栏目宗旨。全新打造推出直播娱乐节目《滴滴叭叭下班了》、美食节目《吃香喝辣》、少儿节目《小耳朵》、音乐节目《音乐爱点播》《音乐随心听》等，通过科学合理地安排节目播出表，加强碎片化播出，满足听众收听需求。《乡村行》累计制作播出节目150多期，突出技术服务类节目，占节目播出量的75%以上。全年共帮助果农解决技术难题120多次。《才艺大舞台》《童星梦工厂》《喜庆共赏》《健康伴你行》等栏目本着雅俗共赏、为民服务的理念，不断创新改版，拥有固定的收视群体，成为观众喜爱的品牌栏目。《北纬37度》《色彩蓬莱》《仙境蓬莱》获中国广播电视电影艺术家联合会金奖、银奖；拍摄制作《孝心剪刀.剪出爱心》《色彩蓬莱》《人间仙境.美酒之乡》等6件作品分获山东电视艺术家协会一二三等奖。

【新媒体平台】 2016年，新成立的新媒体中心实现两微一端同步发布，每日更新文字版《蓬莱新闻》内容，及时上传更新各类视频、稿件，完成手机台的上线直播，全国各地观众可以通过手机随时随地看蓬莱电视节目、听蓬莱广播，成为对外宣传蓬莱和对内交流的窗口和平台。6月，开通蓬莱广播电视台的微信公众号、微博等功能，首次采用手机台进行健步走、渤海燃气杯篮球赛决赛、拳击赛、马拉松赛等多项赛事视频直播。同时，举办蓬莱萌宝大赛、最美妈妈评选等活动，微信平台关注度和阅读量均实现突破。设计制作“蓬莱阁再登央视国宝档案”的微信，在蓬莱新媒体中首发，并被多家媒体转发，阅读量再攀新高。

【特色主题活动】 5月，与村里集镇联合举办第六届苹果套袋大赛，村里集镇40多个村的60多名果农参赛，参赛选手和奖品数量均比往年有所提高，让果农们掌握苹果套袋及病虫害防治技术。

5—10月，深入美丽乡村、厂矿企业、军营学校举行《欢乐蓬莱行》20多场。10月19日，成功举办第二届电台听友见面会，进一步扩大了蓬莱人民广播电台影响力。11月11日，与市农业局、元峰果业联合举办第三届苹果大奖赛，吸引40多户苹果种植户参与。

WEISHEN TIYU

卫生·体育

卫 生

【概况】 2016年，全市卫生工作以健全完善体制机制和惠民利民为抓手，突出医药卫生体制和公立医院改革、卫生应急体系和应急能力建设、基层基础和公共卫生工作等，强化前瞻性工作研判，狠抓重点工作落实，推进建设群众满意卫生事业。

蓬莱市作为烟台市唯一分级诊疗试点单位在观摩会上进行经验交流

【公立医院综合改革】 把破除“以药补医”作为推进公立医院医药分开的关键环节来抓，采取“一降一调一补助”的办法，改革公立医院补偿机制，切实缓解群众看病贵难题。通过抓实药品采购、配送、使用等关键环节，大幅降低药品和医疗材料费用，2016年减轻患者医药费用2950万元。采取“制定一批、推广一批、完善一批”的办法，创新开展单病种限价工作，控费病种数达到50个，收费水平较限价前最高降低21%。在不增加群众就医费用的前提下，二级医院大型医疗设备检查检验（CT放射）等价格改革取得突破进展，实行灵活的医疗服务价格管理体制，并对部分医疗服务价格进行合理调整，体现出医务人员劳动价值。另一方面通过提升服务水平改善群众就医体验。结合三级医院创建，稳妥推进编制人事管理等综合改革，积极实施“三好一满意”、数字化建设等服务内涵改革。2016年，获得烟台地区看病就医群众满意度测评第一名。

【分级诊疗制度建设】 有序开展省级分级诊疗试点工作，制定出台了《蓬莱市推进分级诊疗制度建设实施方案》，初步形成了“基层首诊、双向转诊、急慢分治、上下联动”的分级诊疗制度。优化整合资源配置，构建科学有序就医新格局。通过改革创新，市、镇、村三级医疗单位组织体系、服务机制、工作程序得到进一步理顺和完善，基层医疗服务水平得到提升，“15分钟健康就医圈”初步形成。其中，创新实施“互联网+医疗”服务模式，积极推进建设“数字卫生”，依托市人民医院建设心电图和医学影像诊断平台已投入使用，覆盖所有基层单位，更加方便群众就医。7月，烟台市分级诊疗观摩会召开，蓬莱市在会上进行经验交流。

【运行机制完善】 健全基层医疗卫生机构运行机制，镇村两级医疗机构基础运行得到财政保障。完成乡医退出工作，为1144名符合条件的老年乡医发放基础生活补贴606万元。大力实施“卫生强基工程”，确立市、镇、村“一级帮一级”工作目标，上下联动机制基本建立。10月16日，新妇幼保健计划生育服务中心正式投入使用，中医医院涌泉康护中心完成内外装修，北沟、大柳行卫生院主体新建基本完工。加强中医药服务能力提升，12处基层中医药综合服务区建设已完成8处。加强农村医疗卫生建设，完成188个标准化村卫生室设置与改建。依托优势医疗资源，积极发展健康服务业，“医疗+养老并重型”“医疗网络覆盖+养老型”“医疗服务进家庭”等医养结合模式进入实质性探索运行阶段。

【公共卫生服务】 建立基本公共卫生服务项目管理的协调工作机制，制定出台《2016年蓬莱市基本公共卫生服务项目实施方案》《2016年蓬莱市基本公共卫生服务项目绩效考核实施方案》，12类49项基本公共卫生服务项目落实落地。人均基本公共卫生服务经费标准增长至45元。建立城乡居民健康档案41.3万份，建档率达到87.8%。基层医疗机构累计登记报告传染病283例，传染病与突发公共卫生事件报告及时率、准确率均达到100%；预防接种单苗基础免疫集中率达到95%以上，未发生接种事故、群体事件和较严重的异常反应；活产数2736人，新生儿访视率98.2%；0—6岁儿童管理2.04万人，系统管理1.87万人；孕产妇早孕建册3335人，产后访视2746人，产后访视率98.6%；健康管理65岁以上老年人4.89万人，规范查体4.15万人；规范管理高血压病人3.17万人，规范管理率88.9%，高血压控制率67.1%；规范管理糖尿病病人1.18万人，规范管理率89.7%，血糖控制率66.7%；登记管理重性精神病病人1888人；基层医疗机构卫生监督协管发现事件或线索并报告68条，协助开展卫生监督协管实地巡查700次，卫生监督协管信息报告率达到100%；农民工行为干预4.72万人，覆盖率达到80%以上；肺结核患者管理171人，管理率达到95%以上。创建省级健康促进示范医院1个、健康主题公园2处。6月23日，烟台市健康城市现场观摩会在蓬召开，健康主题公园建设得到充分肯定。

【公共卫生监督监测】 结合蓬莱市创建食安城市、文明城市、旅游城市、环保模范城市等工作，广泛开展公共卫生监督监测，扩大公共卫生监测的种类和范围。在夏季旅游高峰期，联合市文明办、市旅游局，对旅游景区、城乡接合部、背街小巷、渔家乐等进行多频次的监督监测。并对7大类公共场所36个公共场所单位作为监测点，开展公共场所健康危害因素监测工作；加强对市政供水、农村集中式供水监督监测，共监测市政供水240份、农村生活饮用水省监测点20个40份样品、全国饮用水卫生监测项目62份水样、烟台市农村生活饮用水水质卫生监测三年全覆盖项目最后128个单位300份水样；按照食安城市创建标准，对全市集中式消毒餐具企业进行监督管理，下发监督意见书，按照要求抓好整改落实。采集食品安全风险监测样品共135个品种，报告食源性疾病监测病例379例，调查处置并网络报告16起疑似食源性暴发事件；对辖区内99家企业进行职业病危害因素检测，共检测粉尘作业点1988个。对55个有特行岗位的企业，连续五年动态观察。

【居民健康危险因素监测】 扎实开展国家、省、烟台市各项健康危害因素监测项目工作，全面掌握全市不同行业、不同年龄组人群居民健康状况与健康危险行为状况，为有针对性开展健康教育提供第一手资料。

开展基于社区高血压患者管理的减盐干预基线调查，完成对3个街道9个村的132名高血压患者进行基线调查；开展减盐防控高血压终期评估现场调查工作，完成普通人群现场调查、学校减盐控压调查、重点人群减盐控压调查、餐饮单位和食品生产企业减盐控压调查，省市级领导和专家对蓬莱市减盐防控高血压工作进行终期评估考核，并给予充分肯定。

2016年，共审核上报户籍死亡病例3418例，肿瘤首次诊断病例1182例，脑卒中病例2678例，冠心病病例477例。伤害报告卡21007份。对省级确定存在高氟危害的3个乡镇28个降氟改水村进行全面调查和健康教育；对4个行政村300户居民户的碘盐抽样监测。

【重点传染病防控】 认真贯彻执行《中华人民共和国传染病防治法》，全面落实各项防控措施，与烟台机场、烟台检验检疫部门建立疫情信息通报渠道，有效防控寨卡、黄热病、中东呼吸综合征等重大国际输入性疾病防控工作。年初，针对牟平区发生一例人感染H7N9禽流感疫情，市政府组织召开人感染H7N9禽流感防控工作会议进行部署。开展禽流感防控知识的宣传、禽类和活禽交易市场摸底调查和标本采集、送检工作，确保全市无禽流感疫情发生。5月，蓬莱市发热伴血小板减少综合征病例增多，及时采取一系列防控措施，进行个案调查、标本采集送检，对确诊病例开展危险因素调查，疫情得到有效控制。同时开展野外媒介生物采样工作，组织人员到病例所在村庄和牛羊养殖户家中采集患者家中羊牛和野外环境蜱虫2000余只，为国家动态研究新型布尼亚病毒感染状况提供大量标本。

【卫生应急体系建设】 深化巩固全国卫生应急综合示范县创建成果，狠抓重点传染病监测防控。坚持预防为主，落实防控措施，确保手足口病等未发生暴发流行，艾滋病、结核病等得到有效防控。加强出入境输入性疾病防控，健全完善应急联动机制，联合多部门开展H7N9、寨卡等卫生应急演练，完成域内传染病疫源排查消杀工作。建立健全与烟台机场沟通协调机制，指定医院收治机场返航发热人员，妥善处置归国疑似病例。与畜牧部门联合做好布鲁士杆菌病防控工作，与市场监督部门联合做好食源性疾病调查工作，全年处置疑似食源性疾病事件16起，妥善处置龙华大酒店聚餐所致89人感染性腹泻疫情。积极处置其他突发公共卫生事件，全年共报告突发公共卫生相关信息7起。

创新理念，探索卫生应急处置新模式。在既往食源性疾病调查机动队的基础上，对40周岁以下医疗类专业所有人员纳入卫生应急机动队，分3个调查组进行每周轮换听班；举行应急演练3次，并参与市政府组织多部门联合的食物中毒应急演练。

【慢性病患者自我管理模式】 提高慢性病控制率。以两家基层医疗机构为试点，每个机构选择3～4家卫生室成立高血压、糖尿病患者自我管理小组，通过提供活动场所、指导医生、基本设备和奖励药品等方式，建立“医患合作、患者互助、自我管理”群防群控的慢病工作模式。2016年，试点的430余名慢性病患者，血压、血糖控制率有了明显提高。

【健康教育】 开展传染病、计划免疫、慢性病、地方病、健康饮食、居民健康生活方式等健康日主题宣传活动，组织专家到农村大集、厂矿企业、学校、社区、建筑工地等场所开展健康宣传，全面提高市民综合健康知识，创建示范点25个。全年发放各类宣传材料共计20种26万余份。通过微信公众平台、手机短信发送大量的“健康大礼”，每次10万人以上。8月12日，组织各大医院、疾控中心、妇保站等多家单位在黄海绿洲开展蓬莱市健康中国行主题宣传及义诊活动。组织开展下乡进村义诊活动。组织参加蓬莱市全民健身健步走及山东省职业人群万人健步走激励大赛活动。历时1个月开展建筑工地烟草流行状况监测。结合蓬莱市创建全国文明城市，指导全市公共场所禁烟，实现控烟宣传全覆盖。

【妇幼健康】 市妇保计生中心改建项目列为全市重点工作，建设总投资1000万元，10月16日完成搬迁。搬迁后，医疗保健环境得到大幅改善，新增开设促进儿童身心全面发展的系列保健服务项目：包括婴幼儿健康检查与生长监测、喂养指导，发育智商测定、气质分析，早期智力开发；听力筛查、视力筛查，婴儿游泳、抚触，各种营养性疾病的防治以及产后康复等项目。加强服务体系建设，保障妇幼保健服务质量。明确妇幼保健计划生育服务中心、市级公立医院及各基层医疗机构在妇幼保健服务体系中的作用和职责。以社会效益为先导，积极落实政府要求的各项妇幼保健工作任务。依托市人民医院成立市级危重孕产妇救治中心和危重新生儿救治中心，完善全市危重孕产妇和危重新生儿急救、会诊、转诊网络。加强高危孕产妇管理和危重婴幼儿急救体系建设，确保急救绿色通道畅通，确保全面两孩政策顺利实施。2016年，为1053名符合条件的农村孕产妇发放住院分娩补助，补助经费52.65万元；为全市3789名孕产妇提供艾滋病、梅毒、乙肝咨询服务，对母亲为乙肝阳性的新生儿均给予免费乙肝免疫球蛋白注射；发放叶酸3227人份；对辖区内7岁以下儿童进行健康检查和随访；育龄妇女查体率保持在100%；完成农村妇女乳腺癌检查2000人，宫颈癌检查4000人；婚前检查2558对，婚检率达80.24%。免费孕前优生健康检查项目开展检查3112人，覆盖率达到100%。产前血清学筛查2397例，新生儿遗传代谢性疾病共筛查3867人，筛查率达到98%以上，血片合格率达到100%。新生儿听力筛查3865人，初筛率达98%以上。完成幼儿视力筛查3876人，龋齿矫治3560人，蛲虫检测3703人。对全市幼师进行健康查体，共查体610人，对全市53家托幼机构全部进行评估。

【出生缺陷三级预防】 建立政府主导、部门协作、社会参与的出生缺陷防治工作机制，完善“婚前医学检查—孕前优生健康检查—孕期保健—产前筛查诊断—新生儿筛查与诊断—儿童康复及随访管理”的各环节有效衔接的机制。

一级预防　以计划怀孕夫妇、孕产妇和哺乳期妇女为重点人群，充分利用各种宣传渠道，大力普及优生优育知识，提高群众优生健康素养和风险防范意识。婚前检查2558对，婚检率达80.24%，查出疾病48例。免费孕前优生健康检查项目开展检查3124人（其中城镇检查502人），覆盖率达到103.44%，检测出具有怀孕高风险461人，高风险率14.75%，早孕随访586人，妊娠结局随访476人。

二级预防　完善产前筛查，做好孕期的保健咨询、指导、孕期检查，进行孕期营养分析，指导孕期合理饮食，减少巨大儿出生，对高危妊娠孕妇进行系统管理指导，孕期进行唐氏筛查，筛查缺陷儿和先天愚型，孕中期B超检查980例，产前血清学筛查2397例，筛查出唐筛高风险79例，临界风险293例，均为其提供了上级医院进一步确诊的检测后服务，其中2例确诊为唐氏儿，实施了终止妊娠手术，避免了缺陷儿出生。

三级预防　做好新生儿遗传代谢性疾病免费筛查、听力筛查。新生儿遗传代谢性疾病共筛查3867人，筛查率达到98%以上，血片合格率达到100%。确诊甲低3例，G-6-PD1例，串联质谱1例。新生儿听力筛查3865人，初筛率达98%以上，复筛AABR筛查人数2446人，转诊烟台38人。

【已婚育龄妇女健康查体】　将查环、查孕、查病为主的育龄妇女生殖健康免费查体，转为以查病为主，每年1次，查体率保持在100%。做好农村妇女“两癌”检查项目，完成乳腺癌检查2000人，宫颈癌检查4000人，提高患病妇女早诊早治率。

【儿童保健】　依托基本公共卫生服务项目的开展，促进儿童保健工作逐步走向正轨。加强各镇街儿童保健工作的管理和指导，各镇街卫生院采取多种形式开展儿童保健服务。在开展预防接种的同时，对辖区内7岁以下儿童进行健康检查和随访；对入园儿童进行健康检查，加强儿童生长、发育的监测及营养不良、贫血等疾病的监测，提高全市儿童的健康水平，对查出的体弱儿进行专案管理。

【出生医学证明管理】　委托市妇保计生中心承担《出生医学证明》的申领、发放、登记、存档及住院分娩直报机构的培训、指导等事务性管理工作，严格按照《出生医学证明》的管理制度和管理员职责要求工作，签发人员经审批备案持证上岗。每季度对本单位的《出生医学证明》管理及使用情况进行自查。2016年，首次签发《出生医学证明》3808份，换发47份，补发43份，废证6份，作废率远低于上级考核标准1%。经过检查《出生医学证明》库存数量与实际相符合，无空白《出生医学证明》丢失，无假证或伪证《出生医学证明》使用。

蓬莱市人民医院

【概况】　2016年，蓬莱市人民医院完成门诊总量53.56万人次，出院病人3.28万人次，完成手术1.2万例，床位使用率89.2%，周转次数36.99次，健康查体1.87万人次。

【三级医院创建】　以创建“三级综合医院”为目标，以提升综合服务能力为根本，全面加强以质量、安全、服务、管理、绩效“五位一体”的标准化建设，修订医院管理制度、诊疗规范、操作规范840项、流程181个、应急预案37个，建立完善院科两级质控管理体系。各科室树立大质控理念，有效运用PDCA、QCC、RCA及追踪方法学等质量管理工具，以严谨、严密、严肃、严格、严厉的工作作风，对照标准找差距，吃透标准抓整改，科学缜密地开展每个评审项目，实现了医疗质量的持续改进，管理效能不断提升，执行力不断提高，医院标准化建设水平迈上了一个新台阶。12月6日，通过山东省卫计委三级乙等综合医院现场评审，并得到第三方社会满意度调查的高度评价。

【医院综合改革】　坚持实行药品零差率和基本药物首选制度，严格抗菌药物管理，有效保障患者的用药安全。自6月30日起，全面降低CT、磁共振等大型设备检查和中医诊疗项目价格，调整手术收费，理顺部分医疗服务收费，切实减轻群众医疗负担。完善医疗行为管控，制定每床日平均费用、出院患者平均费用等医疗控费指标，主动降低医疗服务成本。

【卫生强基】 为提高基层医疗诊断水平，医院积极发展以“互联网+”为基点的“智慧医疗”，建成蓬莱市心电和影像诊断中心，为各镇街卫生院提供可靠的心电检查及影像诊断。同时，选派7名骨干医师下基层驻点帮扶，进行先进诊疗技术和优秀服务理念的“传帮带”，方便群众就医就诊。组织感染管理专家对辖区各镇街院所、村级卫生室的600名基层从业人员进行院感知识培训，增强基层医务人员对感控管理的认识和感控能力。

【全面质量控制】 以医疗质量安全核心制度和患者十大安全目标为纲领，以规范技术操作流程为手段，强化医疗全过程质量管理。以临床路径管理和处方用药指南为抓手，实现质量管理精细化。对住院超过30天、非计划再次手术以及危急值患者加强管理，提高提高了患者安全。严格落实用药管理、处方审核制度，加强抗菌药物、激素、抗肿瘤等药物临床应用管理，保障临床用药安全、经济、有效。完善各种应急预案，规范急救队伍建设，提高院前急救能力。加强重点部门、重点环节、重点人群的综合性监测，医院感染管理水平持续提高。强化岗位练兵，以练促学，以赛促学，提高突发公共卫生事件的应急处置能力。

【人才培养】 牢固树立“人才是第一资源”的思想，不断完善人才培养和使用评价机制，强化规范化培训和技术操作考核，扎实做好青年医护人员的引领和带教。全院共举办医疗、护理、院感等各类专题培训、考核77次，先后邀请千佛山医院、齐鲁医院等20多位知名专家来院开展教学查房和手术，全院累计外派进修和专科培养10人，参加各类学术会议80多人次。年内招聘各类优秀毕业生61名，并引进心内、心理、影像等高级专业人才4名，医院人才梯队结构得到改善。在蓬莱市免疫规划技能竞赛中，获团体一等奖，门娜、李梦娜获个人一等奖；儿二科李英梅获蓬莱市寄生虫病防治技能竞赛一等奖；产科魏德贤与姜华、张银玲三人组合在烟台市“急危重症孕产妇救治”技能竞赛荣获三等奖。陈钰、杨庆颖、张萍、宋丹丹、黄少华在蓬莱市改善服务岗位技能竞赛中名列前茅，并获烟台市岗位技能竞赛三等奖。

【学科建设】 加强重点专科、薄弱专业以及病种转诊率较高科室的建设，加大适宜成熟技术引进。外五科髋关节置换术、内一科冠心病支架植入术两个二级诊疗科目同时获得执业许可。麻醉科成功实施7例自体输血，并建成高标准麻醉复苏室，缩短病人麻醉苏醒时间。检验科通过省临检中心PCR实验室验收复审，输血科参加的12项国家和省级输血相容性室间质评全部合格。口腔科积极投身儿童龋病防治工作，荣获烟台市“口腔卫生工作先进集体”称号。儿一科的疱疹性咽峡炎治疗、外一科的腹腔镜下结直肠癌根治、特检科的EEG睡眠检测、病理科的胸腹水脱落细胞组化染色均取得长足发展。急诊科开通急性心梗和缺血性卒中PCI绿色通道，提高抢救成功率。介入科开展首例“胆管癌胆道支架联合125I粒子条植入术”；耳鼻咽喉科成功完成首例成人气管异物取出术；外二科完成首例经皮L3椎体成型、骨水泥植入术；外三科实施建院以来最大面积

17cm×15cm颅骨缺损修补；外四科成功完成首例胸腔镜下肺癌根治术，填补全市胸腔镜技术空白；感染性疾病科成功救治多例流行性出血热和发热伴血小板减少综合征患者；内六科救治一例食管－胃底静脉曲张破裂导致的上消化道出血病人；内四科顺利完成3例腹膜透析；消毒供应中心引进“等离子低温灭菌技术”，解决了不耐热手术器械的灭菌问题；妇科开展下腹部竖切口皮下脂肪不缝合、皮下放置负压引流术；产科先后成功抢救1例羊水栓塞和2例子痫患者。

【医学研究】 大力实施“科教兴院”战略，加快学习型、研究型医院建设。科教科接收泰医临本见习生51名，其他院校实习生30多人。保健科承担国家卫生公益项目《高尿酸血症规范化管理策略的建立与验证》，将1200例高尿酸血症及痛风患者纳入规范化管理的行列，获得全程免费随访和规范饮食、运动及治疗指导。内二科再次被授权参与“中国国家卒中登记－Ⅲ”项目研究，数百名患者获得免费脑核磁共振检查，以及愈后免费跟踪随访和指导治疗。张桂茹因在推进卒中建设方面的出色成绩而荣获“第一届中国卒中学会组织发展贡献奖”。外三科刘元东完成的“标准外伤大骨瓣合并硬脑膜均匀切开治疗脑肿胀”等4项科研成果，分获蓬莱市科技进步一二等奖。

【门诊管理】 不断完善门诊信息化流程，优化门诊服务功能，推行“三增一禁”工作制度，让患者公平就医。推行预约诊疗服务，实行电话预约、网上预约、现场预约挂号，规范诊区叫号就诊，有效解决“三长一短”现象。坚持“先诊疗后付费”结算服务模式，为医保患者及“三无病人”开通生命急救“绿色通道”。全面推行“实名制就诊”，较好地保护患者合法权益。强化分级诊疗，成立“双转办”，实行分级诊疗和双向转诊规范管理，有效减轻社保压力和病人负担。建成区域内首个多学科综合门诊会诊中心，汇聚全院20多个学科共50余名权威专家，以团队集约的形式为特需患者提供更便捷、更准确、更有效、全方位的“一站式”疾病诊断及综合治疗服务，不仅有效解决了患者分科挂号、多科就诊、多次就医等诸多不便，促进了各学科知识交流与团结协作。

【优质护理】 坚持护理质量安全核心制度，继续深入开展“品管圈”活动，创办《护理质检信息》，修订《护士规范化培训手册》《专科护士培训大纲》，制作双人心肺复苏等13项护理教学视频和《VTE预防护理措施》宣教视频，强化技术操作规范化教育和专科培训，加强患者风险评估。医院完善三级质控体系，围绕基础护理、药品管理、病房管理、危重一级护理、消毒隔离、护理安全六个重点，不定期地对全院31个护理单元进行点对点、面对面的综合性指导，有效解决了传统护理质控的管理死角。护士节前夕，医院举办一场“优质护理经验交流”报告会，6位优秀护士长分享优质护理、静疗技术应用等经验成果。护理部还在全院临床科室中广泛开展“护理服务明星”评选，以优质服务典型带动广大护理人员自觉规范护理行为，实现整体护理水平、护理效率和护理品质的持续改进。内四科副护士长李承文带领护理人员投身“癌痛规范化治疗示范病房”建设，为肿瘤患者创造一个“无痛的世界”，荣获烟台市“最美护士”称号。

【医疗设施】 投资近900万元购置GE四维彩超、脉动真空灭菌机、口腔治疗台等大型设备20余件套，完成内镜中心清洗消毒室的标准化改造；

新建污水处理工程一处，日处理污水能力达到300立方米/天；按照国家餐饮行业卫生标准重建病员食堂；投资200万元完成诊疗区消防设施改造，建立智能应急照明和疏散逃生引导系统。

【服务拓宽】 为满足广大市民精神心理医疗需求，3月建成区域内首个神经心理门诊，开展神经系统疾病伴发的精神、情感、认知、睡眠障碍性疾病以及心理健康疾病的诊疗。6月，蓬莱首家帕金森病专科门诊揭牌，促进帕金森病人的早发现、早诊治、早康复。

【信息化建设】 投资600多万元完成微机室扩建、管理网络升级以及存储的虚拟化改造，实施医院各系统信息数据的迁移，购置10台服务器及2套存储，并通过信息安全三级等保测评认证。新建内网通及OA办公系统，完成门诊信息化改造和护理工作电子化建设，提高工作效率。

【医院文化品牌】 突出公益价值取向，积极打造医院文化品牌。统一更新医院标识指示，方便群众就诊，美化就医环境。为全院职工更新工牌，展现厚重和谐的医院团队形象。编辑出版《医院文化手册》《员工手册》，提升医院文化感召力和社会知名度。加快自媒体建设，充分利用医院网站和微信公众平台，加强“卫生专刊”、《健康彩虹》等宣传，与蓬莱广播电台联合开办大型公益直播性栏目《健康有约》，扩大医院健康文化品牌。

【文明服务】 贯彻“十要九不准”和《廉洁行医制度》，引导广大医务人员树立公仆意识，想群众所想，急群众所急，为群众服好务，医院美誉度显著提升。影像一科、二科、三科、儿科门诊面对工作量持续增长，主动实行“弹性工作制”，加班加点，文明礼貌服务；儿二科模范履行救死扶伤使命，精心诊疗，挽救一位2岁危重患儿的生命；急诊科护士李雪萍及同事以强烈的职业责任感成功救治一位“阿－斯综合征”患者；产科医护协作，顺利完成坦桑尼亚籍产妇Felifer的接生分娩；迟雅琳、王琳心系病患密切配合，避免一起电梯卡人事件；针灸理疗科魏腾、张亚杰乐善好施，在小区内成功抢救一名高热惊厥患儿；妇科李艳梅超市内勇救癫痫病人，外二科悉心照料藏獒咬伤老人，内二科精心护理“流浪汉”；内二科费虎以责任守护生命，面对盗窃犯罪挺身而出，保护了群众利益，被推荐烟台市见义勇为道德模范。

【志愿服务】 全院48名护士长及优秀护士志愿参加中国南丁格尔志愿护理服务队，成立蓬莱市第一支志愿护理服务第146分队。内二科50名医护人员集体加入中国卒中中心联盟（CSCA）“红手环”志愿者服务团，与以“志愿服务在医院”为宗旨的“爱·天使”青年志愿服务队携手并肩，共同弘扬博爱、责任、奉献精神，积极开展志愿服务，传播健康新理念，以特色鲜明的优秀形象，展示“助人自助、乐人乐己”的优秀志愿者风采，成为蓬莱文明城市建设的三道亮丽风景。内二科获全国“优秀红手环志愿单位”称号，张呈祥、侯庆玲同时被评为全国“优秀红手环志愿者”。

【惠民医疗】 坚持开展“阳光行动”，为100名农村白内障患者实施优惠复明手术。启动“上消化道癌早诊早治项目”，对40～69岁的高危人群进行胃镜筛查，提高早期癌的检出率，降低癌症发病率及死亡率。举办“爱眼明星”评选，普及科学用眼知识，推进青少年视力保护。开展公益诊疗，积极协调争取中国中西医结合学会“一带一路”创新驱动助力工程来蓬为330名患者进行公益诊疗，开展教学查房，对全市400多名基层医生进行专业培训。积极发挥区域学术领先优势，经常举办“肾友会”“帕友会”“健康进校园”等多种形式的健康普及活动。以公共卫生科为主导，积极开展全民健康教育和健康促进，传播保健常识、防病知识和急救技能。内五科依托“糖友联谊会”平台，在全市开展寻找“隐形糖人”公益活动，为100多位“高危人群”提供免费的糖化血红蛋白及眼底、神经病变检查，实现早期发现“准糖人”，及早获得健康干预和治疗，赢得社会各界的广泛赞誉。

【社会监督评价体系】 坚持实行“二五”工作制，积极推进“院务公开”，增加医疗服务的透明度，自觉保护患者的生命健康权、知情同意权、自主决定权和隐私权。同时，积极完善行风调处机制，对群众投诉做到了每件必受、每件必查、每件必复，构建自我管理、部门督察和社会监督的行风三重监管体系，有效遏制以医谋私等损害群众利益的不正之风，社会公信力不断提高。2016年，获得蓬莱“和谐文明服务窗口”“烟台市服务监督年先进集体”“山东省‘巾帼文明岗’”“山东省优质公信力品牌奖”，并四度荣登“中国县级医院·竞争力100强”；急诊科被评为烟台市“青年文明号”。

蓬莱市中医医院

【概况】 2016年，蓬莱市中医医院全力做好三甲中医医院创建工作，更新发展理念，以质量求生存，以创新求发展，向管理要效益，靠服务创品牌，较为圆满地完成全年各项工作任务。

【三甲医院创建】 5月12日，蓬莱市中医医院举行三级医院等级评审动员大会，成立迎评领导小组办公室，制定迎评方案。按照三级中医医院标准进一步规范医疗行为，重新制定医疗工作各项核心制度，整理成册下发到各科室。坚持科学创建，对照标准检验工作，将创建工作与综合服务能力提升相结合，与百姓医疗需求相结合。12月21日，山东省卫生和计划生育委员会、山东省中医药管理局经报请国家中医药管理局审核，批复蓬莱市中医医院为三级甲等中医医院。

【医疗服务质量】 按照三级中医医院标准进一步规范医疗行为，重新制定重大手术审批制度、手术分级管理制度、用血审核制度、手术资格准入制度、非计划再次手术管理制度等各项核心制度，并整理成册下发到各科室；严格落实首诊负责制、三级医师查房制、疑难病例讨论制等医疗核心制度；定期抽查归档病历、现架运行病历；严格把关院外转诊制度；加强危重症患者和死亡病历管理。深入开展卫生应急大练兵和急诊急救技能比赛，保障医疗质量和医疗安全。继续开展好三伏贴、膏方节、中医药知识大赛等活动，加大中医治未病的宣传力度，提高临床科室的中医药参与治疗率。加强低年资住院医师培养和三基三严培训，加强医疗质量考核工作，严格执行医疗防范措施和医疗事故处理预案，实行医疗缺陷责任追究制。加强医技人员业务技能培训，提高诊疗技术及诊断报告准确率。依托宣武医院卒中中心，市中医院多学科联合成立脑病科为中心，定期邀请宣武医院郭秀海主任来院指导；筹建胸痛中心，规范急性冠脉综合征（ACS）等胸痛相关疾病的诊疗流程，合理使用医疗资源、快速识别、鉴别诊断，在最短时间内紧急开通病变血管，及时救治 AMI 患者；成立了医学整形美容科。积极开展分级诊疗、双向转诊活动，已与 8 家乡镇卫生院开展双向转诊工作。落实《中医医院护理工作指南》，提升护理服务和专科技术水平，注重中医护理关键环节管理，融合并发挥中医药特色优势，为患者提供最优质的服务。强化中医药知识与技能的培训，实行中医理论与技术操作双向培训考核；贯彻落实中医护理方案 / 常规在临床的实施，推进中医护理新项目的开展，彰显中医护理服务特色优势；认真落实护理质量评价工作，着重进行重点环节追踪管理，提升护理管理质量；加强护理特殊单元质控管理，确保护理质量；深入开展优质护理服务示范工程工作，稳步推进优质护理服务；积极开展新技术、新业务，提升护理能力。进一步加强医院感染管理的质量控制，确保医疗安全；加强医院感染重点部门、重点环节、重点人群监测，为患者提供安全的医疗环境；强化医院感染管理水平，接受烟台市医院感染管理质量控制中心专家医院感染管理工作质量专项督导，在 46 家县级医院中取得综合排名第七、中医类医院排名第一的好成绩。

【中医特色品牌】 借助国家卫计委全面提升县级医院综合服务能力项目的机遇，加强以人才、技术、重点专科为核心的能力建设，加强临床核心专科建设，打造中医特色专科，引进应用中医诊疗技术，提高中医优势病种的诊疗能力。开展院内制剂、中药煎剂、水蜜丸、膏方等中医药治疗项目。聘北京广安门医院魏军平、华华两位教授为特聘教授，安排5名优秀青年中医师跟师学习。深入挖掘传承中医治疗的传统技法，拓展中医治疗的新技术、新方法。继续完善医院山东省中医药预防保健服务中心建设，打造中西医结合、中医特色鲜明的体检体系。做好特色中医护理服务，拓展优质护理内涵，全院开展中医护理项目 16 项，开展中医护理治疗 23.5 万余人次。

【医院精细化管理】 聘请专家团队来院调研，探索建立精细化管理流程和管理方案，促进医院各项工作更加规范。各科室努力做到“三降三增两提高”：降低药占比，增加基药常药使用比例；降低人均费用，增加床位周转率；降低耗材比，增加手术台次和三级以上手术比例。继续大力开发院内中药煎剂、水蜜丸等特色中药，提高中医药参与治疗率；大力推动特色体检、针灸推拿和康复项目的开展，提高门诊就诊人次。进一步推行按病种控费，做好 50 种控费病种控费工作；探索医药分开的药房托管模式，合理调整人员配置比例。进一步优化门诊服务流程，并借助信息化系统，实行门诊功能申请单的电子化，推进门诊流程改造，改善患者就医体验。

【人才培养】 完善中长期人才培养计划，突出专科发展方向。按照《蓬莱市中医医院优秀青年人才培养计划》加大人才培养力度，遴选优秀医疗、医技人员重点培养，选拔优秀护理人员作为专科护士培养人选，外派到上级医院进修学习。加强低年资住院医师培养，继续利用中医适宜技术网络培训相关人员；推动护理中坚力量院内轮转，提升护理整体水平。做好养老护理人员培训及护理员储备工作。

【养老项目建设】 打造医养结合的养老示范工程，加快老年养护中心建设，举行涌泉康护中心项目推介会，吸引200多位老人报名参与，已有30余位老人预定。同时，制作涌泉康护中心宣传折页、展板、画册、视频等宣传材料，参加省老博会。与文旅集团合作，以涌泉康护中心项目为依托，以平山河湿地公园水利风景区为配套旅游资源，打造兼具中医药文化特色及旅游休闲观光功能的医养结合型康护中心，积极申报山东省中医药健康旅游示范基地。

【考核机制】 发挥绩效杠杆作用，建立奖优罚劣的考核机制。对内、外科系统和特殊科室的核心指标分别进行调整，力求各项指标更具可操作性和导向性。将科室经营的好坏直接与科主任护士长绩效挂钩，激发科主任干事创业的积极性，真正建立起多劳多得、按贡献大小论奖励的有效激励机制。同时，对行政后勤科室的绩效考核进行优化，建立按需设岗、以岗定责、责权相等的考核激励机制。

【医院文化建设】 加强医院文化建设，增强职工的活力和凝聚力。与市教体局合作，将儿科与7家省级示范幼儿园链接到一起，成立蓬莱市幼儿健康指导中心，开展幼儿健康保健服务。与第二实验小学联合印制阅读习惯和卫生习惯手册，参与了其读书文化节活动。作为全市唯一一家开展外诊服务的医院，继续开展外诊服务，累计上门服务200余次，拉近患者与医院的距离。开展三八节趣味运动会、护士节庆祝活动、第三届职工运动会、第八届“唱响院歌・唱响经典”歌咏比赛，积极参与全市五一文艺会演、全市“当好主力军，建功十三五”演讲比赛等，丰富职工的业余文化生活，增强了职工间的交流和凝聚力。

【安全生产】 加强安全生产宣传教育和学习培训，成立微型消防站，开展安全生产月活动，组织消防演练，使职工认识到安全生产工作的重要性，增强防范能力。建立和完善安全生产工作制度、安全管理制度，层层落实安全生产责任制，明确奖惩措施。加强对重点部门、重点部位的安全管理，加强消防安全、车辆安全等方面的管理，及时消除各类事故隐患，防患于未然。

体　育

【体育工作改革】 转变以往重视竞技体育、技能比赛的现象，体育教学全面转为面向全体学生体质与技能素质提高的阳光体育教学，切实保证学生每天在校锻炼一小时。第二实验小学被评为“国家级足球特色学校”，村里集中学、刘家沟小学、村里集小学、刘家沟中学、王庄小学等5所学校被评为“国家级篮球特色学校”。

【竞技体育】 4月12—15日，2016年全国男子古典式摔跤锦标赛于在山西太原市举行，蓬莱籍运动员周敬杰获得古典跤56公斤级冠军。5月14日，蓬莱籍运动员张国伟在国际田联钻石联赛上海站男子跳高比赛中以2米28获得亚军。6月12日，蓬莱籍运动员王梦瑶在亚洲青年锦标赛小轮车场地赛中获得亚军。8月16日，2016年里约奥运会田径女子铁饼资格赛上，蓬莱籍运动员冯彬以第一投62.01米的成绩成功晋级决赛。同年，陈玮伟获得全国摔跤冠军赛古典跤80公斤级冠军；袁承恒获得山东省拳击锦标赛和冠军赛66公斤级两个冠军。蓬莱市帆板队代表烟台市参加2016年山东省帆板锦标赛和冠军赛，获得4金3银6铜；同时，组队参加了烟台市年度比赛，获得25金14银18铜。

【学校体育】 6月，烟台市柔道比赛在蓬莱体校举办，共9队178人参加比赛，蓬莱市代表队获得2金4银3铜。10月18日，蓬莱市首届中小学“市长杯”校园足球联赛在烟台临港工业学校开赛。高中、初中、小学共40个学校80支代表队参加了比赛，充分展示了全市校园足球发展的丰硕成果。8月21日，初中男子组代表烟台市参加三人制篮球赛获得全省第一名。

【群众体育】 2016年，组织开展全市性体育赛事20余次，参与人数突破8万人次。其中，“庆新春”全市象棋、围棋赛已经连续举办28届。5月14日，由市文明办、市教体局、市直机关工委联合主办的第二届“德健体育杯”全民健步走活动举行，全程5公里，1000余名市民参加了活动。7月16日—8月5日，蓬莱市第十届“渤海燃气杯”篮球赛成功举办，来自全市各行各业的28支代表队330多名选手参与比赛，渤海燃气代表队获得冠军，烟台瑞邦、德健体育代表队分列第二、第三名。9月24日，蓬莱葡萄酒半程马拉松赛在八仙雕塑广场拉开序幕。比赛分5公里短程和21公里半程马拉松，吸引来自北京、上海、大连、青岛、东营等全国各地马拉松爱好者近3000人参加，其中，年龄最大的接近80岁，最小的仅有3岁，选手们弘扬“挑战自我、超越极限、坚韧不拔、永不放弃”的马拉松精神，即使因为身体或年龄原因无法跑完比赛，但也坚持走回终点。最终，蓬莱选手张德成以1小时13分钟获得男子组半程马拉松第一名，选手杜娜以1小时28分钟获得女子组冠军。中央电视台、山东省电视台等媒体进行宣传报道，进一步扩大蓬莱知名度。

【体育设施】 蓬莱体育馆建成投入使用。场馆占地面积30亩，建筑面积2.01万平方米，建筑等级为乙级中型体育馆。5月30日—6月2日，第五届国际葡萄酒设备技术暨葡萄、果蔬种植展览会在体育馆举办，接待国内国际友人7000多名。同时，积极开展省市级贫困村体育扶贫工作。投入资金150多万元，为40个省级贫困村和10个烟台市级贫困村配建各类体育设施500多件套。利用本级体育彩票公益金95万元，为60多个农村社区配建健身设施400多件套，改善了广大群众健身条件。

SHEHUIMINSHENG

社会民生

计划生育

【计划生育】 始终坚持计划生育基本国策、党政一把手负总责、一票否决“三个不变”工作方针，积极转变工作思路，全面落实二孩政策，筑牢基层基础，以创建国家计划生育优质服务先进单位为契机，推进医疗卫生惠民工程和计划生育改革项目发展，为育龄群众搞好生育保健全程服务。做好新旧政策衔接，会同财政、人社等部门推动计划生育利益导向政策调整和落实。2016年，全市共出生人口3504人，出生人口性别比103，合法生育率99.63%，各项指标均控制在规定范围内。

【政策宣传】 加强与电视台、报社等新闻媒体的联系与合作，加大计生新政策的宣传力度。在《今日蓬莱》专刊刊发中央《决定》解读和省《条例》解读等，全年卫生计生专刊发刊15期。与电视台联合录制全面两孩专题栏目一期。《蓬莱新闻》播报卫生计生报道30期次。以全面两孩实施为契机，进一步优化全市宣传舆论环境。更新刊板及户外固定标语，为镇街设计、制作、审查人口学校刊板，指导村级文化大院设立“文化墙”“道德墙”。充分利用村级健康查体时机，大力宣传新政策新条例。指导镇村两级开展阵地建设，因地制宜地开展计生宣传和教育培训。向育龄妇女发放《计生政策法规》小画册3万多份、《健康素养66条》1万册、《科学育儿丛书》3500套。服务站印制孕前优生健康检查服务手册、药具站印制计生药具服务手册，按不同人群需求，进行发放宣传。

利用元旦、春节、“5·29”“7·11”等重大节日指导镇街开展主题宣传。3月份按省、市整治性别比、严打“两非”专项检查标准要求，与宣传部、公安、妇联、药监等部门联合下文制定《综合治理出生人口性别比专项行动实施方案》。并利用卫生计生节日开展宣传及整治活动。“5·29”期间，结合计生助福行动，指导镇街在走访慰问过程中开展送服务上门、送药具上门、送《三优丛书》宣传品上门的“三送”活动。在第36个“5·29”协会纪念日，全市以“实施全面两孩政策，促进人口均衡发展”为主题，开展了丰富多彩的庆祝活动。“7·11”世界人口日期间，以“关心女性幸福，关爱妇幼健康”为主题组织并指导各镇街开展形式多样的宣传纪念活动。12月1日艾滋病宣传日与疾控中心联合开展主题为“携手抗艾，重在预防”的系列宣传活动。12月4日法制宣传日与安全生产办公室联合开展卫生计生法制宣传。

【业务培训】 1月，组织各镇街宣教中心站长学习中央《决定》精神，学习新修订的《人口与计划生育法》和《山东省人口与计划生育条例》。3月，指导镇街开展计生主任业务培训，要求镇街做好培训计划，包镇街人员到场进行业务指导，通过培训进一步强化基层计生干部的责任心，提高其整体业务水平。4—5月，分别对全市统计员、流管员、宣传员进行业务培训。7月，在全市计生系统开展计划生育基层服务管理技能竞赛，制定具体活动方案，经层层选拔，选出优秀队员代表蓬莱参加烟台市的竞赛，并取得了优异成绩。7月、11月指导镇街做好育龄妇女及第三方调查妇女育龄的培训工作，提高计生知识的知晓率和走访已知率。

【药具管理】 合理编制药具计划，加强发放管理，做好监管工作。严格批号管理和申领单制度，完善避孕药具购调存网上业务，堵塞各种漏洞。加强镇、村两级药具帐、簿、册规范化管理，按需发放，单次发放量不能超过3个月用量。

做好每批避孕药具出、入库检测和在库养护工作，定期检查药具质量，保证先进先出，杜绝出现过期、霉烂、变质现象的发生。做好出入库和在库药具养护记录，仓库温湿度调控，保证药品质量。联合市市场监管局宣传严禁国家免费提供避孕药具用于销售，开展避孕药具市场清理清查活动。12月，开展避孕药具发放服务集中宣传月活动，使镇、村药管员加强发放服务意识，使避孕药具真正发放到育龄群众手中，满足育龄群众需求。根据上级卫生计生资源共享精神，在有条件、有需要的村居，开辟村级卫生室作为药具发放点。发展乡村医生做育龄妇女小组长，在卫生室开辟一角放置避孕药具，在老百姓看病买药时，方便领取药具。全市每个镇、街运作2个村(居)，动态关注发放服务情况。

【计生药具示范站】 3月18日，烟台市创建“县级计划生育药具管理示范站”观摩暨工作会议在蓬召开，烟台市计生药管站领导和各县市区药管站长参加。先后实地观摩市计划生育药具站及大辛店镇、新港街道计划生育宣教中心，听取蓬莱市关于创建全省首批“县级计划生育药具管理示范站”的经验介绍。

6月16日，参加全省创建县级计划生育药具管理示范站调度培训会，参观沂水县示范站项目现场，学习其药具宣传大氛围，药具工作新理念。会上代表烟台市做《全方位多角度全面推进计划生育药具管理示范站建设》经验交流发言。

【计生奖励与扶助】 2016年度奖励扶助围绕“早筹划、精心组织、范规退出”开展。新增奖励扶助对象4652人。组织对12个镇街27个行政村的奖励扶助和特别扶助公示情况进行专项检查，对公示中发现的问题及时进行纠正；2016年特别扶助工作与奖励扶助工作同时展开，审核符合条件的特扶对象139人；办理2016年度计划生育公益金救助工作，对全市120户计生特困家庭进行救助；组织对全市25066名奖励扶助享受对象和1133名特别扶助享受对象进行认证工作，追究资金2万多元。联合民政、财政、人社、住建等部门，制定计划生育特殊家庭扶助关怀工作方案。对全市计划生育特殊家庭重新换发就医卡1880个，开通计划生育特殊家庭绿色就医通道。全市105户因大病、死亡导致贫困的计生家庭得到救助，救助金达9.06万元。

【计生协会组织建设】 加强流动人口计生协会组织建设，形成“网络健全、结构合理、功能强化、活动经常”的基层计生协会组织网络。在基层协会建设中，按照烟台市《计划生育和谐自治工作规范》要求，进一步规范会议、宣传培训、档案管理、评比表彰等八项制度；规范协会办公室、会员之家建设以及档案资料管理等规定；明确教育培训、宣传服务、民主参与、生育关怀、绩效评估五项基本职责，为开展形式多样、富有特色的系列化宣传服务奠定坚实基础。

【“计生助福进村入户”集中活动月】 5月1—31日，开展“计生助福进村入户”集中活动。发动广大会员积极参与，组织开展丰富多彩的活动。

充分利用报刊、网站、广播电视等主流媒体，借助微信微博等平台，做好协会重要活动和重点工作的多元化宣传报道。各级计生协带着爱心和礼品深入每一户计生特殊家庭中进行了问，鼓励计生特殊家庭以积极乐观的态度面对困难。“5·29”期间，全市各级共发放肉蛋奶、米面油等生活用品合计金额9万多元，收集计生特殊家庭各类需求20余条，出动宣传车12台次，开展集市咨询8次，举办文艺演出20多场次，发放各类宣传资料1万多份，受教育群众达4万多人。

【基层群众自治示范村】 继续巩固7个国家级和26个省级“基层群众自治示范村”创建成果，按照“六好”标准和《村居计划生育协会和谐自治工作规范》做好动态管理，切实发挥示范村居的带动、辐射作用。从国家、省“群众自治示范村”中选取2个村，利用项目运作方式推动计划生育群众自治规范化、科学化水平，按照往年全市创建示范窗口单位的标准要求，打造精品典型，争创省级基层群众自治示范县（市）项目试点。继续加大《计划生育村规民约》修订和落实力度，指导基层对《计划生育村规民约》进行重新修订完善，重点围绕生育政策调整、控制“两非”行为、促进计生家庭发展等内容，按照程序规范、内容务实、条款具体、双向约束的要求做好修订完善工作。

【爱心三大工程】 深化“爱心三大工程”，开展计生助福行动。指导基层协会工作人员每季度至少一次上门走访慰问计生特殊家庭。开展“给计生特殊家庭送保险”活动，登州、大辛店、小门家等镇街5户计生特殊家庭出险并得到赔付。为58户新增加的计生特殊家庭发放一次性慰藉金57.5万元，计生特殊家庭助孕成功21户，送子成功22户。

【青春健康教育】 按照省计生协《全省青春健康工作评估暂行办法》、国家、省计生协对青春健康俱乐部的要求，做好青春健康示范单位的建设。市计生协将烟台临港工业学校、蓬莱圣豪家纺、蓬莱阁街道小皂社区申报为青春健康教育基地。在“5·29”期间，开展以“青春、健康、成长”为主题的健康讲座，拓宽广大青少年对生殖健康、青春期心理等知识面，青春健康教育稳步推进。

婚姻登记

【文明服务】 恪守“以人为本，服务第一”的服务理念，把群众方便不方便、满意不满意，作为衡量工作的唯一标准，制定首问负责、一次性告知、即时办结等工作制度，注重文明礼仪和仪容仪表，制定《蓬莱市婚姻登记员文明服务礼仪规范》，全体工作人员全部挂牌上岗，微笑服务，坚持用一个真诚的微笑，一句贴心的问候及一次高效快捷的服务，彰显人性化、亲情化服务。在登记大厅精心布置配备绿色植物，在侯登大厅添置座椅、饮水机、气筒、书报架等，在各个服务窗口张贴祝福语和温馨提示，倾力营造亲情化、温馨化、人性化的办证环境。2016年，共办理结婚登记2404对，离婚登记1030对，补发婚姻登记证490对，收养登记审核10件，婚姻登记合格率、群众满意率达到100%。

【宣传引导】 为提高婚姻当事人的法律意识，增强当事人的婚姻家庭责任感，在结婚登记大厅、离婚登记室、走廊、婚姻家庭辅导室、颁证大厅等办公区域设置展示婚俗文化和倡导移风易俗、新事新办的温馨提示和标语口号，将婚姻登记颁证仪式引入结婚登记流程，并聘请社会上有名望的领导和人士任特邀颁证师，在节假日和特殊日子为新人颁证，使新人们在庄严的国徽和国旗的见证之下感受到婚姻的责任与担当。

社会救助

【特困人员救助】 自10月1日起，提高城乡低保救助标准，累计为525名城市低保对象发放低保金183.90万元，电费补贴3.02万元，爱心超市款11.46万元和爱心药店款6.88万元。为6834名农村低保对象发放低保金1255.04万元，电费补贴39.51万元。为600名城乡低保高龄老人发放高龄补贴67.36万元；全市供养五保对象804人，其中：集中供养666人，分散供养138人，集中供养率稳定在84.3%以上，全年发放五保资金727.5万元；完善城镇“三无”人员和孤儿生活、困境儿童医疗保障和生活保障资金发放，2名城镇“三无”对象，37名孤儿，24名困境儿童全部纳入社会化保障，全年发放资金55.01万元；加大失能五保对象保障力度。发放每人每月60护理补贴，全年发放资金1.8万元；将全市低保家庭和重度残疾人纳入生活补贴和护理补贴范围，按每人每月80元的标准为6454名符合条件人员发放资金619.58万元。

【社会救助体系】 积极开展医疗救助。将农村五保、城乡低保家庭成员全部纳入“一站式”医疗救助，提高低保对象医疗救助报销比例。对1574户（人）因重病、突发事件等原因造成的困难家庭发放救助金224.67万余元；扎实开展困难家庭学生救助。按照《蓬莱市城乡困难居民教育救助办法》，通过个人申请、张榜公布、初步审查、逐户核查、市社会救助工作领导小组研究等严格程序，共确定受资助学生512人。累计发放助学金60.06万元；积极开展“救急难”工作试点，成立由分管副市长任组长，民政、财政、人社、残联、卫计、教体等十多个部门负责人为成员的困难群众救助工作领导小组，定期召开联席会议，研究制定措施，统一协调解决工作中的重大问题。

【流浪乞讨人员救助】 规范流浪乞讨人员救助程序和手续，加大救助力度。联合市民政局、市公安局、市卫计局、市城管大队成立巡查小组，加大对极端恶劣天气巡查力度，增强救助的针对性和时效性。2016年，共接收救助各类流浪乞讨人员100余人次，送返70余人次（其中重度精神病人8人次），投入救助资金7万余元。

社会保障

【概况】 2016年，全市参加基本养老保险的单位1679户，其中，机关事业单位279家，企业1400户，新增参保企业87家。参加基本养老保险的人数达33.7万人，参加城镇职工基本医疗保险人数12.11万人，参加居民基本医疗保险28.2万人，参加失业保险人数5.1万人，参加工伤保险人数5.5万人，参加生育保险人数5.5万人。全市征缴各项社会保险费14.49亿元。其中，征缴基本养老保险费9.49亿元；征缴城镇职工基本医疗保险费3.69亿元；征缴居民基本医疗保险费6249万元；征缴失业保险费3470万元；征缴工伤保险2243万元；征缴生育保险费1146万元。

【离退休人员养老金调整】 按照政策标准，调整离退休人员养老金待遇，机关事业单位养老金人均月标准提高262元，企业养老金人均月标准提高155元，居民基础养老金从7月1日起由月标准85元提高至100元。

【社会保险待遇发放】 按照上级统一部署，落实政策标准，各项待遇按时足额发放，全市共发放各项社会保险待遇16.58亿元。其中，为32100名企业离退休人员和1116名遗属发放养老待遇8.03亿元，为6390名机关事业单位退休人员发放退休金2.48亿元，为87964名城乡居民退休人员发放养老待遇1.84亿元。为全市参保职工支付医疗待遇2.15亿元，为全市参保居民支付医疗待遇1.64亿元，为全市880名工伤人员支付待遇0.24亿元，为全市2874名生育职工支付待遇0.2亿元。

【企业社会保险稽核】 加大稽核力度，规范企业缴费行为。采取书面稽核、重点稽核和交叉稽核的方式，对全市10人以上的543户企业和40269名参保职工进行了社保稽核，稽核面达96%，查处企业少报漏报月缴费基数1048万元，少缴漏缴社会保险费2867万元，对违规企业下达了《社会保险稽核整改意见书》，全部整改到位。

【企业社会保险费清欠】 对全市欠缴社会保险费7个月以上的105户企业进行了两次重点稽核清欠，建立了清欠台账，按企业缴费能力进行了分类。对具有缴费能力的企业，坚持依法催缴，采取挂号邮寄和现场送达的方式，下达《责令限期缴纳社会保险费通知书》145份，重点对34户企业进行实地稽核催缴。

【企业社会保险费补缴】 成立补缴工作领导小组，设立补缴窗口，严格按政策标准做好补缴材料的审查。共补缴266人，其中有257人通过烟台审核，补缴审核通过率达96.6%，并及时办理参保补缴，维护了补缴人员的权益。

【机关事业单位养老保险制度完善】 落实在职人员参保缴费标准。对于符合条件的在编人员，进行了原缴费业务数据冲减回退，并按新标准修改养老保险缴费比例、增加职业年金险种；理顺离退休人员待遇发放标准。按照鲁人社办发〔2015〕78号文件的规定，将原统筹期间的离退休人员待遇、死亡待遇、住房补贴待遇、提高比例待遇列为统筹外项目，自2016年1月起，发放渠道由社保基金发放调整为由原资金渠道列支。

【被征地农民保障资金落实】 按照省、烟台市对被征地农民保障资金落实到个人账户的督办要求，结合全市实际情况，制定具体实施方案。5月，市政府组织召开全市动员部署会，各镇街迅速开展工作。至2016年底，全市会审通过的村（居）已达170个，占征地村总数的79.8%；落实保障人数8.13万人、保障资金1.56亿元，占资金总额82.85%。

【分级诊疗试点】 按照烟台市出台的分级诊疗试点工作实施方案，对涉及医保政策的调整项目，积极与上级业务部门沟通对接，争取上级对分级诊疗医保政策的支持，并专门向烟台市人社局递交了医保政策调整请示报告，全力推进全市分级诊疗试点工作。

【职工新增慢性病认定】 根据烟台市下发的新增职工32种慢性病认定细则和患有多种慢性病可申请认定2个病种的政策，对各定点医疗机构经办人员进行培训，并严密组织统筹病种材料申报和认定工作。全年职工大病认定542人、慢性病认定867人，居民甲类慢性病认定684人、乙类慢性病认定831人。

【医保审计和退休审批检查】 成立工作小组，安排专人对档案资料进行整理，组织开展自查自纠工作。针对医保基金审计范围广、跨度长、项目多的特点，在认真做好自查自纠的同时，对各定点医疗机构所涉及的审计内容，进行督导检查，对存在的问题限期改正，较好地完成医保基金审计和退休审批手续检查工作。

【定点医疗机构管理】 根据烟台市下达的医保基金预算指标，结合各医院往年医保基金支出情况和考核情况，按照“总额预付、预算管理”医保结算办法，科学合理分配各定点医疗机构医保基金预算指标。同时，制定了医保稽查工作方案，明确重点稽查内容，并成立了三个联合稽查小组。每组每月稽查2至3次，每次至少抽取5家定点医疗机构。

老龄工作

【老年优待政策落实】 贯彻实施《中华人民共和国老年人权益保障法》《烟台市优待老年人规定》。1月1日起，执行新高龄津贴标准，80、90、100周岁分别由原来每年的200、300、3600元，调整为280 、400、7200元。10月1日起，满60周岁不满65周岁老年人乘坐公交车，享受半价优惠政策；贯彻执行65岁以上老年人免费乘坐公交车、免普通医疗挂号费、免政府主办旅游景点及公园门票费用等优待政策。2016年，全市享受高龄津贴的老年人1.4万人，共计发放475万多元。对65周岁本地户籍的老年人健康查体一次，并建立档案规范查体5万余人。

【银龄安康工程】 充分发挥电视、广播、报纸等媒体，加大“银龄安康工程”的宣传力度，提高“银龄安康工程”的社会认可度。2016年，完成保费288万元，同时免费为50周岁以上的农村低保、五保对象缴纳保金，为老年人构筑起养老保障安全网。

【三级老年组织网络】 加大老年协会建设力度，引导镇街继续组织相关村（居）完成村级老年协会组织建设工作，落实办公地点、活动场地、人员和经费问题，形成市、镇（街道）、村（居）三级老年组织网络。同时，积极发挥老年艺术团、太极拳协会的示范带动作用，组织开展老年文化活动培训20余次，培养基层老年文体活动骨干400余名。

【老年人权益维护】 充分利用烟台老龄专刊、电视台、今日蓬莱等媒体多种形式地宣传和报道老龄工作，制作百岁老人宣传画册、养生知识专刊。依托“长寿之乡”这一品牌优势和影响，宣传长寿养生文化。在蓬莱市公证处成立维护老年人公益权益服务示范站组织，完善公证流程。切实维护老年人合法权益。组织开展敬老企业、敬老企业家评选活动，九顶粉磨有限公司刘玉任被评为“烟台市敬老企业家”。

【文体活动】 认真策划开展2016年“孝亲敬老”系列活动，有组织地开展宣传教育、文体展演等活动，使“孝亲敬老”活动主题突出，形式多样、内容丰富。组织志愿者到敬老院为老年人打扫卫生、陪聊天、帮忙包饺子，组织老年艺术团进行慰问演出。抓住老博会的契机，组织宏赢生态种植家庭农场、中医院涌泉康复中心等6个企业参加老博会，展示蓬莱市老龄事业产业的优势和亮点。全年共组织开展各类宣传、文艺演出活动30多场。

地名管理

【第二次地名补查】 7—12月，组织开展第二次地名补查工作。完成地名调查（补查）目录7300余条，完成调查登记和审核地名信息4610条，入库4376条，绘制工作图8幅，地名标准化处理3条。完成《中华人民共和国标准地名词典》词目上报。完成《地名补查调度表》《地名普查试点成果转化利用情况统计表》《地名图书出版情况统计表》《蓬莱市地名补查实施方案》《跨市界自然地理实体地名摸底情况表》《地名补查工作阶段总结》《统计上报地名普查数据》《烟台市地名补查工作进展情况调度表》《2016年全省第二次全国地名普查（补查）督查前工作情况调度表》《2016年度第三季度第二次全国地名普查进展情况统计表》等11份地名补查文件及《蓬莱市地图》《〈蓬莱市地图〉修改之处说明》等的上报工作。根据补查结果，及时维护更新地名普查成果资料数据库。完成地名数据库升级，完成4376条地名信息的数据库连接。

【地名文化宣传】 注重收集地名的来历、沿革、含义等文化信息，充分挖掘地名文化，促进优秀地名文化的传承、保护和弘扬。从3月开始，与烟台电视台《古村探源》栏目合作，对具有丰富历史文化内涵的千年古村落、美丽乡村等进行拍摄采访，宣传刘沟镇的解东、解西、西赵、马家沟，潮水镇的二村、三村、费东等“美丽乡村”7个，取得较好的宣传效果。在国务院第二次全国地名普查领导小组办公室组织开展的“地名情·中国梦”全国地名普查微视频征集评选活动中，报送的“蓬莱仙阁印象”取得较好成绩，票数位居烟台市第一名。

【《标准地名词典》编纂】 严格按照《中华人民共和国标准地名词典》规则要求及《烟台市〈中华人民共和国标准地名词典〉编纂实施方案》精神要求，完成《标准地名词典》第一部分词目表的采词、词目排序的上报工作，按照《词典》释文规则，正在进行词条释文的编写工作。

社团组织

【概况】 2016年，市民政局积极引导社会组织参与社会治理，确立“抓试点、筑平台、出政策、建中心、促党建、谋发展”的工作思路，建立联席会议制度，定期召开社会组织培育发展专题会议，以创新培育孵化为重点，全市共登记成立社会组织173家，其中社会团体62家，民办非企业单位111家，吸纳从业人员1257人，其中党员346人。

【公共服务平台】 2016年，制定出台《蓬莱市行业协会组织党建工作精细化管理手册》，开办《蓬莱市行业协会党建工作快讯》电子专刊，打造蓬莱党员教育示范站点，配备电脑、投影仪等器材。成功孵化“雏鹰助飞中心”“爱心服务站”“跆拳道协会”等5家社会组织，扶持指导“广场舞协会”“电子商务协会”“螳螂拳研究会”等7家社会组织开展各类特色活动，形成集培育孵化、公益服务、培训交流等多功能于一体的社会组织公共服务平台。

【昌升商贸公益园党建示范区】 昌升商贸公益园党建示范区按照行业协会与党建工作同步发展、互促互进的工作思路，在示范区集中搭建孵化成长、沟通交流和服务保障三大平台，承担行业协会类社会组织的登记备案、培育发展以及党组织建设、党建指导的“双孵化”工作，为全市行业协会、党建工作提供全方位、多层次、“管家式”的服务，逐步实现“党建+服务+发展”的叠加效应。“两学一做”学习教育开展以来，示范区先后组织党员教育活动4批120多人次，参加志愿服务150多人次，捐献爱心物资800多件，累计爱心捐款3.2万元。7月，示范区孵化成立中华志愿者协会蓬莱工作站，成为民政部下属中华志愿者协会唯一一家县级工作站。

【规范化建设】 强化品牌意识，发挥品牌的引领作用，运用媒体、网络、巡回展示等方式，加强政策、项目、成果等方面的宣传，以“社会组织等级评估”为抓手，选取有能力的社会组织进行重点指导与扶持，整体推进社会组织品牌建设；整合现有各类教育培训资源，加强社会工作教育培训和实训基地建设，引进和培育社会工作专业机构，有计划、分层次对现有在岗社会工作从业人员进行专业教育培训，提升社会工作者的业务水平和职业道德素养，促进社会组织能力提升；完善社会组织综合监管体系，严格执法，依法查处社会组织违法违规行为，引导社会组织加强诚信建设，健全社会组织法人治理机制，完善信息公开制度，建立守信激励和失信惩戒联合机制，促进社会组织健康发展。

卫生监管

【概况】 2016年，市爱卫会办公室会同市城市秩序综合整治指挥部办公室围绕巩固、深化国家卫生城市创建成果及迎接全国文明城市测评等重点工作，认真履行协调督导、检查考核职能，全市城市秩序综合整治工作扎实开展，城市形象得到进一步提升。

【督导检查】 充分发挥督导、调度作用，围绕全国文明城市测评、国家级卫生镇验收、葡萄酒马拉松赛等各项重大活动及五一、端午、夏季旅游高峰期等特殊时段，坚持定期、不定期检查，发现问题进行口头对接、书面交办督办，并采取完成销号的形式跟进检查，确保问题真正得到整改。同时，认真受理市民投诉、举报事项，督促责任单位抓好整改。2016年，受理市民有关城市秩序、环境卫生等方面的投诉20余条，印发交办单30余份，书面交办、督办整改事项200余项。乐园路周边非市政道路保洁质量差、凤凰街染化厂小区门外垃圾堆积等环境卫生问题，都在第一时间得到较好解决。海滨和平广场车辆通行路口道板破碎、钟楼东路家家悦超市南雕塑破损、海滨东路园林小品缺失等设施管护维修问题，也得到相关部门和街道的积极回应，在最短时间内完成整改。公园违规遛犬、个别在建工地未硬化出入口造成污泥粘带等突发性个案，得到及时查处和纠正。

【专项整治】 针对城区占道经营、油烟扰民、市区养犬、集贸市场管理等一些城市管理中的难点和热点问题，与公安、住建、环保、市场、文化等部门联合成立执法队进行集中专项整治。中考、高考期间，采取错时巡查方式，利用凌晨、中午和晚上时间，组织对建筑施工和商业、餐饮、娱乐等场所噪声进行突击检查，对交通噪声进行严格管控，为考生营造良好的学习、考试和休息环境。组织以街道、社区干部为主力，以志愿服务者为依托的夏季城中村环境卫生整治，和以包路段部门为主体的城区卫生责任区迎国庆环境集中清理等两次大规模清理整治行动，共清理“三不管”区域的垃圾、渣土500余立方米，清除各类野广告5000余处，清理占道经营和流动摊点、马路市场摊点300余个，清理杂草2万余平方米，清理城乡接合部河道1万余平方米。针对“全市大走访活动”中居民小区垃圾、污水、养犬、噪声油烟扰民、路面破损、绿化带种菜等涉及城市管理的100余项问题，及时与问题反映人进行对接沟通，逐一进行现场查看，明确责任单位，并安排3个督导组跟踪问效，确保问题在规定时限内得到解决。

【专题调研】 对城区环境卫生管理工作中责任不明、容易造成推诿扯皮现象的8个问题进行专题调研，找准城市秩序管理中的问题与根源，促进其切实解决并确保长效化。对改造后的登州市场管理工作进行调研，进一步明确各部门、街道的责任，提出9项工作标准、46项工作要求，为市场的规范管理提供机制保证。针对禁烟标识、爱国卫生公益宣传资料覆盖区域和数量不足的情况，在充分考察论证的基础上，设计印制5000余份不干胶粘贴单，派发给相关职能部门，根据统一的部署要求进行现场张贴，同时借助城区建筑工地围挡、灯箱式果皮筒等位置，新上喷绘公益宣传材料30余处、1000余平方米，组织动员城区各部门、单位及临街业户，利用LED显示屏滚动播放爱国卫生和讲究文明的公益宣传标语，收到良好的社会效益。

【检查考核】 7月、12月，组织两次检查考核，时间均集中在两周以内，检查考核范围包括120个市直各部门、相关单位及5个街道，检查内容包括各单位爱国卫生工作开展情况、病媒生物防制工作情况、交办督办事项整改完成情况、分包区域工作开展情况、分包路段积雪清扫清运情况及新闻信息工作情况等多个方面的内容，检查考核成绩以文件的形式在全市范围内公示，较好地推动全市爱国卫生运动开展。

XIANGZHENGAIKUANG

乡镇概况

北沟镇

【概况】 总面积154平方公里，辖80个行政村，6.2万人口。2016年，实现国民生产总值46.5亿元，完成财政收入1.88亿元，实际使用外资937万美元。

【基础设施建设】 投资5亿元，建成疏港路、北姜路、海润南路等现代化路网14.9公里，面积30万平方米，形成“三纵四横”的路网体系，连同正在规划的振兴路，将工业园区的有效承载面积由原来的9.96平方公里扩大到37.44平方公里。投资4.8亿元，扩建蔚阳栾家口港，建设2个5万吨级煤炭码头、1个3万吨级油品码头。投资6.5亿元，推进栾家口港10万吨级航道开通工作，破除制约港口发展瓶颈。投入1.2亿元，建成污水处理厂两座，日处理污水能力达到2万吨；铺设污水管网46千米，并将工业区内水泥污水管网更换成HDPE管网，确保污水无渗漏。

【产业体系建设】 立足“港口立镇、产业兴镇”发展战略，以北沟化工新材料产业聚集区和山东蓬莱船舶工业聚集区2个特色产业园区为载体，培植壮大京鲁船业、蔚阳集团、蓬莱国电等骨干龙头企业，全力构建以“造船重工、石油化工、滨海能源、纺织印染、水泥建材、葡萄与葡萄酒”为主体的产业体系。京鲁船业是山东省最大的民营造船企业，列入省重点扶持企业，被农业部授予国内首家“远洋渔船建造与技术示范基地”。康爱特维迅公司发展成为世界热压敏材料三大主要供应商之一，项目全部达产后产量将跃居世界首位。北斗航天能源科技依托北斗航天专利技术创建“中国绿色能源示范基地”，落户项目全部达产后，年可实现利税50亿元，吸纳就业8000多人。

【北沟化工新材料产业聚集区】 2011年3月启动建设，规划面积4.4平方公里，东起海润南路，西至龙口市边界。10月25日，被烟台市人民政府正式认定为烟台市级化工园区。

先后投入2.87亿元完成海润路、海鸣路、华盛路、昌盛路等高等级道路21.24千米，建设污水、雨水、弱电等各类管网75.3千米，道路绿化33.65万平方米，架设路灯1585多盏，新建日处理能力1万吨的第二污水处理厂，一期2.2平方公里基础设施已全部到位。

聚集区依托区位资源优势和雄厚的产业基础，着力发展高产出、高附加、低能耗的精细化工行业，

西港工业区精细化工产业园

逐步形成一个区位优势明显、基础设施完备、产业特点突出的化工新材料产业聚集区域。聚集区内落户项目32家，总投资113.6亿元，入驻企业80%拥有专利技术和新型产品，市场竞争力强。投产企业10家，在建项目7个，此外，核众新材料、拓普生物、光大橡胶、蔚阳新材料等4个项目正抓紧手续办理。

【小城镇建设】 抓住北沟镇获得“第三批国家改革发展试点镇”和“山东省百镇建设示范行动”的历史机遇，全面启动小城镇建设。高标准编制完成区域总体规划，拉开以206国道和海滨观光路等主干道为发展轴，以铁路、港口为骨架的“一港一城两组团、两轴两带双中心”空间发展框架。将镇驻地北侧1.5平方公里区域作为新型城镇化建设的重点发展区域，建设以中小企业孵化基地、西城临港小学等为重点的滨海新区，累计投入资金6.5亿元，开工建设项目13个，其中监察室、边防哨所、园区小学等7个项目已投入使用，建成区面积达到12.2平方公里。

【农业基础设施】 投资1200余万元，绿化荒山3000余亩，综合整治大王山周边4000余亩生态环境，荒山森林覆盖率达到85%。投资4600万元，完成8大片区3.5万亩高效节水工程和高标准基本农田建设。投资2000余万元，完成6座小型水库除险加固、18座塘坝修建和8000余米河堤浆砌工程。

【美丽乡村】 遵循“提质、扩面、连片、普惠共建、群众参与”的原则，制定以“南北呼应，东西融合，突出重点，扮靓北沟”为主题的美丽乡村创建工作思路，将连片打造与精准创建相结合，对19个村进行集中打造，已累计投入6000多万元，硬化道路6万平方米，新架设、更换路灯600余盏，种植景观树木8万余株，绿地1.2万余平方米。蔚阳河及支流清淤7万立方米，浆砌、整修河道7000多米，安装美化栏杆2.4万米。着重打造北林院、聂家、王格庄、曲家庄、小姜家、西正楼下等6个美丽乡村，西正李家村致力于打造成为宜居宜业的休闲产业村，孙陶村围绕蔚阳山水做文章，大力进行河岸风光带的升级改造，北林院重点做好陨石观光开发工作，确立以“发掘陨石文化圈”为轴线的乡村旅游新规划。西正李家、孙陶成功入选“蓬莱美丽乡村”。

大辛店镇

【概况】 总面积258.5平方公里，辖126个行政村，6.9万人口。2016年，实现国民生产总值47.7亿元，完成财政收入8299万元，实际利用外资987万美元。

【双招双引】 大辛店镇将“双招双引”工作列为全镇工作的“一号工程”，采用“挂图作战”方式，列出目标清单、时间进度表、路线图，倒计时推进招引工作。全年累计到长三角、京津冀、东三省等地区26次共83天，请进客商、高层次人才61批次，搜集招商信息120余条，先后签订投资总额12.31亿元的蓬莱鲁班软件园，投资总额3000万美元的逃牛岭葡萄酒综合展览中心等项目投资合同，引进国家“百人计划”人才张红霞教授，注册成立山东斗莱米农业科技有限公司。

【项目建设】 加快推进拉菲酒庄、仙谷酒业、逃牛岭酒庄、安诺酒庄等国际高端葡萄酒庄项目建设。其中，拉菲酒庄土建工程已经基本结束，设备安装完成，计划2017年4月进行室内装饰。逃牛岭酒庄项目主体浇筑、砌体完成，外墙理石完成50%，预计2017年底全部完成。安诺酒庄主体浇筑、砌体完成，内外墙抹灰完成，酒窖瓷砖铺设完成，正在安装生产线。道尔顿生物项目办公楼、车间已经建设完成，生产线完成80%，计划2017年5月份投产。同时，推动现有企业转型升级。和圣农业技术开发有限公司与文旅集团合作，追加项目投资1300多万元，建设2000平方米的木质综合办公楼，铺设360亩跑马场管道，新增绿化面积4万平方米，新建排水沟及挡土墙砌体1000立方米。烟台鑫杰机械有限公司投资6000万元，完成年产600万套刹车盘生产线和年产4万吨配重块加工生产线安装。总投资5亿多元的道尔顿生物、弘利电子、鸿达混凝土、新路道路材料、源华实业、驼峰建材二期等项目正按期推进，协同发力构筑项目建设新格局。

【镇村建设】 一期投资2000多万元的污水处理厂项目工程基本完工，正进行设备定做，预计2017年4月份正式运营。完成镇区和龙阳工业园区的天然气管道铺设，镇区已开始接通使用。投资200多万元，完成东至崮寺店、西至小门家、南至遇驾夼的省道路灯安装，并投入使用。围绕战河河谷示范片区，筹资300多万元重点打造院后、兰中村两个美丽乡村，硬化道路1万余平方米，新建休闲公园600平方米，修建文明党建一条街等亮点工程。针对“穿心村”回家村，筹资200多万元，修建改造4000平方米文化大院及办公场所，硬化村路3000平方米。完成30个达标村净化工作，农村旱厕改造6900多座，危房改造79户，抗震房改造83户。

【精准扶贫】 针对大辛镇贫困户分布散、数量大的特点，专门抽调精干人员成立扶贫办公室，为全镇1428户2466人贫困人员建档立卡，实行动态管理，保证扶贫工作又“精”又“准”。与和圣农业创新性开展扶贫合作，筹资300万元财政专项扶贫资金和行业资金投入到该公司200亩有机蔬菜及4000亩优质果品种植项目中，通过按比例分红，优先雇用贫困户等方式，一次性解决9个省定贫困村扶贫产业问题。2016年末，全镇贫困户还剩382户684人，预计2017年底完成257户462人的脱贫目标。

【教育投入】 在全面完成学区制改革的基础上，筹资150万元改善辛店中心小学、遇驾夼小学和崮寺店小学教学楼、操场等教育设施；筹资520万元新建总面积2600平方米的崮寺店小学幼儿园，优化区域教育资源；筹建3800平方米大辛店中学科技楼。同时，科学制定《2016—2018年大辛店学区三年校改校建计划》，以务实举措提高全镇教育幸福指数。

【安全生产】 层层签订安全生产责任状，严格开展危险化学品安全生产大检查和“六打六治”专项检查，全面排查整改108家劳动密集型企业安全隐患，对8家非煤矿山企业实施重点安全监管。先后组织蓬泰股份、虎威矿业、星火化工等企业进行安全应急演练，扎实开展“安全生产月”活动和“打非治违”安全大检查活动，实现安全生产无事故。

【红色教育基地】 以夏侯苏民纪念馆为载体，

原中央政治局委员、中央军事委员会副主席迟浩田（左四）为老团长夏侯苏民题词

挖掘和发扬胶东红色文化资源，积极开展党性教育、发展红色乡村旅游，建成集教育、旅游、休闲等多功能于一体的胶东红色爱国主义教育基地。5月24日，在市委副书记、市长杨升岩陪同下，原中央政治局委员、中央军事委员会副主席迟浩田携夫人到夏侯苏民纪念馆悼念老团长，并题写“夏侯苏民团长永远活在我们心中”。6月30日，市委书记杨原田带领市各大班子领导和部分单位主要负责人，到夏侯苏民烈士纪念馆参观，向夏侯苏民烈士塑像敬献花圈。为深入推进“两学一做”学习教育，进一步增强党员干部党性修养，市民政局、市疾控中心、山东边防总队烟台解宋营边防派出所、中铁十四局蓬栖项目部等部门单位陆续到夏侯苏民纪念馆参观学习。2016年，累计接待2100多人前来参观学习，成为蓬莱市重要的红色爱国主义教育基地，为创建全国文明城市、开展党性教育和发展丘山山谷红色乡村旅游业提供重要支撑。

刘家沟镇

【概况】 总面积101.7平方公里，辖60个行政村，3.1万人口。2016年，实现国民生产总值42.4亿元，完成财政收入7400万元，实际使用外资756万美元。

【双招双引】 实施“双招双引百日会战”，编制《刘家沟镇企业发展调研报告》，制定《刘家沟镇人才引进和资助扶持规划》，积极赴北京、上海、成都等14个地区招商92天，拜访企业及高等院校78家，对接棕榈股份生态小镇等3个重点项目；重点推进中国兵器工业第五二研究所烟台分所盘活北方奔驰闲置资产等3个项目；吸引8家知名企业前来洽谈8个项目。全年累计重点推进项目3个，在谈项目4个，储备项目4个，签约项目4个。

【第一批中国特色小镇】 秉持“创新、协调、绿色、开放、共享”的五大发展理念，立足世界七大葡萄海岸的生态资源禀赋，围绕“葡萄酒精美小镇”的发展定位，坚持“酒游居”特色主题，系统思考、系统设计，聘请山东省设计院高标准、高起点编制特色小镇发展规划，明确葡萄酒产业和相关产业的功能区分布，并为产业项目发展预留用地。同时，引入行业全球领先的棕榈集团，围绕生态宜居、休闲旅游、特色产业、农业科技展示等方面对刘家沟镇进行全方位、立体化打造。初步规划以葡萄长廊绿色产业带为辐射的50平方公里作为特色小镇核心区，重点进行一产标准种植、二产规模酿造、三产养生旅游服务；以文成城堡为中心、辐射周边马家沟、南吴家、解东、解西、墟里的10平方公里特色小镇启动区，重点发展休闲旅游等新兴服务业，延伸农产品加工、农业科技展示等行业，走出最具特色、最具活力的新型城镇化发展之路。2016年10月14日，刘家沟镇被国家住建部、发展改革委、财政部联合认定为第一批中国特色小镇。

【三产融合】 依托刘家沟镇自然和人文资源禀赋，坚持走集群化、优质化、国际化路线，致力打造山水丰美的“魅力景观带”、延伸三产融合的“特色产业链”、构建立体扩张的“三产融合片”，探索实施“葡萄酒＋农业＋旅游＋文化”的多业态融合发展战略，初步规划以文成城堡为中心、辐射周边马家沟、南吴家、解东、解西、墟里的特色小镇启动区，成功获评全省三产融合示范镇和全国葡萄酒特色小镇。海水养殖领域发展育苗场800多家，带动就业6000人次，进一步巩固“中国海参苗种之乡”这一品牌。传统制造业积极转型升级，主要依托老工业园区，积极推动以兼并重组、技术革新等方式进行改造升级和提质增效，通过灵活招商引资，盘活北方奔驰、国海商贸、德龙金属、鑫园果汁、宏盛科技等闲置标准厂房，提高原有设备的利用率，帮助企业重新获得发展活力。以马家沟村乡村旅游、文成城堡酒庄旅游等2处国家AAA级景区为带动示范，融合周边解宋营、南吴家等乡村采摘、渔家乐元素，初步构建起“大旅游产业带”格局，本土品牌知名度越来越高。依托全年86%的天数空气质量为“优”和天然的12公里海岸线，积极探索发展养老养生产业，推动颐福养老和福禧养老两个在谈项目的陆续启动。

【园区建设】 规划建设镇政府南部800余亩工业园和2600亩生物科技产业园，工业园区规划面积由原来的2400亩扩大到5800亩，投入2072万元完成总长2.8公里的府东路和府西路建设，投入380万元完成4176米园区污水管网铺设，园区综合承载力进一步增强，吸引知名企业前来洽谈、投资。2016年末，累计共引进文成城堡、沃族酒庄、星宇食品、爱和家家具、龙亭葡萄酒等市级以上重点项目27个，在谈项目42个，储备项目31个，签约项目34个，开复工项目38个。

【美丽乡村】 坚持“政府主导、群众参与”的原则，在全镇集中开展“城乡环卫一体化、农村污水处理、卫生厕所改造、造林绿化”四大基础行动。城乡环卫一体化，按照“户集、村收、镇运、市处理”的模式，充分利用建成的一处标准化垃圾中转站、六辆垃圾集中运输车，统一为全部村庄配备垃圾箱1500余个、指导各村成立保洁员队伍并全部实现生活垃圾集中无害化处理。农村污水处理，采取“纳管集流、集中处理”等模式，加快建设覆盖全镇的污水处理体系。投资450万元，铺设污水管网7000余米，实现农村生活污水的无害化处理。卫生厕所改造，采取物资支持与资金奖补相

市委书记杨原田（右二）到刘家沟镇马家沟村视察工作

结合的方式，支持整村开展“三格式”无害化卫生厕所改造，共改建三格化粪式无害化卫生厕所1800多座。造林绿化，本着“因地制宜，适地适树”原则，组织成立100人的造林专业队，大力开展造林绿化行动，先后投入200多万元，开展荒山造林绿化3200亩，全镇森林覆盖率达45%。在确定营前梁家、刘家沟村、十甲村三个美丽乡村重点创建村基础上，坚持“类别清晰、产业主导、群众受益”的总思路，依靠市级领导“一对一”帮扶及市水务局、烟草公司、市侨办等市级包村部门的帮助，发挥“能人治村，典型引领”的优良传统，实现“社会力量，多元投入”，八个巩固提升村投入475万元，完成项目11个，三个重点创建村投入1019万元，完成项目19个。

潮水镇

【概况】 总面积77平方公里，辖53个行政村，3.1万人口。2016年，实现国民生产总值38.3亿元，完成财政收入3908.7万元，实际使用外资113万美元。

【空港经济】 立足空港区位优势，着力提升镇域经济发展承载力，切实把“双招双引”工作引向纵深。全年完成“走出去”133次、“请进来”44次，引进招商高科技人才1人，签约宏岩生物、雅霖食品、百威德生物等6个项目。其中，山东宏岩生物科技有限公司投资兴建的百骏生物项目，占地面积34亩，投资总额1.2亿元，建筑面积2.5万平方米，11月11日开工建设，1号钢结构厂房主体基本完工。由烟台雅霖食品有限公司、龙华国际贸易（中国香港）有限公司投资兴建的雅霖食品项目，占地面积25亩，投资总额1000万美元。规划总建筑面积1.6万平方米，其中一期建设3250平方米冷库一座、4680平方米加工车间一座、宿舍办公楼1800平方米，主要从事金枪鱼精细加工；二期计划建设6000平方米研发车间一座，从事金枪鱼深加工。

【镇村建设】 投资75余万元，安装LED太阳能节能路灯228盏，对镇驻地绿化带进行养护，实现镇驻地主要路段的亮化绿化整体提升。投资120万元，完成1300米电子工业园雨、污管网工程。投资340万元，完成5.7千米10千伏线路改造工程。镇、村先后投入资金45万余元购置、更换垃圾箱，配备垃圾收运车3辆，日清运垃圾35吨，垃圾收集率95%以上。抓好张家窑村、观里村、潮水四村3个美丽乡村重点创建村，同时，确定22个美丽乡村达标村，实现多村联建、协调发展，先后完成女王山民俗博物馆、蓬莱红色记忆陈列馆、山东省传统村落等项目的创建，乡村旅游进入发展快车道。

【平安建设】 签订安全责任书2000多份，发放安全生产宣传材料1.3万份，打造“安全生产一条街”2条。组织检查74次，其中联合执法11次，检查企业38家，发现问题43条，立即整改30条，限期整改13条，有效推动企业加强和改进安全生产工作。配备灭火机40台、高压水泵2台、森林消防车5辆、瞭望监控5处等防火设备，新修防火通道4公里，整修防火通道15公里，全镇防火通道达到40公里，筑牢全镇森林防火网，切实做到“早发现、早报告、早处置、早扑灭”。

【社会民生】 进一步完善城乡低保、五保供养、社会救助等“托底”政策，切实保障低保、五保等社会救助资金按时足额发放。完成农村无害化厕所改建1700个、危房改造66户、抗震房改造35户。先后投资160万元，新建3个多功能教室及完成学校餐厅、潮水中学操场改造工程。投资1029.2万元，完成对平畅河上游至崔家段的整治和平畅河淳于段西坝浆砌。投资235.9万元，完成小农水建设项目。投资591万元完成5000亩高标准农田建设项目，投资360万元推进3000亩农业综合开发项目。

大柳行镇

【概况】 总面积96平方公里，辖32个行政村，2.4万人口。2016年，实现国民生产总值38.3亿元，完成财政收入6560.59万元，实际使用外资270万美元。

【双招双引】 双招双引列入全镇重点工作，高度重视、精心部署，把招引重点区域定位在东三省、京津冀、江浙沪、湖北、重庆、广州、深圳等地，重点寻求国有企业合作共建。2016年，达成意向的有电商物流、纸塑包装物等2个项目，另有制药、装备制造、汽车零部件等方面10余个项目正在抓紧跟踪。与中国科学院、北京航空航天大学、山东大学、齐鲁工业大学、天津工业大学、青岛农业大学、山东科技大学等10余家高校科研院所进行对接，建立一批科技和创新人才库，引进青岛科技大学智能安全物联网首席专家张永亮、陈喜山，并签订工作合同。

【项目建设】 以结构调整为主线，在不断巩固黄金产业地位的同时，加大地表产业的培植力度，保持项目“地上”“地下”共同发展的态势，实现产业结构优化升级。高标准抓好百徽包装制品、金策综合体、通联管业、十方环保能源、金盛食品、奎富汽车部件、敬达安防控制设备、地丰果蔬等项目建设，全面推行项目建设“保姆制”，严格落实项目时间表、路线图、责任人，一月一分析，一季一调度，确保建一项成一项、见效一项，最大限度地发挥效益。2016年，累计开复工建设项目9个，开复工建设面积11.6万平方米，已建成面积6.3万平方米。新签约大众创业基地项目，投资总额1.2亿元；新洽谈电商物流项目、纸塑包装物项目2个，投资总额3.2亿元。

【新型城镇化建设】 把统筹城乡作为新型城镇化建设的基本遵循，全面打造风情化的小城镇和田园化的美丽乡村。推进镇驻地和重点板块的开发改造。以成龙线和黄金河为轴心，继续推动项目沿线布局、村庄沿河改造，完善教育、卫生等公共服务功能，建设“黄金河美丽乡村示范带”和“成龙线十里经济带”，加快实现小城镇“脱胎换骨”变化。按照“提标扩面”的理念推进美丽乡村建设，在巩固提升已有美丽乡村的基础上，抓好片区新农村标准化建设，以点带面，全面激发各村参与“美丽乡村”创建的积极性。全面开展镇域环境大整治行动，建立健全农村环境卫生保洁机制，加强垃圾一体化和中转站的运行管理，着力建设环境优美、功能齐全、辐射力强的现代化小城镇。

【社会民生】 投资3800万元，启动新大柳行中学工程，完成教学楼、宿舍楼、餐厅、多功能厅以及附属用房建设1.2万平方米，配套建设300米跑道、操场及附属设施，建成后，可容纳1000名中学生就读。投资1000万元，新建大柳行卫生院，建设门诊楼以及附属用房4200平方米。完成曲家庵口新村建设和旧村的整体搬迁，改善群众居住环境。发放优抚对象优待金和护理费57.68万元、低保高龄补贴3.32万元。完成新型城乡居民社会养老保险收费工作，投保数额共计743.84万元。为281个重度残疾人发放护理补贴22.75万元。发放独生子女父母奖励费10万元，为4户失独家庭发放慰问金共计4万元，为特殊家庭共87人发放就医卡。

【扶贫工作】 成立由镇党委书记任组长，镇长、副书记任副组长的扶贫工作领导小组，组宣委员负责具体协调工作，精准扶贫工作档案实行专人专管，黑石、沟刘、孚庆集三个省定贫困村的产业扶贫开发项目正按计划进行，其中，黑石村光伏发电项目正在审批；沟刘村果业合作社、农田路硬化工程已完工，净化水项目正在抓紧施工；孚庆集村水库清淤工程、农田路硬化工程均已完工，农业合作社正在申请，机井项目正按计划开工。2016年共实现17村57户75人脱贫。

【安全生产】 严格落实好安全生产监管责任，层层签订责任状，建立"网格化实名制"监管体系，实现"五级五覆盖"。积极开展"六打六治""五落实五到位""大快严"等专项行动，排查安全隐患，严格抓好整改，确保安全生产形势稳定。抓好护林防火队伍和护林防火设施建设，通过建设防火通道和水源蓄水池，购买消防车、水泵等防火设施，极大地提高全镇在重点区域，尤其是环磁山区域的护林防火能力。

小门家镇

【概况】 总面积150平方公里，辖65个行政村，4.1万人口。2016年，实现国民生产总值46.5亿元，完成财政收入4500万元，实际使用外资937万美元。

【双招双引】 全年共"走出去"29次，拜访企业、院校、科研院所68家。"请进来"33次，涉及企业、机构等单位62家。引进泰山学者1名，并已签订聘用合同。引进蓬莱方泰商务服务有限公司总部经。引进食品罐头加工项目，总投资600万美元。引进中国供销山东蓬莱农特产品批发电商物流商贸城项目，计划投资额10亿元。

【项目建设】 全年完成项目投资1.1亿元。开复工重点项目1个，完成投资4000万元。富龙肉食品项目一期屠宰车间项目已投产运营。新三和食品有限公司5000万元冻干生产线改造项目已完成70%。

【美丽乡村】 按照"横向定位打造特色、纵向储备打造梯队"的创建原则，突出美丽乡村亮点特色。本着"放大强项、补足短板"的要求，坚持高点定位，以"环境提升、景观提档、经营提效、服务提质"为目标，先后投入285万元对7个获评村，完成净化保持、绿化、山体公园、休闲垂钓等26个建设项目，增强村庄的内生动力和发展后劲。对重点创建村，投入670万元，坚持以人为本，把群众需求作为出发点和落脚点，实施民生工程，上炉村、下炉村获得“蓬莱美丽乡村”称号。对其他13个美丽乡村达标村，按照“四化四有”标准，进一步完善基础设施，突出关键部位，实施一批硬化、绿化、美化基础建设项目。同时，着力抓好示范片内村与村、村与景点、村与重点项目之间的通道建设，打造景观节点，做到路畅、山青、水秀、景美，不断提升示范片整体建设水平。

【民生工作】 投入900余万元新建于庄小学教学楼，已投入使用。投入10余万元在镇驻地以及18个重点创建村设置公益广告宣传牌及村级文明一条街文化墙建设。关注村民健康，组织小门家、于庄卫生院对65岁以上老人免费查体4000多人次，筹建花山、石桥、卧龙等3个省级规范化卫生室。投入1100余万元，硬化田间路1.9万米，修建6处漫水桥及浆砌河道等，进行高标准农田建设。投资500余万元的小门家镇驻地休闲健身广场，已做好前期工作，工程正在建设中。

【扶贫工作】 成立镇级扶贫开发工作领导小组，镇党委书记任组长，组建扶贫专干办公室，同时在省扶贫工作重点村设立以村书记为组长的村级扶贫工作领导小组，配合第一书记、包片领导和包片干部组成的驻村工作队开展扶贫工作。积极实施产业扶贫，充分利用省专项扶贫资金，专款专用推进产业扶贫工作。其中，卧龙村优质红富士苹果园改造项目总投资48万元，改良红富士苹果园土壤120亩，硬化山路1300米。转山高家村实施核桃板栗经济林建设项目，修整山道2000米，平整、翻耕土地80亩。姜家沟村发展优质有机樱桃园200亩，新打机井2个，建机井房2座，整修山路1000米。得口店村实施优质苹果园建设项目，整修山路2000米，平整土地60亩。

【安全生产】 开展企业安全生产主体责任落实情况专项执法检查行动，建立《企业安全生产监管“网格化、实名制”名册》。加大对非煤矿山、重点企业、烟花爆竹等相关单位的安全生产检查力度，确保无事故发生。继续开展安全隐患大排查快整治严执法专项行动，督促富奥辽弹、新三和食品等企业开展用人单位职业病危害风险分级管控工作。强化日常监管，严把市场准入。对有证无照从事成品油经营活动的限期办理营业执照，对3家无证、无照或超范围经营成品油的加油站点进行处理。集中开展农资商品质量监测，对监测不合格的农资立即采取下架、查封等措施，及时堵住不合格农资流入市场的渠道，确保农民利益不受侵害。

【法制建设】 结合“法德建设年”活动，在村设立综治办，制作宣传看板，加强集中排查，切实增强群众安全感和满意率。同时，更新派出所监控平台，完善镇、村治安防控体系，将西张庄、大刘庄两个村列为村级综治平台建设试点，初步完成场所规划工作。

村里集镇

【概况】 总面积174.9平方公里。辖46个行政村，年底总人口4.2万人。2016年，实现国民生产总值38.3亿元，完成方财政收入6560.59万元，实际使用外资270万美元。

【双招双引】 全年共“走出去”82天，“请进来”29批次，洽谈项目7个。中电光伏电站项目列入烟台市2016年重点建设项目，已完成科研、环评、水保、接入系统、林地使用等手续办理。与深能南京能源控股有限公司、中国民生投资股份有限公司积极沟通、磋商，项目洽谈取得一定的进展。促成蓬莱绿村林业有限公司山体旅游项目，总投资6500万元，项目已通过评审，环评、科研等相关手续正在办理之中。与蓬建建工集团沟通磋商，争取艾崮山温泉项目签约落地。与青岛饮料集团有限公司多方磋商，商讨盘活华东骑士酒堡。与文旅集团一同与北京首旅寒舍酒店管理有限公司洽谈首旅寒舍项目落地黄泥沟事宜。围绕和易农业的童军基地项目积极开展招商，与中国香港童军会初步达成合作，并有望成为山东警察学院的拓展实践基地。先后与山东大学旅游管理系主任、国际旅游研究中心主任王德刚、中国地质大学教授张以河签订聘请顾问协议，其中张以河教授将针对村里镇反光膜的清理及再利用方面开展课题研究。

【重点工程建设】 黄水河流域湿地项目先后完成三道溢流坝建设，一公里的河道完成整平，300米的河道浆砌完成，种植挺水植物1.5万株、狐尾藻3000株。争取村里集、陈家沟表流湿地项目以及三个省定贫困村的水源地保护项目，计划2017年3月份开工建设。积极与市旅游局沟通，在“五一”“端午小长假”期间推介艾山国家级森林公园、绿村农庄及和易童子军营地项目，鼓励三家乡村游点积极开展旅游活动，提升旅游知名度。积极创建绿村农庄五星级农家乐和绿村旅游乡村旅游点工作，已经进行验收。

【护林防火】 投入资金20余万元，新制作安装永久防火宣传牌和警示牌120多个，制作防火护林彩旗5500面，超大永久标语5个，悬挂横幅90条，为23个村增配扩大机和高音喇叭进行防火宣传。投入资金35万元，购置灭火高压泵4台套、进口灭火机2台、割灌机14台、移动水囊20个、消防软带1000米。新建防火蓄水池3处，整修防火通道3条12公里，完成防火通道路面硬化2.5万平方米，对重点林区实施林下可燃物清理600亩。春季防火期在30多个重要进山路口设立火种检查点，安排路口值守人员66名，成立专门防火工作督察组，实行防火工作督查常态管理制度，每天两辆防火巡查车不间断进行野外巡查，确保防火期平安。

【镇容村貌】 投入20万元进行镇驻地弱电线路改造工程，下设弱电管线1500米，将镇驻地范围内的广电、联通、移动等通信线路全部由明线改为地下，预留弱电管线6000米，为智慧城镇建设打好基础。加快镇驻地燃气管线建设，完成燃气临时桥站建设，铺设燃气管线2000米，新增燃气用户200户。投资10万元建立养护、园林、环卫等专业队伍，制定门前三包、镇容管理等方面的相关规定，从制度层面保证镇驻地环境的改善。3个重点创建村、10个达标村以道路硬化、安全饮水、环境整治等工作为着力点，累计投入1800余万元，开复工72项，硬化村内主次干道6万余平方米，安装各类路灯287盏，改造老旧线路3万余米，栽植竹子等各类绿化苗木10万余株，浆砌河道3000米，清淤3000多方。投入村级保洁资金70余万元，按每百户一名保洁员的原则，建立起150多人的村级保洁队伍，按照“镇投入、村维护”的方式，配备保洁收集车，同时制定出台村级保洁考核办法等制度。重点开展清理“三大堆”工作，38个村完成草堆清理，兑现奖励资金60余万元。

【社会民生】 新增社区就业再就业601人，发布就业信息1181条，完成职业指导685人次。完成全镇1000名离退休人员遗属养老金领取认证工作，发放认证通知1000份，办理异地领取养老金认证59人。救助无生活能力的特困残疾人家庭40户、贫困残疾学生和贫困残疾家庭子女26名。养老保险投保任务完成，投保人数12362人，投保金额达1217.97万元。完善敬老院消防设施改造，安装烟感器、消防栓、消防扶手，更换应急门，提高敬老院消防安全系数。投资1200万元，新建农田水利项目1.4万亩，为西代家村等9个村新上净化水设备，切实提升群众生活水平。

【群众文化活动】 共举办象棋比赛、品剧大赛、果树节暨套袋大赛等活动36场次。组织一支80余人的演出队伍，累计演出30场次。在七一、八一、国庆、中秋等重要时间节点，通过一系列的文化活动，丰富群众文化生活。先后获得全市“我要露一手”大赛一等奖、多次获得各项文艺文化活动最佳组织奖和一、二等奖等。

登州街道

【概况】 总面积15.3平方公里，辖24居委会，人口6.37万人。2016年，实现国民生产总值58.8亿元，完成财政收入1.56亿元。

【双招双引】 发动机关干部、商会会员企业、村（居）全员招商，共“走出去”招商16批次，“请进来”客商12批次。创新招引方式，在深圳召开恳谈会，借助深圳企业联合会加强与企业联系，成功与昌硕纺织、烯旺新材料的石墨烯纺织应用，建达成汽车文化产业园等3个项目达成初步合作意向。

【旧城改造】 实施长裕社区、十里埠村、梁家疃社区、凤凰社区等4个村居5个旧村改造工程。其中，梁家疃社区小城怡景项目一期回迁楼已全部完工，基础配套及回迁安置工作均已完成。十里埠村名爵港湾回迁工作正在筹备中；凤凰社区万兴花园主体及配套施工均已完工，回迁安置工作完成。完成海市西路南段、博兴铸造厂评估；完成红卫化工厂残值评估，与北沟镇交接。

【社会民生】 全面落实医疗保险、养老保险等各项惠民政策，完成379名残疾人“两项补贴”

的核实和申报工作。发放低保金121万余元，发放各类抚恤金37万余元，发放灵活就业人员社保补贴28万余元。持续加大对辖区贫困户，特别是两个省级贫困村的帮扶力度，通过发展乡村旅游、光伏发电等产业项目，以及扶持鼓励百姓以创业带动就业等方式，使外部输血与自主造血相结合，从根本上解决贫困问题，民生工作成效显著。

【安全生产】 严格落实“一岗双责”责任制。配合市安全督导组做好每周安全生产例行检查，排查安全隐患。共签订各类安全生产目标责任书76份，印发宣传资料3000余份，检查企业351家，下达责令限期整改指令书29份，整改复查意见书20份，辖区未发生重大安全事故。

【文明城创建】 勇当创城“排头兵”，创新启动“共建美好家园”评选活动，通过平时监督、最后评比、考后奖励，用活创城工作方法，营造创城工作热潮。完善社区“四会”管理机制，开展志愿服务活动，建设市民休闲健身点，开设道德讲堂相关活动，浓厚创城氛围，助力文明城创建工作。同时，着力提升幸福社区创建水平。在巩固提升3个幸福社区的基础上，重点打造三里沟村，发挥新汽车站辐射带动效益，依托千年古槐资源与独特区位优势，打造好三里沟“三古”名片，在改善村居综合环境上下功夫，推动创建工作深入开展。

【非公企业党建】 依托登州商会“全国先进基层党组织”平台，发挥金宇置业作为“山东省工商系统非公企业党建工作联系点”的带头作用，在非公企业中不断打造精品党建项目，提高党组织的凝聚力、向心力和战斗力，发挥党建在非公企业发展中的政治核心作用和政治引领作用。以纪念建党95周年为契机，总结表彰先进企业及个人，表彰先进，激励后进，增强非公企业党建工作活力。

紫荆山街道

【概况】 总面积21平方公里，辖8个居委会，8个行政村，人口3.13万人。2016年，实现国民生产总值38.3亿元，完成财政收入7395万元，实际使用外资47万美元。

【双招双引】 成立以工委书记为组长的“双招双引”领导小组，形成以街道班子成员、机关干部、村居干部、企业和社会能人等五个层面广泛参与的“双招双引”活动主体，制定出台《2016年紫荆山街道考核办法》，建立多渠道、立体式的人才招引信息搜集网络。梳理全市优势行业和龙头企业资源，建立项目合作储备库，搭建合作平台，寻求合作伙伴，推动项目招商；打破行政区划界限，利用各种招商手段开展“飞地经济”招商活动，实现借力起飞；探索专业招商模式，聘请10名招商顾问，构建委托招商、以商招商工作格局；聘请专家团队、企业带头人紧贴辖区产业需求和发展实际科学制定招引计划，先后赴北京、广州、青岛、济南等地，对接大中型企业、中科院、山东大学等科研院所。2016年，共搜集有效信息56条，累计外出招商20多次，接洽人才和技术项目7个，储备绿洁光伏电站、肝素钠深加工、100万吨煤粉厂、新华养生地产、休闲度假酒店等8个项目，总投资额达15亿。

【项目建设】 牢固树立“抓项目就是抓经济、抓发展必须抓项目”的理念，以市重点项目为抓手，加大项目建设力度，激发项目建设后劲，全力做好项目开工建设。围绕高校园区建设做足文章，加快推动以高教科研产业为龙头，高端地产、教育培训、休闲旅游、会展经济等多种高端业态融合的西部大学经济圈的形成。投资5400万元的鲁东大学二期项目已于3月开工，正在进行主体施工。挖掘自身项目潜力，增强项目建设动力。民和牧业第二孵化厂项目，投入6000余万元购置设备，6月份已投产使用，是亚洲生产规模最大、孵化技术最先进、自动化程度最高的商品代鸡苗孵化项目，年可孵化鸡苗1.5亿只，实现销售收入4.5亿元；蓬莱绿洁新能源有限公司投资1.3亿元建成的蓬莱绿洁民和18MWp屋面分布式光伏项目，已于12月3日举行开工仪式，2017年5月竣工，年可发电1900万度。城区西部供热管网工程投资额2.2亿元，11月30日完成立项手续，正在进行基础施工。新农贸市场场地平整已完成，下步进行主体建设。爱马人商务综合体项目总建筑面积3.5万平方米，已于3月复工，主体基本完工，下一步进行室外配套设施建设。韩菲风情园土地已报批，韩菲酒店成功挂牌，正在抓紧规划方案；成功启动小汽车站、工具厂地块建设。

【旧城改造】 面对房地产市场走势低迷，银行业限贷等诸多不利因素，集中梳理解决影响项目建设的资金、土地、征迁等各类问题，重视项目品质培育，集中优势资源和主要力量，加快旧城改造进度。石岛福第项目作为街道城区改造的重点项目，五个楼区已完成基础配套设施，达到交房条件。渤海尚都项目5月底已完成配套设施建设并交付使用。万寿儒源47栋住宅楼和9栋商业网点已主体完工，正进行配套基础设施建设。裕源锦里涉及120套回迁住宅房，2栋在建，5栋已封顶，其中4栋用于安置正在进行门窗及内部配套施舍建设。西关新区已建成10栋，回迁安置174户，现正在做剩余4户未拆迁户工作。6月，街道启动“拆迁百日会战”，对未拆待拆8地段处房屋进行集中攻坚，其中，老汽车站西22户征迁补偿方案已取得批复，新农贸市场项目涉及三里桥社区4户土地评估和补漏已全部结束。完善危房改造农户纸质档案，对23户符合条件的改造户实行“一户一档”。做好项目建设和回迁安置同步推进，对已经完工的项目，加快水电气暖、公共交通、垃圾收集等生活配套设施建设，确保回迁群众入住无忧。

【“幸福社区”创建】 持续推进“幸福社区”创建和乡村文明行动，在做好3个已创建幸福社区的巩固提升的基础上，重点抓好武霖社区争创工作。结合“爱我家园”大环境整治工作，投入6万元对辖区内损坏的路灯、破旧垃圾箱进行维修、粉饰，对卫生死角进行彻底清理；投入45万元对西关社区路面进行硬化。加大对武霖社区硬件配套设施投入，投入35余万元对老年人日间照料中心进行改建，改建后建筑面积达600多平方米，同时新增一批康复、健身、娱乐器材；投入40万元硬化文化大院，新建戏台1座。

【社会民生】 坚持完善统筹城乡的“社会救助、社会保障、就业创业”保障体系，针对辖区居民全面开展职业介绍、困难群体再就业、用工登记、现场招聘、就业信息进村入户等劳动保障工作。2016年，新增城镇就业2217人，发布就业信息5213条，办理“4050”灵活就业社保补贴242人。城镇居民基本医疗保险，城镇医保人数达到11028人，缴费290多万元；城乡居民养老保险，缴费人数达到3432人，缴费金额达533万元。依托紫荆山街道创业示范基地，成功通过烟台市“创业型街道”验收答辩，获得奖励资金20万元，万寿社区和南天门社区通过烟台市“创业型社区”，分别获得奖励资金10万元。加大帮残助残力度，先后为184名重度残疾人申请护理补贴，为446名50—80周岁的残疾人申请银龄保险，为103名重度残疾人返还居民医疗保险。为辖区890名残疾人登记造册、完善信息、录入系统、跟踪管理。

【文化建设】 以文明城创建为着力点，扩大文明城创建工作覆盖面，重点搜集具有革命历史意义的非物质文化遗产实物4件，搜集非遗线索4条，搜集整理5个村历史典故。开展“美丽家庭”评选活动，向市妇联推荐孝老爱亲型、书香才艺型等家庭89户，其中14户受到表彰。利用农家书屋开展“诵经典、读好书”活动，倡树文明新风、营造浓厚氛围。围绕春节、五一、端午等重大节日，广泛开展各类内容健康向上，群众喜闻乐见的文化活动，以重大节日为契机，先后举办西关敬老院、紫荆山社会福利中心慰问演出、庆“五一”文艺演出、西关社区“欢乐蓬莱行”演出、全市海滨广场“七一”精品节目巡演等30场，切实把文艺演出送到各个村居，覆盖率达100%，其中万寿社区艺术团代表蓬莱市到中国香港参加比赛获得金奖，街道选手参加全市“中国梦·蓬莱情”诗歌朗诵比赛获得三等奖。

【安全生产】 树牢安全责任，坚守安全红线。实行包片领导安全生产负责制，由各包片领导带队，联合安监站工作人员，深入企业、学校、社区、建设工地、娱乐场所等开展安全隐患大排查快整治严执法、劳动密集型企业消防安全专项整治、村居楼院消防安全清查等活动17次。同时，借助突击检查、监督举报等举措，共排查隐患53处，现已整改完毕。投入20余万元购置防火服、割草机、高压水泵等防火器材，为防火工作提供基础保障，在清明、五一，十月朝等关键节点，坚持机关干部全员上山防火，实行24小时轮岗制，做到严防死守。

蓬莱阁街道

【概况】 总面积13.91平方公里，辖6个村改居居委会和2个城市社区居委会，3.3万人口。2016年，实现国民生产总值38.3亿元，完成财政收入9016.5万元，实际使用外资47万美元。

【经济建设】 全力推进旅游招商引资，提出“三大板块”建设思路，全力打造集观光休闲、度假康体、商业地产等为一体的产业模式，形成特色化、差异化、集群化的商业地产格局。西部文化旅游板块，依托济南大学泉城学院教育资源、未来海湾项目的旅游资源，登州府第等项目抢滩入驻，推动西海岸文化新区建设提档升级。中部商业旅游板块，以宝龙地产、鼎峰悦动港湾、登州仙阜商业街、兴海大厦、蓬莱国际饭店等商业（旅游）地产项目为核心，围绕欧乐堡梦幻世界以及八仙渡海口·三仙山风景区，旨在打造集购物、餐饮、娱乐等多功能于一体的高端旅游商业综合体，全面提升滨海旅游形象和品位。东部人文宜居板块，通过引进碧桂园、绿城·蓬莱诚园等国内知名地产品牌，吸引海怡城等本土知名企业强势入驻，带动学校、海市公园等市政配套项目快速聚集，推动东部滨海新城迅速崛起。2016年，街道把招商引资、招才引智深入交融，作为“一号工程”全力推进，全年落地项目3个，其中2个项目实现“当年签约、当年开工”。

蓬莱阁街道“国家卫生乡镇”迎检

【人居环境建设】 以全国文明城市创建为契机，不断提高人居环境建设水平。旧村改造稳步推进，西庄社区已完成一期四栋回迁安置楼和地下车库建设，邹于社区已完成回迁安置房屋的总体设计及土地选址工作，林格庄社区安置区主体已开工建设。以“两城联创”为契机，加大资金投入，突出重点区域和卫生死角集中整治，对环境卫生实行动态监管，建立监督考核和长效机制，辖区环境极大改善。9月，获得“国家卫生乡镇”称号，成为全市唯一获此殊荣的镇街。逐社区打造高标准文化广场和综合文化服务中心，配套娱乐设施和健身器材齐备。提升完善农家书屋，共收藏各类图书4000册，创造性地打造独具特色的社区村史室，创建居民精神家园。以登州府第为试点，积极探索社区管理办法。登州府第社区居委会高标准建立2000平方米的社区服务中心，功能场所完善，服务管理到位，社区管理水平进一步提升。

【山东省全域旅游示范镇】 依托独特的旅游资源和完善的旅游设施，坚持“处处都是旅游环境，人人都是旅游形象”理念，积极转变旅游服务管理理念，创新旅游服务管理机制，完善旅游配套服务功能，提高居民旅游服务素质，明确和细化六大项、28小项具体推进落实措施。2016末，辖区三星级宾馆8家，国内连锁酒店5家，国际连锁酒店1家，非星级规模酒店15家，拥有床位数5000余个、餐位数6000余个，旅游船数量70余艘；渔家乐经营户633家，其中星级渔家乐308家，拥有床位数1.1万余个，餐位数8000余个，“渔家乐”已成为蓬莱旅游的金字招牌。蓬莱阁街道获得 “山东省全域旅游示范镇”称号，小皂社区获得“省级旅游特色村”称号。

【社会稳定】 承担沙河区片、体育场区片、西海岸区片及市政工程等大量的征地拆迁任务，涉及78家企业和600余户居民，其中工业企业35家，养殖企业43家；征地1.3万余亩，其中陆域面积5000余亩，海域面积8000余亩。始终提倡和谐拆迁理念，以耐心细致的工作争取群众理解，圆满完成各项征迁任务，从未发生过因征迁而导致的上访事件。安全生产局面稳定。持续巩固“全国安全社区”创建成果，及时调整安全生产委员会组成人员，划分24个专业安全生产领导小组并明确工作职责，年内开展多次安全教育培训、突发应急演练及大规模专项检查，确保辖区安全生产形势稳定。

南王街道

【概况】 总面积59.67平方公里，辖57个行政村，总人口2.34万人口。2016年，实现国民生产总值29.15亿元，完成方财政收入6131万元，实际使用外资160万美元。

【双招双引】 精心编制《南王街道招商手册》，多渠道收集招商信息，建立《南王街道在外能人通讯录》。累计赴北京、天津、上海、江苏、济南、青岛、淄博等地开展招引工作76天，走访企业80家，拜访高层次人才20人，接待来蓬考察企业72家，新签约待评审项目3个，引进国家“千人计划”专家、上海交通大学教授卢江来蓬创办山东金美农业科技有限公司，引进高级工程师崔文亮参与华安铸石管件有限公司技改项目，另有5个项目正在积极跟进洽谈。

【园区建设】 依托火车站、高铁站规划设计10.3平方千米新兴产业园区，配套火车站周边路网建设，铺设污水管网24.5公里，工业和生活用水污水处理系统完善，实施全长6500米的电网改造工程，电力实现环网供电，即将开工建设11万伏变电站一座。工业园区已经实现基础设施建设“七通一平”，承载功能日益增强。新兴产业园区划分现代产业区、绿色产业区、交通枢纽区、功能核心区、居住功能区五大功能区，坚持以园招商、以商招商，完善重点项目“保姆式”跟踪服务机制。

【重点工程】 加快实施城建、交通等重大基础设施工程，完成德龙烟铁路站前广场及附属道路征迁工作。启动新高中建设，推进规划设计、征迁、立项等各项开工准备工作，尽早启动工程建设。稳步推进农村土地承包经营权确权登记颁证工作，取得了阶段性成效。全面深化社区网格化管理，已完成泊宋村、磕刘村等7个村的信息采集及网格化平台录入工作。深化立体化社会治安防控体系建设，正在对接安装磕刘村、泊宋村、范店村监控设备。

【村镇建设】 推进城乡环卫一体化，完成2次全市垃圾一体化观摩活动。坚持因地制宜、突出特色，加快推进美丽乡村创建工作，磕刘村获评蓬莱市“美丽乡村”。加强督导农村危房改造，26户危房改造和抗震加固全部完成。大力推进村镇污水设施建设，加快推进珠江路污水管网改造。

【社会民生】 多层面推进脱贫攻坚，2016年脱贫27户、34人。合理规划初中校舍建设，新建校舍3481平方米。有序开展卫生室建设和乡村医生返聘工作，全年返聘4人。规范落实社会救助，发放农村低保金101.89万元，五保金33.48万元。全面贯彻落实强农惠农政策，积极推进磕刘村、磕刘二村等库区移民村水利帮扶工程，完成近200辆农用机械补贴统计，直补面积500余亩。

【全国农村电子商务示范镇】 4月11日，蓬莱胜境电子商务孵化基地落户博展国际商贸城，基地规划面积7万平方米，一期2万平方米，其中蓬莱名优特产品展示大厅5000平方米。7月12日，孵化基地联合京东成功举办京东乡村推广员颁奖典礼暨微电影“奔跑吧八仙”开机仪式。7月17日，南王街道邀请中国电子商务协会副秘书长、工信部信息中心企业网络安全促进委员会副主任李建华、中国电子商务协会农村信息化专业委员会常务副主任李建慧来蓬调研电子商务发展情况，召开争创中国电子商务示范市座谈会，南王街道获得中国电子商务协会农村信息化专业委员会颁发的山东省首个“农村电子商务示范镇”牌匾和证书。基地先后引进上海先农台、阿里巴巴产业带、阿里村淘服务总站、京东特色馆等平台企业和机构。举办蓬莱市残疾人电商知识培训班、蓬莱市电商知识培训班，培训人员达300人次。引导培养4名有志电商创业残疾青年，成立517创客中心，支持残疾青年创业。至2016年年底，基地发展成为集电商培训、代理手续、记账、代理运营、代理客服、休闲娱乐、快递物流、产品展示等功能于一体的功能完善的孵化基地，入驻企业及个人达到70多家。

山东省首个农村电子商务示范镇落户南王街道

新港街道

【概况】 总面积45.4平方公里，辖17个行政村，年底总人口2.3万人。2016年，实现国民生产总值299.6亿元，完成地方财政收入2.69亿元，实际使用外资1067万美元。

【双招双引】 通过整合招商资源、拓展招商渠道、改进招商方式、细化招商服务，采取一对一、点对点的形式，高频率组织外出招商活动，努力丰富招商信息储备。先后接待客商考察62批次，分赴上海、北京、广州、宁波、黑龙江、美国、加拿大等地招商83批次，上报招商引资信息26条，签订框架协议1份，重点推进项目11个，总投资90多亿元。其中，金牡丹环球嘉年华旅游综合体项目在上海城市形象推介会上完成签约，并已完成初步方案设计；柏斯琴行高端木吉他生产项目列入全市重点招商引资跟踪信息。同时，引导企业加大与高校院所的科技合作力度，加快科技创新平台建设，积极促进科技成果转化，已建成省级、市级工程技术中心及企业技术中心12家，有效发明专利授权35件，新签产学研合作协议3家，引进研究生等高层次人才7位，引进第三层次创新人才4位、第二层次创新人才1位。

【项目建设】 研究制定《重点项目高效推进工作规程》，形成“前置对接、链式移交、全托服务”标准化工作模式。按照责、权、利相统一的原则，建立健全以督查督办、责任追究、绩效考核为主要内容的督办考核工作机制，确保各项工作顺利推进。对开复工的9个建设项目，实行倒排工期、图表上墙、责任到人，提供全方位“保姆式服务”，全力解决项目建设过程中遇到的各项难题。巨涛西区扩建项目8个涂装车间已完工，设备到位并投入使用，管线预制堆场完成地面硬化，8000平方米的管线车间完工，现已投入使用。大金重工二期项目顺岸码头已完成380米，东西段防波堤已预制完成沉箱24个、安装完成6个，南北段防波堤已完成土石方填海200米、约60%工程量，已启动部分防波堤补助资金用于工程建设。小企业和大学生创业辅导基地1号车间、3号车间已完成整体建设并投入使用，已签约入驻精诚电子、烟台睿鑫电子科技、隆和节能、大成塑业、馨博电力5家企业，并全部实现投产。

【产业培育】 辖区内企业达到622家，其中规模以上企业70家，形成以食品、建材等传统产业为基础，以汽车及零部件、海洋重工等高端装备制造业为支撑，以新材料、新医药等高新技术产业为导向，以物流、休闲、旅游、地产等三产服务业为补充的富有特色、充满活力的产业体系。规划有海洋装备制造产业园、汽车及零部件产业园、生物医药产业园、临港物流产业园四个专业园区。

海洋装备制造业。抢抓半岛蓝色经济区建设战略机遇，按照“园区化、集群化、高端化”的要求，集中划出1.1万亩区域，积极引进发展海洋装备制造龙头企业和配套企业，努力打造以港口为支点、沿岸线布局的临港工业新区。产业园水、电、路、管网、码头等基础设施已具备承载产业发展的能力，重点企业和龙头企业发展势头良好。园区内现落户企业20余家，先后获得“山东省新型工业化产业示范基地”“山东省蓝色经济区海洋特色产业园”“山东省高端装备制造产业园区”等称号。

汽车及零部件产业。按照“龙头引领、链条延伸、配套跟进、集聚发展”的发展模式，努力培强做大产业龙头，积极引进产业链项目，调整优化产品结构，加快企业转型发展步伐，着力打造在全国知名的重型卡车生产基地和汽车零部件配套基地。先后引进、培植北方奔驰、一汽鹏翔2个整车生产企业和50多家汽车零部件配套企业。

临港物流产业。依托蓬莱港、蓬莱国际机场开放发展平台，抢抓疏港铁路、公路及未来渤海跨海通道建设等重大战略机遇，以钢铁、木材、石油、建材、药品、快速消费品为重点，着力培育龙头骨干企业，加快完善物流集疏运体系，打造链接东北、华东，辐射东北亚的大宗商品物流集散中心和交易中心。蓬莱港已经跻身全国十大木材进口港之一，围绕蓬莱港业务发展吸引了一批货运、外带、装卸等物流企业。

【新区规划建设】 加快推进蓬莱港、海洋装备制造产业园专用码头、防波堤、疏港通道等重大基础设施建设，投资1400余万完成山东路北段、金创路、振兴路路面改造工程，改造面积共计17.6万平方米，投资780万完成杭萧钢构工业园改造工程，积极配合市交通局完成蓬栖高速连接线工程沿线各类管线搬迁评估及改造方案设计，大大提高对项目的吸引力和承载力。为进一步解决项目集聚两翼的用地问题，启动大社区建设工作，相关领导及责任人先后赴海阳、临沂等地考察学习先进经验，并与市住建局、城投集团及设计院就棚改方案设计反复沟通对接，已形成大社区建设实施方案、补偿安置方案等文件初稿，规划了3处安置区和1处城镇配套功能区。以“三城联创”工作为契机，加大投入力度，进一步健全长效机制，全面提升城市化管理水平。将全区划分为3个工作片，配备专职管理人员分片巡查，健全并落实好环卫工、保洁员、食品协管员工作制度等各项规章制度，形成覆盖各行政村、大小企业及主干道在内的较为完备的一体化网络。

【社会民生】 投资4000万元建设新小学，已完成效果图设计，正在组织征迁。投资10万元，完成卫生院CR室改造，并与市人民医院联网，方便群众看病，提高诊疗水平。推进医疗卫生改革，妥善安置退休乡村医生18人。投资12万元，新建一所文化站，全天候对市民开放，满足群众的阅读、健身、娱乐需要。

【新农村建设】 以幸福社区建设为载体，努力提升社会主义新农村建设水平。共投入资金400多万元用于改善村庄环境。其中，营子里村投资23万元、官庄子村投资15万元进行平塘清淤、道路平整修葺、苗木补植；大皂许家村投资102万元完成村内350亩果园喷灌设备安装。大皂孙家投入资金235万元，完成村委大院整修、篮球场建设及村庄“四化”工作，村庄面貌焕然一新。

MINGYOUTECHAN

名优特产

名牌产品

【概况】 2016年，全市拥有地理标志证明商标3件；中国驰名商标9件，山东省著名商标31件；中国名牌产品5件，山东名牌产品43个，山东服务名牌6个，省长质量奖2个。

【蓬莱海参】 蓬莱海岸线绵长，沿岸潮流通畅、波流稳定、藻类丛生，是“胶东刺参苗种之乡”“中国海参苗种之乡”。“蓬莱海参”通过国家工商行政管理总局核准，注册为地理标志证明商标。

蓬莱海参体形肥满、圆筒状，体长一般20～40厘米，体宽3～6厘米，体表亮洁呈黄褐色或栗黑色。背面稍隆起，上有4～6行挺直圆锥形的肉刺（疣突）。腹面较平坦，管足密集，排列成不很规则的3条纵带。管足吸附有力，伸缩、爬行自如。体表呈黄褐色或栗黑色。煮熟后肉质厚实紧密、口感顺滑、富有弹性、鲜香自然。腹面色浅，一般呈浅黄褐色。

蓬莱海参营养丰富，蛋白质含量高，不含胆固醇，是高级滋补品，为海珍品之冠。据分析，鲜海参化学成分为：水分76%～85%，蛋白质14～21%，脂肪0.2%～0.3%，灰分0.3%～1.1%，热量94千卡。干海参化学成分为：100克含水分5.0克，蛋白质76.5克，脂肪1.1克，碳水化合物13.2克，灰分3.8克，钙357毫克，铁2.4毫克，硫胺素0.01毫克，核黄素0.02毫克，尼克酸0.1毫克。每公斤干海参含碘6000微克。海参虽含三磷酸腺苷（ATP）较少，口味鲜度较差，但营养价值极高，因为它含有较高的光氨酸、精氨酸、松氨酸等，而且蛋白质为水溶性，不需要盐、酸、碱及脂肪的帮助即可分解为各种极易被人体吸收的氨基酸。在医学上，海参具有补肾壮阳、益气补阴、通肠润燥之功能，可用于治疗肾虚阳痿、腰膝酸软、肠燥便秘、神经衰弱、再生障碍性贫血、糖尿病等。海参中还含有硫酸软骨素，有强体抗衰、抑制肿瘤的功效。中医认为“海参性温补，足敌人参”。

古往今来，蓬莱近海礁岩区一直盛产海参，自然状态下的海参种群形态、习性、生长周期、品质等都具有明显地方性。蓬莱城东三段礓至人石（湾子口—铜井沿海）、驮篓阁至大黑礓（解宋营沿海）两段近岸礁岩海区自然生长的刺海参种群中，有一种背脊纵向有六道肉刺排列，营养价值颇高，俗称“六道刺儿”，当地民间有冬季用它为家中老人进补的习俗。

【蓬莱产区葡萄及葡萄酒】 蓬莱葡萄产区位于山东半岛北海岸，濒临渤、黄二海，受海洋影响较大，冬无严寒、夏无酷暑，气候凉爽，光照充足，葡萄生长季节气候平稳，具有阳光、沙砾、海洋的“3S”特质。而且境内地形变化多样，多丘陵山地，土壤以棕壤土为主，酸碱度适合，矿物质丰富，沙砾比例适中，非常适合葡萄根系的生长，这些都为生产品质优良的葡萄提供了天然条件。全年日照时数2825小时，葡萄生长季节有效积温3726℃，日光能系数为7.66；年平均降水量592.0毫米，9—10月份葡萄成熟期降雨稀少，成熟期较长，有利于风味物质的积累，适宜中、晚熟葡萄的种植。蓬莱与法国波尔多、意大利托斯卡纳、美国纳帕、智利卡萨布兰卡、澳大利亚布鲁萨、南非开普敦并称为“世界七大葡萄海岸”。

蓬莱葡萄主要表现为果穗形状端正、颗粒饱满、果实着色整齐、着色度好、果汁较多，糖酸比例协调、口味浓郁、风味物质丰富。葡萄含有大量适宜人体的维生素、矿物质、氨基酸及醇类、糖类、脂类、酸类、醛类、酮类、萜类等500余种化合物，具有较高的医疗保健价值，尤其是葡萄皮与葡萄籽，其医疗保健作用更高。蓬莱葡萄还含有大量的果酸，有助于消化，能健脾和胃；矿物质钙、钾、磷、铁以及维生素B1、B2、B6和维生素C等多种维生素，还含有多种人体所需的氨基酸，对神经衰弱、疲劳过度大有裨益；还具有防癌、抗癌、抑制脂肪吸收、提高记忆力的功能，直接饮用葡萄汁还有抗病毒的作用。

葡萄与葡萄酒产业已发展成蓬莱的四大支柱产业之一，获得“国家农业标准化示范区”“全国优质葡萄生产基地”“中国葡萄酒名城”“国际葡萄酒大赛联盟城市”“山东省商标战略实施示范区”等称号。中粮长城、张裕、中粮君顶、香格里拉、法国拉菲等国内外知名企业纷纷在蓬莱落户，建设葡萄基地、酒厂和酒庄，极大地推动了蓬莱葡萄与葡萄酒产业的发展。2016年，全市已发展标准化葡萄基地8万亩，葡萄酒生产企业66家，葡萄酒年产量14万千升。葡萄与葡萄酒产业拥有中国驰名商标3件，中国名牌产品1件，山东著名商标9件，山东名牌产品7件，山东省质量奖1件，山东省服务名牌1件。

【蓬莱苹果】 蓬莱苹果色泽鲜艳红润，外表光滑细腻，个大、形正、平均直径85毫米；含糖量极高，果实的重量中，有9%～11%是单糖，总糖量16.4%；果肉硬度大，纤维少，质地细，果汁含量在89%以上，芳香爽口、甜中带酸；极耐贮存，最佳食用日期长，室温下可保存4个月，如果放入冰箱，可保存5到7个月；铁、锌、锰、钙等人体有益的微量元素含量丰富，每100克鲜苹果肉中含糖类15克，蛋白质0.2克，脂肪0.1克，粗纤维0.1克，钾110毫克，钙0.11毫克，磷11毫克，铁0.3毫克，胡萝卜素0.08毫克，维生素B1为0.01毫克，维生素B2为0.01毫克，尼克酸0.1毫克，还含有锌及山梨醇、香橙素、维生素C等营养物质。“蓬莱苹果”因性味温和，含有各种维生素和微量元素，是所有蔬果中营养价值最接近完美的一个。

蓬莱苹果产区先后获得“全国农业标准化示范区建设先进市”“全国绿色食品原料标准化生产基地县”“中国优质果品基地重点县（市）”“国家级绿色农业示范区建设单位”等称号，通过国家工商行政管理总局核准注册为地理标志证明商标。蓬莱苹果销往北京、天津、上海、广东等20多个省市区，出口到东南亚、欧美等20多个国家和地区，深受海内外朋友的喜爱。

【蓬莱地生子】 蓬莱地生子，地方名又称当地生、地生鱼，学名钝吻黄盖鲽，是比目鱼的一种，近海底层鱼类，具有潜沙习性，喜栖息于泥沙质海区，为蓬莱沿海所特产。

蓬莱地生子体扁平呈椭圆形，头小，口小，两侧口裂不等长。两眼小并均长在头右侧，有眼一侧为背面，呈深褐栉鳞，有不规则斑点。无眼一侧为腹面，呈白色圆鳞。吻与腭无鳞，眼间有鳞，鳃耙短宽而扁，左右侧线发达。一般雌鱼体长12.5～50厘米，体重为200～1600克，雄鱼体长12.5～40厘米，体重为100～1000克。

蓬莱地生子含有优质蛋白质，较高的不饱和脂肪酸，尤其是二十二碳六烯酸和二十碳五烯酸的含量远远高于其他水产食物。还含有丰富的硒元素，经常食用可以使皮肤光滑有弹性。春节前后上市，独占海鲜鱼市场，价格昂贵，以鲜食为主，食用方法多以红烧、清蒸、清炖等，肉味鲜美，肉质细嫩。

【圣豪家纺】 山东圣豪家纺有限公司是中国最大的毛毯生产厂家之一，建有毛毯生产线 6 条、全自动印花生产线 2 条，日产毛毯 30000 条，产品主要有腈纶纱、地毯、床单、床罩、床垫、被芯、被套、枕芯等。拥有注册商标 30 余件。“蓬莱阁”商标被认定为“山东省著名商标”，“圣豪”牌毛毯被认定为“山东名牌产品”“中国名牌”产品，“圣豪”商标被认定为“中国驰名商标”。公司先后荣获“山东省出口名牌产品”“山东省对外贸易先进单位”“山东省质量效益型先进企业”“山东省重合同守信用”单位等称号，产品远销南非、澳洲、新加坡、新西兰、日本、美国等 30 多个国家和地区。

【中粮长城葡萄酒】 中粮长城葡萄酒（烟台）有限公司成立于 1999 年，是世界 500 强——中粮集团的全资企业，专业生产、销售中国著名品牌“长城”系列干红、干白葡萄酒。公司现有总资产 8.3 亿元，可年产干红、干白葡萄酒 5 万吨。公司拥有设施完备的中心化验室、工艺实验室、包材专项检测室，配备气、液相色谱，原子吸收、葡萄酒全自动分析仪、原子荧光、溶氧率测定仪等国际和国内先进的检测仪器 50 余台套，可实现对 40 项理化、添加剂和微生物项目的监控检测，4 项质量关键过程工艺试验，100 余项原辅料的质量要求项目的检测，有效提高了产品质量和食品安全的管控能力。中粮长城建立了覆盖“全产业链全过程”的质量安全管理体系和产品全程追溯系统，通过了挪威船级社（DNV）的质量和食品安全体系认证，公司基地生产的葡萄获国家质量监督检验检疫总局“无公害农产品”认证；公司获“山东省农业产业化经营先进龙头企业”称号、“农业产业化国家重点龙头企业”称号。“长城”牌葡萄酒获“中国名牌产品”“国家免检产品”等称号。

【蓬珠葡萄酒】 蓬珠酒业拥有国内一流的原酒生产车间，全部采用高档控温发酵不锈钢储酒罐，储酒能力 1.6 万余吨。从意大利引进 2 条原装进口生产线，刷瓶、灌装、压塞、贴标全部自动化，生产能力每小时 4500 瓶。

蓬珠酒业生产的“朋珠”牌干红、干白葡萄酒先后获得中国国际农业博览会名牌产品、“中国首届农业博览会银质奖”；“润飘”牌苹果和“朋珠”牌干红、干白葡萄酒都通过了 ISO9001 质量管理体系认证、HACCP 食品安全管理体系认证、GLOBALGAP 认证。“朋珠”牌干白、干红葡萄酒在 2006 年就被评为山东轻工名牌产品及优级产品。2009 年“朋珠”牌葡萄酒被山东省质量技术监督局评为山东省名牌产品，2010 年“朋珠”商标被国家工商行政管理局商标总局认定为“中国驰名商标”。

【金色时代庄园葡萄酒】 烟台时代葡萄酒有限公司始建于 2003 年，主要生产、销售“”牌干红、干白系列葡萄酒，年生产能力达 2.1 万吨。公司产品严格依照 O.I.V 国际葡萄酿酒法规，执行国家有关的质量标准，企业已通过 ISO9001∶2000 质量体系认证、HACCP 食品安全认证及山东省卫生厅卫生 A 级企业的认定。公司葡萄种植基地成为西北农林科技大学葡萄酒学院实践教学基地，经中国农业部绿色食品发展中心检测认定准许使用中国绿色食品标志。“”牌葡萄酒被评为“山东名牌”产品。“”商标被认定为“山东省著名商标”“中国驰名商标”。“”牌干红、干白系列产品覆盖了全国大部分省市、自治区，产品得到了广大消费者的认可。

【京鲁渔业水产品】 蓬莱京鲁渔业有限公司是从事水产品加工、远洋捕捞、海水养殖育苗等业务的综合性股份制企业。公司占地面积24万平方米，资产总额24亿元，拥有现代化的水产品加工厂18间，年加工成品能力12万多吨，冷库8座，冷藏能力6.8万吨，拥有现代化的制冷机房5座。公司先后获得“农业产业化国家重点龙头企业”“全国农产品加工业示范基地”“国家级出口水产品标准化综合试验区”等称号。公司拥有院士工作站和省企业技术中心。公司通过ISO9001国际质量体系认证、ISO10002投诉体系和ISO10015培训管理体系认证、欧盟注册、BRC、ISO1400、OHSAS18001、HACCP体系认证以及调理食品厂库注册，产品获国家质量监督检验检疫总局颁发的“无公害农产品标志证书”。“京鲁远洋及图”牌冷冻调理水产品获得“中国名牌产品”“中国水产业名牌产品”“中国绿色品牌”“山东名牌产品”“山东省出口名牌”“山东省民营经济知名品牌”。“京鲁远洋及图”商标被认定为“山东省著名商标”。公司产品主要出口日本、美国、欧盟等国家和地区。

地方特产

【皱纹盘鲍】 俗称“鲍鱼”，是一种名贵的海产贝类。皱纹盘鲍喜欢在水质清澈、盐度较高、潮流畅通、海藻丛生的几米至十几米水深的岩礁地带生活，缓缓爬行，遇敌害或受惊时将足紧紧吸附在岩石上。成鲍多生活在深水处，幼龄鲍多栖息在低潮线下水浅处。皱纹盘鲍在夜间活动觅食，白天则潜伏于岩礁的缝隙处很少活动。鲍鱼食性较杂，但以褐藻类的马尾藻、鼠尾藻、海带、裙带菜等为主要食物；摄食量随着季节的变化而变化。

皱纹盘鲍为鲍类上品，不仅个大体肥，肉细味鲜，而且营养丰富，被称为“海味之冠”。据测定，每100克鲍鱼可食部分中含蛋白质19克、脂肪3.4克、碳水化合物1.5克、热量113千卡。鲍鱼壳又是中医药材，名叫石决明，有明目除热、平肝、潜阳、通淋之效，主治肝阻上亢、头目眩晕、青盲内障、吐血、失眠等症，还能外治溃疡、金疮。鲍鱼肉性温、味咸，有滋补肝肾、镇静、化痰、调经、润燥、利肠之功能。鲍鱼壳的内面色泽绚丽，具有珍珠般的光泽，是制作镶嵌家具螺钿和贝雕的良好材料。鲍鱼的足部肌肉相当发达，几乎占体重的一半，是食用的主要部分。鲍鱼片经爆、炒、烧、氽后，香甜细腻，鲜嫩可口。

【真鲷】 又名“加吉鱼”，在分类上属鲈形目鲷科，暖性底层鱼类，通常栖息于30米以下的沙砾及泥沙质海区。蓬莱沿海所产的真鲷，为渤、黄海群体，春汛在五六月，秋汛在九十月，故有“椿芽一寸，加吉一溢“的说法，入夏后零星不绝，直至深秋。据史料记载，民国以前蓬莱沿海真鲷资源极为丰富，于蓬莱阁下垂钓，可得尺余长的真鲷，因而那里常有三五老翁垂纶而钓，得鱼掬水而烹，乐极而歌，此唱彼和，形成蓬莱十大景之一的“渔梁歌钓”。1914—1945年，大批日本汽船在蓬莱沿岸渔场酷捕，真鲷资源遭到严重破坏。近20年，真鲷作为兼捕对象，年产量仅有吨余，因而愈加珍贵。

真鲷肉质细腻，味道鲜美，营养丰富，在每100克鱼肉中含水分74.9克、蛋白质19.3克、脂肪4.1克、碳水化合物0.5克、钙64毫克、磷175毫克、铁1毫克、硫胺素0.02毫克、核黄素0.14毫克、尼克酸3.41毫克、热量116千卡。

蓬莱人们有加工、食用真鲷的悠久历史。传统名吃“蓬莱小面”开卤用的主料即为真鲷。民间习惯以真鲷制作喜庆宴席菜肴，有增加吉利（加吉）的寓意。真鲷头部特别鲜美，眼睛尤佳，有“加吉鱼头鲅鱼尾”之谚，并有“一鱼两吃”的习惯：整鱼上席后，席间取出鱼头，制成鲜、酸、辣俱全的醒酒汤，既解馋，又醒酒，妙不可言。清蒸最能保持真鲷自然的鲜美度，“清蒸加吉鱼”即“蓬莱八仙宴”的一道名肴。更有趣的是，许多民间妇女和厨师为了给客人助兴，还能即席用真鲷鱼骨拼制成形态逼真的一只凤凰或一只山羊，令人拍案叫绝。

【赤甲红】 因其腹部和腿缘略呈红色而得名，俗称靠山红、石鲟仔、海鲟和石蟹等，是一种大型海产食用蟹类，属沿岸定居性种类，喜栖于低潮线岩礁区和海藻密集区。赤甲红头胸部盖以棱形头胸甲，青灰色，前端有一对发达的螯足，后端有四对步足；腹部扁平，肌肉退化，紧贴在头胸甲的腹面，雄蟹腹部呈三角形，俗称“尖脐”，雌蟹腹部呈圆形，俗称“圆脐”。赤甲红春末和中秋最肥，蓬莱渔民常说“麦黄蟹”“豆黄蟹”，就是指的这两个季节的蟹子。当地还流传着“八月蟹子顶盖肥”“春吃尖脐秋吃圆”的谚语。前者说的是阴历八月，是蟹子最肥的时候。后者说的是春天的雄蟹（脐为尖形）个大肉嫩，味道最鲜；秋天的雌蟹（脐为圆形）脂肥膏满，吃起来最香。

赤甲红含有丰富的蛋白质及微量元素，对身体有很好的滋补作用。蟹肉性寒，味咸，具有舒筋益气、理胃消食、疏通经络、清热滋阴之功效，对筋骨损伤、疥癣、烫伤有治疗作用。螃蟹还有抗结核作用，对结核病康复大有裨益。

【“敬八仙”原浆白酒】 蓬莱酒业有限公司前身为蓬莱县酿酒厂，始建于1958年，占地面积120亩，是山东省酿酒知名企业。公司先后获得国家级“节能先进单位”、省级“先进企业”、省级“守合同重信用企业”“山东省诚信企业”等称号，“蓬莱阁”牌白酒、葡萄酒在国际优质产品评选会上分别获得金奖、银奖，首届中国食品博览会金奖，多次被授予省级优质产品、山东省名牌产品。公司生产的《敬八仙》文化礼品酒，包装以“仙文化”为创作主线，突出仙文化与酒文化的完美结合，制作采用粮食发酵窖藏生产工艺，充分体现“仙境、仙泉、酿仙酿、酿情、酿义、酿缘分”的敬八仙酒文化理念，窖香浓郁，绵甜爽净，酒体醇厚。

【蓬莱仙茶】 具有“条索紧细，色泽翠绿，清香持久，味醇鲜爽”的品质特点，源于蓬莱得天独厚的生态环境和蓬莱仙山茶业严格的种植规程。蓬莱仙山茶业在种植的过程中只使用发酵后有机肥料，不使用任何人工合成的化肥、农药、植物生长调节剂等物质，并采用拱棚保温的方式来防止北方低温对茶树造成冻害，确保生产出真正的绿色有机茶。经中国农业部茶叶质量监督检验测试中心检测，蓬莱仙山绿茶的水浸出物为42.7%，氨基酸含量为4.2%，酚氨比含量为4.2%，茶氨酸含量为2.6%，叶绿素含量为0.27%，茶多酚含量为17.8%，咖啡碱含量为3.6%。堪称绿茶中的上品。

在第九届“中茶杯”全国名优茶评比中，蓬莱仙山茶业获得了绿茶类的特等奖和一等奖。

【八仙葫芦】 葫芦谐音“福禄”，被视为吉祥物，有“宝葫芦”之美誉。八仙葫芦工艺品公司采取雕刻、烙画、彩绘、镶嵌等艺术手法，将八仙过海传说与葫芦工艺品完美结合，把一个个普普通通的葫芦制作成神仙文化特色浓郁的艺术品。其作品《八仙过海》，历时1个月得以完成，整个葫芦高达60厘米，浑圆的大葫芦的表面，绘刻上了一幅栩栩如生的八仙人物，神态生动，形态逼真，精美无比，令人叹为观止。公司独创的葫芦灯工艺获得国家发明专利，经过风干、雕刻、钻孔、打磨、喷涂、上色、装灯的葫芦，里面放射出精彩迷人的灯光，为家居环境营造了梦幻般的氛围，美轮美奂，惟妙惟肖。

八仙葫芦还有净化空气的功效，在民间常常将葫芦挂在病人床头，吸取病气，达到祛病之效。八仙葫芦工艺品公司利用这一特点陆续开发葫芦空气净化器、葫芦酒瓶、葫芦项链、葫芦烟斗、葫芦钟、葫芦音箱等生活实用品，产品投放市场深受消费者喜爱，多家企业纷纷登门签订供应合同，广西的“广生祥”六堡茶业签订了茶叶盒开发供应合同，蓬莱酒业集团签订了小葫芦挂件供应合同。

八仙葫芦工艺品公司先后开发产品上百余种，申请注册了“八仙葫芦”商标，《八仙赐福》获得“第二届中国春节旅游产品博览会金奖”，八仙葫芦系列工艺品获得“2012山东省旅游商品十佳品牌（工艺品类）”称号，八仙葫芦空气净化器获得“2013年烟台文化旅游纪念品设计大赛”金奖。中央电视台《科技苑》《乡村大世界》《致富经》栏目等陆续到蓬录制节目。公司产品广泛销往北京、上海、湖南等地，甚至漂洋过海远销日本、新加坡、东南亚、欧美等国家和地区，成为馈赠中外友人的特色礼品。

地方美食

【八仙宴】 蓬莱有“八仙过海”传说，以此为据，1989年蓬莱宾馆厨师新创“八仙宴”：以大虾、海参、扇贝、海蟹、红螺、真鲷等海珍品为主要原料，由8个拼盘、8个热菜和1个热汤组成。拼盘制作仿照八仙过海使用的宝物拼成图案，有张果老的鱼鼓、吕洞宾的宝剑、铁拐李的宝葫芦、曹国舅的圭板、韩湘子的玉笛、蓝采和的花篮、汉钟离的蒲扇、何仙姑的莲花，造型生动别致，工艺精巧，盘盘有神话典故，不仅味道鲜美，还可观赏助兴；热菜的烹饪更是精细，既讲技术性、科学性，又讲艺术性。烹饪大师再将蓬莱十大仙景的景观巧夺天工地做出来，神山现市、仙阁凌空、晚潮新月、日出扶桑、万斛珠玑、渔梁歌钓……八仙汤以8种海鲜加鸡汤烹制而成，味道鲜美奇特。“八仙宴”至今仍是蓬莱高级宾馆酒宴类的保留全席。

【蓬莱卤驴肉】 清咸丰七年（1857）蓬莱城南门外黄开基首创，三代专擅，在上海、营口、烟台等地开店专营，颇具名声，享有“蓬莱卤驴肉，天下无敌手”之誉。其制作方法：咸水下锅，待水温升至60℃～70℃时放入大块鲜驴肉（每块200克左右），煮至九成熟捞出，沿横剖面切成半尺见方块，然后另换清水，兑以八角、茴香、花椒、肉桂、桂皮等17种配料，放入肉块，文火炖煮，肉熟后（但不可过烂）加盐适量，稍焖即成。食时，驴肉切薄片摆盘；另碗盛原汁卤肉汤，以手勺沿一个方向慢搅，呈米汤状时点香油，浇淋于驴肉上。特点：色红、透明，溢香扑鼻，鲜嫩爽口，为下酒佳肴。城乡饭店、餐馆及农贸市场多有销售。

【蓬莱小面】 蓬莱传统名吃，历史悠久。面条为人工拉制（抻面，当地俗称“摔面”），条细而韧，卤为真鲷（俗称加吉鱼）熬汤兑制，加适量绿豆淀粉，配以酱油、木耳、香油、八角、花椒等佐料，每碗一两，具独特的海鲜风味。民国时期，传人衣福堂制作的蓬莱小面遐迩闻名（俗称“衣福堂小面”）。衣福堂祖籍栖霞，13岁学厨，自营过挑担拉面，与人合开过兼营小面的饭店，1945年自营“衣记”饭馆。他制作的小面用料和做工极其考究，故供应量不大，每晨仅售百碗，常有外地游客因吃不上衣福堂小面而引为憾事。

蓬莱小面制法：面粉入盆加适量水（春、秋用温水，冬季水温略高，夏季用凉水）并加少量盐，调成面团，将用温水化开后的碱水分三次揣入面团，揉匀，至软度适中。每次取约3斤面摔拉成面条，拉长、折回8次（256根），成细匀条。入锅煮熟，捞出，过凉水，1两（坯）一份手抓装碗。同时制卤：加吉鱼去内脏洗净，两面切斜刀，内外抹佐料入味，上蒸蒸熟；剔除鱼刺，连汤带鱼肉入鸡汤锅内（约40斤水），加葱、姜、熟肉丁、花椒、八角水、木耳。开锅后撇去浮沫，飞鸡蛋花；用水调匀的地瓜粉汤入锅，搅匀；加盐、味精、酱油、香油即成。吃时浇卤于面坯，随浇随吃。

随着时代的发展，为适应人们不同口味、不同爱好的需要，蓬莱小面在保持传统风味和特色的前提下，也在不断地改进、发展。现在的蓬莱小面除开卤面外，还有清汤面。开卤面除加吉鱼卤外，还有海蛎子卤、海米卤、扇贝卤、蛤肉卤和其他鱼肉卤，等等。清汤面有芸豆汤、黄瓜汤、西红柿汤、排骨汤等等。

【咸鱼饼子与鱼锅饼子】 咸鱼饼子与鱼锅饼子均为蓬莱传统名吃，渔家风味，鲜美可口，经济实惠。

咸鱼饼子　咸鱼饼子是沿海的渔民流传下来的。早期渔民以捕鱼为生，为了早点靠岸卖出海货，渔民必须早出海，有一顿饭是一定要在海上吃的，吃咸鱼饼子省事、方便。另外，以前冬季新鲜蔬菜少，调剂菜肴时，经济实惠又随处可买的小鱼儿就成为家庭主妇的首选，家家户户每年都要盐渍和晾晒一些咸鱼，咸鱼和苞米面饼子成为最佳组合。做法：秋季选购新鲜的鲐鲅鱼（小偏口也可），清洗干净，撒盐腌制，在海边晾干数月后，用泥砂碗装好入大锅蒸熟。鱼肉腌制发酵呈红色，咸香诱人。玉米饼子则是采用最好的玉米和大豆磨出来的面粉，经过一定比例调和好，贴在烧热的大锅里。一个时辰后，烤得外焦里嫩。饼子焦、脆、香，咸鱼鲜、嫩、咸，再佐一口新鲜下线的当地八仙酒，别有一番滋味在心头！

鱼锅饼子　鱼锅饼子就是在焖鱼的铁锅里贴饼子。贴饼子蓬莱人俗称为“烀饼子”或“烀片片”。

焖的鱼不仅要新鲜，而且品种还要多，大小掺和，一锅鱼里少说也有三五种，常见的有鲅鱼、刀鱼、黄花鱼、辫子鱼、鲈鱼、偏口鱼等，大鱼切段，小鱼则囫囵个儿入锅。锅里花生油烧热后，葱姜爆锅，将鱼和适量豆腐推入锅内，再搁上面酱、料酒、老醋、盐、大料、花椒等佐料，最后添水，水面要漫过鱼。急火烧开后转文火“焖鱼”。焖鱼最讲究的是一个“焖”字儿，民间俗语“千滚豆腐万滚鱼”，说的就是“焖”，盖严锅盖，文火慢炖，要适时铲动锅里的鱼，防止“煳锅底”。在整个焖的过程中，各种鱼香相互浸润渗透，那种鲜美的滋味儿更加醇厚绵长。出锅之前，再撒上些许韭菜段儿，一股韭香和鱼香混合而成的浓香立时扑鼻而来。

烀饼子是在鱼焖好之前贴在锅壁上的。要掌握好烀的时间，一般要鱼焖好了，饼子也要蒸熟了。烀饼子过去只有玉米面饼子一种，是由玉米面和豆面按一定的比例调和而成的，因其贴在锅壁上渗进了鱼香味儿，出锅以后越发黄腾腾、暄乎乎，特别是贴锅的那层“糊咯儿”，嚼起来又脆又香。而今人们追求保健养生，又增加了地瓜面、香米面、白面、杂面等饼子。

【鲅鱼饺子】 蓬莱沿海传统面食之一。蓬莱鲅鱼饺子具有三个特点：一是个头大，和包子差不多，小的在三两以上，大的半斤左右，还有更大的一斤左右。一般体长 12 ~ 16 厘米，形扁。因其个大，俗有“两人抬着吃”戏语。二是皮薄。三分馅七分皮，皮薄是蓬莱鲅鱼饺子一大特色，既要保证饺子煮出来不破，还能使面的味道不掩馅料鲜香，饺子皮要做到滑而不韧、薄而不破。三是味鲜。选用渤海湾新鲜铮亮的大鲅鱼，剔骨去刺制成鱼泥，然后再打入蛋清，加入蓬莱当地特有的紫根短叶嫩韭菜，最后再加点肥肉增香。鲅鱼饺子好不好吃，关键在调馅。将鲜鲅鱼去皮剔骨取肉，剁碎剁细，打上 3 ~ 4 个鸡蛋，加入适量的花生油（有的用肥猪肉代替花生油）、食盐，用筷子沿一个方向搅拌（否则馅内夹带空气易散），俗称“打馅”。打馅时要用力快速搅拌，根据馅的凝固程度及时地加水，打得时间要长，直到打出浆来，馅成黏稠状，这时放入切碎的韭菜、葱花、姜末、蒜末、味精、花椒粉，再进行搅拌，一般韭菜与鱼肉的比例按 1:3 搭配。馅和匀后即可开始包饺子了。如此用料考究，做法独特的饺子出锅后，隔皮你能望见馅儿，老远儿就能闻着香。蘸上点芥末陈醋，咬一口鲜嫩清新，滑软鲜香。鱼的鲜美，肉的滑润，韭菜的香味，香而不腻，仿佛有鲜汤香汁要从口角边流出，令人回味无穷。

【蓬莱春饼】 蓬莱民间传统面食之一。蓬莱自古即有吃春饼之俗。按旧俗，吃春饼的日子应是“立春”，这一天吃春饼称为“咬春”。后来因立春和春节相连，人们忙于春节，所以在蓬莱，吃春饼的习俗转入“二月二，龙抬头”那天，称为“吃龙鳞”。现在人们生活水平提高了，就餐习惯也悄然发生了变化，吃腻了大鱼大肉的城里人对春饼情有独钟，城乡宾馆酒楼相继推出春饼项目，吸引人们前来一饱口福。

制饼基本工序分为烫面、揉面、制胚、涂油、擀面和烙饼几道。首先把热水烫过的面粉反复揉搓，扯拉成粗细适度的条状，拽成元宵般的小块儿，逐个用手压扁，表面均匀地涂抹上一层花生油，接下来取两块扁面，涂油的一面相对合到一起，然后一手拽着面块，一手用擀面棍推揉，间或撒上一点儿干面以防止湿面沾黏，如此反复六七次，分反正两面、直径接近成人一拃大小的圆饼就呈现出来。油涂得不匀，会有粘连两面分不开；饼擀得太厚，烙起来费劲费时不说，吃头也不行；擀得太薄，卷菜时易露馅漏汤。最后一道工序是烙饼。烙饼时在锅底表面涂一层油，不时用铲子挪动其位置，直到饼胚中间鼓起气泡后，翻转过来烙另一面，表皮微微泛黄即告完成。饼烙好后，要叠放在盆里用干净而潮湿的毛巾盖着保暖，同时也为了让饼里的水分返洇出来，防止吃起来饼皮过干发艮或者韧劲不足。春饼菜肴辈辈沿袭，固定为四种：韭菜炒肉丝、绿豆芽炒肉、清炒粉条、葱花炒鸡蛋，另外佐之以面酱和葱丝，荟萃了初春时节的鲜绿、娇白、淡红和嫩黄，真可谓色彩夺目。

【八大碗】 缘于民间盖房上梁、婚嫁等喜宴，由 8 个热菜和 8 个凉菜组成，每道菜都是大锅烹制，热菜起锅时香满全村街巷，得到了每位品鉴者的喜爱。菜品寓意丰富，四喜丸子代表“福禄寿喜”，糖醋鲤鱼代表“连年有余”，扣肉、滑肉等代表“蒸蒸日上”，都充满了吉祥寓意。

最是讲究用八仙桌上八大碗，七荤一素。而八仙桌与八大碗的由来，传说与蓬莱八仙有关。相传八仙过海时无意惹怒龙王，东海龙王便与之交战起来。因两边实力相当而久战难胜，劳累疲惫，退踞海滩稍憩，颇觉腹中空空，饥饿难忍，便分头寻食充饥，哪知一眼望去的海滩薄地，荒无人烟。除曹国舅一人未回，其余个个扫兴而归。原来曹国舅一人不辞劳苦，远行至内地，忽闻一股奇香扑鼻，不觉垂涎三尺，立即寻香进入凡间一庄上，乔装农家村夫在庄主宅院窥视，只见四方桌上八人围坐、诱人的菜肴一个接一个地上。国舅寻思道：我原乃朝廷国舅，宫廷菜肴我享用得发腻，农家菜肴我未曾见过，何不先让我大饱口福，忽想众仙友腹空我岂可独享，继而采带了七样菜肴，又想起仙姑不食荤，所以又为其独带了一素菜，计八大碗并留言：国舅为众仙借菜八碗，日后定当图报。从此以后人们为讨吉庆改方桌为八仙桌、坐八客、食八菜（八冷碟、八大碗菜）并一直流传到今。

在蓬莱马家沟村，村民对蓬莱传统家宴“八大碗”进行了开发和创新，虽然没有严格按照古时八大碗的菜品制作，但荤素搭配、口味口感一点不打折。马家沟八大碗有炸肉、烩炸肠、烧溜五丝、辣子鸡、四喜丸子、扣肉、猪蹄冻、黄瓜拌猪头等八个菜，集中了扒、焖、酱、烧、炖、炒、蒸、熘等所有的烹饪手法。马家沟将其挖掘成乡村旅游的文化卖点，注册了“马家沟八大碗”饮食品牌。

此外，潮水、徐家集等地也有宴会用八盏的习俗，每逢年、节、庆典、迎、送、嫁、娶，富家多以八大碗宴请。

RENWU 人物

院　士

管华诗　1939年8月出生，男，中国国籍，山东夏津人，原中国海洋大学党委常委、校长（已退休），现任山东省科协名誉主席。1964年毕业于山东海洋学院。主要从事海洋生物资源高值化利用及海洋药物的教学科研工作。1995年当选中国工程院院士。

赵法箴　1935年5月出生，男，中国国籍，山东莱州人，现任中国水产科学研究院黄海水产研究所名誉所长、研究员。1958年毕业于山东大学水产系养殖专业。在对虾工厂化全人工育苗及其高产技术和对虾人工配合饵料的研究方面取得重大成果，培育出我国第一批人工对虾苗，为我国对虾养殖业的迅速发展做出了贡献。1995年当选中国工程院院士。

刘维民　1962年出生，男，中国国籍，山东莱西人，现任固体润滑国家重点实验室主任，Southampton University、山东大学、西北工业大学访问教授。1984年毕业于山东师范大学化学系，1990年获中国科学院兰州化学物理研究所理学博士学位。主要从事润滑材料、摩擦化学及材料化学等方面的研究。2013年当选中国科学院院士。

“千人计划”专家

梁子才　1965年1月出生，男，瑞典国籍，现任北京大学分子医学研究所教授，博士生导师，瑞博生物制药（蓬莱）有限公司董事长。1985年毕业于南开大学动物学专业，1988年、1995年先后获南开大学、乌普萨拉大学硕士、博士学位。主要从事基因组技术这一交叉前沿领域的研究，建立了一系列有自主知识产权的生物技术平台，成为目前国内小核酸主要研究力量中的领军人物，2012年入选国家“千人计划”。

张炳荣　男，中国国籍，山东莱芜人，现任齐鲁工业大学机械与汽车工程学院教授。1982年毕业于原山东轻工业学院材料系，1988年、1996年先后获山东大学、都灵理工大学硕士、博士学位。主要从事汽车轻量化、高性能铝合金材料及产品研发、3D打印发动机零部件快速成形样件制备等领域的研究。2012年入选国家“千人计划”。

“万人计划”专家

周　峰　1976年出生，男，中国国籍，山东郓城人，现任中国科学院兰州化学物理研究所固体润滑国家重点实验室副主任。1997年毕业于山东师范大学化学系，2000年、2004年先后获山东师范大学、中科院兰州化学物理研究所硕士、博士学位。主要从事软物质界面与材料、海洋防污、减阻降噪、生物润滑、边界润滑等方面的研究。2013年入选国家“万人计划”。

付前刚　1979年11月出生，男，中国国籍，安徽六安人，现任西北工业大学材料学院副院长、教授，中国硅酸盐学会测试技术分会理事。2004年、2007年先后获西北工业大学硕士、博士学位。主要从事高温抗氧化涂层技术、碳/碳复合材料基体改性技术、碳和碳化硅纳米材料的制备、表征与应用等方面的研究。2013年入选国家“万人计划”。

新闻人物

代　颖　在第二十八届世界模特小姐大赛上，蓬莱九五后女孩——代颖，获得世模大赛中国区冠军、国际总决赛季军

代颖继承了父母良好的遗传基因，从小身材高挑。初中时，代颖心中就种下了一个“模特梦想”。高二时，已经长到了184厘米的代颖，毅然决定报考艺术院校，但这一选择遭到了父母和老师的极力反对。父母的阻碍，老师的劝说，并没能打消代颖想当模特的念头，从小思想独立的她，几经波折，终于说服了自己的父母和老师，顺利地考进了自己梦寐以求的苏州大学艺术学院。

代颖在第二十八届世界模特小姐大赛获奖现场

刚进入大学时，代颖也曾一度迷茫，觉得自己什么都不行。但她更相信天道酬勤，除了必须参加的比赛，她坚持上好每一节课程，业余时间，她会反复观看各种比赛视频，从模特在舞台上的一举一动、一颦一笑中反复揣摩、感悟。在班主任老师的支持和提点下，代颖逐渐建立起自信。

2016年夏天，代颖参加了世界模特小姐大赛。一路过关斩将，所向披靡，可就在决赛的前五天，代颖的脚崴了，连走路都很困难，但稍做治疗，她依旧坚持走上舞台，舞台上的她表现得从容

笃定完全看不出脚部有任何不适。代颖凭借自己超然出群的气质 hlod 住全场，得到评委的特别推荐。

比赛结束后，《姑苏晚报》、苏州电视台等媒体纷至沓来，对其进行专访，新华网、新浪、网易等各大网站也发布了访谈内容……一时间，“世界模特小姐”的光环，让她无论走到哪都成为焦点。然而，面对这一切，她依然保持着内心平和、举重若轻，还是像从前那样，上课、训练……她表示要坚守梦想、不断修炼和完善自我，做一名像澳大利亚名模 RubyRose 一样的国际超模。“模特不仅是形体、台风、才艺的历练，更能得到心态、品性等多方面的塑造。而相信随着阅历的增加，我收获的将不仅是比赛成绩。策划、导演、服装设计等，都将是我要涉猎的范畴。”对于未来，代颖有了更加清晰的目标。

刘继宇　1998 年出生，烟台临港工业学校 2013 级烹饪专业学生。2015 年，参加烟台市中职院校技能大赛，获得餐热菜项目第二名。2016 年 3 月，通过山东省预选赛获得全国职业院校技能大赛资格。该项技能大赛由国家教育部、天津市人民政府、国家发展和改革委员会、科学技术部、工业和信息化部等 37 个部门（单位）主办，是全国职教领域一年一度最高级别的赛事。5 月 23 日至 26 日，在江苏扬州举行的 2016 全国职业院校技能大赛中（高）职烹饪技能比赛中，来自全国 37 个省、市、自治区，共计 500 名选手在中餐热菜、中西餐面点、冷拼与食雕、西式烹调 4 个项目中展开激烈角逐。刘继宇最终作为山东省中职组烹饪赛项选手之一，参加了西式烹调赛项比赛。比赛中刘继宇同学凭借精湛的技艺，从 114 名选手中脱颖而出，获得银牌。这是蓬莱市职业学校历年来参加各级职业院校技能大赛取得的最好成绩，也是烟台市在全国职业院校技能大赛中职组烹饪比赛中取得的最好成绩。此次历史性突破，不仅是蓬莱市实践现代学徒制人才培养模式的重要成果体现，同时也为烟台临港工业学校创建山东省示范性学校增添了有力的支撑。

刘继宇获全国烹饪技能大赛银牌

田家四姐妹　在仙境，有这样一个创业团队，她们用青春挥洒出美丽的家乡梦，用青春感化这片净土，她们就是大辛店镇田家村四姐妹：田春影、田冬影、田俊影、田汶鑫。

田家四姐妹生在山东，长在东北，每年春节，都由爸爸带着回到家乡看望爷爷奶奶。一次回乡探亲，四姐妹听村里老人说到卖果难的问题。做过互联网推广工作的田春影，想到可以通过电商平台替乡亲推销滞销苹果。说干就干，在她的带动下，田家姐妹陆续辞掉大城市的工作，回家乡专心帮乡亲卖水果。

2015 年，田家四姐妹成立了烟台市田十电子商务股份有限公司，确立了“田家果园”品牌并设计出个性包装，提出主打中高端市场的思路，开辟了线上线下销售模式，线下深耕基地资源签约万亩基地，线上结合各大平台流量建立品牌的认知和认可。结合媒体和报联共同开拓大学生市场，建立有情感的农产品品牌，打造优质的自媒体网络生态圈。

2015 年 6 月 18 日，应金犊奖组委会邀请，田

田家四姐妹走上北大讲台

家姐妹第一次走上北大讲台，和小金犊分享创业故事。

2016年3月公司销售量突破万单。为了扩展市场，田家姐妹结合推介蓬莱旅游和特色农产品，到全国20余所大学进行巡讲，在天津，吉林，上海，厦门，南昌，成都，学生们都很热情，有的还热心的帮助蓬莱旅游做推广、做设计、做策略！

2016年7月，公司在优质产区签约几千亩基地，建立了悦之田农超种植合作社，其中有500亩苹果，600亩樱桃，2000亩富硒基地。

2016年11月29日，在第三届山东省妇女创新创业大赛，《田家四姐妹创业项目》，经过层层选拔，从206名优秀选手脱颖而出，获得大赛一等奖。

田家四姐妹创业短短两年，就先后被评为“蓬莱电商龙头企业”“蓬莱电商示范企业”“烟台市电商示范企业”等称号，两次受邀参加在北大举办的金犊奖创客营讲师，并在烟台农业局组办的“第二期全市农产品电子商务培训”上作为嘉宾分享经验，《田家四姐妹创业项目》并被纳入山东省巾帼创业项目库，选进山东妇女创业网上展馆。

RONGYUBANG

荣誉榜

先进集体

科学发展综合考核一等奖

蓬莱市大柳行镇党委、政府

蓬莱市北沟镇党委、政府

蓬莱市大辛店镇党委、政府

蓬莱市刘家沟镇党委、政府

科学发展综合考核二等奖

蓬莱经济开发区工委、管委

蓬莱市蓬莱阁街道工委、办事处

蓬莱市小门家镇党委、政府

蓬莱市南王街道工委、办事处

最佳部门

蓬莱市环境保护局

蓬莱旅游度假区管理委员会

蓬莱市科学技术局

蓬莱市水务局

蓬莱市海洋与渔业局

蓬莱市人民政府办公室

蓬莱市住房和规划建设管理局

蓬莱市经济和信息化局

蓬莱市人力资源和社会保障局

中共蓬莱市委组织部

中共蓬莱市委宣传部

蓬莱市市场监督管理局

蓬莱市国土资源局

蓬莱市葡萄与葡萄酒局

中共蓬莱市委办公室

蓬莱市教育体育局

蓬莱市财政局

蓬莱市民政局

中共蓬莱市委党校

蓬莱市妇女联合会

蓬莱市卫生和计划生育局

蓬莱市商务局

蓬莱市发展和改革局

蓬莱市金融工作办公室

蓬莱市人民代表大会常务委员会办公室

蓬莱市文化广电新闻出版局

中共蓬莱市纪律检查委员会机关

蓬莱市公安局

蓬莱市人民检察院

蓬莱市考核办公室

蓬莱市先进集体

蓬莱市港航管理局

中共蓬莱市委老干部局

蓬莱市交通运输局

蓬莱市科学技术协会

蓬莱市档案局

蓬莱市招商局

蓬莱市农业局

蓬莱市地方税务局

中共蓬莱市委政法委员会

蓬莱市安全生产监督管理局

国网山东省电力公司蓬莱市供电公司

蓬莱广播电视台

蓬莱市司法局

山东省蓬莱市国家税务局

烟台海关驻蓬莱办事处

蓬莱市政务服务中心管理办公室

政协山东省蓬莱市委员会办公室

蓬莱市林业局

蓬莱市残疾人联合会

蓬莱市畜牧局

中国共产主义青年团蓬莱市委员会

中共蓬莱市委统一战线工作部

中华人民共和国蓬莱出入境检验检疫局

蓬莱市机构编制委员会办公室

蓬莱市审计局

蓬莱农业高新技术产业示范区管理委员会

中共蓬莱市委、蓬莱市人民政府信访局

蓬莱市国家安全局

产业发展先进集体

蓬莱旅游度假区管理委员会（旅游产业发展办公室）

蓬莱市市场监督管理局（生物医药产业发展办公室）

蓬莱市葡萄与葡萄酒局（葡萄与葡萄酒产业发展办公室）

蓬莱市北沟镇党委、政府（精细化工产业发展办公室）

全国五一劳动奖章获得者

李玉梅　蓬莱万寿机械有限公司

山东省富民兴鲁劳动奖章获得者

颜京忠　国网山东省电力公司蓬莱市供电公司总经理

姜宏伟　蓬莱市人民医院院长

科学发展综合考核先进个人

记三等功（112 人）

王林祖　崔洪勋　孙福勋　程艳梅　梁昆鹏

孙朝晖　赵　勇　王　磊　闫庆伟　王成海

刘振文　周基忠　张洪波　鲁　伟　王志臣

刘剑刚　赵　政　赵承松　张绍贤　李宪堂

王学东　丛雁鹏　门寿卫　车　军　王培成

姜仁友　孙明德　王丽丽　张红松　周家智

王兆旭　葛诗纯　戴发利　赵仁勇　曲冠玲

李　卫　欧大力　张贤东　薛　利　曲传刚

申开波　王世强　孙学武　曹晓剑　张彦平

毕红英　王瑾庆　哈恒泰　司君强　范厚广

谭润平　张永铭　王同贤　姜述雁　逄承祥

邹艳红 周运来 王建洲 王志京 曲若玲
刘安健 王玉祥 王 玲 许大山 殷炜琳
齐学军 真荔蕾 王 莉 李 岩 徐 蓬
张 波 徐 静 于 鹏 宁金玮 褚亚楠
杨晓峰 张进英 张茂举 张延杰 楚云龙
曲成乐 孙 锋 迟运鑫 张德一 孙国栋
高爱萍 张洪源 高 磊 罗春华 梁新铭
李景志 魏 兵 史美娜 姜 丽 高志伟
曲少帅 王艳云 逄先军 周家豹 姜善铭
王树良 岳振涛 刘继杰 隋修宾 王晓锋
张 莹 赵承利 姜 辉 林家鹏 王丽娜
战京娜 刘 晓

嘉奖（563 人）

李 强 王 海 杜文生 赵江波 吕永峰
刘国振 杨建军 卢继忠 秦 坤 李海东
耿义忠 马世胜 王开颜 王 轶 曲韶勃
赵子勇 苗玉杰 颜京忠 曲 波 陈九全
于洪喜 郄 勇 刘玉太 聂洪毅 张成刚
尚庆德 刘忠宽 高 楠 骆功运 王 虎
仲崇兵 吴运东 孙军典 徐太强 孙天圣
谢心健 曲坤家 吴朋飞 李仁龙 王永增
徐爱兵 张之光 宁志珩 赵先念 马继山
孙通强 祝 光 李 楠 于传波 高景军
宋 伟 王启玉 丁乐东 孙德刚 王一茗
魏兆国 周海荣 姚鹏飞 刘敬广 张先军
佘秀英 宁 华 王荣蓬 阎慧光 郭大心
付 臣 周春强 闫庆松 韦国强 张英洁
盛立军 张如松 沙艳丽 纪春梅 孙少鹏
孙泽爽 李 焕 徐 磊 李祥政 刘德策
宫海涛 马广明 邹士翠 门卫勇 李有科
曲之扬 王 泉 辛建政 徐成家 贾赵勇
陈云龙 杨兴仁 刘大杰 慕照春 郭丽平
闫生杰 刘 丽 孙红芬 王国昕 郑锡磊
刘 刚 栾福海 孙 宏 张志鹰 李岱新

柳广杰 王廷社 周思锦 赵凤昌 李兆伟
孙冬生 纪义成 许仁礼 王光禄 王 辉
曲 成 王爱慧 耿海斌 高 原 班世强
姜志波 张东恒 刘振龙 葛迎军 张靖文
孙传强 汤振江 姜作谋 郭增林 刘翔宇
姚德吉 陈健壮 张静文 侯德方 李志伟
梁景林 孙剑波 孙传强 温丽艳 顾幼梅
刘雪燕 秦永胜 刘 莉 曲道岳 赵美业
王开辉 张洪斌 王学伟 赵瑞成 门昆明
吴振彦 赵承斌 李国志 姜言龙 刘 艳
张润辉 郑 伟 宫生顺 孙进杰 张双祜
许文超 李 慧 杨 涛 李海波 刘腾宇
陈红军 白兆强 李 祥 王昌敏 曲福宾
张明练 姜述宽 高春彬 祝蓬亮 栾景霭
薛若卫 吕 海 曲 岩 王永国 姚永强
范钦伟 杨福康 赵福新 孙恒玉 顾本松
马福明 王 岩 张 波 付增法 慕照荣
陈彦君 孟凡东 刘福明 陈才伟 宋建东
史燕青 衣维元 杨增军 王晓方 杨 洁
李 军 曲 鹏 刘 强 褚昆鹏 程韶文
王 晓 宋兴彪 孙逸凡 李志英 季美娜
姜宏伟 迟远富 崔海涛 赵瑞光 秦汉涛
徐月华 陈汇泉 刘文阳 杨延学 王 静
许素娟 李 奇 包 强 范月柯 盖丽莎
刘 飞 张钟仁 张小林 王秋实 王 靖
宇宏祖 张忠益 迟修海 黄良军 毕源良
王小彤 林大树 张岩东 郝兆波 王子文
黄 明 王金美 胡均美 王玉珍 高文志
徐莉倩 武贤凤 姜仁敏 孙庆娟 曲 意
于志鹏 王 芳 郭善义 宋 坤 张春光
邹存斌 姚莉莉 王 彬 曲 丽 曾慧颖
苏海渤 张润麟 秦忠楠 黄传吉 宋俊霖
王永林 王巧秋 王冬凤 刘学纯 马运存
郑亮亮 刘广浩 曲云壮 陈光猛 杨 林

张克学　高波　张卉卉　王景勇　张鸿韫
徐荣刚　顾浩　赵松　王友志　张朋庆
王涛　赵辉　栾明昕　耿庆庆　姜坤
栾德玉　李宗伟　刘治虎　李豫　颜钧
刘震　陈宗毅　綦伟　刘鹏　李富民
战志辉　高林　景芳毅　孙宏艳　山厚刚
于露　宋义华　林伟　张军芬　罗宗刚
梁晓燕　王学明　张永亮　刁维新　王文娟
杨涛　董秀燕　王飞　王建萍　郇启明
葛志明　徐太超　于莹　姜波　姚铭传
刘志伟　闫大东　张菊芳　孙强庆　刘宗敏
马丽敏　陈爱国　李玲玲　凌明毅　刘祥陆
马丽娜　张岳勋　林君蔚　史骏明　徐春淼
李杭洲　杨日新　骆功议　宋波　郑人兰
李孟春　门进军　聂晓艳　姜兵　张卫国
李素雯　王文军　王先杰　刘大伟　周超
赵德强　王阳博　刘静　刘韶华　张克坚
苗德胜　程洁　顾仁伶　由丽云　刘秉杰
李雁波　杨星星　刘丽丽　徐红　于厚明
尹波　王行芬　孙惠平　田丙清　石华祖
王慧　白福涛　程昊　翟大鹏　王秀红
李寿波　杨珊　张静　宋德晓　刘顺成
王贵新　穆滨田　刘岩　张玉辉　王成业
赵凯　迟家旭　赵春霞　张海涛　王柏慧
刘安亮　黄金山　刘萌　宋群　王宁
高毓蓉　张震　李钟辉　张强　宁仁义
罗行　邹新芝　段建波　李海滨　阎景萍
田庆霞　石英丽　陈涛　宋爱珍　林建华
董琳琳　张一鸣　郭晓萍　李荣　周爱华
吴峰高　于方斌　武斌　李福君　吕剑平
曲春晓　陶磊　金童　温义　刘少明
马静静　姜传伟　初立科　梁龙科　孙祚韬
刘颖　赵桂颖　曲以涛　张洪强　张克智
哈本广　王吉宏　李澄　崔海波　唐斌
孙世建　丁瑞君　陈悦昌　李连基　刘文格
朱吉江　马少华　韦安中　王丹　张勇
吴迪　沙声江　王传栋　齐鹏　张继伟
于学高　陈大勇　栾明光　谢坤田　于少冰
赵健全　赵承刚　吕志松　姜惠允　王成军
刘善强　张永刚　宋海利　朱金东　宋天琦
李涛　胡凤华　柳祚芳　刘松　卫兆春
张敏道　王登坤　李光义　刘兴军　迟荣余
王功进　王志伟　周少勇　凌可荣　高峰
王连谊　隋治军　唐强云　李树欣　徐晨
王树亮　邢元烈　张克权　王凤忠　姚功民
张永亮　隋治东　张让胜　潘忠怀　马克明
马雷　石向阳　刘涛　王国庆　崔成刚
宫喜飞　王永全　宋立新　聂希军　陈志雁
董延军　于心毅　王东伟　刘喜浩　刘东
于勇　宋晓伟　门荣梅　王本政　董有建
李心功　武斌　朱晓艳　王琪　马晓楠
刘晶功　李丽　展伟　许华伟　刘燕
刘强　迟炜　孙勋长　于洋　朱司存
汤进学　吴国生　纪广鹏　曲衍进　罗宗洋
段宏程　徐国永　范忠泉　梁林　姜述威
徐振杰　邢晓东　王庆玲　刘宏业　魏彦文
曲绍明　王建博　刘修江　卢广新　迟莉
谭焕鹏　李太利　杨爱娟

“百名干部联百企”先进个人

记三等功（4人）

蒋金光　赵兴军　刘军凯　王长伟

嘉奖（19人）

邹学鹏　王　正　刘明朝　杨　刚　郝教苏　赵　波　周传江　徐　斌　邹业升　凌胜强　卢成柱　代洪青　马圣文　王爱军　马兆华　张　磊　宋　黎　苏　健　张剑军

支持地方发展银行业金融系统先进个人

记三等功（5人）

孙明省　纪　丽　姜　蕾　张启栋　王　倩

嘉奖（5人）

苗　勇　刘　军　蔡明贞　王祎先　张　雷

FULU

附　录

2016年重点建设项目安排

序号	项目名称	项目内容及进度要求	牵头领导	责任单位
1	中兴电力高效超净燃煤电站	由中兴电力股份有限公司投资89亿元，建设2×100万千瓦等级高效超净燃煤示范电站、接待中心和配套生活区等。 2016年计划投入40.75亿元，4月底前确定接待中心和配套生活区选址，10月底前电站项目通过省发改委核准并动工建设，12月底前完成基础开挖及相关设备采购、接待中心和配套生活区开工。	张祖玲	发改局
2	★北斗航天能源科技	由北斗航天能源科技集团投资22.1亿元建设，主要以甲醇、石脑油及其他化工产品为原料，建设一处新能源生产基地，包括甲醇及石脑油芳构化、油品添加剂和醇醚燃料2个项目。 2016年计划投入5.5亿元，其中油品添加剂和醇醚燃料项目6月底完成设备安装，9月实现投产；石脑油芳构化项目11月底完成生产装置安装并开始试生产；甲醇芳构化项目12月底完成主要设备安装。	杜康生	北沟镇
3	★宝龙城市广场	由宝龙地产（香港）控股有限公司投资20亿元建设，总规划建筑面积25万平方米。 2016年计划投入3亿元，主要建设星级酒店及相关配套设施。7月开工，12月底主体封顶。	李少娜	住建局
4	万兴凤凰广场	由烟台万兴投资有限公司投资10亿元建设，总规划建筑面积19万平方米。 2016年计划投入1亿元，5月开工，7月完成2.8万平方米地下工程并开工建设3.2万平方米商业，12月底完成主体施工。	于明春	登州街道
5	钢结构住宅产业化基地	由杭萧钢构公司与蓬建集团合资10亿元，利用蓬建钢结构厂房建设钢结构住宅产业化基地。 2016年计划投入1亿元，8月底前完成改造，9月底实现投达产。	仲　良	住建局

续表 1

序号	项目名称	项目内容及进度要求	牵头领导	责任单位
6	★大金重工二期工程	由蓬莱大金海洋重工有限公司投资 7 亿元建设。 2016 年计划投入 1 亿元，6 月底前完成防波堤沉箱预制，7 月底前完成南北段防波堤填海；12 月底前完成剩余 280 米顺岸码头、2 个 5 万吨级泊位建设和 950 米防波堤主体施工。	王培歧	经济开发区
7	石岛福第及新型农贸批发市场	由石岛集团投资 5.5 亿元，对石岛北大街周边区域进行整体改造，同时搬迁仙阁市场并建设商品住宅楼。 2016 年计划投入 9000 万元，5 月开工，12 月底完成 5.5 万平方米的工程施工及市场主体封顶。	张　敏	紫荆山街道
8	★小企业和大学生创业辅导基地	由衡水中铁建控股集团投资 5 亿元建设，主要建设标准化厂房、创业辅导大厦和配套住宅等，总规划建筑面积 24 万平方米。 2016 年计划投入 4000 万元，10 月底 5 万平方米的 2 号车间主体完工，12 月底创业辅导大厦完成地下工程施工。	曹承华	经济开发区
9	★登州仙阜商业街	由烟台卓润置业有限公司投资 5 亿元建设，总规划建筑面积约 7.55 万平方米。 2016 年计划投入 3000 万元，“五一”前地上及地下停车场建成投入使用，年底完成地上商业街 3.75 万平方米和地下商业主体框架。	任建民	蓬莱阁街道
10	★未来海湾	由山东爱马人旅游开发有限公司投资 4 亿元，建设一处集马术训练、比赛场地、马球俱乐部、会所、酒店于一体的休闲旅游综合体项目。 2016 年计划投入 3000 万元，12 月底前赛马训练场完工、4000 平方米酒店开工建设。	孙传武	蓬莱阁街道
11	★巨涛西区扩建	由蓬莱巨涛海洋重工工程有限公司投资 3.5 亿元建设。 2016 年计划投入 3000 万元，4 月预制件堆场建成投入使用，8 月完成 8000 平方米管线车间主体施工。	刘志庆	经济开发区
12	鼎峰利群购物中心	由北京鼎峰地产投资顾问有限公司与青岛利群集团合作建设，总投资 3.3 亿元，规划建筑面积 5.5 万平方米。 2016 年计划投入 1 亿元，6 月开工，12 月底前完成购物中心主体施工。	张守禄	住建局

续表 2

序号	项目名称	项目内容及进度要求	牵头领导	责任单位
13	华夏影视城	由华夏投资控股集团投资 3.06 亿元建设，总规划建筑面积 6.5 万平方米。 2016 年计划投入 1.5 亿元，4 月开工，12 月底前完成市民广场、影城、体育健身场馆等主体施工。	仲　良	登州街道
14	济南大学泉城学院东山校区	由山东大众文化产业投资有限公司投资 2.8 亿元建设，包括教学楼、图书阅览室、学生活动室、综合办公楼等，总规划建筑面积 5 万平方米。 2016 年计划投入 3000 万元，5 月开工，12 月底前完成教学办公楼主体工程 40%。	徐爱华	蓬莱阁街道
15	中电光伏电站	由香港中电中国（蓬莱）有限公司投资 2.6 亿元，建设一处容量为 30 兆瓦的太阳能光伏电站。 2016 年计划投入 2 亿元，5 月开工，12 月底主体工程完工。	张祖玲	村里集镇
16	阳光嘉汇大厦	由北京蓬京管道有限公司和蓬莱市振华物资有限公司合资 2 亿元建设，总规划建筑面积 2.6 万平方米。 2016 年计划投入 3500 万元，6 月底前开工，12 月底前主体框架完工。	宋庆文	刘家沟镇
17	源洋家具	由山东汪洋家具装饰有限公司投资 1.1 亿元建设，总规划建筑面积 2.9 万平方米。 2016 年计划投入 8000 万元，年底前 1、2 号车间建成投产。	张　力	潮水镇
18	★海德尔研发中心	由山东海德尔节能技术股份有限公司投资 1 亿元建设，总规划建筑面积 2.9 万平方米。 2016 年计划投入 4000 万元，5 月研发中心、检测实验楼、会议中心主体完工，10 月投入使用。	孙　文	登州街道
19	★富龙肉食品加工	由莱阳龙大集团投资 8000 万元建设，总规划建筑面积 2 万平方米。 2016 年计划投入 3500 万元，7 月开始试营业，8 月正式运营。	吴明光	小门家镇

续表 3

序号	项目名称	项目内容及进度要求	牵头领导	责任单位
20	海润固废	由上海巴安水务股份有限公司和蓬莱嘉信染料化工股份有限公司合资 7800 万元建设，总规划建筑面积 1.7 万平方米。 2016 年计划投入 7000 万元，7 月完成土建工程，8 月完成设备安装，10 月开始单机调试，12 月正式投入运营。	刘光耀	北沟镇
21	★逃牛岭酒庄	由香港利雄投资有限公司投资 6000 万元建设，总规划建筑面积 2.03 万平方米。 2016 年计划投入 5000 万元，8 月完成酒庄主体工程，10 月完成内部初装修，12 月完成内外装饰工程的 50%。	慕庆和	大辛店镇

注：标“★”为续建项目

2016 年重点推进项目安排

序号	项目名称	项目内容及进度要求	牵头领导	责任单位
1	海上风电产业聚集区	主要建设海上风电产业聚集区，重点引进海上风电研发设计、发电机组、叶片、海上风电运营及维护等项目，同时带动复合新材料、电机、传动系统、海底电缆等配套企业，打造海上风电全产业链。 年内重点推进 2 个项目，其中：国家电网公司投资 50 亿元的海上风电检测研发中心及示范基地项目争取 2016 年上半年签约；中国三峡集团与金风科技公司合作投资 50 亿元的海上风电设备总装基地项目争取 7 月底前签约，年底前开工建设。	王培歧	招商局
2	宝塔石化 280 万吨 LNG 接收站工程	由宝塔石化集团投资 49 亿元，建设 280 万吨 LNG 接收站工程、10 万吨级 LNG 专用泊位及其配套工程项目。 争取 2016 年内完成项目报批手续工作。	任建民	北沟镇
3	创发新区	由北京中建一局投资 45 亿元建设。 争取 2016 年上半年达成合作意向。	张祖玲	住建局

续表 1

序号	项目名称	项目内容及进度要求	牵头领导	责任单位
4	颐福养生养老中心	由蓬莱市颐福养老服务有限公司投资 40 亿元建设，规划总建筑面积 233 万平方米。 争取 2016 年上半年完成相关手续办理，下半年开工建设。	吴明光	刘家沟镇
5	东海热电 LNG 电厂	由蓬莱东海热电有限公司投资 25 亿元，建设智能化低碳环保燃气热电联产电厂项目。 争取 2016 年内敲定天然气相关事宜并开始相关手续办理。	于明春	经济开发区
6	游艇及游艇俱乐部	由中国机械设备工程股份公司、海航旅游集团公司、意大利戴拉沛塔游艇制造公司合资 20 亿元，启动渤海造船公司资产，建设游艇及游艇俱乐部项目。 争取 2016 年上半年签约，下半年开工建设。	吴明光	招商局
7	易华录智慧平台	由市财金公司与华录集团所属上市公司易华录合资 10 亿元成立平台公司，建设智慧城市、健康养老、智慧旅游、产业经济平台、平安城市和智慧交通项目。 争取上半年开展相关运作。	张祖玲	财政局
8	贝格莱芙生物工程	由山东贝格莱芙生物工程有限公司投资 7.7 亿元建设，主要从事奶制品的研发和生产。 争取年内完成相关手续办理并开工建设。	张祖玲	经济开发区
9	电子商务产业园	引进国内外电商企业，建设电商平台。 年内重点引进英国 Youngs 投资公司与山东威海火炬软件企业孵化器有限公司投资 1 亿美元的英搜跨境电商项目，争取 5 月底前签订初步协议。同时，与阿里巴巴公司洽谈阿里巴巴·蓬莱产业带项目，争取上半年完成签约，年内上线运营。	刘志庆	商务局
10	新城控股商业综合体	由新城控股集团有限公司投资 6 亿元，建设 13.6 万平方米商业综合体。 争取 2016 年上半年签约。	张祖玲	住建局
11	丰蓬生物制药	由烟台蓓丰医药科技有限公司投资 3.5 亿元，在潮水镇平李村建设生物制剂项目，主要建设办公楼、生产车间及其他附属设施。 争取 2016 年上半年签约，下半年办理开工手续。	刘光耀	潮水镇

续表 2

序号	项目名称	项目内容及进度要求	牵头领导	责任单位
12	泰亿行文化旅游	由香港启航国际集团投资 5000 万美元，主要从事农业观光、文化旅游、生态旅游及酒店管理等项目开发建设。 争取 2016 年到位部分资金，启动项目一期建设。	张祖玲	蓬莱阁街道
13	北京远洋食品加工	由北京二商集团投资 3 亿元建设，主要从事鱿鱼、金枪鱼、猪肉、牛羊肉及其他副食品的冷冻加工生产。 争取 2016 年上半年签约，2016 年下半年办理开工前期手续。	吴明光	潮水镇
14	生物质发电	由广东长清（集团）股份有限公司投资 3 亿元，建设生物质发电、热电联供项目。 争取 2016 年上半年签约。	孙传武	大辛店镇
15	宜园酒庄	由烟台东诚药业投资 1 亿元，建设综合型葡萄酒庄项目。 争取 2016 年上半年签约，10 月底前开工建设。	孙传武	大辛店镇
16	西海岸文化新区	由恒大山东分公司投资，建设西海岸人工岛土地二级开发项目。 争取年内与二级开发商签订协议。	仲　良 孙传武	西海岸办
17	侨梦苑	根据侨梦苑发展规划，在蓬莱市内建设以“一带”（即滨海旅游休闲带）、“两心”（即农高区科技孵化中心、小企业和大学生科技孵化中心）、“三谷”（即南王山谷、平山河谷、丘山山谷）为核心的侨商产业聚集区，重点突出旅游、葡萄酒、健康医疗、创新创业等领域，吸引世界各地华侨华人投资创业。 争取年内通过国务院侨办批复。	刘志庆	侨　办
18	北奔对外合作	引进国内外大企业，对北奔公司进行资产盘活，重点引进新能源汽车项目。 争取年内达成合作意向。	王培歧	经信局
19	蓬莱长岛陆岛交通港口迁建	引进投资主体，对蓬莱至长岛陆岛交通港口进行迁建。 争取年内启动前期工作并确定迁建开发方案。	王培歧	港航局

2016 年全市重点工作安排

事项名称	任务目标	具体推进措施	牵头领导	牵头单位	配合单位
一、深入贯彻十八届五中全会精神，推动全市各项工作率先走在前列。	深入贯彻十八届五中全会精神，积极践行“四个全面”战略布局和“五大发展”理念，推动地区生产总值、公共财政收入、固定资产投资等重要经济指标提档进位，进一步缩小与对标城市差距。	牢牢把握发展第一要务，以提高质量和效益为中心，坚持稳中求进，加快转调升级，强化创新驱动，年内地区生产总值增长 8% 左右、公共财政收入增长 5% 左右、固定资产投资增长 14%。	杨原田 杨升岩	市委办 政府办	统计局 财政局 发改局
二、全面推进深化改革，充分激发全社会发展活力。	按照上级部署，结合我市实际，坚持市场导向、问题导向、需求导向，着力破除战略转型发展的深层次问题和结构性矛盾，在重要领域和关键环节改革上取得决定性成果，大力推进“解决问题的改革”和“接地气的改革”，创出“蓬莱特色”。	统筹推进全市改革工作：健全完善改革工作推进、督查考核等各项机制，确保各项改革有序稳妥推进。制定 2016 年全市改革工作要点、改革工作台账及各专项小组分台账，并抓好督查落实。抓好烟台市考核各专项改革工作的调度推进，督促相关部门做好重要改革文件制定、重大改革问题调查研究及宣传引导。积极争创改革试点，打造改革亮点，确保全市改革工作走在烟台市前列。	杨原田	改革办	
		深化行政审批制度改革：继续削减行政权力事项，按照上级要求，及时做好上级取消、下放、调整各项行政权力事项的承接落实工作。推进行政审批规范化建设，6 月底前完成对行政审批事项的梳理，12 月底前实现行政审批事项网上办理。清理规范行政审批中介服务，动态调整涉行政审批中介收费项目。	张祖玲	编　办	政管办

续表 1

事项名称	任务目标	具体推进措施	牵头领导	牵头单位	配合单位
二、全面推进深化改革，充分激发全社会发展活力。	按照上级部署，结合我市实际，坚持市场导向、问题导向、需求导向，着力破除战略转型发展的深层次问题和结构性矛盾，在重要领域和关键环节改革上取得决定性成果，大力推进“解决问题的改革”和“接地气的改革”，创出“蓬莱特色”。	深化财税体制改革：4月底前建立健全“全口径”政府预算体系；年内将政府住房基金等3项基金转列为一般公共预算，将政府所有收支纳入预算管理。创新支持发展方式，重点抓好新组建的财金公司运作，积极争取现代果业等基金落户我市。推进财税保障改革，年内建立以涉税信息应用平台为支撑的综合治税管理体系，积极构建“政府依法管税、税务机关依法征税、相关单位协税护税、纳税人依法缴税、社会各界综合治税”的税收保障机制。	张祖玲	财政局	国税局 地税局
		深化金融体制改革：做好小额贷款保证保险试点，6月底前出台《蓬莱市小额贷款保证保险试点办法》，年内在全市推广小额贷款保证保险。	徐爱华	金融办	财政局
		深化旅游综合改革：6月底前，完成国家蓝色旅游示范基地创建，完成24个旅游厕所提档升级。年内，围绕争创国家级旅游改革试点，积极做好相关工作，确保取得阶段性成果；完成全市旅游综合改革系列配套方案的制定和组织实施，加快推进产业转型升级。	孙传武	度假区	
		继续深化公立医院综合改革：加强医药费用监管控制，继续实施药品零差率销售制度，科学合理制定病种付费标准，限价病种数达到100个。5月底前完成医疗服务价格改革，确保公立医院实现医院门诊、住院患者人均费用下降，医疗服务收入占业务收入比重提升，群众自付医疗费用占总医疗费用比例下降。抓好省级分级诊疗改革试点工作，5月底前完成方案制定，6月底前完成区域影像诊断平台和心电图诊断平台建设，9月底前完成妇幼保健站改造建设，12月底前完成12个镇街国医堂和国医馆建设。	徐爱华	卫计局	人社局 编　办 财政局 物价局

续表 2

事项名称	任务目标	具体推进措施	牵头领导	牵头单位	配合单位
二、全面推进深化改革，充分激发全社会发展活力。	按照上级部署，结合我市实际，坚持市场导向、问题导向、需求导向，着力破除战略转型发展的深层次问题和结构性矛盾，在重要领域和关键环节改革上取得决定性成果，大力推进“解决问题的改革”和“接地气的改革”，创出“蓬莱特色”。	深化基础教育综合改革：实施校长职级制改革，5 月底前制定出台义务教育学校校长职级制改革的意见，6 月底前研究制定初中小学校长职级评审认定办法，10 月底前落实初中小学校长职级工资。深化义务教育学区制改革，8 月底前全面理顺学区干部管理机制，10 月底前打造并推广 1—2 个学区改革模式，在烟台创出典型。	徐爱华	教体局	组织部 人社局
		稳妥推进全市党政机关公务用车改革：按照上级要求，6 月份制定出台全市《公车改革方案》和《党政机关定向化保障车辆配备使用管理办法》，6 月底前完成公务用车制度改革任务。	张祖玲	机关事务管理处	发改局 财政局 监察局
		实施阶梯水价、电价改革：按照上级部署要求，4 月份制定改革方案，5 月底前完成改革任务。		物价局	
三、推进全国文明城市创建，有效提升城市文明程度。	按照创建全国文明城市的三年总体目标，继续开展扎实有效的创建活动，巩固创建成果，提升创建水平，健全完善可持续、利长远、常态化的城市管理体制。	根据上级年度测评重点，制定出台 2016 年度创建全国文明城市重点工作方案。6 月底前，在各类实地考察点分别培植 3—5 处典型；6—10 月份，在各类实地考察点深化创建活动，确保全部达标；11 月份，做好年度测评迎检工作，确保年终测评取得优异成绩。	曹承华	创建全国文明城市工作指挥部办公室	创建全国文明城市工作指挥部成员单位

续表 3

事项名称	任务目标	具体推进措施	牵头领导	牵头单位	配合单位
四、切实抓好特色园区建设，筑牢率先发展根基。	把园区平台作为对外开放的主战场和主阵地，完善承载功能，推进项目集聚，打造资源要素“洼地”、经济发展“高地”。	经济开发区：按照国家级开发区标准，进一步提升综合实力，在省级园区排名中实现进位。加快推进大社区建设，8 月底前完成大社区建设总体规划，10 月底前完成西片工程规划设计及相关手续办理，11 月启动建设矫格庄社区 200 户安置房工程，年内完成基础施工；加快完善设施功能，11 月底前完成山东路北段等道路和管网配套工程建设；加大项目引进建设力度，年内新引进高端装备、新能源等符合园区产业定位的过亿元项目 3 个以上，实现巨涛西区扩建、大金重工二期等 5 个项目投达产。	张祖玲	开发区	
		农高区：加快创业创新服务平台建设，加大项目引进力度，积极争创省级创业孵化示范基地。6 月底前引进科技型、创新型在孵企业 4 家以上，全年引进 10 家以上。	刘志庆	农高区	
		西海岸文化新区： 工程建设：岸线修复工程，6 月底前完成总工程量的 93%，12 月底前全部完工。人工岛围填海工程，6 月底前完成西岛海侧护岸总工程量的 92%，东岛海侧护岸总工程量的 42%；9 月底前完成西岛海侧护岸总工程量的 98%，东岛海侧护岸总工程量的 71%，心岛海侧护岸总工程量的 75%；12 月底前西岛所有护岸工程完工，东岛和心岛所有护岸工程主体完工，三个岛回填工程完成总工程量的 88%。市政基础设施工程，8 月底前完成施工、监理单位招投标，12 月底前完成部分环岛路地基处理和岛内水系岸壁工程水下平整、边坡处理工程。 招商引资：按照新区总体发展规划制定招商计划，积极开展招商推介活动，尽早取得成果。 旧村改造：上半年启动南秦、北秦、张赵、邹于、林格庄、西庄等旧村征迁安置，年内完成部分安置房主体工程。	仲　良	西海岸办	住建局 海洋渔业局 蓬莱阁街道 紫荆山街道 城投集团

续表 4

事项名称	任务目标	具体推进措施	牵头领导	牵头单位	配合单位
四、切实抓好特色园区建设，筑牢率先发展根基。	把园区平台作为对外开放的主战场和主阵地，完善承载功能，推进项目集聚，打造资源要素“洼地”、经济发展“高地”。	空港经济区：按照空港经济区规划要求，加快完善园区基础设施功能，加快引进布局航空物流、食品加工、电子信息等产业项目，打造高端临空产业集群。3 月底前开工建设龙升电子等 3 个项目，6 月底前完成丰蓬生物制药等 5 个项目签约，全年力争 5 个以上项目开复工。	王培歧	潮水镇	发改局
		西城临港工业区：园区管理方面，探索管理新模式，成立园区管理有限公司并聘请专业机构，为园区入驻企业提供安全、环保等方面技术服务。按照园区认定标准，完善相关手续，争取年内完成省级专业化工园区审批；基础设施方面，启动污水处理厂建设和配套管网改造，5 月份开工，12 月底前投入运营；项目建设方面，全年新引进过亿元项目 3 个，9 个项目开复工，5 个项目投产。		北沟镇	
五、深入推进对外开放，推动招商引资工作取得新成效。	深入贯彻开放发展战略，主动适应新形势、新常态，积极引进财税贡献大、产业关联度高的先进制造业、现代服务业、高新技术产业等项目，实现招商引资工作新突破，确保完成上级下达的利用外资和外贸进出口任务。	招商引资：扎实开展好“招商引资突破年”活动，紧盯世界 500 强、中国制造业 500 强、民营百强、大型国企和上市公司五大主攻方向，丰富招商手段，着力引进“高大上强”优质项目。全年组织各类外出招商活动 60 次以上，力争新引进过亿元项目 30 个以上。	刘志庆	招商局	
		利用外资：努力促进外资到账，全年力争完成实际使用外资 1.57 亿美元。 外贸进出口：全力扶持骨干出口企业，打造自主品牌，巩固拓展新兴市场，全年力争完成外贸进出口 13 亿美元以上。		商务局	

续表 5

事项名称	任务目标	具体推进措施	牵头领导	牵头单位	配合单位
六、积极参与中韩（烟台）产业园建设，努力实现借力发展。	抢抓中韩自贸区建设重大机遇，依托蓬莱区位、交通、产业等资源优势，充分发挥好蓬莱经济开发区及农高区、临港工业区、空港经济区和旅游度假区四大特色园区的平台载体功能，积极参与中韩（烟台）产业园建设，拓展发展空间，培植发展后劲，着力构建开放型经济发展新格局。	4 月底前成立蓬莱市推进中韩（烟台）产业园建设工作协调领导小组。加强相关园区产业发展规划研究，加大对韩招商力度，组织企业积极参加韩国重点展会活动。4 月底前制定完成对韩招商活动计划，6 月底前在韩国首尔、釜山设立招商联络点，开展招商推介和信息收集活动。年内开展对韩招商活动 5 次以上，经济开发区和四大特色园区至少开展 1 次对韩招商活动，全市引进落户韩资项目 5 个以上。深化友好城市往来，年内与韩国泰安郡缔结友好合作城市关系，与韩国麻浦区在充分交流的基础上探讨缔结合作关系，推动友城之间文化、教育、人才等方面的交流合作。	刘志庆	商务局	政府办 招商局 开发区 农高区 北沟镇 潮水镇 度假区
七、加快城市建设步伐，持续完善城市功能。	围绕建设现代化中等城市目标，以城市现代化、城乡一体化为方向，加快实施城建、交通等重大基础设施工程，提高新型城镇化发展水平，全面展现滨海城市新形象。	实施龙烟铁路站前广场工程：5 月底前完成征迁，10 月底前完工。	张祖玲	住建局	南王街道
		实施市政道路改造工程：建设改造城区部分市政道路雨污排水管道、路基、路面，改善居民出行条件。4 月底前开工建设，8 月底前完成兴蓬路东段、兴民路、晒甲河北路、晒甲河南路改造；9 月底前完成裕民路东延、富民路东段、振兴路改造；10 月底前完成银川路南段、火车站站前路、芝山路南延改造。			
		实施蓬栖高速公路连接线工程：7 月底前完成征迁并开工建设，12 月底前完成 5.269 公里道路路基、桥涵、管线等工程 50% 的工程量。	王培岐	交通局	刘家沟镇 开发区
		实施遇柳国防路大修工程：10 月底前完成遇驾夼至大柳行段 21.68 公里大修。			

续表 6

事项名称	任务目标	具体推进措施	牵头领导	牵头单位	配合单位
七、加快城市建设步伐，持续完善城市功能。	围绕建设现代化中等城市目标，以城市现代化、城乡一体化为方向，加快实施城建、交通等重大基础设施工程，提高新型城镇化发展水平，全面展现滨海城市新形象。	实施东港区客滚码头建设工程：7 月开工，9 月底前完成施工通道建设，年内完成方块预制，完成填海、斜坡护岸工程 30% 的工程量。	王培歧	港航局	
		实施栾家口港 10 万吨级航道工程：8 月底前完成海洋环评批复，10 月底前完成工程立项，12 月底前完成初步设计批复。			海洋渔业局
八、高度重视企业发展，不断培育壮大企业集群。	重视高成长型企业发展，在要素保障、科技创新、金融服务等方面给予支持，推动企业规模向旗舰型、航母型迈进。	实施企业帮扶：5 月份制定出台领导干部联系服务企业工作意见，明确责任领导和责任单位，建立联系服务企业工作机制，实行网格化管理，实施好“六个一”联系服务，切实帮助企业解决一批难题，形成企业梯次推进、竞相发展的良好局面。	王培歧	经信局	
		加快推进科技创新：11 月底前，新认定烟台市级以上企业技术中心 3 家，全年实施烟台市技术改造导向计划项目 25 个、省级技术创新项目 3 个。			
		加快推进科技创新：年内培育国家高新技术企业 5 家、新认定 2 家以上。	刘志庆	科技局	
	重视高成长型企业发展，在要素保障、科技创新、金融服务等方面给予支持，推动企业规模向旗舰型、航母型迈进。	强化金融服务：加强银企对接合作，每季度组织一次银企对接活动，鼓励督促银行业金融机构为企业发展提供强有力的金融支撑，全年力争新增资金投放 20 亿元以上。	徐爱华	金融办	人民银行
		推进企业上市：推动民和生物科技等 5 家企业在“新三板”挂牌，力争嘉信染料在主板上市。			
		推动企业改制：完成 40 家规模企业规范化公司制改制工作。	王培歧	经信局	金融办

续表 7

事项名称	任务目标	具体推进措施	牵头领导	牵头单位	配合单位
九、积极培育潜力产业，打造经济发展新增长点。	在全力抓好现有旅游、葡萄与葡萄酒、海洋装备制造、清洁能源等产业推进的基础上，突出健康养老、电子商务、现代物流、教育体育等新兴潜力产业，研究制定培植扶持计划，推动产业早成规模，打造就业创业和经济发展新的增长点。	健康养老：依托我市优良的生态环境，构建以居家为基础、社区为依托、机构为补充的多层次健康养老产业体系。7 月底前，完成健康养老产业规划和产业基地建设规划编制。年内在抓好区域性敬老院、老年人日间照料中心、农村幸福院等基础性养老机构建设的同时，吸引大型健康养老机构、有实力的民营企业投资健康养老服务业，力争 1—2 个项目落户。	吴明光	民政局	
		电子商务：积极与国内知名大型电商企业合作，创建电子商务支撑载体，优化电子商务发展环境，鼓励电商企业聚集发展。4 月底前制定完善促进电子商务产业发展的意见，成立全市电商协会；5 月底前建成电商孵化基地，加快推进电商企业招商和入驻，争取年内达到 50 家以上；8 月底前自然慧微电商项目投入前期运营；10 月底前英搜跨境电商项目投入前期运营；年内，争取与阿里巴巴战略合作实现突破。	刘志庆	商务局	
		现代物流：立足我市综合立体大交通和区位优势，加快空港物流园建设，规划铁路物流基地，搭建产业发展平台，打造现代物流集聚载体。7 月底前，聘请专业机构完成产业发展规划编制。年内，争取新引进 1—2 个物流项目。	王培歧	交通局	

续表 8

事项名称	任务目标	具体推进措施	牵头领导	牵头单位	配合单位
九、积极培育潜力产业，打造经济发展新增长点。	在全力抓好现有旅游、葡萄与葡萄酒、海洋装备制造、清洁能源等产业推进的基础上，突出健康养老、电子商务、现代物流、教育体育等新兴潜力产业，研究制定培植扶持计划，推动产业早成规模，打造就业创业和经济发展新的增长点。	教育体育：发挥市场在资源配置中的决定性作用，探索多元化投资办学模式，积极扩大教育体育产品和服务供给，满足人民群众多层次多样化需求。6 月底前制定出台教育体育产业发展意见。年内，加快推进鲁东大学蓬莱校区等高校项目落地；力争引进一所民办幼儿园、小学、初中一贯制学校；结合城市发展，优化城区公办幼儿园布局；引进举办马拉松赛事，举办 3—4 次大型群众性体育活动。	徐爱华	教体局	
十、积极创建城市品牌，进一步提升城市知名度和影响力。	围绕全市突出优势和比较优势，积极开展省级、国家级品牌创建，组织国际性展会活动，进一步扩大蓬莱对外知名度和影响力。	创建国家生态市：5 月底前完成技术评估意见整改，报请环保部验收，争取 9 月底前完成创建。	孙传武	环保局	
		创建国家级旅游度假区：4 月底前制定旅游设施配套和服务质量提升工作方案并组织实施，持续强化软硬件建设，积极加强与国家旅游局的沟通对接，争取年内完成创建工作。5 月份出台旅游综合监管意见，加强旅游市场综合监管。全年接待游客 900 万人次，旅游综合收入突破 114 亿元。		度假区	
		创建国家级海峡两岸（蓬莱）渔业合作交流示范区：3 月份向国台办和农业部提报创建申请，加强对上沟通对接，争取年内获批。	吴明光	台　办	海洋渔业局
		创建国家级海峡两岸（蓬莱）渔业合作交流示范区：7 月底前完成示范区规划编制和评审，年内完成刘家旺渔港“PPP”项目包装并开展推介活动，争取取得实际性突破。		开发区	城投集团
		创建国家级休闲农业和乡村旅游示范县（市）：5 月底前制定创建工作方案，6 月底前向农业部提报创建材料，积极对上沟通对接，争取年内通过专家核审、抽验，完成创建。		农业局	度假区

续表 9

事项名称	任务目标	具体推进措施	牵头领导	牵头单位	配合单位
十、积极创建城市品牌，进一步提升城市知名度和影响力。	围绕全市突出优势和比较优势，积极开展省级、国家级品牌创建，组织国际性展会活动，进一步扩大蓬莱对外知名度和影响力。	争创蓬莱“侨梦苑”：3月份向国侨办提报申请材料，4月底前按照国侨办意见对申报材料进行修改完善，积极对上沟通对接，争取年内通过国侨办批复。	刘志庆	侨　办	
		举办SITEVINITECH CHINA葡萄酒设备技术暨葡萄、果蔬种植展览会：扎实做好相关筹备工作，5月30日至6月1日举办。	孙传武	葡萄酒局	市委办 政府办
		创建山东省食品安全先进县（市）：4月份制定工作方案并组织实施，10月份开展自评整改，争取12月底通过年度考核。	刘光耀	市场监管局	
十一、推动智慧城市建设，着力构建“智慧蓬莱”。	运用“互联网+”思维，积极推进智慧城市建设，形成以数字化、网络化、智能化为主要特征的“智慧蓬莱”基本框架，让市民更多的享受到信息化的方便与快捷。	7月底前完成“智慧蓬莱”方案设计，9月底前完成“智慧蓬莱”项目招投标和公司组建，年内开展智慧城市管理、政务云等平台建设。	张祖玲	政府办	
十二、繁荣发展文化事业和文化产业，加快建设文化强市。	大力实施“文化固本”战略，丰富群众文化生活，挖掘整理历史文化资源，壮大发展文化产业，将蓬莱深厚的文化底蕴转化为强大的文化优势。	开展品牌群众文化活动和送文化下基层活动，全年举办全市性大型文化活动10场次以上，基层文艺演出500场次以上。加强群众性文艺创作培训，年内培训各类文艺骨干5000人次以上。做好文物和非物质文化遗产的发掘和保护，举办历史文化研讨、文博展览等活动，培育推广代表蓬莱历史文化精华的文化品牌。	曹承华	宣传部	文广新局

续表 10

事项名称	任务目标	具体推进措施	牵头领导	牵头单位	配合单位
十三、做好“经营美丽”文章，推动农村事业加快发展。	放大“美丽乡村”和“幸福社区”创建效应，注重示范引领，注重普惠共建，注重发展经济，重点做好“经营美丽”的文章，切实增强农民致富能力、综合素质和村庄的内生动力、发展后劲，带动全市的农村和社区加快发展。	研究制定《关于深化提升美丽乡村和幸福社区创建活动的实施意见》。推行项目化管理，跟踪抓好获评村居巩固提升、新一轮创建和示范片创建工作，12月份搞好美丽乡村考核评选工作。	李少娜	新农办	
十四、实施精准扶贫，推进扶贫开发工作。	深入贯彻“四个切实”、“六个精准”、“五个一批”的重要思想和工作思路，严格按照烟台市扶贫开发“三步走”工作要求，全力推进扶贫开发工作，坚决打赢脱贫攻坚战。	坚持精准扶贫、精准脱贫，以40个省扶贫工作重点村为重点，按照“不落下一个贫困家庭、不丢下一个困难群众”的要求，综合采取发展特色产业、劳动力转移就业、教育帮扶资助、社保政策兜底等多种方式，因人因地施策，分类扶持贫困家庭，坚决打赢脱贫攻坚战。年内，实现脱贫人口1400人以上。	李少娜	扶贫办	
十五、持续实施民生工程，在增进人民福祉上实现新突破。	坚持“以人为本”原则，扎实推进民生工程，坚持不懈为群众办好事、干实事、解难事，让群众分享更多发展成果，不断提升群众的幸福感和满意度。	推进为民办实事：强化协调调度，全力督促抓好27件为民实事，确保年内保质保量完成。	张祖玲	政府办	
		加快体育馆建设：加快推进内部装修和附属工程建设，5月底前投入使用。	徐爱华	教体局	住建局 登州街道
		启动新高中建设：加快推进规划设计、征迁、立项等各项开工准备工作，尽早启动工程建设，力争12月底前完成基础施工。			住建局 南王街道

续表 11

事项名称	任务目标	具体推进措施	牵头领导	牵头单位	配合单位
十六、广泛开展理论宣讲，全面推进依法治市，着力构建和谐法治社会。	深入实施“五讲五进”活动，宣讲理论、政策、道德、文化和法治，推进理论学习大众化、经常化。以“政法综治基层基础建设年”活动为主线，强化法治、科技两个引领，严格落实依法治市各项任务，全力提升社会治理法治化水平和现代化水平。	开展理论惠民宣讲活动：成立理论惠民宣讲团，确定 5 大类宣讲主题，87 个宣讲课题，从 4 月份开始，分农村、企业、社区、学校、机关 5 个层面开展宣讲。	曹承华	宣传部	党　校
		全面推进依法治市：推进依法行政，6 月底前完成行政处罚自由裁量权基准的修订、调整和公布工作，出台建立行政执法与刑事司法衔接机制实施意见。促进公正司法，抓好执法司法公开、信息化建设、案卷评查三大重点工作。推动全民守法，全面启动“七五”普法和依法治理工作，建立“以案释法”制度。深化家庭道德档案建设，年内确保家庭道德档案覆盖率达到 90% 以上。	孙　文	政法委	法　院 检察院 公安局 司法局 法制办 各镇街
		全面深化社区网格化管理：规范市社区网格化管理指挥中心运行机制，全面推行社区网格化管理工作，4 月份健全村、社区网格员队伍，年内抓好信息采集、系统录入、事件处置上报、日常走访等工作机制落实。 深化立体化社会治安防控体系建设：4 月份，制定实施方案；5—10 月份，构建大数据、云计算体系，整合云搜索、警务云、情报信息系统、“天网”工程、GPS 卫星定位系统等资源，建立“采集即录入、录入即核查”机制；11 月份，对立体化社会治安防控体系运行情况进行分析研判，提升治安防控水平。			
		全力维护社会稳定：扎实开展“信访积案百日攻坚”“信访突出问题集中化解”“老案老户大化解”等活动，创新依法处理模式；实施“基层调解大提升”工程，完善多元化矛盾纠纷预防化解工作机制，推动及时就地化解社会矛盾。		信访局	司法局 各镇街

续表 12

事项名称	任务目标	具体推进措施	牵头领导	牵头单位	配合单位
十七、坚持党要管党、从严治党，切实加强和改进党的建设。	按照“四个存在”的思路，坚持严实精神，突出问题导向，扎实推进基层基础、党员管理、运转保障等各项工作，为建设经济文化强市提供坚强保障。	开展“两学一做”学习教育：按照上级部署，严格落实工作要求，扎实开展学习教育，切实教育引导党员自觉按照党员标准规范言行。	李少娜	组织部	市纪委 市委办 宣传部 党　校
		实施“仙境英才”引进计划：配套高层次人才创业创新扶持政策；完善高层次人才引进工作考核办法，调动发挥各镇街引才工作主体作用；探索创办“蓬莱市企业家发展论坛”。			编　办 人社局
		扎实做好县乡班子换届：对全市各级领导班子和领导干部进行分析研判，全面掌握情况，为选优配强各级领导班子提供可靠依据，确保圆满完成换届工作。			
		抓好基层党工委书记抓党建责任事项落实：开展镇街党工委书记抓党建述职评议，配套实施书记抓党建精品项目建设；发挥市委基层组织建设领导小组作用，定期研究谋划党建工作，同步开展述职评议，确保各项党建工作任务落到实处。			

续表 13

事项名称	任务目标	具体推进措施	牵头领导	牵头单位	配合单位
十八、坚决落实党风廉政建设“两个责任”，努力实现干部清正、政府清廉、政治清明。	全面落实党委主体责任和纪委监督责任，加强对各级党员干部的监督管理，专项整治群众身边的不正之风和腐败问题，严格执纪问责，驰而不息地净化党风政风。	全面落实党委主体责任：召开市纪委全会，对全市党风廉政建设和反腐败工作进行部署；组织层层签订落实党风廉政建设主体责任书、“一岗双责”责任书、监督责任书，督促各部门单位逐级签订落实党风廉政建设责任书。年内，按照《中共蓬莱市委党风廉政建设主体责任清单》要求，坚持严实标准，全面落实党委主体责任各项任务。 全面落实纪委监督责任：深化“三转”工作，6月底前完成纪委机关内设机构改革，7月底前研究出台纪委书记(纪检组长)、副书记(副组长)提名考察办法，年内完成市纪委派驻机构改革。强化监督执纪问责，严格落实八项规定精神，开展对镇街巡察，加大纪律审查力度，加强对各级重大决策部署落实情况的监督，持续改进干部作风。	杨原田 孙学材	市委办 市纪委	
十九、认真履行人大及其常委会各项职责，为促进经济社会发展发挥积极作用。	坚持围绕市委中心工作，充分发挥人大作用，切实履行好审议、监督等各项职能，不断提高人大代表履职能力，助推全市经济社会发展。	以增强监督实效为核心，进一步加强和改进监督工作，更好地发挥人大监督对促进“一府两院”依法行政、公正司法、维护人民利益的作用。深化代表意见建议办理工作，积极开展代表主题实践活动，充分激发代表履职活力，助推经济社会发展。	杜康生	人大办	

续表 14

事项名称	任务目标	具体推进措施	牵头领导	牵头单位	配合单位
二十、做好市政协评议监督、协商民主工作，为促进经济社会发展献计出力。	坚持围绕中心、立足本职，认真履行政治协商、民主监督、参政议政职能，不断提高政协工作水平。	完善政协民主监督职能，继续做好对职能部门的评议工作，强化对执法部门的专项民主监督。组织政协委员深入开展调研视察，促进社会各项事业健康发展。发挥政协人才荟萃、智力密集的优势，围绕全市工作中心，积极开展专题协商，为全市发展建言献策。	于明春	政协办	

城镇居民家庭主要耐用品拥有量

类别	单位	合计
耐用消费品拥有量（每百户）		
家用汽车	辆	48.27
摩托车	辆	49.39
助力车	台	86.51
洗衣机	台	104.01
电冰箱（柜）	台	112.04
微波炉	台	38.46
彩色电视机	台	132.55
#接入有线电视	台	114.83
空调	台	81.05
热水器	台	100.56
#太阳能热水器	台	80.27
消毒碗柜	台	7.69
洗碗机	台	
排油烟机	台	94.98
固定电话	线	32.55
移动电话	部	231.88
#接入互联网	部	150.84
计算机	台	84.73
#接入互联网	台	84.73
摄像机	台	9.36
照相机	台	42.36
中高档乐器	架	7.69
健身器材	台	7.02
组合音响	套	3.79

农村居民家庭主要耐用品拥有量

类别	单位	合计
耐用消费品拥有量（每百户）		
家用汽车	辆	24.54
摩托车	辆	87.42
助力车	台	52.26
洗衣机	台	97.68
电冰箱（柜）	台	99.15
微波炉	台	12.45
彩色电视机	台	113.43
#接入有线电视	台	95.85
空调	台	19.05
热水器	台	92.55
#太阳能热水器	台	74.97
消毒碗柜	台	2.93
洗碗机	台	4.40
排油烟机	台	44.20
固定电话	线	56.04
移动电话	部	200.85
#接入互联网	部	48.72
计算机	台	36.87
#接入互联网	台	36.87
摄像机	台	1.47
照相机	台	4.40
中高档乐器	架	0.00
健身器材	台	1.47
组合音响	套	5.86

城镇居民家庭现金收支情况

单位：元 / 人

指标	合计
人均可支配收入	39541.00
一、现金工资性收入	17643.91
（一）工资	17345.00
1. 按月发放的工资	16250.83
2. 补发工资	263.61
3. 不按月发放的奖金津贴过节费等	830.56
（二）其他工资性收入	296.05
1. 住房公积金	263.67
2. 自由职业劳动所得（如稿费翻译费）	17.42
3. 其他劳动所得	14.96
二、现金经营净收入	17190.02
（一）第一产业现金经营净收入	3421.63
（二）第二产业现金经营净收入	2408.67
（三）第三产业现金经营净收入	11359.73
三、现金财产净收入	821.10
四、现金转移净收入	3984.83
（一）现金转移性收入	5710.72
1. 养老金或离退休金	4709.16
2. 社会救济和补助	96.02
3. 政策性生活补贴（只含政策生活补贴）	8.14
4. 家庭外出从业人员寄回带回收入	23.95
5. 赡养收入	126.83
6. 其他经常转移收入	746.31

续表

指标	合计
7. 现金政策性惠农补贴	0.31
（二）现金转移性支出	1725.89
1. 个人所得税	28.50
2. 个人缴纳的社会保障支出	1460.59
（1）个人缴纳的养老保险	1135.28
（2）个人缴纳的医疗保险	270.01
（3）个人缴纳的失业保险	35.24
（4）其他社会保障支出	20.06
（5）个人缴纳的住房公积金	450.29
4. 赡养支出	169.18
5. 其他转移性支出	67.62
（1）经常性捐赠支出	5.38
（3）其他经常转移支出	62.25
附：全部居民人均可支配收入	27242.00

城镇居民家庭消费支出情况

单位：元／人

指标	合计
生活消费支出	21432.15
一、食品烟酒	5691.53
（一）食品	4298.41
1. 谷物	379.97
2. 薯类	38.01
3. 豆类	34.92
4. 食用油	177.70
5. 蔬菜和食用菌	528.41

续表 1

指标	合计
6. 肉类	866.38
7. 禽类	67.10
8. 水产品	845.46
9. 蛋类	204.44
10. 奶类	179.49
11. 干鲜瓜果类	561.53
12. 糖果糕点类	159.55
13. 其他食品	255.43
（二）烟酒	406.63
（三）饮料	90.55
（四）饮食服务	895.94
二、衣着	2388.26
（一）衣类	1921.36
（二）鞋类	466.90
三、居住	4583.89
（一）租赁房房租	0.49
（二）住房维修及管理	923.22
（三）水电燃料及其他	981.57
（四）自有住房虚拟租金	2679.10
四、生活用品及服务	1270.98
（一）家具及室内装饰品	124.12
（二）家用器具	255.06
（三）家用纺织品	209.94
（四）家庭日用杂品	356.32
（五）个人用品	304.16
（六）家庭服务	21.39
五、交通通信	3151.41
（一）交通	2480.38
（二）通信	671.04

续表 2

指标	合计
六、教育文化娱乐	2316.73
（一）教育	1566.34
（二）文化娱乐	750.39
七、医疗保健	1399.25
（一）医疗器具及药品	672.00
（二）医疗服务	727.25
八、其他用品和服务	630.10
（一）其他用品	451.53
（二）其他服务	178.57
消费支出中服务消费支出	4480.76

农村居民人均全年总收入

单位：元 / 人

指标	合计
农村居民人均可支配收入	18273.06
一、工资性收入	3822.06
（一）工资	3762.54
（二）实物福利	16.67
（三）其他	42.85
二、经营净收入	13165.04
（一）第一产业经营净收入	10393.07
1. 农业	9602.35
3. 牧业	813.04
4. 渔业	0.44
（二）第二产业经营净收入	189.54
（三）第三产业经营净收入	2771.97
三、财产净收入	269.61
（一）利息净收入	235.59
（四）转让承包土地经营权租金净收入	21.03
（五）出租房屋财产性收入	12.92

续表

指标	合计
（七）其他财产净收入	0.07
四、转移净收入	1016.35
（一）转移性收入	2120.90
1. 养老金或离退休金	959.72
2. 社会救济和补助	20.65
3. 政策性生活补贴（只含生活补贴）	12.13
4. 报销医疗费	444.83
5. 家庭外出从业人员寄回带回收入	114.29
6. 赡养收入	219.98
7. 其他经常转移收入	237.53
8. 从政府得到的实物产品和服务	89.89
9. 现金政策性惠农补贴	21.89

农村居民人均全年总支出

单位：元

指标	合计
全年总支出	21490.79
一、家庭经营费用支出	4619.06
1. 第一产业生产费用支出	4427.44
2. 第二产业生产费用支出	
3. 第三产业生产费用支出	191.62
二、购置生产性固定资产支出	1868.62
三、税费支出	5.87
四、生活消费支出	12074.76
1. 食品消费支出	3078.86
2. 衣着消费支出	824.81
3. 居住消费支出	2279.70
4. 生活用品及服务	731.96
5. 交通通讯消费支出	1980.87

续表

指标	合计
6. 文教娱乐消费支出	1175.53
7. 医疗保健消费支出	894.97
8. 其他商品和服务消费支出	339.60
五、财产性支出	17.52
六、转移性支出	1104.54

教育基本情况

项目	单位	合计	高中	12 年一贯制学校	初中	小学	哑校
一、学校数	所	42	3	1	13	24	1
二、班数	个	852	129	6	289	420	8
三、在校学生	人	35810	6129	168	12956	16484	73
四、毕业学生	人	9593	2212	70	3530	3773	8
五、 招生数	人	8779	2003	23	3707	3046	0
六、教职工数	人	3557	670	54	1493	1311	29
专任教师	人	3245	572	47	1340	1263	23
行政人员	人	35	8	4	13	10	0
教辅人员	人	147	39	0	93	13	2
工勤人员	人	130	51	3	47	25	4
七、幼儿园情况	—						
园数	所	52					
班数	个	307					
在班幼儿	人	8901					
入园人数	人	2702					
教职工数	人	590					

注：九年一贯制学校在校学生数包在高中初中学生数中

卫生机构、床位、人员数

单位：个、张、人

机构类别	机构数	床位	合计	卫生技术人员						其他技术人员	管理人员	工勤技能人员
				小计	执业（助理）医师	注册护士	药师（士）	技师（士）	其他			
甲	1	2	3	4	5	6	7	8	9	10	11	12
总　计	94	2325	3109	2858	1174	1319	143	129	93	156	28	67
一、医院	6	1818	2319	2121	910	991	98	34	88	134	24	40
综合医院	3	1089	1290	1163	460	584	50	19	50	85	15	27
中医医院	2	609	797	735	350	314	33	10	28	40	9	13
专科医院	1	120	232	223	100	93	15	5	10	9	0	0
二、基层医疗卫生机构			624	591	198	287	41	64	1	12	4	17
社区卫生服务中心（站）	9	0	54	53	16	27	4	5	1	0	0	1
卫生院	11	477	434	402	132	174	37	59		12	4	16
其他（门诊部、诊所、卫生所、医务室）	61	0	136	136	50	86				0		
三、专业公共卫生机构			172	140	66	41	4	29	0	22	0	10
疾病预防控制中心	1	0	52	42	21	9	0	12		4		6
专科疾病防治院（所、站）	3	30	38	33	9	14	2	8		3		2
妇幼保健院（所、站）	1	0	57	41	22	11	2	6		15		1
卫生监督所（中心）	1	0	6	5	2	0	0	3				1
计划生育技术服务机构			19	19	12	7						
四、其他卫生机构			4	3	0	0	0	1	2	1	0	0
卫生监督检验（监测、检测）所（站）	1	0	3	3				1	2	0		
其他			1							1		

注：机构不包含村卫生室、监督所

图书在版编目（CIP）数据

蓬莱年鉴 . 2017 / 蓬莱市人民政府编 .
-- 北京 : 线装书局 , 2018.1
ISBN 978-7-5120-3114-2

Ⅰ . ①蓬… Ⅱ . ①蓬… Ⅲ . ①蓬莱 - 2017 - 年鉴
Ⅳ . ① Z525.24

中国版本图书馆 CIP 数据核字（2018）第 029638 号

蓬莱年鉴（2017）

编　　者：蓬莱市人民政府
责任编辑：曹胜利
出版发行：线装書局
地　址：北京市丰台区方庄日月天地大厦 B 座 17 层（100078）
电　话：010-58077126（发行部）010-58076938（总编室）
网　址：www.zgxzsj.com
经　　销：新华书店
印　　制：山东新华印务有限责任公司
开　　本：889mm × 1194mm 1/16
印　　张：26
字　　数：450 千字
版　　次：2018 年 1 月第 1 版 第 1 次印刷
印　　数：0001—1000 册
定　　价：168.00 元

线装书局官方微信